香港如何對世界上最大的獨裁者說不

DEFYING the DRAGON
Hong Kong and
the World's Largest Dictatorship

韋安仕 STEPHEN VINES———著　徐承恩———譯

目　錄
Contents

PART 1 ──細說從頭
THE BACKGROUND

PART 2 ──起義
THE UPRISING

PART 3 ──說不出的未來
THE UNEXPECTED AND THE FUTURE

謹將此書獻給周梓樂。
梓樂生於1997年，那年香港之主權被移交予中國。
在2019年抗爭風起雲湧之際，梓樂不幸過世。
他是第一位命喪抗爭現場的人，享年22歲。

中文版作者序

　　筆者從來都沒想過要離開香港，可是到2021年7月尾，我卻意識到自己非走不可。就像其他被逼走的人，筆者趕著要在8月1日《入境條例》修訂生效前逃出這個地方：這個修訂賦與當局禁止任何人士出境的權力，而受到禁制的人也不會有任何申訴的渠道。

　　在《香港國家安全法》於2020年6月30日公布後，當局展開全面的打壓行動，並隨即頒布一連串嚴苛的法律，當中包括《入境條例》的修訂案。《國家安全法》授予當局扼殺言論自由的權力，容許他們以長期監禁威脅政敵，又給予國安機關無遠弗屆的特權。這條法律帶來的衝擊使人戰慄，可是這還只是事情的開端：當局其後展開一連串的「改革」，把過往北京政權「港人治港、高度自治」的承諾一筆勾銷。早在《國家安全法》實施前，「一國兩制」這個由中國最高領導人鄧小平提出的構思，已經是無關痛癢的門面功夫。這個半死不活的構思，如今也正式宣告壽終正寢。這不單意味著香港將會全面融入中國大陸的獨裁體系，亦使「一國兩制」的理念永遠無法應用在台灣之上：鄧小平起初之所以有這樣的構思，主要是為了誘使台灣這個島國重投中國的

7

懷抱。如今北京領導人似乎已改轅易轍，決意要透過軍事手段達成統一的目標。

如今香港其中一種最病態的發展，就是法治衰敗帶來的不確定性：把《國家安全法》強加在身上的政權，素來都不願清楚界定其底線。這樣當權者就可以隨心所欲，自由心證地裁定民眾觸犯法律，要讓他們受到刑罰。

而這正正就是威權政體運作的方式。他們就是要讓民眾的心理一直都處於不確定的恐懼狀態；因為這是控制民眾的最佳方法。只要國家一直能夠擁有特權，讓他們有權箝制任何不順眼的事物，就可以使民眾學會自我約制。香港行政長官林鄭月娥在其中一場新聞發布會中，嫻熟地把這種威權治術展露出來。她在發布會中，嚴厲警告記者不要嘗試越過紅線。在場的記者不禁會問：究竟紅線在哪裡？林鄭月娥只淡淡地回覆，說記者們自己早已心知肚明。這句回答的情緒和語氣，就像喬治·歐威爾在《一九八四》內所諷刺的官腔；這本惡托邦小說，乃剖析獨裁政治的經典之作。

就像其他香港人那樣，筆者為著那不可知的未來惶恐不安；畢竟本人的崗位太過令人矚目。這本著作的英文版，也早已被主流書店列入黑名單。除此以外，筆者過去曾經是電視時事節目的主持、又在電台節目擔任播音員，算是比較高調的角色。播放這兩個節目的，是香港電台這個公共廣播機關。在《國家安全法》的新秩序下，當局撤換香港電台的管理層，讓新的管理人員審查廣播內容。他們依據共產黨設下的底線，取消那些「有問題」的

節目、又整肅那些「不聽話」的記者。反對陣營最後一份主流報章《蘋果日報》，後來也在壓力下被迫結業；過往筆者每星期都會在這份報章撰寫專欄，而這恐怕也將會是另一項罪名。事實上筆者的新聞工作，或多或少都會穿越那一條人盡皆知卻無法觸摸的紅線。

在筆者思索未來動向之時，卻傳來舊同事紛紛入獄的噩耗，使本人無法控制地不斷顫抖。到筆者終於離開香港後，事態的發展更是每況愈下。《立場新聞》這個主流中文新聞網站被迫停止營運，其高層編採人員則被當局扣押。《眾新聞》同樣也有為數不少的讀者，此時也決定趁壓力尚未來臨前，在安全的情況下停止營運。

有不少公民團體也以同樣的模式逐一解散。這些團體的負責人，恐怕如果繼續營運下去，警察國安處的人員將會在某個清晨到家中叩門；那些人員就是喜歡在這種時間執行任務。過往活潑生動的公民社會，在此刻也徹底崩解：這場災劫的衝擊波，不只波及到新聞界，其後工會、學生會和社區組織也紛紛受害。

就在迫害持續發生之時，政府也著手要摧毀任何形式的代議政治。立法會把反對陣營的議員都逐出議會，其後當局更進一步「完善」選舉制度，確保只有「愛國者」才能獲得參選資格。他們也同時著手瓦解區議會：我們在第七章將會提到，民主陣營在2019年的選舉取得令人矚目的民意認受，成為主導各大區議會的力量。

當局把政治制度內所有問責機制盡數清除後，聲稱他們沒有

反對陣營的無謂干擾，就能夠專注解決民眾的民生議題。可是他們其後卻把香港變成一個鬼城，釀成百業蕭條的局面，使這個國際金融商貿中心失去原有的光彩。

　　特區政府信誓旦旦，宣稱要保護民眾免受新型冠狀病毒的傷害，可是他們卻盲從北京當局那飽受非議的清零策略。香港在衛生政策這種議題，理論上應該享有自治權；可是就如其他政策領域那樣，這種許諾過的自治權早已蕩然無存。北京政權對2020年2月的冬季奧運會甚為著緊，絞盡腦汁要避免有任何事情干擾此一光輝時刻。除此以外，中國共產黨亦會於同年稍後召開第二十次全國代表大會，而同樣是不容有失的神聖時刻。中國作為一個獨裁國家，他們的政府自然也會宣布封城，藉此限制民眾的活動，並實施其他一連串的限制手段。

　　香港過往曾經是中國治下最自由璀璨的都會，而民眾也一直引以為傲。如今當局採取強制的防疫手段，迫得民眾趕緊安排移民、而企業也相繼決定撤出。更重要的是，這樣的政策只會對日常生活和經濟健全構成衝擊。香港當局專心一意地要向北京的大老展現忠誠，使管治淪為一場悲慘的鬧劇。比如在2022年初，當局在部分倉鼠身上找到新型冠狀病毒後，就認為這會構成疫情爆發的風險；可是這種推論，背後卻完全沒有任何科學證據的支持。不管如何，衛生部門還是在香港全境，展開撲殺倉鼠的行動。此刻瀰漫著香港的悲觀情緒，身處境外的朋友實在是難以想像。不過這個往昔的英國屬土地靈人傑，住著各式各樣的能人異士，憑藉自己的力量一而再、再而三地克服各種難關。

　　如今同樣的一批民眾，正要面對香港前所未有的挑戰。他們深知身在北京的共產黨領導人，毫不在意這個偉大都會的生死存亡。那些領導人的作為，令人懷疑他們是否刻意要讓香港人受苦；畢竟香港人在 2019 至 2020 年，竟然斗膽挑戰世上最大的獨裁國家。

　　最後筆者希望這本著作，能讓廣大的中文讀者瞭解香港問題的來龍去脈，好讓他們能思考香港的事態發展，最終會為中國以至世界各地帶來怎樣的影響。

　　是為序。

勇氣，是奔向自由的必要條件
羅冠聰

> 我們只是為我們的土地和我們的自由而戰，我們為生命而
> 戰，我們為生存而戰，我們希望看到我們的孩子活著……這
> 是我們最大的動力。
>
> 生命會戰勝死亡，而光明終會戰勝黑暗，榮耀歸於烏克蘭。

2002年3月1日，在俄羅斯入侵烏克蘭第六日，烏克蘭總統澤倫斯基（Volodymyr Zelensky）向歐洲議會陳辭，希望得到歐盟支持，盡快批准烏克蘭加入歐盟的申請。與此同時，在烏克蘭境內仍有數以十萬計俄軍向各個大城市襲擊，戰火波及烏國首都基輔，數以千計平民、軍人喪生於這場毫無必要也沒有任何理性可言的戰爭。

回顧戰爭開初，當俄羅斯揮軍西進時，澤倫斯基向外界求援，卻只落得一句感嘆「孤軍作戰」——歐洲列強德國、義大利與俄羅斯之間的經濟利益密切，美國也剛經歷了伊拉克的狼狽撤軍，面對民眾厭倦戰爭的情緒，國際社會無法對俄羅斯的入侵給予即時並強硬的回應。俄國的侵略行動打破了眾多政論家的預

測，本以為二十一世紀不會再出現的大國戰爭全面啟動；同樣
的魔幻現實也在東邊上演，首先是中國指戰爭爆發「責任全屬美
國」，之後在阿富汗以武力推翻政權的塔利班則呼籲和談，讓一
眾分析者冷笑。

隨後被外界譽為「英雄」（與其以往政治喜劇演員身分存在
強烈反差）的澤倫斯基，卻帶領著一眾烏克蘭人，以無畏無懼的
態度及行動，旋即捲起一般「反俄反戰」浪潮，將被動的歐盟、
美國徹底轉化為主動。德國打破多年慣例向烏國運交戰爭武器，
一直以「中立國」自居的瑞士亦加入對俄制裁行列。歐盟歷來首
次為正遭受攻擊的國家提供武器，俄羅斯正因發動戰爭而面對歷
史上最龐大的經濟制裁行動。

在這次回應中，歐洲展現了驚人的團結，世界格局亦漸漸產
生變化。一個星期前，假如有人指這一切將會發生，他只會被當
作脫離現實的空想家。但烏克蘭人以面對坦克及戰機的勇氣，扭
轉各國政治，打破了眾人以為烏國勢必快速倒下、國際社會肯定
無動於衷的預測。

一場獨裁與民主的對抗，一個高舉「爭取自由」和「保護家
園」旗幟的國家，以任何其他口號、標語、意識形態都無可比擬
的凝聚力，奇蹟般團結了全世界所有抱有良知的人，齊集在那象
徵藍天和麥田的國旗下共同反抗俄羅斯的炮火——也許我們都無
法成為「烏克蘭人」，但我們的距離從來沒有像現在這樣如此接
近。

「自由」二字的力量，撼動了世界，改寫了歷史。看著歐洲

戰事，我也不禁想起香港和台灣。

在經歷上世紀下半葉的民主運動，在八十年代末進入民主化浪潮的台灣，近年一直受到中國共產黨的「武統威脅」。中共對台動兵的藉口與俄國對烏同出一轍：獨裁者說，歷史上兩地都是「不可分離」的一部分，「統一」兩地是為了鑄造歷史榮光，「撥亂反正」。在香港經歷失敗的「一國兩制」實驗後，台灣人深明在極權中共治下，民主自由必然會被剝奪，人民勢將生活在恐懼之下，連最基本的言論自由都全然失去。台灣人民的意願非常清楚——所謂「和平統一」，不可能發生。

國際社會如何回應俄國對烏克蘭的侵略，將對台灣局勢有著參考作用——到底國際壓力能否成功阻嚇獨裁者按自身意願發動戰爭？除此之外，兩地毗鄰被民主國家視為最大威脅的兩個極權國家，在地緣政治上，分享著類近的處境。民主和自由會否被極權以戰爭方式吞併，答案將會驗證在台灣與烏克蘭的未來上。

而另一個曾經有自由卻無民主的社會，卻在中共越加干預打壓之下，早已將它的自主、自治、自由侵蝕得一乾二淨。在2015年時，《凜冬烈火》(Winter on Fire) 這套紀錄片在香港廣受歡迎，它記錄了烏克蘭在2013年至2014年冬季爆發的革命，成功地將親俄前總統亞努科維奇 (Viktor Yanukovych) 推翻，守護了烏國人民融入歐洲自由社會的夢想。當中部分片段，無人想像過會在2019年的香港出現：數以百萬計人潮湧進市中心，漫天催淚彈和猖狂的警察暴力，示威者被逼以汽油彈與火牆阻擋警察推進，和平示威在警暴的催化下演變成武力衝突。

　　韋安仕（Stephen Vines）的《逆天抗命》，正是將香港如何步向2019年的抗爭，當中的來龍去脈，以及它對香港、世界的影響，以非常平易近人的方式呈現在讀者眼前。假若2022年的烏克蘭讓世界看到了普京的野心，2019年的香港便是揭穿了習近平的本質。踏入2020年，世界格局產生極大變化──以美國為首的民主國家漸漸以「制度性對手」（systemic rival）來形容曾經是「好朋友」的中共，俄中則愈走愈近，以意識形態為主軸的國家陣營變得更為清晰。捲起這陣風暴的蝴蝶，當中一隻，必然是曾被譽為亞洲最自由城市、現時卻淪威權政體的香港。

　　看著港人與中共的關係變化，由民主運動與聲援八九民運、聲討天安門屠城，到九七主權移交，再到2003年反23條遊行、零八年北京奧運，以及近年的反國教、雨傘運動與反送中運動，香港就是中國政治的晴雨表──在充滿黑箱、資訊不流通的中國式防火牆後，了解香港，就是打開理解中國政治的大門。香港人的身分認同隨著中共的施政、政治開放而起跌，在經歷八九的憤怒、九七的不安、零三的躁動、零八的自豪，及後感受到中共的政治干預愈發嚴重，港人獨特的身分認同開始抽升，兩地「想像的共同體」愈走愈遠。一切香港刻下的局面都有跡可尋，也有它的意義。

　　仔細探究香港的起義如何開始、如何演變、隨後又對世界帶來什麼樣的影響。瞭解這樣的事態發展，就能掌握世情的關鍵；在2021年看起來堅不可摧的中國威權，其實只是建立在浮沙之上。

　　假若「崛起」是過去二十年中國的寫照，中共在近年香港呈現的霸權，便是因自傲而「衰落」的開始。透過將香港自由一手摧毀而證明中國再也不用「超英趕美」，捨棄靠近自由主義的步伐，轉而對極權控制感到驕傲——在礦井中病危的金絲雀，明證了礦井本身早已佈滿毒氣。

　　香港的故事，從來都不只屬於香港人；支持香港的抗爭，也不只是支持香港的民主。自由的代價，是永恆的警惕，也是以鮮血灌溉的共同體。香港 2019 年的浴血，見證了以痛苦連結命運的新一代，如何在政治愈為封閉、人民陸續出走的境況，走完未竟全功的民主路。在極權爪牙無遠弗屆之際，香港的故事將是國際社會思索如何共同守護自由的起點。

（本文作者為香港眾志創黨主席、前香港立法會議員）

真正的深層次矛盾是一國兩制

李志德

失落的「第三腳」

第一，擔心將來的港人治港，實際上是京人治港，中國表面上不派幹部來港，但治港的港人都由北京控制，港人治港變得有名無實。

香港人第二個擔心是，九七後，中國處理香港事務的中低級幹部，將來在執行上不能落實中央的政策，不能接受香港的資本主義和生活方式，處處干擾。

第三，雖然港人絕對信任鄧主任及現在的國家領導人，但擔心將來的領導人又走極左路線，改變現行國策，否定一個國家，兩種制度的政策，使五十年不變的承諾，全部落空。

鍾士元上身微傾，語氣急切地說著「香港人面對九七回歸」的「三個擔心」。茶几對面的中國領導人鄧小平兩腿交疊，背靠沙發，才一聽完，就忙不迭地指責「香港人對中華人民共和國不信任」。

這一幕發生在 1984 年 6 月 23 號上午十點。鄧小平在北京人

民大會堂四川廳接待鍾士元、鄧蓮如、利國偉三位香港議員。鍾士元當時是港英政府職位最高的華人，1980年代討論香港前途時，他不僅拜會中方，也遊說英方，要求決定香港前途時要納入香港市民的意見。在英國國會，議員譏諷他的議員身分「不是香港人選出來的」，他反唇相譏：「難道你是香港人選出來的？」

面對三位訪客，鄧小平一開口就只「歡迎」他們「以個人身分到北京走走」，這是刻意無視鍾士元三人的議員身分。對於他們的訴求，鄧一句話就定了調：「過去所謂三腳凳，沒有三腳，只有兩腳。」

在1980年代談論香港主權移交中國時，常見「三腳凳」這樣的比喻。意思是期望決定九七後的香港前途時，能由中國、英國和香港市民三方共同參與。但鄧小平一句話就把期望打回原形：香港前途，只能由北京和倫敦的政客來決定，香港市民無權參與。

在回憶錄裡，鍾士元說他當下的感覺，是鄧小平正用中國傳統決定子女婚姻的「盲婚制度」，來決定香港的政治前途。他當年的主張：「（中英）談判結果要交給我們(香港市民)自決」，如今已是觸犯《港區國安法》的重罪。

抗爭的發生、茁壯和質變

借用前述對話中的比喻。自九七香港主權移交中國以來，一浪高過一浪的民主訴求，就是「第三支腳意識」的萌發和成長。而2019年下半由「反修例」（反對修訂《逃犯條例》）所激發、遍

及全香港的民權運動，正是對中、英兩強——特別是中國對所謂「香港前途」的強行定義和鋪排——所發出的最激烈衝擊。

《逆天抗命》描寫的主軸鎖定在2019年下半到2020年的反修例抗爭運動，作者韋安仕（Stephen Vines）明確地認定「香港本土化」就是抗爭運動的精神內涵：

> 2019年至2020年這場民主運動的核心價值，無疑就是香港的本土身分認同。雖然本土認同的茁壯成長其實早已持續多年，可是在起義之後才進化成清晰的集體意識，成為重大的政治議題。

韋安仕的觀察是精準的。但如果將觀察的時間軸再拉長一點，卻可以發現「本土化」和香港民主運動之間，並非自始就是理所當然的結盟關係。甚至到2016年前後，在一部分主流民主派的論述裡，「本土意識」仍是推進「民主化」的障礙。這一派論述簡而言之「反中共不反中國」，他們認為香港的前途仍然寄望在中國政治的改良，甚至走向民主自由。為了香港的未來，港人應該努力拉動、催化中國的民主進程，而不該自絕於「中國人」的身分之外。

前述這一套理念，被稱為「大中華」，或者被人再加一個廣東話裡不雅的字尾：「大中華『膠』」。

2008年北京奧運曾經在香港帶動一波愛國及民族主義的高潮。一份民調顯示，受訪者認為自己是「中國人」和「廣義中國

人」的比例達到六成；另一份針對18～30歲年輕人的調查，四成受訪者認同自己是「中國人」。但到了2014年，認同自己是「中國人」的比例只剩一成出頭。

如果說發生在2016年春節的「旺角騷亂」，讓持「本土」立場的民主派開始受到關注；那北京和港府對2018年「雨傘運動」的鎮壓，就是讓香港年輕一代把「本土」和「民主」熔為一爐最決定性的力量。

以後見之明來看：2014年訴求「愛與和平」、「非暴力抗爭」的「占領中環」運動，是北京／香港政府與多數香港市民共同平穩推進民主進程的最後機會。但極權統治者就是忍不住想當全拿的贏家，鎮壓一旦發動，包括擁有權力的人，都回不了頭。珍貴的歷史機遇一去不復返。

為什麼放棄了祖宗家法？

極權體制下，人民的反抗是果而不是因。對抗意識的強與弱，是有權力者與市民相互作用的結果。因此2018年之前的香港與北京之間相對緩和的關係，來自於北京政府選擇對香港政治、社會體制「暫時容忍，與之並存」的政策：一國兩制。

「暫時容忍，與之並存」的政策可以一直上溯到1949年，中共即將贏得國共內戰，取得全中國統治權時，產生了一個問題：要不要一鼓作氣，趁勢「收復香港」？中共元老周恩來在1951年曾經明白說道：「我們在全國解放之前已決定不去解放香港。」

1966年文革爆發，哪怕在香港的共產黨員發動「六七暴動」與之呼應，周恩來仍然堅持不讓文革擴散到香港。

這個一以貫之的政策，之後被歸納成「長期打算，充分利用」八個字。1978年，鄧小平啟動改革開放，選擇深圳試點，延續了對香港的「打算」和「利用」。《逆天抗命》提綱挈領地列舉了在這七十年間，中國從香港這個窗口獲得的經濟利益：

> 自中華人民共和國在1970年代容許海外投資後，香港企業家一直都是在中國創業的急先鋒。直到2010年代末期，大陸仍然有約六成的外來直接投資源自香港。

中國借助香港這個口岸獲取了利益——不可諱言，香港也同步獲得了經濟成果——這是支持北京過去六十年對香港「暫時容忍，與之並存」政策的基礎結構。但為什麼到了習近平時代，周恩來訂定的「祖宗家法」就不再重要？

韋安仕非常準確地從這個角度，切入了習近平時代中共對港政策變與不變的關鍵。

> 1997年主權移交時，差不多一半的中國海外貿易都必須透過香港進行。可是如今這個比率也收縮至少於12%。

中國本地和香港的總體經濟對比也起了極大的變化：

　　香港於 1993 年的國民生產總值大約等同中華人民共和國的 27%。……可是到 2018 年，這個比例卻大約收縮至微弱的 3%。

　　韋安仕沒有明言，但往下延伸他的觀點，可以說中國經過四十年的改革開放，加上二十年在世界貿易體系的運作，自身經濟發展的積累，使得香港這座「門戶」的重要性愈來愈低。再加上習近平上任之後，「中華民族偉大復興」這種自信心爆棚的成套論述，使得中共中央愈發相信，一國兩制中對民主進程的政治承諾不必再理，鎮壓香港可以無所顧忌。

香港今日，孰令致之？

　　2019 年香港的反修例抗爭無疑是北京治理香港的重大失敗，北京和香港政府究竟如何看待、描述這樣的失敗情境？韋安仕引用了《環球時報》總編輯胡錫進作為代表，他在網誌批判香港的「極端資本主義」，也指責特區政府輕忽民生問題。

　　事實上，比胡錫進更有系統的，是建立在「深層次結構矛盾」這個概念上的一系列論述，其中大致包括幾個觀點：

- 香港經濟體制，充斥極端資本主義，以及關係裙帶下的腐敗。
- 由於分配嚴重不公，香港貧富差距嚴重，幾無發展機會的青年才會群起抗議。
- 香港的病態經濟體制，是英國殖民體制的遺留。

- 香港政治領導人和公務員鮮少意識到深層次矛盾問題，更無心改革。
- 香港經濟靠地產等少數產業拉動，高漲的地產價格讓青年無法安身立命。

……

持平來說，上述這些觀點並非全無解釋力。但它明顯是「選擇性究責」：把反送中抗議亂局的責任完全甩給香港特區政府官員，以及養成這批官員的文官體制。但簡單的事實被忽略了：讓民主和極權體制勉強並存的一國兩制，才是真正的「深層次矛盾」。即使明訂在《基本法》裡的「（特首、立法會議員）雙普選」，落實日程亦遙遙無期。最基本的「民主深化和實踐」的問題，被一整批親中的評論者刻意繞開。

但即使寫到這裡，韋安仕的論述還能開展更深一層。他非常精確地點出：

（中資企業）這些地產界的新軍來勢洶洶。……萬科集團、中國海外、世茂集團和保利置業等企業，在近年的土地拍賣場上積極投標。……在 2016 和 2017 年，中資企業時而獨自競投、時而與本地業界合作，總共投得全香港四成住宅用地，並付出 65% 的賣地成交金額。

在這一層問題揭開後，讀者就能進一步發覺，北京／香港建制派主流對反修例抗爭的論述，除了卸責給舊殖民者，更對中國

政府引入的新殖民體制沉默不語。這比單純的選擇性批判更令人
憤怒。

「如水一代」走向何處？

　　2020年新冠疫情爆發，意外給了北京／香港政府一個終結
反修例抗爭行動的理由。緊跟著《港區國安法》生效，香港的言
論自由、輿論監督、民主倡議和社會運動能量瞬間凍結，相當數
量追求自由、文明生活的港人移居海外。在政府鎮壓和市民出走
的交互壓迫下，香港社會的能量幾乎降到主權移交以來的最低
點。站在支持民主運動的立場，幾乎找不到還能樂觀的理由。

　　但回看台灣，甚至香港自身的社運歷史。台灣的太陽花運動
是在國民黨強力動員、ECFA過關幾乎成為定局的情況下，意外
由一群年輕抗議者點燃，兩岸關係和馬英九政府的歷史定位都在
這場意外引爆的運動後急轉直下。

　　在香港，2019年前半最重要的政治事件其實是「占中九子」
的審判。4月14日宣判，九名被告都被判有罪，戴耀廷、陳健民、
邵家臻和黃浩銘四人即時入獄。回憶這個時刻，其實也有「太陽
花前夕」相同的無力和「末世感」。那時沒有人會想到就在55天
後，香港會爆發主權移交以來最大的一場民權運動，時間長達半
年。

　　無論是2014年的太陽花，或者2019年的反修例，爆發就像
是場偶發事件，但點火之前，能量早已長年累積。在香港，「一

國兩制」就是把冰塊與炭火放進同一只鍋子，力求自各自都不生變化。這樣的制度只在兩種條件下能維持：第一，北京自知權力還不夠大，願意委屈自己暫時妥協。或者，北京政府能夠長長久久地自我克制。但這兩項前提，沒有一樣經得起時間流轉的考驗。

　　鍾士元在四十年前準確預測了今時今日的局面，因為作為老政治家，他懂得。2020 年之後，「如水一代」已經結成隊伍，他們也懂得了：「第三隻腳」不可能憑空長出來。行動有時會成功，有時會失敗。但只要制度不變，壓迫就一直會在；只要壓迫一直都在，反抗就不會停止。

（作者為資深新聞工作者，2018～19 年擔任香港《端傳媒》總編輯，親歷反修例運動。）

關於翻譯和用語

Note on Transliteration and Names

　　作者於書中引用過的文獻，譯者盡量尋回粵語或華語之原文。不過在《國家安全法》實行前，香港曾為國際傳媒機構在東亞之地區基地，因此，香港人不時會應邀外語媒體之訪問，其報導內容多為英語，甚至整場訪問以英語進行，不會留下任何原文的痕跡。此時譯者不得不把一些老朋友耳熟能詳的話，當成是外國言論那般翻譯。老實說，這樣做的感覺頗為突兀。

　　必須一提的是，在第九章其中一段引文之所以無法找到原文，純粹是因為特區政權於事後竄改新聞稿。一葉知秋，香港已墮落到何等田地，由此可見一斑。除此以外，由於特區政權在2021年運用《國家安全法》的權力打壓傳媒，《蘋果日報》和《立場新聞》先後被迫停止運作；而本書曾多次引用來自這兩間媒體的報導。讀者如果希望查證相關報導，在網路上仍可找到熱心網民儲存的備份。不過礙於版權問題，譯者無法在書中附上相關的連結。

　　香港曾被英國統治一個半世紀，民眾之英語雖然稱不上標準流利，把粵語和英語混用卻是多年的本土語言傳統。雖然香港人大多有漢名，卻也喜歡取外語名字，並以此行走江湖。文中首次

論及這種人物時，將會同時標示他們的外語名字。

譯者大體上會以台灣通用的方法，翻譯西方人物之名字。不過與香港感情深厚的西方人，也會同時有個地道的漢名；有時是友人送贈的、有時是西方人自取的。比如本書的作者，其漢名為韋安仕。在這種情況下，譯者會採用這些親切典雅的文字。在英國統治香港期間，也會按同樣的邏輯翻譯英國及香港官員的名字。譯者於本書會以漢名稱呼香港殖民地官員，並以台灣通用方式翻譯英國官僚的名字。因此鐵娘子 Margaret Thatcher 會是柴契爾夫人而非戴卓爾夫人，而香港末代總督 Christopher Patten 則是彭定康男爵而非克里斯多福‧柏藤。

替事物命名之原則，無法避免會取決於論者的判斷和立場。比如譯者會偏向把香港於 2010 年代的抗爭稱為「雨傘革命」和「流水革命／時代革命」，但還是會依從作者之用法，使用「雨傘運動」和「反送中運動」。譯者亦傾向避免把 1911 年之前東亞大陸諸國，全部都泛稱為「中國」。在此書譯者採取中庸之道，以「中國」指涉當代中國和地理中國，以及在當代中國土地上跨越時代的體系。若是涉及個別時期政權，則會以「清帝國」、「中華民國」等詞彙稱呼之。關於當代中國的稱呼，則為行文方便把「中華人民共和國」、「中國」、「中國大陸」和「大陸」混用。至於台澎金馬，則只會於特定情況稱之為「中華民國」，一般則會稱之為「台灣」、或是將其描述為一「島國」。

英文版作者序

Preface

　　本人於1987年遷居香港——當時距離主權移交給中國尚有十年——為的是擔任倫敦《觀察家報》(Observer)的東南亞記者。「我們不會寄望香港會有什麼大新聞。」我的上司如是説:「不過這是個很好的基地。」老實説,這份報紙對外派記者到香港這回事沒有太大期望。當時為了讓上司答應把我派往香港,本人不得不從全職改為兼職。亦因如此,我可以自由地為各色各樣的報刊和電台工作,如此的結果遠比以前想像的更有趣味。

　　自英國人來到香港,他們就不曾對此地寄予厚望。當大英帝國在1841年取得香港時,外相巴麥尊勳爵(Lord Palmerston)就貶斥香港為「荒島」,判定此地「永遠無法成為商埠」,[1] 此説其後廣為人知。看衰這小島前途的,巴麥尊勳爵不是第一位、也不會是最後一位。這片殖民地的成就,歸根究底有賴於「凡事皆可能」的信念。因為有著此等信念,香港得以成為如此活力澎湃的社會。

　　當國泰航空那架猶如龐然巨物的747客機,在九龍城的房子

---

1 譯按:巴麥尊勳爵之主要關懷是與清帝國達成貿易協議,而非攻城掠地。即使最終英國要設立據點,他亦偏好鄰近長江口的地域。因此他不能理解何以前線人員要把香港擺上議程。

（如今大多被清拆掉）頂頭拐著那馳名的大急彎，對準啟德機場的跑道之時，我就被這股「凡事皆可能」的精神感染。任何人只要見識過這樣的著陸過程，都必會印象深刻。不過好事還在後頭；我很快就發現香港這個地方機會處處。

自我開始就業以來，一直擔任記者的工作。我從沒想到如斯卑微的出身，竟然也有考慮創業的空間。與本地同業對談時，我總對他們多姿多采的副業嘖嘖稱奇。當我還待在倫敦的時候，記者朋友若要從商，也只會選擇公共關係這一塊相近的領域。這種約定俗成的行業區隔，在香港卻是聞所未聞；一邊探訪、一邊從商，絕非什麼令人希奇的事情。

亦因如此，我在香港住了一年多，就開始兼職廚具零售的生意。在此之後，本人也在食品工業創過幾次業。雖然本人欠缺技術才能，卻還是能乘著「科網革命」的熱潮開了間提供網路內容的公司；這次經歷正好說明此地之進取精神。（當然，這次創業有賴於技術遠比本人高超的合夥人。）就如當年的狂潮那般，這家公司也經歷過暴起暴跌的奇妙歷程。對於本人以及無數遷居香港的人來說，這地方是個生機蓬勃的領域。

幸運的是，這一連串在新聞領域以外的工作，使我能接觸到林林總總的人群、讓我能享有各式各樣的體驗；龜縮在傳媒界的小圈子，就不可能有這種額外的收穫。後來的發展，說明這些難能可貴的經歷對瞭解真實的香港帶來莫大的幫助。然而不容諱言，報業才是本人的首要關懷。不過，如果我當年待在倫敦，恐怕始終都無法尋到香港賜予的各種機遇。在香港的那段日子，我

當上新報章的創刊編輯、參與創辦一份諷刺時事的雜誌、又在電視台兼任時事節目主持人。許許多多的事情，讓我必須對香港感恩戴德。

即或如此，我本來只打算在香港待幾年就回去倫敦。但天安門大屠殺改變了一切。對我個人而言，這件慘案是人生的分水嶺。

在1989年6月3至4日那個悲愴的黑夜之前，中國大陸爆發連續好幾個星期的抗爭。本人目睹為數不少的香港人焚膏繼晷，為的是要支援國界另一邊的同胞。那時氣氛雖然緊張，但社會心態大體上仍然樂觀。民眾仍然敢於想像，期望中國有機會轉型為民主社會；此時距離中國接收香港，尚有不過八年的光景。

戰車正開進北京天安門廣場的消息，在那個深夜開始傳播開來。那時英國廣播公司拜託本人接觸本地的民主運動領袖，看看他們會有什麼回應。我打出的電話，全都因為線路繁忙而無法接通。經過一番努力，我終於收到風聲，知道他們正在籌劃一場集會。本人被告知，可能有數以十萬計的民眾會參加，他們會從市中心一路遊行到維多利亞公園；這座香港島上最大的公園，自此就成為歷次抗爭的爆發點。我把部分的消息上傳，卻決定略去對集會人數的評估，畢竟數目高得有點不切實際。

此刻仍為英國領土的香港，是中國境內唯一一個能舉辦這類集會的地方。按照主權移交的協定，集會自由等各種權利受到保障，將維持五十年不變——不過無人知曉中英兩國這份協定，將來是否能實行。如此無以名狀的未來，解釋了香港在6月4日發生的事情。那是屠殺展開後的第一個白天。

在破曉之時，香港的電台都取消掉慣常的節目，改為報導和評論前夜的腥風血雨。在我住的那棟大樓，居民都擠在一樓的大堂，觀看保全的電視機。他們家裡都有自己的電視機，卻不約而同想結伴見證如此的時刻。後來我才知道我的鄰居絕對不算是特例。當不敢想像的慘事發生在國界的另一邊，大家都需要有人陪伴。

此後我啟程前往愛丁堡廣場——好一個帝國主義的地名。那正是將要舉行集會的地方。我發現身邊的人群，幾乎都是要去同一個目的地。參與集會的民眾一波一波蜂擁而出，維多利亞公園顯然無法容納這麼多人，跑馬地的大馬場因此得向民眾敞開大門。香港民主運動的領袖，以至大部分的本地演藝明星，都雲集在那匆忙搭建的舞台上。他們一起合唱《為自由》；這首新譜的歌曲乃是這場民主運動的粵語主題曲。[2]這是關鍵的時刻，標誌著香港文化和香港抗爭如何水乳交融。

當日實際參加遊行的人數難以證實，但坊間普遍相信當日有至少一百萬人上街——這是個破天荒的數目，此後要到2019年才被超越。當日人潮洶湧，大家都飽受烈日和濕度的煎熬。可是

2　譯按：這首歌由創作歌手盧冠廷作曲，填詞人是他的太太唐書琛。歌詞如下：
　　騰騰昂懷存大志，凜凜正氣滿心間，
　　奮勇創出新領域，拚命踏前路。
　　茫茫長途憑浩氣，你我永遠兩手牽，
　　奮勇創出新領域，濺熱汗，卻未累，濺熱血，卻未懼。
　　愛自由，為自由，你我齊奮鬥進取，手牽手。
　　揮不去，擋不了，壯志澎湃滿世間，繞千山。

眾人保持著耐性，秩序井然。群眾們都異常自制，毋須動用警力維持秩序。

這天我體會到，過去老掉牙的香港印象根本沒有反映現實。這些印象認定香港人只關心金錢和生意，無暇理解民主與自由這類虛幻的概念；認定香港人要是沒有老派權貴的指導，就無法有條理地辦事。這些林林總總的謬論，在天安門屠殺後不攻自破，並於隨後幾年被完全否定。

在此之前，本人曾經忙於報導菲律賓和緬甸的抗爭。那些地方的事態，看起來也同樣不似會帶來任何改變。可是到了今天，更引人入勝的事情快要在我家門前掀開序幕。

也許這次只是可一不可再的偶發事件？當時沒有人能說得清，但事實證明這次抗爭絕非單次的偶然。6月4日的集會乃香港大規模抗爭的演化里程碑；這一場集會有別於過去那些零散的示威行動，其群眾基礎亦遠比昔日的社會運動廣泛。這場集會顯示出，原來面對時代洪流的衝擊，大批香港人是會奮起捍衛家邦；在1989年的時空，這意味著要去支持中國大陸的民主運動。當中國對香港的統治成為日益顯明的現實，香港人對中國民主運動的熱情就冷卻下來；因為中國昔日承諾過的自由此刻已是岌岌可危，捍衛此等自由成為刻不容緩的頭等大事。

不論是與日俱增的恐懼氣氛、還是拒絕不戰而降的志氣，都逐漸刻劃在我的意識之中。在1989年中國爆發民主運動之際，能身處香港經歷這不安卻動人的時刻，則把我這些朦朧的印象轉化成清晰的使命。我捨棄了離開香港的一切念頭。如今既有機會

見證歷史的誕生，為何還要離去？

　　在帝國的年代，中國歷史往往會不斷重覆。事實上，中國歷史充滿了陰鬱的對稱性，週年紀念總是傳出不祥的迴音。同樣的，香港在 2019 年 6 月發動起義之時，正好是中國人民解放軍鐵腕鎮壓八九民運的三十週年。香港在 2019 至 2020 年的抗爭，也演變為北京自 1989 年以來所遇到最強烈的抵抗。全世界都在屏息以待，觀望香港人的膽識會否遭遇同等的暴戾。

　　英國在 1997 年把香港轉交中華人民共和國，兩年後本人撰寫了一本題為《香港新貴現形記》的書。當時，有評論人認為此書的標題[3]對香港前景的判斷過於悲觀，他們堅持，中國在取得香港主權後不可能真的模仿昔日殖民者的作風。他們說的沒錯，只是把理由弄錯了。後來的事態發展，說明中國共產黨並不滿足於僅保存英式管治最惡劣的元素。他們想要的是恭敬臣服的藩屬——就如昔日統治中國的帝皇那般。

　　在主權移交後的第三個十年，這個曾為英國殖民地的領域，街頭充斥著催淚瓦斯、水炮車的水柱、以及胡椒噴霧。到 2020 年的夏天，《國家安全法》更被強加諸香港，衝擊此地一切的公民自由權利。

　　然而，福無雙至、禍不單行。2019 年末，中國大陸開始傳來噩耗；有一種致命的病毒正在不斷擴散。到 2020 年 1 月，這

3　譯按：此書原文標題為 *Hong Kong: China's New Colony*，直譯出來就是《香港：中國的新殖民地》。中譯本於 2000 年由時報文化出版。

款病毒顯然將會侵襲香港。這挑起了17年前SARS疫潮的慘痛回憶；那場瘟疫於2003年1月爆發。當時有一位「超級傳播者」在鄰近香港的廣州入院求醫，卻令許多醫護人員遭受感染。疫潮於一個月後擴散到香港，最終奪去299條性命。這次大爆發的回憶，深植於香港意識當中。這說明何以香港在2020年面對更致命的冠狀病毒時，本地人採取各種措施，使得病故者的數目遠比上次疫情為少。

與COVID-19的角力尚未開始，香港早就深陷另一個戰場：那就是爭取自由的鬥爭。數百萬民眾走上街頭，呼喊對自由的渴望、捍衛香港的自治權。他們勇敢抵抗世上最強的威權，一邊喊著「光復香港，時代革命」、一邊邁步前進。示威者的訴求經常會被指為「不夠務實」，而有些人即使同情運動，仍會暗自嗟嘆，認為挑戰中國共產黨的權威，既是危險、亦會徒勞；這個前科累累的政權，就是會用槍桿子回應抵抗。

這個政黨對付異議的作風野蠻暴戾，早在1989年表露無遺。在政權恢復秩序的過程中，無數敢言的青年男女淪為被踐踏的屍體。如今恐懼的氣氛侵蝕香港，使受創的心憂慮歷史悲劇即將重演。筆者於2020年末開始動筆時，若說香港上空籠罩著暗黑的烏雲，這樣的描述絕非浮誇。居於香港數十年，我從未目睹過如此的不安與恐懼。有位敬業的朋友鉅細靡遺地採訪抗爭，為此寫過好幾篇報導。當她在家中聽到警車鳴笛的聲音，都會害怕警察是要上門拘捕。幸而虛驚過後，她仍能留在居所陪伴家人，可是有更多的人卻被迫於清晨離開睡床，被押解上警車。我那位朋友

顯然絕非過慮；自2020年起，被拘捕的人數與日俱增，當中也開始有記者的身影。

在餘下的篇章，請容我毫不掩飾地一抒己見。本人對中國仍有期盼、對香港則有委身之志；香港對本人的恩賜，實在數之不盡。我衷心希望香港能以某種形式存活下去，縱然來勢洶洶的噩運似要扼殺任何樂觀的盼望。

不少躊躇滿志的人來到香港，卻發現他們待得愈久，就對整個香港社會產生出類似的期許。他們起初只想當個過客，卻很快就視此地為安身立命之所，這樣的轉變也伴隨著委身服事的強烈決心。

香港過去曾是各方難民棲身之地。此地機遇處處，也是平靜的安樂窩。就如資深記者曾紀凡[4]的名言所云，香港「在過去短短一百年間，是有史以來唯一能實現此等理想的中國人社會。這裡沒有一個人需要擔心夜半會傳來敲門聲。」

英國殖民主義即便一無是處，終究還是實現了這樣的理想。殖民主義當然也展現過最惡劣的英式種族歧視，滋生了社會的不平等。這種制度要求住民對遙遠的宗主國表達出誇張的禮儀，而遠方這個宗主國對大部分香港人的實際生活來說乃毫無意義。不

4　譯按：Tsang ki-fan之音譯。雖然他那句名言在1980至1990年代廣被引述，可是既無漢文原文、也沒有留下漢文姓名，可能是為外國駐港通訊社撰寫的新聞稿。譯者曾就此向身兼史家的資深傳媒人鄭明仁老師請教。他雖然無法百分百確實，卻認為原作者很有可能是曾紀勳；這位名記者同時也是位文學家，筆名「散髮生」。

過，在英國人幾乎沒發現、更沒有規劃的情況下，這個殖民地的民眾確立其獨特的身分認同，日益深愛這片土地；雖則這片土地顯然是中國的地方，卻同樣也是異乎中國。我們若理解這種身分認同，就能明白引發2019年起義的基本因素。

大部分抗爭運動的成敗，都不取決於單一的個別事件。抗爭運動乃是一個過程——其終局雖往往令人驚心動魄，但在此以前的過程盡是曲折離奇、滿是高低起跌，事態的發展無可預料。香港的起義自然也是一個過程。本書會嘗試理解這個過程，說明起義的成因，並描寫當中的各種事件。

不過這場社會運動以外，也發生了一些更為舉足輕重的事。我得承認在本人開始書寫之時，還是見樹不見林，對此尚未察覺。後來的事態發展，清楚顯明香港的局勢足以左右中國專制政體的存續。當抗爭與2020年的冠狀病毒危機同步發生，共產黨要面對的挑戰也日益嚴重。香港雖籠罩在恐懼之下，北京卻同樣坐立難安。這個政權一直以為自己無懼這種挑戰，但世人卻驚奇地看見，小小的香港成為無數人眼中的自由燈塔。

對於一黨專政的中國而言，這無異於存有的危機。促成威權沒落的事件往往源自邊陲而非中央，要確定終結威權的究竟是哪一件事情，也只能訴諸後見之明。現時我們對終局茫然不知，言之鑿鑿斷定香港結局的人，不是傻子就是騙子。不過我們還是可以得到一些提示，容我於其後娓娓道來。

這本書會用大部分的篇幅仔細探究，香港的起義如何開始、如何演變、隨後又對世界帶來什麼樣的影響。瞭解這樣的事態發

39

展，就能掌握世情的關鍵，明白為什麼在 2021 年，貌似堅不可摧的中國威權其實乃是站在浮沙之上。

那些堅持香港抗爭預後不佳的論者，也許未曾聽過本人一位朋友的忠告：「千萬不要看扁香港人，他們從來不會令你失望。」這位朋友後來當上立法會議員。

不論如何，我們只要回顧過書中列出的歷次事件，就無法不去敬佩香港人無比的決斷、勇氣和創意。比較冷靜的觀察者，此時會補上一句「我不去評論這些事情是好是壞」——但我承認自己從來都不是客觀抽離。我熱愛香港，更愛數以百計和我傾談過的香港人。若非他們的緣故，這本著作就不可能出現。

引言

Introduction

　　就在香港爆發抗爭之前一年，中華人民共和國看起來完全是另一個世界。當時這個威權政體準備於2019年的慶典宣示勝果，藉此紀念掌權70週年的大日子。這是了不起的成就：此刻政權的壽命已經超越蘇聯這位老大哥。國家主席習近平在2018年12月的典禮把中國共產黨歷年的成就娓娓道來，宣稱中國已經成為世界強權，不只是中華人民共和國的子民，如今普天之下皆已承認中國之權柄。他宣示中國正要走向世界舞台的中心，廣被視為促進世界和平的力量，促進國際社會的發展、維持列國之間的秩序。

　　而在當年較早的時刻，國務院總理李克強為共產黨的成就列出一張猶如流水帳的清單；在人民代表大會這個橡皮圖章之前，他發表了政府的年度工作報告。在人民大會堂那壯麗的場地中，擺放著一排又一排整齊的議席，而北京親自挑選赴會的「人民代表」，讓這些「代表」在會中協調一致地鼓掌，專心地聆聽總理細列過去一年的種種成就、設定來年的政策目標、強調未來的長遠取向。

　　李克強總理的報告指出經濟發展正全速前進，過去五年達成

7.1%的年均增長率。他表示這些年來「人民生活持續改善」,已
有6,800萬人脫離貧困,平均收入的年均增長亦有7.4%。中國為
了成為世界製造業的龍頭,開展所謂的「中國製造2025」計劃,
「推進工業強基、智慧製造、綠色製造等重大工程」,促成「先進
製造業加快發展」。而野心勃勃的「一帶一路」計劃亦取得重大
成就;此經國大業計劃透過中國的海外投資,使北京成為貿易互
惠網路中的盟主,已經伸展到亞洲、非洲、以至其他更遙遠的地
方。[1]

　　李克強強調,「中國開放的擴大,有力促進了自身發展,給
世界帶來重大機遇」。中國正於世界事務中取得其應得地位,既
主持重大的國際會議、領導諸如環境保護等議題、亦以實力衝擊
由美國霸權主導的世界。

　　李克強這些話其實並無脫離現實:雖然他本人沒有明言,但
華盛頓自2017年以來造成的局勢,對北京猶如天上掉下的餡餅。
川普的政府既要退出國際組織、撕毀昔日的協議,甚至不時損上
美國自己的親密盟友。這種因疏忽大意而造成的政治真空,中國
雖無法高調地完全填補,卻也不會放過讓世人注目的機會。中國
這幾年早就為國際影響力磨拳擦掌。習近平主席於2015年造訪
英國,成為首位赴英進行國是訪問的中國領導人。他高興地發現
英國人不再提出惱人的人權問題,只想聚焦在中英關係的「黃金

---

1 《2018年政府工作報告》。於2021年9月13日摘取自《中國政府網》(http://big5.
www.gov.cn/gate/big5/www.gov.cn/zhuanti/2018lh/2018zfgzbg/mobile.htm)。

時代」。到2017年，北京再一次在世界衛生組織中安插屬意的秘書長。（此舉將於2020年激起強烈反彈。）除此以外，北京也解決了一些困擾多年的外交問題。過去中國與俄國不時關係緊張，如今兩國卻建立起親密的連結，在諸如中東局勢等國際議題緊密合作。過去中國在歐洲唯一的重要盟友只有阿爾巴尼亞，如今卻於世界各地與更有影響力的大國建立友誼。

另一些麻煩的問題也朝向北京樂見的方向發展。當時台灣將於2020年1月舉行總統大選，而中國國民黨似乎將會獲勝。國民黨過去曾是共產黨的死敵，可是如今他們卻通力合作，為的是抵擋台灣本位的民主進步黨。國民黨在直轄市長及縣市長選舉取得佳績，期間又冒起一位勢將擊潰現任民進黨總統蔡英文的政治奇才。如今中國距離收服這個島國似已向前邁進一大步，李克強宣稱已經「堅決反對和遏制『台獨』分裂勢力，有力維護了台海和平穩定」。至於香港，自2014年雨傘運動平息後，民主運動的聲望似乎亦大不如前。李克強因而宣告『一國兩制』實踐不斷豐富和發展」，使得「憲法和基本法權威在港澳進一步彰顯」。總體而言，中國的政策使「香港、澳門保持繁榮穩定」。

不過李克強在其後的一句話，語氣倒是不太一樣。這句話很可能只是裝飾用的修辭，如今看來卻是一語成讖；他引用古語，勉勵聽眾「安不忘危、興不忘憂」。

樂觀自信的習近平政權，卻欠缺這種居安思危的謹慎。習氏於2012年獲選為共產黨總書記，到翌年再兼任國家主席。到2018年，國家主席的任期甚至延長至終身。習近平思想也於

2017年獲寫進憲法，確認了習近平的主導地位。在此之前，只有毛澤東思想曾經有過這樣的憲政地位；習近平是毛澤東之後權力最大的中國領導人。這套新的意識形態全名為「習近平新時代中國特色社會主義思想」；好一個不知害臊的名字。習近平思想的宗旨，是要繪出促進繁榮的藍圖，並了無新意地主張建設「中國特色社會主義」。就如之前把毛澤東思想寫進憲法那樣，這次修訂憲法為的也是確立中國領導人不容挑戰的權威、確立領導人控制一切。

中國昂首踏步之時，總愛回味往事；為配合今期的流行，動筆詮釋舊日的歷史。共產黨領導人就如一切的獨裁政權，不惜工本地為黨史各個關鍵時刻舉辦慶典，藉此頌揚威權延續多年來的偉大成就。在2018年，中國慶祝改革開放政策落實四十週年；而在2019年慶祝共產黨奪權七十週年之際，當局就早把目光放在2021年的重大慶典，屆時中國共產黨本身剛好延續了一個世紀。

為預備建黨百年大慶，中國共產黨訂立一連串野心勃勃的目標，藉此讓黨國新秩序顯得如日中天。在2010年代那十年，中國準備把國民生產毛額及人均收入倍增。為向國民展示新中國的先進權威，中華人民共和國首部國產航空母艦已經落成下海成軍，與此同時他們也修建了一座實際運作的太空站。這一切的工程都有助實現所謂的「中國夢」，亦即想要在2049年之前達成的一連串的政策目標，藉此實現習近平主席所謂的「中華民族偉大復興」。

怎麼可能是微不足道的香港，來擋下這巨人的進擊？

• • •

住著750萬人的香港與中華人民共和國相比,就如一粒毫不起眼的小塵埃。英國人於1997年撤退後,北京很快表明此地之自治權是有限的——比如香港的司法獨立就受制於對《基本法》的所謂詮釋。有權詮釋香港這部迷你憲法的,是身處北京的全國人民代表大會常務委員會。在實際操作上,「釋法」的舉動實際上是修改《基本法》,從而凌駕香港法庭的判決。

中國對香港的統治在2007年踏入第二個十年,上述侵害香港自治的過程變本加厲,並於2012年習近平上台後進一步加速。習近平在中國大陸一直無情打壓潛在或真實的政敵,從來也未停下腳步,顯然他的政權不會包容異見。邊界另一頭的強硬作風,無可避免地禍及香港。胡錦濤時代綿裡帶針的侵蝕,在習近平上台後就變成波濤洶湧的大整頓。香港雖有反抗,身處北京的領導人卻受其回音壁所惑,認定香港人不會做出什麼有用的抵抗。2014年雨傘運動的抗爭雖使此幻象淪為泡影,但抗爭終究還是平息了,而政權亦未曾為此作過一絲的退讓。

局勢看起來就是那樣。在野派似已傲氣不再,香港中門大開,如今再高調的干預似乎都不會有問題。不僅如此,把這個前殖民地併入中國大陸的過程,似乎只會激起微弱的反彈。列國此時把中國視為盟友,而不是競爭的對手。中華人民共和國雄厚的經濟實力,於各個層面都為它帶來助力。一切既是如此順利,統治中國的那些大人物就放心把香港的事情拋諸腦後。

　　如此洋洋得意的自信，到2019年完全煙消雲散，香港抗爭在突然爆發後迅速升級，出乎抗爭者和政府意料之外。事實很快就說明，雨傘運動縱被打壓，香港人捍衛權益的決心卻沒有熄滅。

　　這場抗爭起初是為了反對修訂《逃犯條例》；可是在六月約二百萬名民眾走上街頭之際，抗爭者的訴求已演變成全面改革與民主。

　　鄧小平曾經承諾香港的政治制度在2047年之前將維持不變；這位中國最高領導人在前途談判時曾極力保證，主權移交後香港的生活方式將不受干擾。可是到了2019年，鄧小平早就在來世與馬克思重逢，而香港人發現，在中國統治下所謂現狀維持不變的諾言其實不值一文。

· · ·

　　在主權移交當日，事態卻顯得迥然不同。1997年7月1日凌晨，我在邊界冒著傾盆大雨，看著中國人民解放軍的卡車駛進香港，替換原先駐紮在香港的英國部隊。他們往前推進之時，路旁的群眾也熱情地歡呼。中英兩國於1983至1984年就香港前途問題展開談判，當時社會曾瀰漫著恐慌情緒，促發其後的移民潮。如今社會氣氛卻變得樂觀起來——應該稱不上是亢奮，但坊間普遍覺得事情不會變得太壞。

　　一個獨裁政權願意答允完整保存英式法治，那可是不簡單的事。期待這種奇特的試驗能夠成功，也許永遠只能是一廂情願——畢竟這次試驗，想要把世上最大的獨裁國家與一個自由奔放

的社會綁在一起。不過鄧小平是位重量級的改革者，他既然決定要把中國的經濟向全世界開放，無論如何也會讓香港對這個進程作出貢獻。

根據原初的構想，中國要透過香港的試驗向全球夥伴展現其寬宏大量，展現中國準備好遵從自由民主國家訂下的遊戲規則。在1980年代啟動改革開放之際，鄧小平認為若要向世界說明中國已經改轅易轍，實行「一國兩制」的構想乃至為有效的做法。於是，中國就能向世界展現其自信和偉大；畢竟世上沒有別的獨裁國家會有膽量構思如此激進的方案。在此以前，歷史上從來沒有任何近代威權國家會願意兼併一塊屬土，卻讓該屬土遵從異乎全國的整套規範。中國甚至允許香港不用跟從統領全國的意識形態。

這一切都不是口說無憑，而是白紙黑字，寫在1984年舊殖民者英國與新宗主國中國所簽署的國際條約。《聯合聲明》中最重要的乃第三條第五款的規定：「香港的現行社會、經濟制度不變；生活方式不變。香港特別行政區依法保障人身、言論、出版、集會、結社、旅行、遷徙、通信、罷工、選擇職業和學術研究以及宗教信仰等各項權利和自由。私人財產、企業所有權、合法繼承權以及外來投資均受法律保護。」

在香港特別行政區政權成立初期，社會對上述承諾能否落實頗為樂觀，認為「一國兩制」的脆弱平衡可能維持下去。可是這種秩序在2020年崩潰之前，早就敗象已呈。

中國共產黨自創立以來，在面對在大陸各地的反抗時，就一

味只會殘酷鎮壓。可是若要在香港重施故技，勢必舉世矚目。這個細小的前英國殖民地，卻是不相稱地舉足輕重。香港自治的存續，以及2019至2020年的起義，都是對中國威權政體的重大考驗。香港在世界舞台上甚為起眼，使中國難以好像在新疆所謂的自治區那般，採用血腥殘忍的暴力手段。美國參議員帕特·圖米（Pat Toomey）在《國家安全法》通過後曾與同事草擬《香港自治法》（Hong Kong Autonomy Act）的制裁條款。他認為「香港之於亞洲，猶如煤礦裡面的金絲雀」，並且強調「北京與日俱增的干預，或會使那些在中國陰影下爭取自由的國家噤若寒蟬」。[2]

中國領導人向來都知道香港容易成為鎂光燈的焦點，亦明白香港的各種事態勢必衝擊中國與世界各國的邦交。與此同時，香港問題的發展，亦能左右共產黨在中國本土的聲望。如果中國共產黨無法再掌控香港，屆時大家就會發覺這個貌似屹立不倒的威權其實還是可以挑戰的，如此一來中國各地會收到怎樣的訊息？世界各國又會如何看待？

殘酷無情的鎮壓，正好符合世上不少人過去之想像——他們一直認定中國是毫無道義的惡棍，不能期望這種國家會遵守任

2　Charley Lanyon, "Trump says White House will 'do something' about Hong Kong issue by end of week", *South China Morning Post (SCMP)*, Hong Kong, 27 May 2020, https://www.scmp.com/news/china/diplomacy/article/3086198/us-senators-move-pressure-china-hong-kongsanctions-bill (last accessed 9 Nov. 2020).
譯按：過去煤礦工在開工時會把金絲雀帶往礦坑。如果鳥不再鳴，代表坑洞可能正在洩漏瓦斯，此時礦工就會趕緊逃跑。在瓦斯偵測器尚未發明的時代，這是一種原始的安全措施。Canary in the coal mine 在此引申為凶兆之意。

何簽署過的協定。若是中國被人如此看待，那已經是夠糟糕了，然而共產黨更害怕大陸民眾會發現其政權只不過是建基於浮沙之上，繼而質疑其獨裁權威、甚至開始採取行動。習近平也必須顧及自己於政權內的地位；他一直在體制內揪出政敵，又無情地消滅對手，已經留下了一連串紀錄。在共產黨高層的狂熱世界，每個人為競奪權力而執迷。習近平這位終身國家主席是共產黨元老習仲勳的次子，也是中華人民共和國首位紅二代領導人，對黨國威權的運作瞭如指掌。他顯然已經數算過代價，認為必須確保對中國的全盤控制，為此可以承受鎮壓香港起義的代價。

當北京的領導人還在權衡輕重，政治危機也開始與衛生危機合而為一；這不速而至的風暴源自武漢這個華中城市。CO-VID-19的爆發本身已是不祥之兆，此後更是禍不單行，擴散為全球大流行的瘟疫，最終在經濟和外交層面釀成北京未曾預見的困局。若說共產黨領導人於2019、2020兩年，先後被香港的抗爭運動、以及足以致命的冠狀病毒殺個措手不及，這種說法一點也不誇張。

中國在2020年面對國內和國際社會排山倒海的批評時，時而裝作若無其事、時而怒氣沖沖地反駁。不過，那種若無其事也許確是出自真心；北京也許早已認定，在險惡的世途面對反抗，就只得盡力在經濟和軍事上擺出強硬的姿態。

不過他們還得要問：該如何令香港徹底順服呢？

• • •

2019年不少香港人憂慮，中國共產黨為確立威信會出動戰車鎮壓民主抗爭，就像他們在1989年的北京那般。不過此後抗爭仍是持續，而戰車也從未越境而來。

為此香港人都鬆一口氣。他們以為，當時之所以能倖免於難，是因為這個舊英國殖民地有其國際聲望，而這場抗爭又獲得絕大多數民眾支持。那時候沒有人想到，在幕後操縱的黑手會發明出另一種也許更為致命的方法，壓下香港對自由急切的渴望。

那些一廂情願的樂觀想法，沒有正視中國共產黨是如何運作。中共領導人異常記仇，也絕對不會容忍異見。北京那些大人物不過是想拖延時間。他們沒有下令血腥鎮壓，卻選擇把法律變成消滅政敵的武器，引入苛刻的《國家安全法》，並於2020年7月1日付諸實行──那天剛好是中國1997年接收香港後23年。

自主權移交後，北京就一直強迫香港訂立關乎國家安全的法律。香港特區政府在2003年曾試圖滿足此等需索，卻因大批民眾抗議而打退堂鼓。這次抗爭沒有釀成流血事件，而中國當局看起來準備好要在一國兩制之下與反對者共存。不過去到2019年，抗爭的激烈程度早已遠遠超越2003年的大遊行。共產黨此時已是忍無可忍。

在《國家安全法》實施之前，眾人都惶恐不安，看著最惡劣的命運光臨。那時我剛好要到居所附近的銀行理財。衣冠楚楚的銀行職員慣常都只談業務，從來不會聊政治。不過那天才開始辦事，職員卻神色慌張地問道：「我不相信共產黨，但又可以怎麼辦？」他不太像在前線當過抗爭者，很可能只是擔心時局，想要

找位和善的陌生人傾訴一下。

新法律過兩日就正式實行，北京想將異議者趕盡殺絕如今已是毋庸置疑的現實。生活乍看之下仍是如常，可是天空已經湧起密雲。容許香港高度自治的承諾，如今卻換成猙獰的法令，勢要置人於死地。

《國家安全法》授權中國大陸惡名昭彰的國安進駐香港，他們沒有責任要遵守本地法律。《國安法》於7月1日實施後不久，維多利亞公園附近一幢33層高的酒店就被改裝成國家安全公署的臨時總部——維多利亞公園可是多場抗爭遊行的歷史場景。國家安全公署的署長乃曾任共產黨廣東省委秘書長的鄭雁雄，他是有名的強硬執法者，以前烏坎這座南方鄉鎮爆發廣為人知的民主抗爭，就是被這個人壓制下來。

就官方名義而言，香港特區政府將實行《國安法》的權力授予新設立的香港特別行政區維護國家安全委員會，該委員會理論上由行政長官林鄭月娥領導，並由包括警務處長在內的紀律部門首領組成。可是北京派任的國家安全事務顧問，卻執掌指揮委員會行動的實際權力。擔任此職的駱惠寧，同時也是中央人民政府駐香港特別行政區聯絡辦公室（中聯辦）主任——之後在第二章會提到，中聯辦一直被視為香港的影子政府，在幕後指揮本地行政機關的官僚。

《國家安全法》以中國法律體系為基礎，欠缺香港原有普通法法律的制衡和透明度。這條所謂的法律，比較像是警察國家的條例框架。涉及《國安法》的案件會交給專責法庭審判，容許他

們作出嚴苛的判決。《國安法》不像普通法法律，不會清楚界定罪行的性質。何為顛覆國家、何為恐怖活動、何為分裂國家、何為勾結外國及外部勢力、何為危害國家安全，盡是大陸風格的無所不包、一切定義皆是模稜兩可。

這套全新的司法制度由一堆林鄭月娥親挑的法官主持，背後由「北方老大哥」督導。在部分被指為「特殊」的案件，被告會被押到邊界以外的中國法庭；最後的判決，不問可知。《國家安全法》規範的亦包含香港邊界以外的行為，不論那些無所不包的罪行是在何處發生，《國安法》都要管到底。根據這條所謂的法律，疑犯可遭無限期拘禁、無罪假定會遭到無視，諸如此類。那些曾不幸經歷過威權統治的人對此勢必歷歷在目。

《國安法》實行後，很快就出現一連串聳人聽聞的事件。法案才實施不過幾個小時，一位名為唐英傑的年輕人就因為「國家安全」的緣故被警方拘捕。民間人權陣線每年一度的七一大遊行如今已變成非法集會。「光復香港、時代革命」這句起義口號被指為煽動分裂國家，遭到禁制。《願榮光歸香港》這首抗爭運動的戰曲，也被視為顛覆國家的言論。公共圖書館和學校開始清除異見者撰寫的書籍。香港民意研究所被警察高調地搜查；民主派為準備九月立法會選舉，[3] 事先為決定參選名單而舉行初選，而香港民研為這次初選提供過技術支援。

搜捕異見人士的行動，亦於隨後展開。他們於 7 月 29 日拘捕鍾翰林、何諾恆、陳渭賢和何忻諾，這四位學生都是學生動源的成員，而組織在解散前一直提倡香港獨立。過度活躍的中國駐

英國大使劉曉明，隨即迫不及待地公開指斥四人為罪犯，完全不把無罪假定的法律原則放在眼內。此後不斷有人因《國安法》被捕、異見者被政權清肅；傳媒被這場風暴波及，甚至連那些被認定「過於縱容」抗爭者的法官也遭投閒置散。

　　林鄭月娥於 2020 年 9 月 1 日的講話，正式確定「一國兩制」之滅亡。她當日如是說：「香港係直轄於中央人民政府的關係，換句話說，香港享有的高度自治，並非全面自治。當中的行政權、立法權、司法權，並不是同中央分權的憲制制度，香港享有的權利係來自於中央授權。」[4]

　　直到 2020 年末，因《國安法》拘捕民眾之事還是時有所聞。在 2021 年 1 月 6 日，當局高調地動用約一千員警力，以顛覆國家政權罪一口氣拘捕 53 位知名民主運動人士。之前民主派為決定九月立法會選舉參選名單而舉行的初選，如今就成了罪證。警察於同日查封並搜索一位律師的事務所，又命令三間傳媒機構交出相關的證據，這些同樣都是史無前例的勾當。在 2016 年當選的民主派立法會議員，如今不是淪為階下之囚、就是被奪去參選資格，針對民主派區議員的圍堵也進一步牢固起來。那些仍在議會

3　譯按：此後特區政權以 COVID-19 疫情為藉口，根據《緊急情況規例條例》將 2020 年的選舉延後一年，並把早前的參選程序作廢。不過中國全國人民代表大會於 2021 年 3 月 11 日通過《關於完善香港特別行政區選舉制度的決定》，以「完善選舉制度」為名大幅減少立法會直選議席，並落實對候選人的資格審查。也就是說，之後的立法會選舉，都不會是真正的自由選舉。

4　〈林鄭：香港沒有三權分立　只有「分工」互相配合制衡　行政主導架構「核心就係行政長官」〉，《立場新聞》，2019 年 9 月 1 日。

之內的在野派，被告知須重新宣誓效忠，並暗示他們隨後很可能
會被取消議員資格。[5]

・・・

　　如今政權已經脫下溫良恭儉讓的假面具。曾經抗逆威權的
香港人，勢必要付上沉痛的代價。可是這不代表中國能夠全身而
退；中國在國際社會、甚至可能在國內，此後都會被追討未付的
帳單。共產黨及他們在香港的應聲蟲迫不及待地宣示「反暴制亂」
的成就，可是歷史對此等盲目樂觀之徒卻是極其冷酷。《國家安
全法》所謂的成就，並未促成香港主流民意之歸順。特別是年輕
世代，其反抗意志仍舊異常堅韌。

　　這本著作將會剖析香港的抗爭、其背後的成因、以至異乎尋
常的後續發展——因為香港真是成了礦坑內的金絲雀。也許中國
威權政體能否延續並不取決於香港的事態發展，而北京或許有能
力穩住周邊的局勢；不過這個政權的裂痕如今已公諸於世，把黨

5　譯按：人大常委會於2020年11月11日通過《關於香港特別行政區立法會議員
　　資格問題的決定》，特區政權隨即宣布立刻取消梁繼昌、楊岳橋、郭榮鏗及郭家
　　麒的議員資格。除了熱血公民的鄭松泰、醫學界代表陳沛然，其他在野派議員
　　都於12日集體總辭。特區政權又於2021年推出《2021年公職（參選及任職）（雜
　　項修訂）條例草案》，要求在任區議員宣誓後方能延任。該法案於5月12日在立
　　法會三讀通過。事後政權暗中發放風聲，聲言已有230名區議員被放入負面清
　　單，將無法通過宣誓，並暗示會向未能通過宣誓的議員追討在任以來逾百萬港
　　元的薪資和津貼。最後，逾200名議員宣布辭職。特區政權於同年9月正式安排
　　區議員宣誓，藉此取消部分議員的資格，但沒有如傳言那樣追討鉅額薪資。

國統治的脆弱本質顯露無遺。所有的威權政體，直到崩潰前夕，看起來都是強大而堅不可摧。轉型時期總是伴隨著痛苦，從來都不會平穩安舒。如今中國共產政權的壽命，早已超越當代所有的威權，也許歷史將會回顧中國共產黨的功績，說明它何以能克服其他獨裁政權的困局。不過到了2019至2020年，這樣的結局會否出現，卻出現很大的疑問；香港的事態，影響不容小覷。

蘇聯乃中華人民共和國的祖師爺，回顧這個霸權當年如何崩解，對我們不無啟發。蘇聯之崩壞並不始於俄羅斯的內部問題，而是源自周邊各衛星國。蘇聯雖然壓下匈牙利和捷克斯洛伐克的起義，但若事後觀之，我們可以看到兩次抗爭都為固若金湯的蘇聯體制種下無法修補的裂紋。

某些人或會認為這樣的比較流於牽強，但習近平政權顯然沒有如此輕慢。在2019年香港的起義爆發後兩個月，時任國務院港澳事務辦公室主任張曉明即宣稱香港的抗爭「帶有明顯的『顏色革命』特徵」。[6] 也就是說，對於北京政權而言，香港街頭的事態，與東歐推倒蘇聯的抗爭驚人地相似。如此的講法，一直被中國官方反覆強調。中國的萬里長城依然屹立——但城牆的根基，已經在香港動搖。

------

6 Kimmy Chung and Tony Cheung, "Hong Kong protests have 'obvious characteristics of colour revolution', top Beijing official warns amid 'worst crisis since 1997 handover'", *SCMP*, Hong Kong, 8 August 2019, https://www.scmp.com/news/hong-kong/politics/article/3021877/protests-colour-revolution-threatening-hong-kong-abyss-top (last accessed 9 Nov. 2020).

PART
1

細說從頭
THE BACKGROUND

1 不美滿的家
An Unhappy Family

　　在漫長的中國歷史中,各方豪強千帆競發的時代,斷斷續續地反覆出現。地方反抗中央,使得朝廷失去對地方的控制,乃司空見慣的事。不論是在香港還是在別的屬土,中國共產黨對所謂的「分離主義」都是格外緊張。所以他們不擇手段,就是要確保香港這個特別行政區與中國的統一、就是不能讓自由之風像病毒那樣擴散到大陸。北京強調對中國的絕對忠誠,而愛國也意味著要效忠共產黨。就如這個政權最愛的口號所言,「沒有共產黨,就沒有新中國」。好笑的是,共產黨雖憑著「全世界勞動人民大團結」的口號取得政權,如今講到國際主義是如此敷衍,實際上它已經是超國家主義的組織,以黨的愛國功績當作政權認受性的主要支柱。

　　中國共產黨自吹自擂,聲稱他們已經扭轉四分五裂的慘痛歷史,成功把中國建設成統一和諧的國度。根據共產黨的觀點,中國於 1999 年從葡萄牙手上取得澳門,並在此成立第二個特別行政區,正是此一歷史進程的經典案例。不過有異於香港的情況,此後中國牢牢地控制著這片飛地。[1]假如我們把中港澳三地視為

一個家庭，那麼澳門這座人口65萬的小城就是父母最寵愛的乖孩子，而香港在中國眼中則是經常製造麻煩的野孩子。

與香港相比，現在的澳門在各方面看起來都像一個中國大陸的城市，使得中國官員們相當開心。排山倒海的大陸移民，徹底沖淡澳門特別行政區的本土認同；有別於香港，大部分的澳門居民都是在邊界的另一邊出生。普通話也因而在澳門比較風行。而且至少從表面來看，澳門在每一個層面都更為順服。澳門通過《維護國家安全法》時，並沒有惹來什麼爭議。在澳門特別行政區成立的第一天，[2]中國大陸的官員就開始進駐新成立的特區政府。有異於麻煩多多的香港，雖然澳門政界還是有一些民主派人士，卻沒有具規模的民主運動。

習近平主席在2019年12月，引人注目地到澳門主持治權移交20週年的慶典。他故意不提香港，卻不斷誇讚澳門人的愛國傳統，又稱讚他們對「一國兩制」有堅定的信心，以效忠北京為先，而不是民主、人權、自由等麻煩議題。澳門特區政府的官員因為有辦法妥善處理社會矛盾，而被奉為模範。習近平稱讚他們

1　譯按：1966年12月3日，受文化大革命鼓舞的澳門親共派發起暴動，成功迫使殖民地政府讓步。親共派強迫殖民地政府驅逐親國民黨勢力，此後地方事務亦為親共團體所掌控。就效果而言，這次暴動實際上如同一場流血政變。葡萄牙於1974年4月25日爆發康乃馨革命後，新政府決定放棄殖民地。不過中國此時拒絕葡萄牙歸還澳門的請求，在重申中國擁有澳門主權後，就容許里斯本繼續保有治理權。此後葡萄牙殖民地政府無心經營，實權亦旁落到在野的親共團體身上。

2　譯按：澳門特別行政區於1999年12月20日成立。

明瞭包容共濟、促進和諧何等重要，為澳門融入中國作出重大的貢獻。[3]

雖然習近平提及澳門需要發展多元經濟，他卻厚道地未有點破博弈業壟斷澳門經濟這個事實；澳門特區政府超過八成的收入，都是透過開賭而取得。[4]因此，澳門已經超越拉斯維加斯，一躍而成世界最大賭城。就像世界其他地方那樣，博弈業往往會招來各種不良行業進駐，比如洗錢、高利貸、以及蓬勃的性產業。

澳門和香港一樣，都是粵港澳大灣區的一部分。大灣區的規劃把兩個特區與廣東九個城市連在一起，試圖將這片地域轉化為經濟發展的火車頭。另外中國又有異想天開而野心勃勃的「一帶一路」計劃，打算把遍布亞洲、歐洲、非洲各地逾70個國家，都與中國連結起來。如此的規劃，是要透過中國主導的貿易和投資，建立繁榮的世界新秩序。香港因著其豐富的國際貿易經驗，被期待要在其中擔任要角，為此港中政府皆不惜工本，日以繼夜地宣傳此計劃乃無比重要。不過客氣一點説，一帶一路在實踐上品質良莠不齊，而產生的實際收益也遠不如環繞該計劃的華美修辭。不過對於香港來説，一帶一路以至更為重要的大灣區規劃都

---

3 〈習近平在慶祝澳門回歸祖國20週年大會暨澳門特別行政區第五屆政府就職典禮上的講話〉，新華社，2019年12月20日。（http://www.xinhuanet.com/gangao/2019-12/20/c_1210404039.htm）

4 Devin O'Connor, "Macau Gaming Industry Responsible for 86 Percent of Enclave Government Tax Revenue", Casino.org, 19 December 2019, https://www.casino.org/news/macau-gaming-industry-responsiblefor-86-percent-of-tax-revenue/ (last accessed 17 Nov. 2020).

蘊含不容忽視的政治意義，兩者都要透過實體建設把香港和中國大陸綁在一起。

為了使大灣區的想像轉化為現實，香港和澳門都付出了沉重的代價。連結香港、澳門及珠海的港珠澳大橋乃世上最長的跨海橋樑，總投資額是高昂的1,269億人民幣（約183億美元）；[5] 直通廣州並連結大陸鐵路網路的廣深港高速鐵路，其造價同樣也令人咋舌。這兩項工程確實非常具體地把香港連接到中國大陸，可是兩者的運量皆遠低於預期，使其淪為中看不中用的大白象。不論如何，造價不菲的「融合」工程還是會陸續出現，比如那座跨越香港和深圳邊界的港深創新及科技園。

縱使政權的宣傳機器都在吹捧這一連串的計劃，香港人卻大多興趣缺缺。他們非但缺乏熱情，還對高昂的工程費用感到厭惡。香港廣東青年總會這個親中組織曾於2020年1月進行民意調查，發現有七成年輕受訪者認為香港最好與中國大陸保持距離。而介乎15至64歲的受訪者當中，有近六成認為粵港澳大灣區的規劃對香港弊多於利。[6] 如此親中的機構竟會願意公布這種發現，確實耐人尋味，不過這背後卻道出一件事實：香港人對那些中港融合的企劃提不起勁。

5　譯按：Xinhua Net, "Xinhua Headlines: World's longest cross-sea bridge opens, integrating China's Greater Bay Area", 23rd October 2018.

6　Guo Rui, "Why China's Greater Bay Area plan fails to capture the imagination of young Hongkongers", *SCMP*, Hong Kong, 15 January 2020, https://www.scmp.com/news/china/politics/article/3046086/why-chinas-greater-bay-area-plan-fails-catch-imagination-young (last accessed 19 Nov. 2020)

縱覽全局，北京想要「統一」周邊的盤算持續遇到難以克服的問題。雖然澳門已經讓北京牢牢掌握，但此一任務在香港如今仍然未竟全功。台灣的存在更使所謂的統一大業無法圓滿；這個島國一直維持獨立，無論如何看都是個獨立主權國，中華人民共和國為此暴跳如雷。要瞭解事態如何發展到這個地步，而北京又何以深受困擾，我們必須回顧歷史——那些非預期的結果，一再左右事態的走向，從而使香港人與中國於2019至2020年期間互相對抗。

自上海於1937年遭日本攻佔後，這座至為國際化的中國都會從此失去了光芒；此後香港這個渺小的華南邊疆在英國統治下取而代之，成為新一代的東亞國際都會。香港的土地大都與中國大陸接壤，只有香港島這個狹小的海島例外，而香港的政府總部以及主要商業區如今都設在這個島嶼上面。

香港之所以會在1842年成為英國屬土，只是因為日漸衰敗的清帝國（1644-1912）不願割讓有價值的精華地段，就姑且讓出一塊可有可無的邊疆。英國對於取得香港同樣也是興趣缺缺。他們比較想要取得廣州，甚至覺得侷促的澳門比香港更能滿足倫敦的帝國野心，可惜葡萄牙人早已在此扎穩陣腳。

我們甚至可以說，英國之所以取得香港，不過是一場意外。清帝國開始取締鴉片後，英國為了保護在南中國海走私毒品的國民，按照帝國主義的作風派遣軍艦。統率艦隊的海軍上將查理・義律（Charles Elliot）沒有從倫敦得到明確的指引，只知道他必須

捍衛英國的權利。[7]所以當他發現香港水深港闊，就決定在水坑口揚起米字旗，宣布香港島為英國領土。外相巴麥尊勳爵為此大發雷霆，寫了一封信件給倒霉的查理・義律，指斥他「違反和忽略上頭的指示」。他認為香港不過是「寸草不生的荒島」。[8]

此後戰事再持續兩年，鴉片戰爭才隨著《南京條約》簽訂而終結，香港島也確定成為英國屬土。雖然這份國際條約事關重大，後來也被中國稱為第一份「不平等條約」，可是當時對於英清雙方而言割讓香港都是無關痛癢的小事。不過，香港的住民本身如何看？清帝國和英國的談判人員都沒有想過這問題。香港島當時亦杳無人跡，人口不過只有幾千人。

不過，開埠後才二十年，這座新殖民地的人口就翻了十六倍。人們從大陸遷居而來，並非因為他們渴求英國人的統治。他們之所以要移民，為的是逃避清帝國的麻煩事。1850年代的太平天國戰爭觸發一場龐大的逃亡潮，刺激香港人口急速增長。人群從中國移居香港，藉此逃避動亂和貧困，自此就成為一種常態；他們只管外逃，沒有理會以至思考這個殖民地究竟會為他們帶來怎樣的選項。

統治香港的英國人顯然同樣沒有想法，他們對這片無意取得的領土從未有過真正的規劃，只知要設立自由港，把此地建設成商業之都。即或如此，英國仍基於帝國的邏輯，汲汲營營地

7　譯按：當時電報尚未普及，讓前線人員自行判斷形勢乃慣常的做法。

8　Frank Welsh, *A History of Hong Kong*, HarperCollins, London, 1993, p. 1.

先後商議了兩項條約，藉此擴展香港的版圖。當中最後的條約乃1898年在北京簽訂的《展拓香港界址專條》，這次英國人爭取到緊連大陸的大片土地，就是如今被稱為新界的領域。此乃香港歷史上規模最大的版圖拓展。此後新界成為香港最主要的組成部分，以致英國如果失去這片土地就不可能延續對香港的統治。可是有異於早前的條約，英國這次沒有取得新界的永久主權，只得到99年的租借權。負責簽訂條約的官員並未思索，租約於1997年屆滿後會出現怎樣的情況。[9]

雖然不論是倫敦還是北京的大人物，對香港同樣漠不關心，香港卻依舊能持續發展，殖民地的典章制度日漸充實起來。隨著清帝國日落西山，愈來愈多的民眾想要離開大陸，遷到香港碰碰運氣。他們大都來自香港旁邊的廣東，起初只想在這個英國殖民地暫避風頭，期望能於中國局勢明朗後返回原鄉。可是中國的危機接二連三，逃亡到香港的民眾與日俱增，而中國大陸的政權既是自顧不暇，也暫且不去想該如何從英國手上取得香港。而且，

---

9 譯按：新界面積幾乎佔香港全境之九成。英國之所以於1898年租借新界，非為開疆拓土，而是出於防衛的需求。清帝國於1894至1895年的日清戰爭敗北後國勢大衰，打破列國在東亞的平衡。俄羅斯和德國在東亞的擴張，對英國而言如芒刺在背。故此英國期望取得新界，這樣他日萬一須與俄德開戰，就能以此腹地作為防衛香港市區的屏障。此後英國長期把新界與香港分開管治，久久未有開發這個郊野地區。直到1960年代，隨著香港都市化和工業化，殖民地政府才開始積極經略新界，在郊野建設新市鎮。而新界原有的居民及其後代亦因土地開發而獲利甚豐。關於香港的防衛，參：鄺智文、蔡耀倫，《東方堡壘：香港軍事史，1840-1970》，中華書局，香港，2018年。關於新界的發展，參：許舒（James Hayes），《新界百年史》，中華書局，香港，2018年。

處於中國之外的香港既是有用的轉口港、也能協助大陸在國境以外做生意,香港這種獨特角色,在1949年的共產革命後更顯得重要。

　　這場共產革命同時也是香港殖民地發展的轉捩點。過去細水長流的大陸移民潮,如今像山洪暴發;直到今時今日,這種逃亡潮仍然以別種形式延續下去。在1940年代末、1950年代初逃到香港的,已不只是貧窮的農民和工人;難民當中有些人腰纏萬貫,主要是來自上海的有錢人。有錢人懼怕共產黨乃是理所當然,他們倉惶逃命,盡可能帶上最多的錢財。正在土崩瓦解的國民黨政府在二戰結束後曾經想讓中國取回香港主權——縱使他們的爭取最終只能敷衍了事——但在1949年10月1日宣布成立中華人民共和國的共產政權無意跟進,只是口頭反對英國的統治。

　　這種態度要待1970年代才有所改變,當時中國正逐步向西方世界開放。不過首先提出香港前途問題的,不是中國而是英國;在倫敦的官僚此時發現新界租約將於1997年屆滿,因此想要清楚確定這個殖民地的未來。

　　1979年3月,香港總督麥理浩(Murray MacLehose)造訪中國,拜訪最高領導人鄧小平。在這重大的歷史時刻,來自香港的總督首次被安排與高層級的中國領導人會面。英國期望可以設法延續新界的租約,鄧小平卻沒有興趣去談。他反倒單刀直入表明「香港主權屬於中華人民共和國,這個問題本身不能討論。但香港又有它的特殊地位,解決這個問題時,我們會尊重香港的特殊地位,不會傷害繼續投資人的利益。」[10]英國被鄧小平這段話殺個

措手不及，然而中國對於香港前途問題顯然早已深謀遠慮。可是一如以往，香港人並未於這場討論有過任何角色，而麥理浩回到香港殖民地時，對所見所聞三緘其口，只公布鄧小平曾表示「投資者請放心」。蒙在鼓裡的香港人聽到後，都以為現狀將會維持下去。

在1979年這段極度震撼的發言後，中國在公眾面前沉默不言，一直忍耐到1982年9月英國首相柴契爾夫人造訪北京。英國剛於福克蘭戰爭大獲全勝，柴契爾夫人因此趾高氣揚，對英國的國際地位甚為自信。可是此時中國共產黨已做好周詳的打算，無意滿足英國那種殖民者的取態。北京決定公告天下，宣示他們打算收復香港主權。鄧小平不留情面地告訴柴契爾夫人：「關於主權問題，中國在這個問題上沒有迴旋餘地。坦率地講，主權問題不是一個可以討論的問題。現在時機已經成熟了，應該明確肯定；1997年中國將收回香港。」[11]

在隨後一連串黑箱談判，中英兩國都沒有考慮過要開誠佈公，讓香港人瞭解到底發生了什麼事。直到1982年11月，這座殖民地的民眾才直接得悉事態的發展；這是柴契爾夫人造訪北京兩個月後的事。此時關於談判的消息通常都從由簡悅強爵士這位殖民地大老傳出。他曾經率領香港貿易發展局的代表團到中國進

---

10 譯按：〈鄧小平與恢復對香港行使主權的重大決策〉，《湘潮》，2017年第7期。轉載自中共中央黨史和文獻研究院網站（http://www.dswxyjy.org.cn/BIG5/n1/2019/0228/c423730-30947913.html），於2021年9月20日擷取。

11 鄧小平，〈我們對香港問題的基本立場〉，《鄧小平文選》，1982年9月24日。

行第一次訪問。時任人大常委會副委員長習仲勳於此時召見簡悅
強，直接告知他香港主權歸屬問題無可退讓，而香港回歸祖國也
是勢在必行。

　　中英兩國之間的正式談判最終於 1982 年末召開，促成兩國
於 1984 年 12 月 19 日簽訂國際條約，那就是《關於香港問題的聯
合聲明》。簽約前兩個月，香港殖民地政府煞有介事地展開諮詢
程序，卻明言中英兩國的協定將會一字不改，當中「沒有任何可
以誤會的空間」。這是一齣荒謬絕倫的鬧劇。民間擔憂香港前途
問題，反覆不斷地進行民意調查、又在報章撰寫評論，當局卻因
此當作民意已被充分諮詢。他們聽取殖民地權貴和公務員團體的
意見，假裝自己已經洞察民情。於是英國政府也順理成章地以為
《聯合聲明》已獲得廣泛支持。

　　不過這結論卻沒有完全脫離真實，畢竟中國竭盡全力向香港
人表明，他們立意要使一切照舊如常。就如鄧小平在柴契爾夫人
造訪時，聲稱 1997 年之後「馬照跑、股照炒、舞照跳」。北京強
調他們不想在香港實行社會主義，又會以「一國兩制」容許香港
原有生活方式在中國主權下維持不變，承諾香港特別行政區將會
實行「高度自治」。[12]

　　這些保證和承諾都白紙黑字寫在《基本法》裡面。這本香港
的小憲法在第一章〈總則〉內列出一些「基本原則」。如此一來，

---

12 這段對香港前途談判的簡明敘述，資料大都來自筆者在撰寫《香港新貴現形記》
　　時曾經做過的研究。

似乎已為新成立的特別行政區未來的管治作出毫不含糊的指引。13

《基本法》當中以第二條至為重要。這段條文列明：「全國人民代表大會授權香港特別行政區依照本法的規定實行高度自治，享有行政管理權、立法權、獨立的司法權和終審權。」

第三條則說明香港將會交給「永久性居民」管治。也就是說，中國大陸的官員不會介入香港的運作。

第四條承諾保障香港特別行政區的「權利和自由」。這段條文保證維護香港的社會及政治制度，使其繼續有異於中國各地。

第五條解釋了何為「一國兩制」原則。香港將毋須採用中國那種社會主義制度，並「保持原有的資本主義制度和生活方式，五十年不變」。鄧小平還承諾，五十年的時限將來可以再延長。

可是中國的動機也許並非如此單純。鄧小平對「一國兩制」的構想，容忍的是經濟制度的差異、不是政治制度的分歧，這也是有跡可尋；他並未深究兩制並存的重大政治效果。鄧小平身為中國經濟改革開放之父，又相信資本主義對經濟發展的好處，他關注的焦點自然是香港作為全球商貿中心的角色、以及香港對中國經濟發展可以作出的貢獻。他期望在中國經濟成長時，香港也同樣能保持繁榮，而一邊讓大陸實行社會主義經濟、一邊讓香港的資本主義蓬勃發展，則是這個目標能否達成的關鍵。

鄧小平1987年就在基本法起草委員會面前宣示：「試想，中

13《中華人民共和國香港特別行政區基本法》（1990年4月4日第七屆全國人民代表大會第三次會議通過）。（https://www.basiclaw.gov.hk/tc/basiclaw/index.html）

國要是改變了社會主義制度，改變了中國共產黨領導下的具有中國特色的社會主義制度，香港會是怎樣？香港的繁榮和穩定也會吹的。要真正能做到五十年不變，五十年以後也不變，就要大陸這個社會主義制度不變。」[14]

• • •

1997年尚未來臨，中國就開始不斷淡化昔日的承諾。而主權移交後，英國殖民統治遺下的物品受到一陣瘋狂清理。過去耀眼奪目的英式紅郵筒如今都被塗上平淡無奇的綠色，上面的皇室徽號亦遭塗抹；昔日政府大樓內的殖民地官員肖像，如今皆已盡掃一空；特區政權花費不少人力物力，毫無節制地在城市每個角落掛上中國的五星紅旗。雖然這些都只是市容上的改變，卻反映著想要抹煞舊事的心態。

比起郵箱的顏色，香港一直沒有機會選出自己的政府才是茲事體大的現實。在英國統治最後幾年，末代總督彭定康（Christopher Patten）決定推動政制改革方案，期望能使香港的制度再民主一點。為此他嘗試增加立法局和區議會內直選議席的比例。北京激烈反對，不顧《基本法》已把實現普選清楚列為終極目標。中國是要讓香港選舉，但這些選舉必須按中國的規則進行。「中國規則」的真面目要到2014年才表露無遺，北京提出讓香港人普

---

14 鄧小平，〈會見香港特別行政區基本法起草委員會委員時的講話〉，《鄧小平文選》，1987年4月16日。

選行政長官的方案——但是不容他們對候選人的人選置喙。要在這種選舉取得候選資格，則須由北京掌控的選舉委員會首肯。這個具有中國共產黨特色的「普選方案」隨後引發雨傘運動的抗爭，雖然輿論多認為雨傘運動未竟其功，但它至少能擋下如斯的「普選方案」，使它無法成為真正的法定程序。

這種「中國特色民主主義」雖要待2014年方顯露其廬山真面目，可是背後的大趨勢早就暗度陳倉。在主權移交前一年的1996年11月，臨時立法會成立。臨立會的設立，主要是用來廢除彭定康展開的民主改革。這個議會在國界另一邊的深圳開會，與會者全部聽命於北京，乃是由另外400位北京挑選的委員「選舉」產生。這個「議會」在主權移交後迅即接收原有立法局的功能，並推動北京中央政府樂見的立法程序。[15] 時任國務院副總理錢其琛於同年接受《亞洲華爾街日報》採訪時，指明有一些言論將不會為主權移交後的新秩序所容忍。他們不會容許對中國領導人的批評、也不會允許香港人「干預」中國大陸的事務，比如舉行悼念天安門屠殺的集會；媒體亦應專注報導「事實」，不能再好發議論。[16]

也許我們更當細讀鄧小平在1987年向基本法起草委員宣講

---

15 譯按：負責「選舉」臨時立法會的乃香港特別行政區第一屆政府推選委員會。可是部分臨立會議員，比如其主席范徐麗泰，本身亦同時為推委成員。當時輿論譏諷臨立會議員「自己選自己」，甚至北京官員也有「來來去去那些人」之嘆。主權移交儀式後，臨立會迅即於凌晨2時45分召開會議，通過《香港回歸條例》。這條例不只廢除彭定康的政制改革，也一併取消部分維護民權和勞工權益的法案。

的那段訓話，他在講話中闡釋「港人治港」這句有名的口號，提醒聽眾，他這句口號並未容許香港全面實行自治。他說：「切不要以為香港的事情全由香港人來管，中央一點都不管，就萬事大吉了。這是不行的，這種想法不實際。中央確實是不干預特別行政區的具體事務的，也不需要干預。但是，特別行政區是不是也會發生危害國家根本利益的事情呢？難道就不會出現嗎？」[17]

未來將會發生之事，在中華人民共和國尚未取得香港時已經有跡可尋。當時預示特區自治真相的，只是一些間歇上演的小片段，可是在主權移交後，這些片段匯聚成北京直接干預的潮流，所謂「高度自治」的承諾此後也急速貶值。

香港特別行政區才成立不過兩年，香港法院的根基已遭侵蝕——人大常委會針對終審法院的裁決「解釋《基本法》」，執筆之時，所謂的「釋法」已經發生過五次，並曾四度推翻香港高等法院或終審法院的判決。雖然《基本法》第158條確實容許大陸擁有釋法權，但是起初輿論認為第2條的規定（前文引用過）可以制約北京方面的釋法權，使其應用局限於涉及中港憲制關係的案件。這種樂觀的假設，在第一次「釋法」時已完全毀滅。1999年，在全國人民代表大會這個橡皮圖章下，專責行政事務的常務委員

---

16 Kathy Chen, Urban C. Lehner and Marcus W. Brauchli, "Qian Says Hong Kong Faces Curbing of Political Freedom", *Asian Wall Street Journal*, Hong Kong, 16 October 1996, https://www.wsj.com/articles/SB84540633066790000 (last accessed 4 Dec. 2020).

17 鄧小平，〈會見香港特別行政區基本法起草委員會委員時的講話〉，《鄧小平文選》，1987年4月16日。

會發出了一道公文，就香港居民在大陸所生子女的居留權問題推
翻香港法院原有的判決。

　　到2004年，人大常委會就行政長官選舉的規定再次「釋法」，
翌年又透過「釋法」決定如何替換行政長官。特區政府在2016年
立法會選舉過後想要推翻民主派議員的當選資格，此時人大常委
會又透過「釋法」規定宣誓就職的正確方法，禁止遭判定宣誓無
效的議員再次宣誓。這五次「釋法」當中只有一次是因應香港法
庭提出的請求；這宗民事訴訟，涉及中國國有企業在剛果民主共
和國的採礦權合同。法庭不清楚剛果民主共和國在官司中，是否
能夠享有外交豁免權。

• • •

　　中國起初承諾給予香港自治，其後背信棄義；可是香港並非
首名苦主。中國在香港和澳門先後設立特別行政區之前，已慣常
在各處邊疆設立「自治區」：包括1947年成立的內蒙古自治區、
1955年成立的新疆維吾爾族自治區、1958年成立的廣西壯族自
治區和寧夏回族自治區、以及1965年設立的西藏自治區。這些
地方的族群構成複雜，其自治權則空洞無比。中國對新疆和西藏
的統治尤其殘暴，當地住民的族群身分、宗教習俗以及其他的獨
特性格都遭遇無情的打壓，因為中國認為這些地方特色危害到國
家的統一。中國在習近平治下推動「民族團結進步事業」的政策，
旨在促進國家的統一。言下之意是容許各自治區從事無害的事
業，比如發展旅遊業、促進手工藝產業、以至鼓勵少數族群就業

——前提是不容挑戰中華人民共和國的大一統。

這種對單一制國家的重視、對地方獨特性格的侵害，其實並非中國共產黨首創。自秦帝國於公元前221年鯨吞整片大陸，中國歷史就一直受困於這種大一統的執念。[18]共產黨促進中國統一的霸業，表面上承認各地存在著文化差異，繼而營造多族群政治、多民族國家的錯覺。在這一方面，中國共產黨參考過蘇聯的經驗。蘇聯之人口構成和中國一樣多元混雜，成立了十五個「加盟共和國」，在制度上添加不少聯邦主義的粉飾。不過就如中華人民共和國那樣，這些所謂「共和國」的自治實踐不過是一筆糊塗帳。

事實是所謂的族群多元必須低調展示、不可以涉及政治，才有可能得蒙共產黨悅納。比如在主要國家集會中，裡面總會有一小群與會者穿上色彩繽紛的「民族服飾」，大會甚至也鼓勵他們載歌載舞。可是這些「少數民族代表」若膽敢以族語互相交談，或是表示出他們的族群身分優先於中國國家體制，很快就會大難臨頭。少數族群獲得的所謂優惠待遇，都伴隨著令人欲嘔的條件。

中華人民共和國的各自治區在成立之初人口並非以漢人為主，可是中國共產黨的政策就是要讓少數族群在自己的地方也淪落為少數，調遣大批漢人前往各自治區拓殖，這些不速之客的數目很快就超越當地原有人口。族裔身分在中國一直事關重大，甚

---

18 卜正民曾精闢地描述中國成為「大國」的歷史。Timothy Brook, *Great State: China and the World*, Profile, London, 2019.

至直到今天，擁有漢族血統的外國人所受到的待遇仍然有別於其他外國人。順帶一提，香港一直容許各族群的民眾取得永久居民身分，特別是有南亞族群和歐裔混血族群於此地定居，可是中國大陸卻不太能夠理解這個行之有年的慣例，就是因為其看重族裔身分的觀點。

不過，香港、澳門和台灣的人口大體上都是漢人。這些地區和大陸的最大分別並非族裔上的差異，而是迥異的歷史、文化和生活方式。鄧小平之所以提出「一國兩制」的創見，就是要直面這些差異，並通過特殊優惠將其保存。

然而，中國對國家統一的執念實在難以令人忽視。他們特別渴望把台灣拉回去——可是毫無疑問，北京統治香港的手法已經使這個首要目標更難達成。

北京的國務院台灣事務辦公室理論上日以繼夜地辛勞工作，推動台灣重新變成中華人民共和國的一部分。他們在闡述其使命的新聞稿中聲言：「解決台灣問題，實現中國完全統一，是中華民族的根本利益。五十年來，中國政府為此進行了不懈的奮鬥。」[19]中國一直坦言「一國兩制」針對的主要是台灣，而香港和澳門不過只是試驗場。由於「一國兩制」起初的目標是要吸引台灣投懷送抱，中國在推動這個原則時也要小心翼翼，畢竟台灣與中國大陸分隔了好一段時日，而長期統治台灣的中國國民黨亦曾經對共產黨咬牙切齒。

19《中華人民共和國國務院公報》，2000年11號。

　　台灣的官方名稱是中華民國；任何獨立國家都擁有的元素，台灣應有盡有，包括自己的軍隊、自己的政府、自己的貨幣、自己的司法體系，諸如此類。台灣的歷史發展往往有異於中國大陸，特別是 1895 至 1945 年之間的日治時期。二戰後到 1949 年之間，台灣經歷了令人不安的轉接時期。國民黨此刻在中國內戰兵敗如山倒，只得逃跑到台灣，在這個島嶼建立了威權政體；與此同時，毛澤東領導的共產黨亦於大陸宣布成立中華人民共和國。自此台灣就一直使共產中國感到如芒刺背。

　　中國國民黨在統治台灣初期戰敗的記憶猶新，念念不忘反攻大陸。因為這個夢想不可能實現，國民黨政權就自詡為「播遷台灣」的中華民國，藉著反對中華人民共和國的這種認同來建立國家。不過隨著時光飛逝，國民黨政權也意識到自身的認受性不能倚靠猶如痴人說夢的中華道統論。著力發展台灣本土，並設法與共產中國並存，如此才是比較有道理的出路。

　　台灣和平的民主轉型大部分要歸功於蔣經國，他繼承蔣介石的地位，並在老蔣逝世後三年的 1978 年正式就任中華民國總統。蔣經國意識到，期望台灣能永續類似對岸的那種威權，和幻想反攻大陸同樣地不切實際。蔣經國的努力往往受到低估，他在晚年拆解黨國威權、開始把國民黨轉型為民主政黨，卻於 1988 年溘然而逝。此後他的副總統李登輝通過選舉成為台灣的總統，從而鞏固民主化的進程。李登輝卸任後直言無忌主張台灣脫離大陸獨立，可是他在中國國民黨內的晚輩反倒與北京的共產黨愈走愈近。

　　觀乎近代史，中國國民黨和中國共產黨之間似乎很難再能找

到任何共通處。雖然如此，國共兩黨終究還是聯手了，而在民主的台灣，國民黨把自己定位成爭取與大陸統一的陣營，向無意統一的所謂「本土」政黨叫陣。當台灣的大權在中國國民黨和偏好獨立的民主進步黨之間轉移，中國共產黨就意識到，要把台灣哄回家，國共合作乃最有可能成功的辦法。民主的台灣提供了另一種截然不同的想像，作為另類可能的台灣，比起裝腔作勢要反攻大陸的中華民國，更能對中華人民共和國構成威脅。在過去幾十年，中國國民黨對統一的偏好，使他們與共產黨的合作日趨高調──雖然國共關係始終有高低起伏。就如早前在〈引言〉所言，北京曾期望中國國民黨能於2020年1月的台灣總統大選勝選，繼而使國共合作更上層樓。

在該次大選中，蔡英文總統代表民進黨競逐連任。她的政治性格謹小慎微，又沒有顯著的個人魅力，看起來將會輸掉這輪選舉。她的對手是國民黨的韓國瑜，是位活力四射的政治新星，在民意調查有亮麗的表現，勢似即將進駐凱達格蘭大道。他早前於地方選舉中在高雄擊敗固守多年的民進黨，成為這個南部城市的市長。這次前所未料的勝選釀成一場政壇大地震。韓國瑜得到北京高調祝福，其後造訪香港，又獲香港行政長官林鄭月娥接待。中國國民黨重奪政權，猶如無法阻擋的潮流。

看來事情就是這樣了──直到2019年，香港起義爆發。台灣公民看著香港民眾群起抵抗北京，面臨著各式各樣的打壓，既是景仰、亦是憂心。在韓國瑜仍然猶豫不決之際，蔡英文總統卻察覺到此乃逆轉形勢的契機。在民主進步黨的集會，她不忘以香

港案例提醒民眾「一國兩制」是多麼地危險。蔡英文10月在中華民國國慶典禮致辭時，道出她想向選民表達的新訊息：「當自由民主受到挑戰，當中華民國的生存發展受到威脅，我們就必須站出來捍衛。」她亦不忘強調「拒絕『一國兩制』，是2,300萬台灣人民不分黨派、不分立場，彼此間最大的共識。」[20]

中國國民黨其實不太擁抱「一國兩制」的概念，卻不肯直接將其否定。如今國民黨進退維谷，隨著香港抗爭的發展、蔡英文的支持度逐漸攀升，他們的處境也日益艱困。

中國官員對民主選舉的運作一無所知，只得焦急地觀望台灣局勢，不知該如何是好。台灣大選臨近時，共產黨中央委員會召開會議，特別對台灣擺出示好的姿態，在官方公報中表示：「在確保國家主權、安全、發展利益的前提下，和平統一後，台灣同胞的社會制度和生活方式將得到充分尊重，台灣同胞的私人財產、宗教信仰、合法權益將得到充分保障。」[21]可是早前習近平卻以強硬的語調堅持兩岸統一乃無可避免的進程，同時強調：「我們不承諾放棄使用武力，保留採取一切必要措施的選項。」[22]

20〈「堅韌之國　前進世界」　總統發表國慶演說〉，中華民國總統府網站，2019年10月10日。（https://www.president.gov.tw/News/24860）

21〈中共中央關於堅持和完善中國特色社會主義制度推進國家治理體系和治理能力現代化若干重大問題的決定〉，新華網，2019年11月5日。（http://www.xin-huanet.com/2019-11/05/c_1125195786.htm）

22 習近平，〈為實現民族偉大復興　推進祖國和平統一而共同奮鬥——在《告台灣同胞書》發表40週年紀念會上的講話〉，新華網，2019年1月2日。（http://www.xinhuanet.com/politics/leaders/2019-01/02/c_1123937757.htm）

　　蔡英文也許做夢也想不到，中國共產黨竟會成為她最佳的助選團。被逼到牆角的中國國民黨只得公開反對「一國兩制」，可惜已經太遲了。蔡英文最終輕易勝選，在選舉結果塵埃落定後，可以看到她是香港抗爭最大的贏家。她之所以贏得選戰，正是因為活在自由社會的民眾決意阻止他們的社會淪落到香港那種地步。在第九至十章，我們將會看到香港的事態如何使台灣重返國際社會的懷抱，一圓其多年來的夙願。

　　落選的國民黨候選人韓國瑜後來於 2020 年 6 月遭受終極的羞辱。在一輪異乎尋常的公民投票後，高雄市民把他從市政府掃地出門。蔡英文總統成功連任時，香港瀰漫著歡愉的氣氛，更使北京對選舉結果難以釋懷。參與香港民主運動的民眾在民進黨的集會中，看到他們抗爭時被拍下的影像；他們也看到台灣的政治領袖一位接著一位出來否定「一國兩制」。台灣人的熱情關懷，使香港民眾深受感動。

● ● ●

　　當習近平在 2012 年執掌政權時，輿論曾盼望他會仿效其父習仲勳的作風——老習為鄧小平的親信，也是知名的改革派。其後的發展卻說明這種期望不過是一廂情願。研究中國政治的資深評論人馬利德（Richard McGregor）指出，習近平政權「猶如時光倒流，要響應毛澤東時代的呼聲。那可是個殘酷清洗政敵、灌輸意識形態、考驗政治忠誠、推動個人崇拜的時代」。[23]

　　馬利德其後進一步指出：「習近平的作為一開始緩慢，後來

變得急促，他將過去大多數政治變革全盤否定或者廢掉武功；一直以來的看法，都認為這些變革是當代中國成就斐然的關鍵。習近平不只翻轉了國內的制度，在他統治下的中國，也想要顛覆海外的遊戲規則。」[24] 習近平面對香港同樣也有明確的企圖心：他要終結香港的「高度自治」。如今中國的領導階層顯然想要反悔當初的諾言。

我們回望過去，會看到中國政府早在2014年發表的白皮書中就把習近平政權的意圖説得一清二楚——當局在同一年也提出容許北京操控行政長官選舉的所謂普選方案。這份白皮書強調中央擁有對香港的「全面管治權」，首次把共產黨收緊香港政策的意圖公諸於世。[25] 北京隨後幾年史無前例地不斷重申白皮書的觀點，顯示他們的確想要侵蝕香港的自由。中聯辦主任張曉明在2015年就公開聲言，香港並無所謂的三權分立。他指出行政長官的權力超然於行政權、立法權和司法權上。張曉明強調唯有主權獨立的國家方有資格實行三權分立的制度。[26]

---

23 Richard McGregor, *Xi Jinping: The Backlash*, Penguin Australia, Melbourne, 2019, p. 8.

24 同上，頁11。

25 〈「一國兩制」在香港特別行政區的實踐〉，中國政府網，2014年6月10日。（http://big5.www.gov.cn/gate/big5/www.gov.cn/xinwen/2014-06/10/content_2697833.htm）

26 Vivienne Zeng, "Beijing's liaison chief under fire after saying separation of powers 'does not suit Hong Kong'", *Hong Kong Free Press (HKFP)*, Hong Kong, 14 September 2015, https://hongkongfp.com/2015/09/14/beijings-liaison-chief-under-fire-after-saying-separation-of-powers-does-not-suit-hong-kong/ (last accessed 20 Nov. 2020).

　　不過要待香港的抗爭於 2019 年 10 月達到巔峰，中國共產黨的謀算才圖窮匕現；同時，北京也把近年的思維改變公告天下。在中國共產黨第十九屆中央委員會第四次全體會議後（這種繁複的命名方式乃中國官僚體系之日常，抱歉讓讀者們受苦了），政策就如此決定下來。[27] 人大常委會法制工作委員會主任沈春耀在會議過後，即召開記者招待會，藉機闡釋會中對香港問題的決議。[28]

　　沈春耀在會中的言論與昔日的政策方針南轅北轍，這是個令人憂慮的凶兆。據退休資深記者林和立分析，沈春耀的發言是要肯定北京在香港擁有「完全操控所有政策制訂」的權力。[29] 林和立是香港中文大學歷史系的兼任教授，乃本地最優秀的中國評論員之一。他認為這次四中全會史無前例地把焦點都聚集在香港，說明中國眼見這個特別行政區如此難以掌握，決定要把香港政策改轅易轍。會中一項重大決定是要加強統領中國「立法機關」的人大常委會之權力，讓他們能夠更隨心地「詮釋」《基本法》。如前

27 〈中國共產黨第十九屆中央委員會第四次全體會議公報〉，中國共產黨新聞網，2019 年 10 月 31 日。（http://cpc.people.com.cn/BIG5/n1/2019/1031/c64094-31431615.html）

28 譯按：〈沈春耀：絕不容忍任何挑戰「一國兩制」底線的行為〉，中國共產黨新聞網，2019 年 11 月 1 日。（http://cpc.people.com.cn/BIG5/n1/2019/1101/c164113-31433323.html）

29 源自作者在香港電台的時事節目中對林和立所作訪問。"CPC's fourth plenary session, Xi Jinping met Carrie Lam: discussion with Willy Lam", *The Pulse*, Radio Television Hong Kong, 9 November 2019, available online at https://podcast.rthk.hk/podcast/item.php?pid=205&eid=147945&year=2019&lang=en-US (last accessed 20 Nov. 2020).

文所述，此等「釋法」其實是要變相修改這部小憲法，容許人大常委會繞過香港立法會，把原先有機會遭議會否決的法案以「釋法」的方式強加諸香港身上。林和立認為這次擴權之後，人大常委會將運用特權把立法會完全架空，透過「釋法」強行實施關乎國家安全的法案。這個評論確有先見之明，這正正就是翌年發生的事情。

沈春耀在記者會中，亦暗示北京會對香港官員的任命和解聘施以更加嚴密的控制。在此之前北京曾信誓旦旦，聲稱他們擁有的任命權只是名義上的權力，只會用來確認特區政府的銓敘事宜。他們也會推出加強版的愛國教育，藉此「增強國家意識和愛國精神」。除此以外，中國還會透過粵港澳大灣區的規劃，促成香港與華南地區進一步經濟融合。四中全會的會議紀錄迴避了哪些用語，與沈春耀說過什麼話同樣重要。在整份會議紀錄中，既不論及「港人治港」、也不討論「高度自治」；這兩句口號，在過去關乎特區事務的討論中總是反覆出現。

這樣的政策究竟構思了多久，確實無人知曉。不過此等政策方針的巨變卻選擇在 2019 年秋天公布，此時香港的起義正如火如荼。這說明何以在好幾個月的抗爭後，香港政府依舊不為所動，既絲毫未有與抗爭者談判的意願、也不願意答允抗爭者任何的訴求。他們早已決定要走最為強硬的路線。可是正如共產黨史的啟示，不管眼前的作為已經強硬到什麼程度，還是有更加強硬的可能。

2019 年 11 月，香港的司法體系體會到這種比強硬還要強硬

的作風。事情的源起是，為了防禦催淚瓦斯、隱蔽身分，香港的抗爭者多會蒙面上街。林鄭月娥政府為對付抗爭者，動用緊急權力禁止民眾以口罩示人；這個決定遭香港高等法院裁定違憲。人大常委會法制工作委員會發言人臧鐵偉隨即發表聲明指斥高等法院，批評他們既未遵守《基本法》、也無視人大常委會詮釋特區法律的特權。他主張：「香港特別行政區法律是否符合香港《基本法》，只能由全國人大常委會作出判斷和決定，任何其他機關都無權作出判斷和決定。」[30]

雖然輿論一直擔心北京準備好動手毀壞香港司法獨立的根基，並忽略《基本法》第2條的規定，可是中國之前也從未如此肆無忌憚。作風低調的終審法院前首席法官李國能此時也仗義執言：「聲明似乎認為，香港法院無權以不符合《基本法》為由，將香港法律裁定為無效。如果確為此意，情況令人驚訝及擔憂。」[31]

對司法獨立的攻擊卻未因而停止，輿論此時也害怕中國會直接介入司法人員的選拔；雖然向行政長官推薦司法人員的委員會

---

30 〈全國人大常委會法工委發言人就香港法院有關司法覆核案判決發表談話〉，新華網，2019年11月1日。（http://www.xinhuanet.com/gangao/2019-11/19/c_1125246732.htm）

31 Tony Cheung, William Zheng and Gary Cheung, "'No other authority has right to make judgments': China slams Hong Kong court's ruling on anti-mask law as un-constitutional", *SCMP*, Hong Kong, 19 November 2019, https://www.scmp.com/news/hong-kong/politics/article/3038325/hong-kong-judges-slammed-chinas-top-legislative-body (last accessed 20 Nov. 2020).

理論上是獨立運作的機構。在 2020 年 7 月引入《國家安全法》後，司法人員也得面對更嚴厲的政治監督。如前文所述，《國安法》授權行政長官，為此法相關的案件任命負責審判的指定法官。

立法會的獨立權力同樣受《基本法》第 2 條規範——雖然我們在第二章，就會發現此等法定權力一直受到局限。早在 2004 年，北京的港澳事務辦公室就已對行政長官於立法會發表的施政報告說三道四，縱使施政報告內容只涉及香港自家的內政。港澳辦在 2020 年 4 月的那次干預作風更為粗野，他們指責立法會內務委員會陷入癱瘓，阻止法案順利通過。港澳辦其後得寸進尺，指名道姓批評在野派議員郭榮鏗。他們認為郭當時署任內務委員會主席，容許議員採用拖延戰術，干犯公職人員行為失當這項嚴重刑事罪行。此後特區政府禁止他競選連任，後來又取消其立法會議員的身分。

中國毫無分寸地攻擊立法會議員，理當讓在香港的北京傀儡停一停、想一想。可是他們卻偏不，自行政長官以下的一眾嘍囉反倒迫不及待發表效忠的聲明。林鄭月娥表示：「當他們眼見香港……受到一個接近癱瘓的立法會內務委員會阻礙，他們表一個態、發一個聲，我覺得這個完全是理所當然。」[32] 譚耀宗作為全國人大最資深的香港代表，其發言更是令人驚恐。他堅持不能把「一國兩制」視為對北京的規範，將北京所發表的立場聲明局限

32〈行政長官會見傳媒開場發言及答問內容〉，香港特別行政區新聞公報，2020 年 4 月 14 日。（https://www.info.gov.hk/gia/general/202004/14/P2020041400715.htm）

於國防或政治改革的議題。[33]

於是2019至2020年的起義期間,中國以迅雷不及掩耳之勢對香港的自治發動總進攻。然而在此之前,特區政權對中國的退讓早就積習難改,他們喜歡揣摩北京領導人的上意,不斷自我審查,深恐誤觸在位者的逆鱗。香港的高級官員,無時無刻不誠惶誠恐瞻前顧後,已是一種官場怪現象。香港首位行政長官董建華(1997至2005年在任)正是官場文化墮落的罪魁禍首。董建華本是航運業鉅子,其公司後來陷入財政困難,幸而獲得中國出手打救,自此他就一直護主心切。董建華就任行政長官後,採用惡劣得無以名狀的管理手法:他凡事都要管到底,卻又偏偏議而不決、決而不行。據曾與董建華合作過的官員所言,這位行政長官若要決定任何政策,事先必得請示中聯辦,連中聯辦那邊的官員也被他搞得不勝其擾。

董建華此等作風,為其後的行政長官立下凡事遷就的壞先例。所有交予香港行政會議討論的重要文檔,都會附上討論「對內地之影響」的便條。如果行政長官對上意感到疑惑,那張便條討論的就是「內地潛在的反對意見」。這種陋習確實始於何時,如今已不可考。不過這反映特區政府在制訂政策時,事無大小都

---

33 Gary Cheung and Kimmy Chung, "Beijing's attack on Hong Kong opposition viewed as 'taste of what's to come' as attention pivots from coronavirus to city's legislative elections", *SCMP*, Hong Kong, 15 April 2020, https://www.scmp.com/news/hong-kong/politics/article/3079962/beijings-attack-hong-kong-opposition-viewed-taste-whats (last accessed 20 Nov. 2020).

會顧慮北京的上意，即使那只會涉及細微的官僚程序。

令人沮喪的是，在中國蠶食香港自治權的過程中，香港權貴總是甘之如飴地加以配合。高級官員在大陸壓力下仍然堅持捍衛香港權益的事蹟，猶如鳳毛麟角。在 2015 年 11 月的世界盃外圍賽中，香港代表隊剛好對上中國國家足球隊，正好有位香港權貴毫無腰骨的表現貽笑大方。時任行政長官梁振英被記者問及他會為哪方打氣，這不孚眾望的政客卻以問題敏感為由顧左右而言他。他其後在網誌貼文中，模棱兩可地同時恭賀兩隊：「雙方全力以赴，充分展現體育精神，讓球迷欣賞了一場精彩和緊張的球賽。」[34] 港中雙方在這場球賽中弔詭地打成平手，雙方都未進球。

• • •

中國大陸過去想要背棄承諾、侵蝕香港自治的那些圖謀，在 2020 年 5 月過後看起來都只算是小菜一碟。此時身處北京的人大常委會決定繞過特區政府和立法會，強行引進無所不包的《國家安全法》。如此突然的舉動，卻未必像乍看之下那般無跡可尋——中國官員早已按捺不住、困惑難安，因為在主權移交逾 20 年後，香港特區仍未自行制訂這樣的法案。如此更加深了北京原有的懷疑，不只懷疑香港民眾缺乏愛國心，也認為他們對所謂的「祖國」缺乏認知而心存抗拒。

---

34 〈【又話菲國睇唔到直播？】梁振英發網誌：賽事精彩　兩隊均表現出色〉，《立場新聞》，2015 年 11 月 17 日。原文刊載於梁振英於行政長官辦公室網站的網誌（http://www.ceo.gov.hk/chi/blog/blog20151117.html），惟該貼文已被刪除。

　　林鄭月娥在2017年就任行政長官後不久，就到北京覲見習近平主席。期間習近平再三強調，必須要把《國家安全法》列為香港的法例。林鄭月娥於2019年選擇先從備受爭議的《逃犯條例》修訂下手（見第五章），起初北京認為這次風波事不關己，可是後來修例風波激起的民憤卻打亂特區政府的盤算，無法如期引進更為重要的《國家安全法》，北京因而變得怒不可遏。

　　《國安法》最終會為香港帶來怎樣的衝擊，至今尚未完全顯明；可是我們都清楚中國政權在大陸經常以國家安全為理由，消滅一切異見。這類關乎國家安全的法例曾被用來對付諾貝爾和平獎得主劉曉波，以及那些為異議者抗辯的維權律師。北京政權也把此等法律當成對付抗爭的其中一種手段——縱使這些抗議活動只是圍繞著小議題的小規模抗爭。就像其他威權國家那樣，中華人民共和國對國家安全問題異常執著。任何看起來會挑戰或推翻政府的舉動，都會使政府感到自己備受威脅。就如其他禁制一切反對活動的國家那樣，中國國家體制不為合法反對活動留下任何空間，所有膽敢質疑政權的人都會成為國家安全的敵人。

　　不過，香港在過去的日子卻曾經有過合法反對政府的空間，亦有足夠的言論自由包容對時局的批評。雖然《基本法》保證香港的自治權，香港與中國之間這種差異卻一直困擾著北京的領導人。習慣一黨專政的黨國元首，難以理解自由社會如何運作。民眾嚐過自由的甘甜，無論如何都不會想把自由變賣，可是黨國領導人就是不會明白。中國與香港的交往並不愉快，使得猜忌時常混雜著疏離，把日積月累的夙怨推到臨界點。

香港人在這段猶如驚濤駭浪的關係中，也將這種猜忌和疏離雙倍奉還。而且，他們在過去也慣常看不起大陸那邊的人。香港人收入較為豐足、受過比較好的教育、生活水準遠比中國人優渥，他們確實一直把大陸人視為「鄉巴佬」。過去中國災禍頻生時，香港人經常捐輸救助在大陸的親友，使這種把中國與落後等同的成見更為牢固。那時候的中國人也樂見香港人傾力襄助，尤其1959年起中國經歷了三年大飢荒；到1960年代末，席捲中華人民共和國的文化大革命使大批民眾遭到殺害或監禁，也令貧窮問題進一步惡化。

可是在中國大陸富裕起來後，香港人對大陸人的不滿卻沒有因而平息。據身兼記者的作家李怡所言，中國雖然比過去更加繁榮，港中關係卻倒每況愈下。他指出：「中國發起來後，就反過來鄙視香港人，甚而把香港的經濟發展說成是大陸的施捨。」[35]香港和中國之間的關係，對雙方來說都絕對稱不上是友善。中國共產黨的論述多強調香港執迷不悟，指責其民眾抱有「殖民心態」或「西方思維」——那些為中國政府護航的外國人，很多都熱衷於引用這種觀點。

這種講法倒引證了這樣的事實：與身處大陸的中國人相比，香港人畢竟見識過世界各地的思潮，能夠適應國際通行的處事方式。所以香港和中國在思維上確實有著難以逾越的鴻溝。不過在此以外，還有一個在政治上不便提及的因素：香港人和台灣人

---

35 李怡，〈世道人生：大局已定〉，香港《蘋果日報》，2019年8月16日。

一樣，都對何為自由開放的社會有所體會，因此大多傾向擁抱自由，對嚴密監控民眾的威權政治興趣缺缺。對北京而言，這正正就是缺乏國族認同的罪證。中國何以在香港人面前疑心生暗鬼，由此可見一斑。

　　縱使北京花盡心思，從無間斷地把中國、香港以至台灣描述成相親相愛的大家庭，現實卻是與這樣的幻想大相逕庭。也許澳門的確算是這個「大家庭」快樂的成員，可是澳門之所以會心悅誠服，是因為中國從大陸那邊輸入大批移民，從而改變當地的人口構成。這令人聯想起布萊希特（Bertolt Brecht）對東德執政統一社會黨的嘲諷：

> 人民
>
> 已失信於政府
>
> 要重新贏得信任
>
> 就必須增加勞動配額。何不方便行事
>
> 讓政府解散人民
>
> 再選出另一批人民？[36]

---

36 譯按：Reinhold Grimm (Editor), *Bertolt Brecht: Poetry and Prose*, Bloomsbury Academic, 2003.

2 搞笑的政治制度
A Farcical Political System

　　要用「不合時宜」這四個字形容香港的政治制度，恐怕還是不太合適；它根本就是爛透了。腐敗的政制使2019年的抗爭持續升級，亦令當局無法透過談判平息風波。香港人早就知道現行制度無法反映他們的意見。有些民眾因而感到無助，另一些人則犬儒地冷嘲熱諷；為數不少的人為此怒不可遏，促成起義的爆發。

　　香港的政府架構和政治制度，在英國殖民統治的時代就已經充斥著各種矛盾和扭曲。民主和問責的形象，掩飾著政府專制獨裁的事實。這個政府的施政因各種矛盾和關卡的緣故窒礙難行。中國接手統治後，施政失衡的問題進一步惡化，這是因為統治特區的權力逐漸從各政府機關轉移到北京身上。

　　有一種（曾經）流行的講法，認為香港人對政治缺乏興趣，也不願意介入政治。部分論者強調這是因為香港人只愛金錢，另一些人則認為，中國內戰的經歷使老一輩人認為政治乃有弊無利的苦差事。香港的權貴極力渲染這種神話，為欠缺民主的現狀狡辯，將積極排拒民眾參與的政治制度強加於人。還有一種講法，認為在2019年的運動之前香港並無群眾政治活動可言，然而這

根本是昧於事實的謬論。反對政府管治制度的抗爭，在香港有悠久的歷史。新生世代的抗爭只是放棄了過去相對被動的參政模式，並以激烈的方式走上街頭。

香港過渡期研究計劃在1989至2012年之間多次進行詳盡的民意調查，發現香港人其實對政治興趣濃厚。發起該研究計劃的戴高禮（Michael DeGolyer）向本人表示，他們的發現證明「那些認為香港人政治冷感的講法根本不是事實」。這些研究發現，香港報紙訂閱率異乎尋常地高，讀者也非常喜歡閱讀政治新聞。不少人都會參與探討公共事務的集會，也熱衷於政治捐獻。此外他們也積極參與示威集會。[1]

• • •

香港人對政治的投入遠遠超過坊間俗論的預期──可是他們面對的制度，卻使政治參與難以實現。所以香港人雖然一直都關心政治，卻對政府如何運作興趣缺缺。這或許是因為特區名義上的政治架構大體上都是無關痛癢；執掌香港實權的其實是中國的國家體制。這樣的事實無法逃避本地人的法眼。雖然《基本法》曾堂皇地承諾「港人治港」，但北京用來操控香港的體制卻逐漸演變成真正的權力中心。這套體制發號施令的地方，就在香港旁邊的深圳；這個名為紫荊山莊的基地，是座蓋在湖畔的優雅別墅。紫荊山莊已興建了一段時日，在2014年雨傘運動期間曾設

---

1 《香港新貴現形記》，頁263至264。

有危機處理中心。[2]到2019年後期抗爭持續之時,紫荊山莊也成為最重要的基地,讓北京高層督責香港政權的運作。這點我們容後再談。

而香港政治的日常運作,則由港澳事務辦公室(港澳辦)指導,該辦公室從屬於大權在握的國務院。港澳辦的主要官員有權直接晉見中國高層領導人。不過大部分的粗活則交由中央人民政府駐香港特別行政區聯絡辦公室執行;很多時我們都會繞過這個沉悶的名字,把它簡稱為中聯辦。這個機關的總部設在一棟守衛森嚴的簡樸建築內,在歷史城區附近佔用大片空間。中聯辦大樓內設有林林總總的部門,猶如香港政府架構的影子。除此之外,這裡還是在地共產黨執行黨務的基地。

主權移交前,北京在香港的協調和聯絡工作都交由新華通訊社香港分社負責。新聞通訊社的名義不過是一種方便的掩飾,英國方面對此也睜一隻眼、閉一隻眼,他們早知道新華社香港分社其實是中國官方控制的行動基地。隨著1997年的腳步愈來愈近,該社的權力和威望亦與日俱增。中聯辦在主權移交後取代新華社香港分社原有的功能,又承擔一些新的責任;可是原先的設計並沒有預料到中聯辦會成為發號施令的地方。不過,自香港特別行

2　關於紫荊山莊的消息是由路透社的記者率先揭露,本章討論的內容有不少都是來自他們的報導。參:Keith Zhai, James Pomfret and David Kirton, "Exclusive: China sets up Hong Kong crisis center in mainland, considers replacing chief liaison", Reuters, Hong Kong, 26 November 2019, https://www.reuters.com/article/us-hongkong-protests-shenzhen-exclusive-idUSK-BN1Y000P (last accessed 20 Nov. 2020).

政區成立後，歷任行政長官都是熱衷奉承的無能之輩，中聯辦的工作因而日益繁重，對香港政府的指導日趨積極，又忙於操控統一戰線和附屬組織的龐大網路。統一戰線工作在世界各地的共產黨都非常普遍，根據列寧主義的原則，藉著從外圍招聚大批群眾為核心黨部的工作提供支援。至於統一戰線在香港如何運作，容許我們於稍後詳談。中聯辦亦會積極地與本地富豪接觸，為大陸幹部帶來改善物質生活的機遇。

　　中聯辦似乎也毫無節制地在香港搜購房地產。根據現已解散的民主派政黨香港眾志之調查，他們到2020年已買下757個單位。[3]這樣的作為實在啟人疑竇，而且沒有人知道他們置產的原因。不過這也顯示中國駐香港的人員早已潛伏在社會每一個角落。特區政府的官員大多只受過老掉牙的殖民地式訓練，在中聯辦的壓力面前輕易就範，如此一來中聯辦官員的氣焰也愈發囂張。任何重大的政策事宜，甚至某些毫無痛癢的瑣事，都事先交予中聯辦過目。

　　《基本法》第22條清楚規定「中央人民政府所屬各部門、各省、自治區、直轄市均不得干預香港特別行政區根據本法自行管理的事務」。不過中聯辦到2020年4月卻突發奇想地玩起文字遊戲，聲稱中聯辦和在北京的港澳辦都非比尋常，不能算是「中央人民政府所屬各部門」，而是直接代表中國主權的「中央政府的派出機構」，因而有權繞過《基本法》第22條的規範。中聯辦甚

3　相關資料發放自香港眾志於2020年4月20日的記者招待會。

至更進一步聲稱，他們擁有監督香港事務的權力，可以就各種議題發表意見，比如「中央與特區關係事務、『一國兩制』方針和基本法正確實施、政治體制正常運作和社會整體利益等」。[4]

中聯辦如此嶄新的詮釋似乎超出香港政府所料；他們一直認為中聯辦的角色是由《基本法》第 22 條所界定。四月在北京發出的聲明否定了這種慣常的觀點，林鄭月娥政府於其後 24 小時連續發布至少三份自打嘴巴的聲明後，才開始進入狀況——當然了，他們最終還是為北京的新方針護航，並否認官方政策有過任何改變。港澳辦其後再次發文，堅持中央對香港擁有「全面管治權」。他們辯稱，北京雖給予香港高度自治，並不代表中央失去或放棄對香港的監察權：「中央必要的監督是確保有關授權得到正確行使」。[5]

在 1997 年之後那幾年，事情並不是這樣，當時中聯辦仍保留與反對陣營的溝通渠道。可是中聯辦對反制異見的手法日益自負，就不屑繼續與在野派有任何接觸，而把精力集中放在與香港政府、支持者和統一戰線組織的交流；這些人過去一直都忠心耿耿。兼聽則明、偏聽則蔽，於是面對 2019 年突如其來的起義，中聯辦毫無準備。中聯辦官員不但對現實一無所知，他們向北京

---

4 〈國務院港澳辦：中央有權力有責任維護香港特別行政區憲制秩序〉，新華網，2020 年 4 月 21 日。（http://www.xinhuanet.com/gangao/2020-04/21/c_1125885711.htm）

5 〈港澳辦連發三文續轟郭榮鏗　重申中央具監督權　支持警方拘黎智英等 15 人〉，《立場新聞》，2020 年 4 月 21 日。

的主子交代時，還空口說白話地保證抗爭將很快平息，因為親中的沉默大多數會挺身而出，而香港政府將能反轉運用眼前的抗爭。也就是說，北京在香港安插的人馬根本未能掌握身邊發生的事態。

2019年11月的區議會選舉則是壓死駱駝的最後一根稻草。北京對親中派候選人勝選胸有成竹，最後卻是輸得一塌糊塗，於是到了尋找代罪羔羊的時候。那些負責協調選戰的中聯辦官員都被調離崗位，接受降職的處分。如下文所述，這次人事變動之影響甚為深遠。

• • •

另一方面，雖然特區政權古怪而失能，其自主又遭中華人民共和國政權侵蝕，卻還是能讓其官僚體系勉強運作。這個架構如何在缺陷下得以維持，又或是因其缺陷而得以維持，值得我們好好探究。香港這種弄虛作假的政治制度，一直都困擾著香港人；他們不會忘記當初說要實行代議政治的承諾，一直都未有兌現。正因如此，才會有那麼多人走上怒火街頭。

站於這個體制頂端的，是簡稱為「特首」（「特區首長」）的行政長官。特首委任的成員組成行政會議（簡稱「行會」），在行政長官左右輔弼施政；這個與選舉政治絕緣的諮詢組織，其運作一直都向公眾保密。在大部分的時間，行會的功能就是替特首背書，其議席則是用來彰顯親中派要人聲譽的酬庸。如前所述，首任行政長官董建華的作風為其後的特區施政定下基調。主權移交

前，董建華獲末代港督彭定康委任為行政局成員，此乃彭定康嘗試拉攏親中派的努力，董建華卻未因此有所動搖。董建華一定是意識到彭定康的做法徒勞無功，所以他從未想過要讓反對陣營加入行會。其後繼任的幾位行政長官，試過把一兩位反對陣營的人物拉進行會。不過他們最終都只是名義上的行會成員，始終未被當成「嫡系」，沒有對政策帶來可觀的改變。

事實上，沒有任何法定責任可以迫使行政長官採納行會成員的意見，《基本法》的憲政框架也沒有規定要把重大決策送交行政會議。在林鄭月娥於2017年出任特首後，遭到架空的不只是行政會議，還有林鄭月娥本人。就如特首親口承認，當北京制訂影響深遠的政策時，並沒有過問她的意見，包括2020年7月強推的《國家安全法》時。這位所謂的特區首長，在2019至2020年的起義過後，被北京完全凌駕其上；此時她已淪為名義上的虛君。

中國媒體不時把林鄭月娥這位官僚出身的行政長官謔稱為「香港副市長」。2020年8月她在大陸的電視節目受訪時，坦言「我個人不算是很懂得政治的人，我是一個管治的人。」[6]這個人毫無魅力可言，猶如做過手術移除相關器官那般；面對那些質疑她論

---

6 Kathleen Magramo, "Hong Kong leader Carrie Lam admits to being caught out by protests: 'I'm an administrator that doesn't understand politics'", *SCMP*, Hong Kong, 28 August 2020, https://www.scmp.com/news/hong-kong/politics/article/3099226/hong-kong-leader-carrie-lam-admits-being-caught-out-civil (last accessed 23 Nov. 2020).
譯按：〈專訪林鄭月娥：風波期間多夜難眠，未料香港政治如此複雜（下集）〉，《問答神州》，鳳凰衛視，https://youtu.be/cIh7OUoUpis

點的人、或是斗膽提出異議的部屬，林鄭月娥徹底無能為力。她的公開演講單調乏味得像個機械人，縱使她要應對的是冠狀病毒疫潮這種危機，她還是沒有顯露任何的同理心。她試圖修例容許向大陸引渡疑犯，激起一百萬民眾走上街頭，她在第一時間的反應卻是宣稱將漠視這些反抗的人。在隨後的遊行，上街民眾的數目暴增至約二百萬人，她只淡然指責抗爭者對形勢一無所知。在本書第二部分，我們將會討論公眾對此的觀感。

即使論者對政治領導毫無經驗，也會察覺到林鄭月娥有時真的掌握不了氣氛和形勢。但是，她擺出的態度就是其他人的意見都不重要，反正她沒有太多朋友，也要命地缺乏個人的親信，而在大部分的政治體系，領袖都必須仰賴親信的奧援才可能正常運作。林鄭月娥的地位，卻完全仰賴北京那些扶植她的人；行政長官一職既是北京的恩賜，她也隨時可以被一腳踢開。她學會以潑辣掩蓋潛藏的不安，逐漸模仿起高級黨國幹部那種硬梆梆的作風和語調。

平心而論，林鄭月娥一直都在處理一項不可能的任務。香港的政治制度雖有講究問責的外觀，政府施政也須面臨各種瑣碎的局限；然而其中充斥的是多一事不如少一事的行政慣習。這種敷衍了事的遲疑，偶然會被威權政治的躁動衝破。這套系統出乎意料地能得以勉強運作，不過這背後有著必須滿足的前提：香港必須讓民眾見到持續進步的前景，亦須保持比邊界以北更優越的生活方式。可是特區的經濟發展不如從前，政治制度看起來又要與中國式獨裁靠攏，此時政權建制之千瘡百孔日益顯明。

　　當中國這個新宗主國繼承這套由英國設計的政治制度時，一切看起來都是完美無瑕。對中國共產黨而言，這套殖民地制度至為誘人的乃其行政主導的設計，所有權力皆集中在於總督手上，他只須向倫敦的上司問責。新政權要做的，不過是把「倫敦」兩字換成「北京」而已。[7]亦因如此，《基本法》授予行政長官十三項無所不包的特權，確保他們在特區政權內的主導權，可是特區歷來四位行政長官表現皆極為失敗。倘若現有「體制」維持不變，他們繼任人的表現恐怕也不會太亮麗。

　　行政機關的危機也許對大部分民眾來說只是遙遠的問題，與他們的日常生活毫不相干——可是在香港，這樣的危機卻導致極嚴重的後果。

　　這些惡果在香港社會俯拾皆是，當中又以貧窮問題至為矚

7　譯按：北京政權的誤會可大了。他們忽略大英帝國殖民制度運作的原則，是因地制宜的間接統治。殖民地總督雖有至高無上的法定權力，可是倫敦不一定願意為這種權力背書；白廳官僚看重效率，只會以最經濟的方式支援殖民地。他們視殖民地為替帝國賺錢的地方，除非該殖民地是維繫帝國所須的戰略要地，否則任何支援都是能省則省。是以大英帝國的殖民地政權，政府規模都頗為有限。他們必須倚靠地方頭人的支援，方能把管治能量投放到殖民地每個角落。總督在實際運作上須與地方精英分享權力，至少要滿足頭人在物質和榮譽上的需求。讓總督獨攬大權的條文並不反映殖民地實際的權力運作。總督施政往往要自求多福，所以他們面對來自白廳的指令，也不一定乖乖服從。殖民地總督聯同在地精英自行其是，與倫敦官僚討價還價，才是大英帝國的政治常態。殖民地部的方針也偏重殖民地官員的意見。倫敦把一己意志強加諸殖民地之上，這樣的事並不常見，大英帝國的體制也不鼓勵。
參：John Darwin著，黃中憲譯，《未竟的帝國：英國的全球擴張》，台北，麥田出版，2015年。

目;這個社會有五分之一人口陷入貧窮線以下,但權貴們卻喜好以令人眩目的方式炫耀其財富。[8]此外,政府對應房屋問題的政策失敗得令人瞠目結舌。這些問題之所以無法解決,絕非因為缺乏公共財政資源或土地不足的緣故——縱使政府喜歡用這些藉口推卸責任。事實上特區官員都好像能取得用之不盡的現金,在各種大白象工程中揮霍無度。我們之後會在第三章討論香港貧富懸殊的危機。

歸根究底,香港的統治者之所以對普羅勞動民眾的權益視若無睹,正是因為政府並非由選舉產生,也沒有太多究責的機制。這是英國殖民統治遺下的惡果之一。

雖然二戰結束後香港殖民地政府曾考慮過要改革政治制度,可是本地的權貴和殖民地部的官僚卻極力反對;殖民地部寶視這套讓總督大權獨攬的舊制度,該制度也廣泛為其他殖民地採用。其他的英國殖民地隨後都為準備獨立建國而展開大刀闊斧的政制改革,可是香港自治從來都沒有被納入議程。[9]其後殖民地部解散重組,並併入外交及聯邦事務部。縱使新部門比殖民地部略為開明,卻也未曾考慮讓香港推行徹底的變革。真心希望推動改革的港督彭定康只能在建制的空間內拉上補下,嘗試盡量增加政制

8　Elizabeth Cheung and Christy Leung, "One in five Hongkongers living below the poverty line in 2018, as concern groups warn falling economy may cause situation to get worse", *SCMP*, Hong Kong, 13 December 2019, https://www.scmp.com/news/hong-kong/society/article/3042039/one-five-hongkongers-living-below-poverty-line-2018 (last accessed 23 Nov. 2020).

的選舉成份，不過就如在第一章所論及，這一切來得太遲。1997年特區新體制成立的第一天，這些改革都一下子被打回原形。

《基本法》賦與行政長官廣泛的權力。亦因如此，在1980年代北京還會為憲政裝模作樣時，就煞有介事地擬出選舉制度的幻象，為行政長官的選拔披上民主程序的外衣。此後每位行政長官都荒謬地宣稱自己獲得民主選舉的認受。可是實際上所謂的「民主認受」卻是來自1200名委員組成的選舉委員會（選拔第一屆特首的遴選委員會只有800名委員），這些負責「選舉」行政長官的架構都出自北京的精巧設計，旨在讓他們屬意的人成功當選。

這個選舉委員會是由四個均衡參與的界別組成。第一界別理論上代表工商界——也就是工業、商業和金融業的群體。第二界別代表的則是專業界。第三界別涵蓋所謂的「公民社會」，是勞工、社會服務、宗教、農業、體育和文化代表的大雜燴。而第四界別是北京的至愛，因為這個界別的成員包括在中國政治機關內好好學習過的香港代表。除此之外，這界別裡面還有立法會議

9　譯按：香港是大英帝國解體過程中的特例。香港本地權貴對政制改革的抵抗異常頑強，於1947年就任港督的葛量洪（Alexander Grantham）戰前曾任香港殖民地政府政務官，與本地權貴關係甚為友好。此時中國共產黨席捲全國，1949年成立中華人民共和國，香港問題從殖民地解殖的問題演變成冷戰前沿的戰略問題。殖民地部有所猶豫，於是沒有把戰後初期訂下的改革議程推動到底。葛量洪及其權貴盟友趁殖民地部無所作為，以拖延策略應對政治改革，成功讓其胎死腹中。

參：Tsang, Steve (1988). *Democracy Shelved: Great Britain, China, and Attempts at Constitutional Reform in Hong Kong, 1945-1952*. Hong Kong: Oxford University Press

員、區議員以及熱衷投機的鄉議局。鄉議局這個諮詢組織理論上是香港「原居民」的代表——不過他們並不關心女性「原居民」的權益。[10]

　　四大界別，理論上要均衡代表所有香港人，不過只有極少數民眾能投票選出代表他們的選舉委員，而這個選舉制度也遠稱不上是公平。例如，2017年把林鄭月娥送往禮賓府[11]的那屆選委會是經由246,440位選民投票產生，可是當中一半選委的選民基礎合起來卻只有11,340人。比如在選民基礎罕有地廣泛的教育界，當中80,643位選民只能選出30名選委，即選委會內2.5%的席位。可是代表漁農界的選委數目卻是教育界的二倍：這界別能選出60名選委，當中卻只有154位選民。所以，選民基礎最狹窄的界別，比起那些選民基礎廣泛、並有真正競爭可言的界別，兩者票值的差距有八倍之遙。[12]統領香港的最高領袖，就是以這樣的

---

10 譯按：1898年英國租借新界前即於當地定居的住民，被定義為「原居民」。香港政府於戰後開始把都市擴展到新界，此時，擁有大片土地的宗族藉炒賣土地或換地權益書牟取暴利；鄉議局內的「原居民」代表自然是腰纏萬貫的宗族大老。這解釋了鄉議局這個「鄉郊組織」何以能在主權移交前後取得不成比例的影響力。而在香港水域生活的蜑族水上人定居的歷史雖比「原居民」悠久，卻從未被定義為「原居民」。界乎九龍山脈與界限街之間的新界被殖民地政府改劃為「新九龍」，居於這片地域的住民無法享有完整的「原居民」權益。

11 譯按：行政長官官邸，在主權移交前為總督府。

12 獨立評論人David Webb在其網站詳盡解釋當局如何舞弄票值。*Webbsite*, "Getting to 601: How Beijing controls the HK Chief Executive election", Hong Kong, 28 January 2020, https://webb-site.com/articles/gettingTo601.asp (last accessed 23 Nov. 2020).

方式被膏立。

　　林鄭月娥最終在1,200名選委中只爭取到777人支持而當選[13]——換言之，替行政長官祝聖的人佔香港整體人口不足0.01%。這正正就是中國共產黨最喜歡的選舉制度。

• • •

　　這種限制重重的民主概念，也對立法會構成影響。立法會選舉對政府之所以重要，純粹是因為這樣的一場戲據說可以讓香港的政治體制罩上一件值得尊重的外衣。立法會選舉雖然不是公平的競賽，參選人卻可以在競選期間辯論政見，並動員民眾支持。可是就功能而言，立法會除審批財政預算案的重任外，可以運用的權力極為有限。若非事先獲行政長官批准，立法會議員並無提交條例草案的權力，而立法會監督政府運作和訂立法案的權力也隨時日不斷緊縮。

　　立法會有一半議席來自所謂的「功能組別」選舉。有資格在功能組別選舉投票的只有不到25,000名選民，餘下的450萬選民只能於香港各地方選區選出另一半的議席。[14]任何由議員提出的動議，必須以分組點票的方式表決；立法會此時把議員分為兩

---

13 譯按：是以香港人會把林鄭月娥謔稱為「777」，或索性以髒話諧音斥她為「柒婆」。同理，上一任行政長官梁振英被貶稱為「689」。

14 Government of the Hong Kong Special Administrative Region, "2020 final registers of electors published today", press release, 17 July 2020, https://www.info.gov.hk/gia/general/202007/17/P2020071700177.htm (last accessed 25 Nov. 2020).

組，一組是地區直選選出的議員、另一組則是功能組別的議員。動議必須同時在兩邊獲得過半數支持，方獲得通過。由政府提出的議案，卻只須獲得全會過半數支持就能通過。在討論議員動議時，立法會因而經常僵持不下，直到2020年，大部分在野派議員若非被剝奪議席、就是憤而辭職，這樣的狀況才沒有繼續維持下去。

佔據半個立法會的功能組別，其實就是一堆腐敗選區的議席[15]再加上工會和社會團體的代表而已。在30個功能組別當中只有9組會舉辦真正像樣的選舉。也就是說這個議會中有八成的議席，人選都是由一小撮人說了算。在芝加哥惡名昭彰的伊利諾州第四國會選區，相比之下不過是小巫見大巫。這些選民基礎狹窄的「腐敗選區」，若不是以團體為投票單位，就是把投票權局限在少數「行業代表」身上。批發及零售界功能界別乃其中一個最突出的案例：這個界別理論上代表香港從業人員最多的行業，卻只設有一個議席，整個界別的投票權集中在5,997名合資格選民，不足業界人士總數的5%。[16]如此一來，批發及零售業全體人員在立法會所得到的空間等同於鄉議局或漁農業界：鄉議局在立法會同樣設有一個議席，有投票權的只有155人，而漁農界則是由

---

15 譯按：Rotten bouroug constituencies，意指與時代脫節的選舉組別分界。這詞彙原先指涉的是19世紀初期英國下議院選舉的選區。當時英國仍然採用17世紀的選區劃分，造成不少流弊。部分議席代表的選區那時候已杳無人煙，甚至因地形變化而沒入大海。而曼徹斯特等新興城鎮，卻無法選出代表他們的國會議員。

160名選民選出一位議員。不過這兩個功能組別根本不需要舉辦選舉,其候選人在沒有競爭的情況下自動當選。

立法會地方選區的選舉,相對而言民主得多。即或如此,地方選區的選舉制度還是有一些操縱結果的空間:地方選區的選舉採用最大餘額法的選制,讓得票較少的參選名單也能獲得小量議席。特區政府採用這種選舉制度,是要為親建制候選人提供保障名額——他們認為如果採用簡單多數制,反對陣營就會大獲全勝。

或許有人會推想,香港選舉既然漏洞多到這種程度,掌權者一定可以持續操控下去了。可是2019年區議會選舉的結果卻說明,如此不公的制度也無法百分百保證民主派不會大獲全勝。亦因如此,特區政府於2020年10月提議要讓遷居大陸的香港人境外投票。根據這份提案,約333,000位在廣東定居的香港人將會獲得投票資格,據估計這些人大多是親中政黨的支持者。[17] 在此之前,香港的選舉法例只容許境內親身投票,從未實行過郵寄選票的制度。這份提案如果成事,特區當局將無法完全管轄選舉的程序,而在大陸的競選活動也自然會由親中政黨壟斷。畢竟中國

---

16 Census and Statistics Department, Hong Kong Special Administrative Region, "Quarterly Report of Employment and Vacancies Statistics", June 2020, https://www.statistics.gov.hk/pub/B10500032020QQ02B0100.pdf (last accessed 25 Nov. 2020), p. 2.

17 Kelly Ho, "Hong Kong gov't studying voting in China plan, as minister casts doubt on public survey", *HKFP*, Hong Kong, 28 October 2020, https://hongkongfp.com/2020/10/28/hong-kong-govt-studying-voting-in-china-plan-as-minister-casts-doubt-on-public-survey/ (last accessed 25 Nov. 2020).

大陸當局絕對不可能容許民主派入境，讓他們向當地港僑拉票。

• • •

　　立法會奇特的選舉制度，也造就一堆同樣荒誕不經的政黨。

　　政黨在大部分的地方都是尋常不過的體制，不過在香港卻完全不是這回事。嚴格來說，在香港組織政黨其實是非法的──香港的政團不是按《公司條例》註冊為有限公司、就是按《社團條例》向警務處申請成立註冊社團。不過隨著選舉政治於 1980 年代中引入香港，英國人在殖民地時代後期也無意取締這些「非法政黨」的活動。即或如此，殖民地政府也沒有更進一步為政黨的運作設定法律框架。香港的政治制度既是曖昧不明，政黨就只能在某種灰色地帶中存活。雖然香港的政黨未有法定角色，林鄭月娥政府在 2018 年還是下令取締主張香港獨立的香港民族黨。

　　2016 年的立法會選舉，乃兩年多後爆發起義前的最後一次，選舉過後有 18 個政黨的代表得以廁身議事廳。而民主建港協進聯盟（民建聯）則為當中最大的政黨──不論是議席數目、黨員人數還是財政資源，民建聯都是首屈一指。該黨號稱有逾 42,000 位黨員、在立法會爭取到 13 個議席、又有兩位黨員於 2017 年獲林鄭月娥委任為行政會議成員。在 2019 年區議會選舉的大地震前，民建聯也擁有最多的區議會議席，並掌控十九區中大部分的區議會。民建聯的大部分創黨大老都是中國共產黨在香港的地下黨員，如今該黨的方針仍舊由地下黨員指導。民建聯於 1992 年因應北京向地下黨的指令而創立，是個典型的統一戰線組織──

這個政黨接受中華人民共和國指揮，同時與其保持一定距離，從而營造獨立運作的假象。隨著這個親中政黨日益壯大，他們脫離過去勞工階層的淵源，其營運也依靠富豪的政治捐獻。

民建聯現任主席李慧琼不太可能是中國共產黨黨員。在黨內一眾老男圍繞下，生於1974年的李慧琼也稱得上是青年才俊——可是她的公開演說能力卻異常糟糕。她以會計為本業，其風采與活力看起來也像一個典型的會計師。不過要擔當民建聯主席的重任，既不須有任何個人魅力、亦毋須擁有中國共產黨的黨籍。一切重大事項都是由中國共產黨操控，而她能夠準確服從指令，這才是真正要緊的。

與民建聯關係密切的工會聯合會（工聯會）同樣是個統戰組織，不過它具有比較明顯的勞工政治色彩。他們與中國共產黨也有較深的淵源。工聯會就如他們的名稱那樣，是負責統領各親中工會的總工會。

中國共產黨的香港支部一直以來都不願光明正大示人，這種隱秘作風不免啟人疑竇。在地下運作的香港黨支部從來也稱不上是群眾組織，這一小撮人在香港卻有不成比例的影響力。二次大戰日本侵佔香港那三年零八個月乃香港黨支部的光輝歲月，不論是消極抗議還是武裝抵抗，他們都擔當主要的角色。相形之下，他們在1960年代受文化大革命鼓舞而策動暴亂，擾亂民眾的日常生活、亦釀成人命傷亡，如此作為使這群在英國殖民地內運作的「土共」臭名昭著。在過去大部分時間，香港地下黨都是由中國共產黨港澳工作委員會統領，雖然這個機關的名稱也從未被公

開確認。[18] 不過為何要如此鬼鬼祟祟呢？

其中一個原因倒是非常簡單：中國共產黨若要在香港明目張膽運作，特區也許亦有必要賦與各政黨正式法定地位，如此將會牽一髮而動全身。而且，共產黨也知道民眾對其深感不安，故此更不願意光明正大地做事。既然中國共產黨已能全盤操控，複雜的統一戰線網路能達成任務，那為何要自尋煩惱？也許最重要的是，共產黨香港支部早就習慣偷偷摸摸、連蒙帶騙的處事手法，難以擺脫它的舊習。這個支部的創始者在1920年成立馬克思主義研究小組時，就已經過著蹤跡詭秘的生活。香港綿密的統一戰線組織都源自這種藏頭露尾的地下運作模式：不論是工會、學校、街坊組織、會社、出版社、媒體、書店以至是體育會，都可能是掩護地下黨活動的機關。也就是說，香港共產黨（這些人從不會如此自稱）採用經典的列寧主義路線——畢竟他們在大陸的上級也是在蘇聯特使的指導下建立黨組織；這些蘇聯特使曾主導中國共產黨成立初年的發展。香港地下黨會採用列寧的統一戰線策略，也就不足為奇。

世界各地的共產黨一直以來都熱衷利用統一戰線辦事，這種

---

18 雖然他們對香港政治事務有舉足輕重的影響，中國共產黨香港支部的事蹟卻幾近名不經傳，相關的英文著作也特別貧乏。陸恭蕙的著作是目前最佳的英文著述：Christine Loh, *Underground Front: The Chinese Communist Party in Hong Kong*, Hong Kong University Press, 2010.

譯按：華文著作可參考：江關生，《中共在香港：上卷（1921-1949）》，天地圖書，2011；《中共在香港：下卷（1949-2012）》，天地圖書，2012；梁慕嫻，《我與香港地下黨》，開放出版社，2012。

策略最早由列寧和布爾什維克的幹部倡議，其後各地共產主義者也爭相模仿。香港的統一戰線網路異乎尋常之處，在於它有著雙層架構。在中國共產黨直接掌控的核心以外，還有另一層外圍架構，包含親中政黨、社會賢達、還有各種數之不盡的團體。這個外層不受黨紀規範，但中國共產黨的機關還是可以透過大陸的政府機制與其成員頻繁互動。中國共產黨面對這個外圍架構，通常會採用寬鬆的交往，傾向以恩賜籠絡人心。至於懲罰的手段，在大多數情況都備而不用。若外圍架構不得不受到制裁，那就會被視為失敗的表徵。

我們可以說，在外圍的外圍還有第三層統一戰線架構，其成員是與中國共產黨較為疏遠的親建制政黨。自由黨的案例正好說明第三層架構的運作是如何複雜。這個代表工商界利益的政黨，是香港其中一個歷史最悠久的親中政黨。其相對獨立的行事作風，使中聯辦那些操盤人大為惱火。可是這些來自北京的官員卻始終不敢對自由黨發出除籍令，一部分是因為這個歷史悠久的政團在親中社群有著相當的地位。除此以外，維持建制陣營的團結也一直是中聯辦的首要任務。

其他外圍的親中政團大都是為滿足創黨元老一己野心而創立。任何曾經與自大狂交過手的人，都能猜到這些政團會惹來什麼麻煩。當中最顯著的例子乃雄心萬丈的前保安局局長葉劉淑儀所創立的新民黨。這位前局長因著她那令人尷尬的髮型，遭人謔稱為「掃把頭」。葉劉淑儀為求一己民望，行事不時偏離中國共產

黨的劇本;雖然她是行政會議成員,卻時常批評林鄭月娥政府。[19]
不過就像李慧琼那樣,在需要動手的關鍵時刻,葉劉淑儀這類外
圍親中派會乖乖站對邊;對於北京來說,這才是真正要緊的事。
北京只需略施小技,或是向他們應許賜予大陸的榮譽名銜、或是
威脅要斷絕他們當官的機會,外圍的那些人就會自然歸隊。

雖然親中陣營的內部結構頗為複雜,但他們在組織和資源
上都勝過反對陣營。不過,民主派的政黨比較受民眾支持。當中
歷史最悠久、規模最大的,是創立於1990年的民主黨,在創黨
初年該政黨的名字為香港民主同盟,是一群知名民主運動家的集
合。民主黨的兩位主要創辦人,分別是被譽為民主之父的李柱
銘,以及老而彌堅的退休教師司徒華。到二十一世紀初,反對陣
營又興起了一批新政黨,比如公民黨、工黨和比較基進的社會民
主連線(社民連)。創辦社民連的梁國雄通常被人稱做「長毛」,
這是他的招牌造型:披著一頭長髮、穿上印有切‧格瓦拉頭像的
T恤、堅守非暴力不合作的抗爭原則,很多時候一手拿著啤酒、
煙不離身。雖然他持之以恆地參與示威,他去過的集會,大多數
人幾輩子都去不完,但是長毛經常被逐出議事廳,也不時因抗爭
而繫獄。如今他的議會生涯被迫告一段落。

反對陣營的政黨成員,往往要為其政黨活動付出高昂的個人
代價。雖然他們若勝出立法會和區議會的選舉就可以從議席取得

---

19 譯按:香港網民會依照宮廷內鬥劇的邏輯,把葉劉淑儀稱為「姐姐」,把林鄭月
娥稱為「妹妹」。

薪酬，但參與反對政治通常都伴隨著財務上的犧牲。

其中較為突出的一例是，隨著香港民族黨於2016年創辦，北京對民主政黨的發展更加神經緊張地警覺起來。香港民族黨是首個主張香港獨立的政黨，但裡面只有十來二十位黨員，人數極少，與民主運動的主流也沒有什麼連結。不過北京卻選擇把小小的香港民族黨當成案例，藉此連坐整個民主派陣營，指責民主派圖謀把香港從祖國分裂出去。

我們在第八章的討論將會看到這是子虛烏有的指控，香港民主派不太同情香港獨立的主張，縱使他們認為持這種觀點的人亦理當享有表達自由。其實，香港民族黨主張的理念在過去多年來也有人論及，卻沒有得到太大的迴響。即或如此，香港政府在2018年還是引用《社團條例》，於憲報把香港民族黨列為非法組織。相比之下，英國人當年從未禁制地下黨，縱使這些人於1960年代策劃的暴亂曾令不少人喪失性命。這是因為中國一直否認地下黨的存在，而殖民地政府也意識到，完全禁制地下黨的公開活動，只會使他們演變成更難監控的秘密組織。可是在林鄭月娥政府的字典中，早已經沒有「務實」這兩個字。

在2018年8月14日，香港外國記者會舉辦了一場演講會，講者是香港民族黨的創辦人陳浩天；外國記者會這個平台，向來擅於向記者提供有新聞價值的觀點。陳浩天相貌溫儒爾雅，詞鋒卻是相當厲害。他當日對該黨香港獨立的主張輕描淡寫，反倒把內容聚焦於對民主的支持。他講的是：「香港民族黨所追求的，事實上與不少香港人的願望別無二致，也就是民主的理想。」[20]

其後中國官員與整個親中陣營都陷入了瘋狂，拚命指責外國記者會支持非法組織（可是在演講當日特區政權尚未頒布禁令），認為他們旨在支持分離主義。有論者主張把外國記者會逐出他們租用的會所。負責主持當日演講的英國《全融時報》記者馬凱（Victor Mallet），工作簽證未獲延期，等於被踢出香港，其後馬凱又被特區政權禁止再度入境。陳浩天演講後，香港民族黨很快被禁，禁令於9月24日刊憲，[21] 雖然陳浩天曾經提出上訴，法庭卻於2019年2月裁定禁令仍然有效，他本人亦於同年的起義爆發後多次被捕。

這次爭議可以說只是故事的一條旁支，但它仍然影響深遠。首先，馬凱被驅逐出境一事，打破過去把香港視為言論自由天堂的美好想像；在此之前，駐香港的外國記者從未遭遇過如此惡待。驅逐外國記者的事在大陸屢見不鮮，如今特區看起來也將會步其後塵。再者，這次論爭也展開禁制政黨的惡劣先例，而下達禁令的理由純粹只因為政黨的見解不為政府所喜，與任何實質的違法活動無關。

到了2020年，隨著鎮壓日趨殘暴，那些不太基進的反陣營政黨亦開始面對厄運；比如參與選舉這麼基本的事，如今是否仍

---

20 摘錄自本人於當日的採訪筆記。

　　譯按：陳浩天當日以英語發表演說，演說全文參：〈陳浩天FCC演說全文：港獨是達成香港民主唯一方法〉，《立場新聞》，2018年8月14日。

21 譯按：〈2018年第52號號外公告〉，《香港特別行政區政府憲報》，2018年9月24日。（https://www.gld.gov.hk/egazette/pdf/20182244e/cgn2018224452.pdf）

然合法，也沒有人能說得清。過去香港民主派成員為爭奪參選名額經常鬧得不可開交，縱使派別之爭往往只是源於個人恩怨。當局也樂得坐山觀虎鬥，看著民主派流失支持和分散票源，不會嘗試出手介入。可是反對陣營在2020年卻能克服內部分岐，決定舉辦大規模初選，以全民投票的方式決定參與九月立法會選舉的人選。這次初選甚為順利，亦有不少民眾參與，這說明何以受驚的林鄭月娥政府會決定把選舉延後一年。政權亦因此對參與初選的民主派人士施以嚴厲打壓。[22]

對於在政治光譜兩端的主流政黨，意識形態都沒有發揮太大的作用，此乃港式政黨政治奇特之處。有意識形態取向的通常是規模較小的政團。比如工聯會憑藉與工會的淵源自詡為勞工權益的代表，而比較近期才成立的工黨則自我定位為社會民主政黨。可是，規模較大的政黨卻以面對中國時的態度界定自身。比如說民主黨的李柱銘，他父親李彥和當過國民黨的將軍：若換到另一套政治體系，李柱銘一定會被當成右傾的保守主義者，可是在香港的親中建制眼中，他卻是激進的危險人物。他領導的民主黨中，既有像他那樣的老保守派，也有一些自由派和社會民主主義者，他們都放下意識形態的分岐，為民主的目標共同奮鬥。而在

---

22 譯按：香港警察於2021年1月6日清晨大肆搜捕統籌或參與民主派初選的人士，53人於當日被補，警察以蒐集證據之名搜查多間傳媒的辦公室。同年2月28日，警方正式以「串謀顛覆國家政權罪」落案起訴37位被捕者。參：〈警動員1000人拘53人　李桂華：否決預算案令政府停擺「唔得」　不會查投票市民〉，《立場新聞》，2021年1月6日；〈民主派47人被控串謀顛覆國家政權　民陣籲港人明「企滿法院」聲援〉，《立場新聞》，2021年2月28日。

政治光譜另一端的民建聯，其黨員雖然都擁護中國共產黨，可是對馬克思主義興趣缺缺。有好一些人甚至不認識馬克思主義的基本教條，只懂對民建聯黨籍帶來的政治前途垂涎三尺。

2019 至 2020 年這場起義帶來最深遠的其中一個影響，是令香港政治光譜變得極為兩極化：一邊是親中的「藍絲」、另一邊則是反對政權的「黃絲」。標籤總是粗糙的，可是仍有助理解 2019 年後的香港政治。就如香港的政黨政治那樣，意識形態在抗爭運動中同樣也是缺席，抗爭者大體上都以他們反抗的對象——中國共產黨和他們在香港的嘍囉——來界定自己。建設民主香港是這場起義的核心理念，而這個理念該如何詮釋，則容許各方抗爭者百家爭鳴。

這說明何以年輕世代對投身傳統政治遲疑不決。在 2010 年代的兩次起義時，抗爭者創辦了數不勝數的新興團體，其中有很多都是即興的短期組織。抗爭運動對政黨充滿懷疑，也不願意被領袖指導。黃之鋒和羅冠聰等人於 2016 年成立名為香港眾志的政黨，其實是絕無僅有的案例。新興抗爭運動的參與者在缺乏中央統籌的情況下自主地發起行動，並為這種能耐深感自豪。他們認為選舉既受操控，參與選舉政治也不會有什麼意義。抗爭者於 2019 年一度佔領立法會大樓、迫使立法會暫停運作，之後這個議會看起來就更是無關宏旨。即使積極支援抗爭的民主派立法會議員，此時也不得不退居二線。街頭上的抗爭者早就明言，不欲立法會議員代他們發言。他們可以支援，不可領導。

不過在政權對異議者全方位的打壓下，民主派立法會議員和

抗爭者之間的分歧也因而縮窄，畢竟政權已把街頭抗爭壓下來，對立法會反對陣營的清洗也愈演愈烈。警察在 2020 年 11 月為著同年 5 月立法會內務委員會的風波，以多條罪名拘捕 8 位立法會議員。此時，立法會內 29 位反對陣營的議員有 86% 已無法再履行代議士的權責；他們不是被逐出議會、就是被取消競逐連任的資格、甚或身陷囹圄。

同月稍後時間北京再次下達指令，把另外四位民主派逐出立法會，他們也警告這樣的事情還會陸續出現。反對陣營的議員大部分決定辭職抗議，整個議事廳只剩兩位非親中的議員。[23] 立法會此後基本上完全是親中派的囊中之物。

北京堅稱反對陣營議員違反就職誓言，沒有按承諾遵守《基本法》，他們才決定出手對付。他們也明言事情才剛開始，此後會有更多候選人喪失參選資格，而區議會、公務員體系、以至特區所有公共服務機關也會被繼續整肅。

局勢既於 2020 年後期急轉直下，所謂溫和民主派與街頭基進派之間的分歧，也就消失於無形。北京形同宣告不再容忍任何反對聲音，任何形式的異議。執筆之時，其意涵仍在逐步顯明當中。眼前看來，此後香港僅有的合法政治勢力就是大獲全勝的親

---

23 譯按：這兩位議員分別是醫學界議員陳沛然，以及新界西選區的鄭松泰。陳沛然與反對陣營友好，但他堅持以醫生身分專業議政。鄭松泰為熱血公民主席，該黨與民主派及抗爭運動關係惡劣，卻自視為立場堅定的抗爭者。鄭松泰後來意圖加入選舉委員會，該申請卻於 2021 年 8 月 26 日被候選人資格審查委員會以國家安全為由否決，同時把他逐出立法會。鄭松泰其後宣布解散熱血公民。

中陣營，加上少數「中間」反對派。

　　不過親中派政客也有很多自身的煩惱。抗爭如火如荼之際，他們反倒集體失蹤，生怕被民眾圍攻。面對四面八方的壓力，他們照理應該挺身支持林鄭月娥這位行政長官，可是林鄭月娥自己也在逃避公眾的視線，只會在接到北京政權的新指令後才硬著頭皮浮上水面，而指令又是無從拒絕的。這形勢使親政府政客陷入兩難之境，因為他們不想再被視為這個無能政權之一員。親中派的立法會議員非但沒有支持林鄭月娥，反倒公開對她作出批評。他們這樣做是因為，雖然現有制度已全面傾斜，他們還是需要勝選，而恐怕只靠操弄選舉並不能讓他們篤定當選。

　　中聯辦的官員花費不少時間向忠誠的地方人物發出指引，並提供必要的「協助」。在選舉期間，他們要擬定合適的參選名單，藉此杜絕親中陣營的內部競爭。在抗爭起義期間，中聯辦以官方指引統一口徑，希望親中派支持者在必要時能夠毫無偏差地重申黨國的立場。有好幾位親中派高層曾向本人表示，他們曾請求中聯辦容許他們與特區政府保持距離，施以疲勞轟炸，直到中聯辦那邊願意讓步為止。林鄭月娥等於被離棄了；在中國共產黨殘酷的政治世界，再是忠誠的個人，都隨時可以棄如敝屣。為顧全共產黨的大局，個人可隨時被解聘、被懲罰、甚至可以被凌辱。

　　簡單來說，香港受困於體制失衡的政治制度，這個制度的首長既不為民眾所信任、也被盟友所離棄，只能仰賴北京主子的奧援。目前，北京政權在找到適合的繼任人前，姑且讓林鄭月娥再折騰一段時日。北京對林鄭月娥的援助，就如一條把她吊住的細

繩，這道細繩隨時都可以切斷。列寧曾經把政權如此的支援，生動地描述成問吊者項上的繩索。此時，即使是親政府陣營的立法會議員，也被允許與林鄭月娥政權保持距離；這些政客自2019年起已不再自稱為「建制派」，而偏好被稱為親中派或「親北京」陣營的成員。

2019年下半年抗爭升級之際，中國領導人果斷地把林鄭月娥投閒置散，而國務院副總理韓正則被委以統籌香港事務的重任，他移師到深圳的紫荊山莊，在這個山明水秀的莊園設立指揮中心。江澤民於2002年退休後，韓正在隨後的黨內競爭中存活下來，如今是與習近平主席關係密切的親信。他要行政長官林鄭月娥定期前來紫荊山莊覲見，這個指揮中心的權勢與日俱增，國家安全部、公安部和國家網路信息辦公室的副部長也被派遣到深圳，加入這個總管香港事務的核心架構。

據率先揭露此事的路透社所報導，習近平每日都會審閱紫荊山莊傳來的匯報，可見香港問題如今已成為中國共產黨的首要議程，而發號施令對付抗爭的也是位高權重的官員。紫荊山莊成為香港事務指揮中心之事，從未受到中國官方確認。可是韓正顯然正在運籌帷幄，也不時就香港事務發出一錘定音的宣言。

不過如今還剩下一個不解的謎團。究竟北京是否從一開始就決定要在這個理當自治的特別行政區實行鐵腕統治？或者習近平政權是因為林鄭月娥或中聯辦辦事不力，迫於形勢才親自出手？更有可能的是，以上兩個因素互相糾纏，造成了今日的事態。

不論如何，北京把香港體制僅剩的自主也一併奪去，只會使

抗爭運動的目標顯得更為合理，北京的舉動猶如提油救火，而且
這把火在 2020 年遭到壓制之後本來就沒有熄滅。更重要的是，
如今不論是街頭上的武力抗爭、還是議場內的選舉政治，任何的
異議都遭遇強硬打壓，顯示政權根本無法面對任何批評，使得抗
爭者也不再受和平抗爭的規條限制。

[3] 機能失調的經濟體系
A Malfunctioning Economy

在 2019 年的香港,幾乎沒有人會想到北京會再度高舉馬克思思想,而且確實觸動了特區好一些人的心弦。可是,隨著抗爭運動星火燎原,中國共產黨拼了命地設法把輿論的焦點從政治體制和選舉權轉移到其他議題,此時他們忽然想到,分配不公和貧窮問題可能已困擾著香港人。這種思路有點道理,因為香港的的確確是個極度不平等的社會;就如眾所周知,這片土地孕育過不少富甲一方的大亨,卻有更多的人未能擺脫貧困。

在此之前,中國共產黨完全無意在香港提出階級鬥爭的論述。他們反倒樂於重申鄧小平的名言:「允許一部分人先富起來,勤勞致富是正當的。」[1]《環球時報》英文版 2015 年的社論正好反映這樣的心態:「當內地出現愈來愈多億萬富翁——這些富豪的名字榮登世界財富榜,其身家比香港和台灣的富豪同胞還要豐厚——目睹一切的中國廣大群眾,大體上既不嫉妒、亦無反感。企

---

1 譯按:鄧小平,〈各項工作都要有助於建設有中國特色的社會主義〉,《鄧小平文選》第三卷,人民出版社,1993 年,頁 23。

業鉅亨的崛起，反倒使他們興奮而驕傲。這種心態，健康而且充
滿活力。」[2]

　　這篇社論是鋪天蓋地的官方文宣的一部分，這些文宣歌頌自
由企業的功德，指出它們乃經濟發展的動力。中國大陸的發展路
徑被婉稱為「社會主義市場經濟」，天衣無縫地與「具中國特色
的社會主義」連在一起。在實際運作上，那當然是具中國特色的
資本主義。這種制度容許民營企業自由運作，可是政權若直接了
當地提倡資本主義，會使仍舊相信馬克思理念的黨內同志良心不
安。亦因如此，民營企業通常都稱為「非國有企業」。

　　資本主義一直都在香港蓬勃發展，而這種經濟體制的延續亦
受《基本法》保障。香港的市場經濟因此能更加開放，而主導經
濟的富豪大亨也習慣享受政權的厚待。中國共產黨要員南巡香港
時，他們首先會見的對象，通常都是特區本地的工商界才俊。北
京甚至把首任行政長官一職授予董建華這位航運業鉅子。不過如
斯部署卻沒有帶來什麼好事——2003 年嘗試抵擋民意強行引入
《國家安全法》一役，盡顯此君的顢頇無能；除此之外，董建華
也惹出各式各樣的大小麻煩，要待他在 2005 年宣布「退休」才暫
告一段落。可是北京的領導人卻沒有從董建華一敗塗地的經驗學
到教訓，他們依舊信賴富豪和他們的子弟，確保他們在大陸的諮
詢架構中能佔一席之位。中國共產黨和特區那些知名富豪，似乎

2　*Global Times*, "Resentment against rich exaggerated in China", op-ed, Beijing, 23
　 April 2015, https://www.globaltimes.cn/content/918235.shtml (last accessed 12
　 Nov. 2020).

會一起渡過漫長的蜜月期。

可是這段蜜月期卻在2019年九月戛然而止，那時起義已爆發近四個月。北京的領導人看著無盡的抗爭，心裡甚為著急，林鄭月娥政府此時偏偏毫無建樹，使北京大為緊張。其中北京最不願意看到的，就是抗爭者爭取自由的奮鬥不只獲得香港民眾支持，也鼓舞著世界各地的人。他們認為當務之急，是提出一套能壓倒民主自由的新論述──民主自由的概念已經使中國共產黨的認受性嚴重受損。

此時在中國政府身處的中南海，某位仁兄忽然想起馬克思和恩格斯那本塵封多時的鉅著。不知何故，整個中國共產黨此前沒有人用此書來理解香港起義之謎，因為馬克思主義早已提供現成的答案。根據馬克思主義史觀，資本主義社會的民眾之所以會追求社會和經濟上的平等、奮起抵抗宰制他們的人，正正就是階級鬥爭促成的結果。雖然我可能是有點想太多，但老派的馬克思理論顯然促成官方香港論述的演變，這種論述是設計來化解香港眼前事態的重要性。中國共產黨偏好把香港人的抗爭理解為民眾對經濟不公的抗議，而非一場爭取政治自由的起義。

《環球時報》總編輯胡錫進一如既往地為新論述打響第一槍。他在網誌文章批判香港的「極端資本主義」，又指責特區政府輕忽民生問題。他指出在中國大陸那邊「民生出現這麼大面積且嚴重的問題，政府肯定就行動了。」[3] 胡錫進如此抬舉北京的中央政權，正好是要針對無視社會問題的林鄭月娥政府。而中國共產黨的喉舌《人民日報》亦以評論文章作出呼應。這篇文章認為：「為

公共利益計，為解決民生計，地產商是時候釋放最大善意，而不應只打自己算盤、囤地居奇、賺盡最後一個銅板。」[4]《環球日報》英文版隨即跟進，在報導中指出：「香港的地產商，招來內地媒體及網媒的猛烈抨擊，指責他們激化社會矛盾，為香港幾個月以來的反政府街頭示威火上加油。」[5]

　　北京政府反資本主義的新論述，針對的目標是長期主導香港地產市場的「四大家族」。他們之所以能積聚大量財富，全賴香港官方的賣地制度，這個制度壟斷可開發新土地的供應，其競價售地的方式亦對「四大家族」以外的發展商不利。（這種情況至少要待中國國有企業開始參與投標時，才開始有所改變。我們稍後將會論及。）「四大家族」包括李兆基創辦的恆基兆業、鄭裕彤創辦的新世界發展、郭氏家族營運的新鴻基地產、以及李嘉誠創辦的長江實業。李嘉誠也許已不再是香港首富，卻依舊是最具威望的大亨。他有著為數不少的信徒，或是小股東，或是仰慕成功人士的人；這些忠實信徒一度把他稱為「李超人」。[6]兵不厭詐，

3　胡錫進，〈香港人蝸居是極端資本主義的鍋，可惜一些人恨錯了地方〉，新浪微博，2019年9月5日。

4　何鼎鼎，〈解決住房問題，香港不能再等了〉，《人民日報》，2019年9月12日。

5　Cheng Qingqing, Bai Yunyi and Zhao Juecheng, "HK property moguls urged to shoulder responsibility in easing tensions", *Global Times*, Beijing, 29 September 2019, https://www.globaltimes.cn/content/1165852.shtml (last accessed 24 Nov. 2020).

6　譯按：他二子李澤楷旗下的盈科數碼動力於2000年收購規模遠更龐大的老牌電信商香港電訊。此後李澤楷也被稱為「小小超」。

乃李嘉誠有名的生意風格。他的一生猶如白手興家的香港傳奇；他起初是身無分文的潮汕移民，後來開設一家製造塑膠花的工場，並逐步創立其企業王國。[7]

在2019年，四大地產商在土地資源貧乏的香港總共囤積約8,300萬平方英尺的土地。[8]而九龍倉和信和集團這類發展商也坐擁一定數量的土地，縱然規模始終比不上在前頭的「四大家族」。中資地產商仍未進軍香港前，地產發展基本上是這些公司的禁臠。這一小撮富可敵國的地產商權傾一時，也沒有因1997年主權移交而受到衝擊；他們在特區新體制內的權勢反倒有增無減。這些地產商老闆與北京高層的接觸，甚至比不少香港高官來得更為密切。這些大亨也會積極向中國共產黨進言，不只就香港問題發表意見，也提出一些讓中國經濟走向資本主義的方案。

因此，當這些地產商在2019年秋天面臨中國官媒鋪天蓋地的批判時，那種猶如晴天霹靂的驚嚇還真的很難想像。中聯辦此刻落井下石，以新發明的論述煽惑那些歌功頌德的黨徒，道貌岸然地貶損香港那些惡貫滿盈的富豪。這些受驚的大亨馬上讓隨從草擬聲明，刊登在報章的全版廣告，藉此表態效忠北京、譴責抗爭運動。他們隨即表明樂意奉獻土地，讓相關部門興建社會房

7　譯按：李嘉誠第一份工作是在他舅父莊靜庵開的公司當學徒。後來他迎娶表妹莊月明，而開設工場的資本也有一部分是舅家的借款。

8　Gary Cheung, "HK protests: how tycoons went from trusted advisors to Beijing's 'bogeymen' who refused to step up", *SCMP*, Hong Kong, 15 June 2020, https://www.scmp.com/news/hong-kong/politics/article/3089018/hong-kong-protests-how-tycoons-went-trusted-advisers (last accessed 24 Nov. 2020).

屋。除此之外，大亨們也放下身段，以適度的謙卑批評自己過去
的生意作風忽略對社會的不良影響。唯獨李嘉誠選擇低調行事，
可是北京就是討厭這種曖昧——此後新一輪的批判對準他集中火
力。

但是，馬克思風格的論述忽然湧現，不代表北京想要消滅
富人，也不代表他們真的要在香港推動社會經濟的平等。這些論
述唯一的目標是轉移視線，讓輿論不再聚焦於抗爭者爭取自由的
訴求，而移動到經濟議題的陣地，如此一來是比較安全的。雖然
突如其來的馬克思主義風潮曾迴盪在北京和親中陣營，可是雷聲
大、雨點小，也沒有伴隨任何規範地產霸權的作為，說明這場茶
杯裡的風波不過是聲東擊西的幌子。

· · ·

雖然如此，懸殊的貧富差距、匱乏的社會福利，都是香港亟
待解決的痼疾。這背後有著堅實的理據。誠然這些問題並非引發
抗爭的主因，隨後亦沒有成為抗爭者的焦點，可是中國共產黨選
擇在香港重現馬克思主義的淵源，這倒是歪打正著。這個特區收
入不均的程度可謂打破世界紀錄：香港最富有的一成家庭，其收
入是最貧窮那一成的44倍。[9]

值得一提的是，縱然中國大陸的生活水準已明顯有所改善，

---

9 香港樂施會，〈香港不平等報告〉，2018年。（https://www.oxfam.org.hk/tc/f/
newsandpublication/16372/樂施會2017年香港不平等報告ChiFINAL.pdf）

而且受惠者眾，但這個「社會主義」體制下的貧富差距也同樣驚人。根據近年數據，中國有四成家庭每年平均收入僅有人民幣11,485元（相關數據公布時，這等於美金1,621元，大約新台幣47,981元）。同時，最富裕那兩成家庭每年平均享有76,404元的可支配收入。兩者的差別有近九倍之遙。[10]

　　香港貧富收入懸殊，貧民又苦無立錐之地，導致各種實實在在的社會問題，當中以居住環境的問題最為顯著。特區的住宅平均面積只有430平方英尺[11]——而且我們不要忘記這是平均值。能成功申請公共房屋的的家庭，有些會被分配到220平方英尺[12]的單位。另一些運氣較差的家庭，得設法在不足132平方英尺[13]的分租套房內掙扎求存。[14]對生活相對舒適的中產家庭而言，他們想要租住或購置的房屋，面積也很少超過700平方英尺，[15]因為他們無力負擔更大的房子。雖然這樣的房子比起全港平均已經大上三分之一，可是與大部分國家相比，這些「大單位」都是極為

10《中國統計年鑑2020》，表6-2。

11 譯按：大約等於12坪。

12 譯按：略多於6坪。對香港基層而言，這已經稱不上是狹窄。

13 譯按：約3.7坪。可是租住分租套房的不一定是單身人士。父母子女在這樣的套房同住，在香港低收入社區十分常見。

14 來自發展局黃偉綸局長對吳永嘉議員質詢的回應。參：〈立法會十五題：改善人均居住面積〉，香港特別行政區政府新聞公報，2018年6月20日（https://www.info.gov.hk/gia/general/201806/20/P2018062000326.htm?fontSize=1）。關於相關報導，參：Sophie Hui, "More than 40pc of salary goes on rent for subdivided flats", *The Standard*, 24th June 2019.

15 譯按：剛好不及20坪。

擠迫的空間。英國的平均住宅面積與國際標準相比只能算是中規中矩，卻仍有818平方英尺。[16]

雖然樓宇品質惡劣，香港卻有很多貴絕全球的房地產。殘破窘迫的住房也許正是窮人與富人最顯著的差別。對於大部分民眾來說，要買下自己的住房，只是可望不可即的幻夢。先後在特區執政的政府，都聲稱會解決香港房屋問題，也有延續大規模興建公共房屋的計劃，可是政府實際的作為卻無足稱頌。創意澎湃的抗爭者很快捕捉到這個議題。在抗爭現場的一個塗鴉，訓斥警察之餘也不忘諷刺房屋問題。這句標語的意思是：「月租七千住監牢，驚你捉我做監躉？」[17]

住房之有無，不過是社會政策失效的一個徵兆，這些失敗的政策可一直追溯到殖民地時期。陷入赤貧的香港人數量眾多。在2019年初即有20.4%的人口深受貧窮所苦，而最貧窮的那批人多集中在高齡世代；在65歲以上的人口之中，有44%活在貧窮線下，[18]這是個令人心碎的數字。雖然香港是個極度富裕的社會，街頭上卻不時會見到推著一車紙箱的老人，準備到回收商那邊換

---

16 Shrink That Footprint, "How big is a house? Average house size by country", November 2014, http://shrinkthatfootprint.com/how-big-is-a-house (last accessed 24 Nov. 2020).

17 譯按：原文已不可考，此處逆向翻譯成粵語。意思是：月租約新台幣25,000元的房子已活像監牢，老子還怕你抓我吃牢飯嗎？

18 Government of the Hong Kong Special Administrative Region, "Hong Kong Poverty Situation Report 2018", Hong Kong, 13 December 2019, available at https://www.statistics.gov.hk/pub/B9XX0005E2018AN18E0100.pdf (last accessed 24 Nov. 2020).

取微薄的報酬。他們有的出於自尊心不欲申請公共援助、也不願向家人伸手；而那些申領社會福利的窮人，獲得的援助金少得可憐，根本無法應付日常開銷。

總括而言，根據官方提供的數字，特區內有 141 萬人身陷貧窮的困境。[19] 勞工及福利局局長羅致光卻質疑官方的數據。[20] 他認為若把濟貧的公共援助也計算在內，如此矚目的數字至少可以減少一半。這樣的觀點不無疑問，而且官方的數據就是該局本身負責提供，如此反駁自己提出的數字，真是奇哉怪也。不過羅致光也沒有否認香港貧窮率過高，而且貧窮問題已維持了好幾個十年。

雖然特區政府的外匯儲備幾乎是全世界首屈一指，財政預算也一直有盈餘，可是他們極為不願委身於長遠的濟貧事業；比如說設置公共退休金制度，或是以慷慨的長期紓困政策確保受助人的生活品質。與此相反，主權移交後的統治者都喜歡一次性的即興企劃，並發放俗稱「生果金」的微薄津貼。特區政府辯稱他們之所以缺乏長遠的濟貧政策，是因為香港民眾大多抗拒建立福利國家。在英國統治的年代，執政者就已經對社會福利莫名地抗拒。他們推搪的理由，不是說香港民眾早已習慣自力更生、就是聲稱本地社會厭惡福利主義。

---

19 數據來源同上。

20 資料來源乃本人在電視節目對羅致光的訪問。參：“Budget 2020–2021: Discussion with Law Chi-kwong, Secretary for Labour and Welfare”, *The Pulse*, Radio Television Hong Kong, 7 March 2020, https://podcast.rthk.hk/podcast/item.php?pid=205&eid=155453&year=2020&lang=en-US (last accessed 24 Nov. 2020).
譯按：羅致光原為民主黨黨員，2017 年退黨加入林鄭月娥的政權。

　　雖然2019年開始的抗爭並不是因貧窮問題或分配不均而引發，可是在這些議題上長年累積的忿恨卻塑造了抗爭的形態。這次抗爭其中一個令人讚嘆的非預期效果，是使來自各階層的人團結一致。就如過去的抗爭運動，這次起義的領袖大多來自中產階層；可是在街頭的前線是另一種光景——隨著抗爭活動從市中心擴展到勞工階層的地區，基層的參與也就趨向普遍，前線最艱難的工夫往往也是由基層民眾一力承擔。基層民眾雖然不是為抗議貧富懸殊而走上街頭，可是他們卻對社會如何運作有深切的體會，知道這正是貧窮與不義持續不斷的原因。香港的低下階層都意識到，非民選的政府不太可能正視他們的需求。

　　在抗爭前線的勞工子弟變得基進起來，與中產階級的戰友並肩作戰，而後者也從勞工階層的夥伴那邊瞭解到社會底層的生活現實，因而獲益良多。本人曾經訪問過一個大學生，他形容自己來自「不算富裕的中產階層」，並告訴本人：「坦白說，在抗爭運動開展之前，我未曾遇到太多家境清貧的人。」這位中產年輕人的體驗，在背景相近的抗爭者中非常普遍。他們論及自己的示威經驗時，很多時候也會提及對香港貧窮問題的省察。這種對社會現狀的再發現，會對香港政治帶來未見的深遠影響。

　　與此同時，特區政府既視經濟問題為抗爭的成因，順理成章地按著官方邏輯兩度推出所謂的紓困措施，藉機向民眾大灑金錢。即使在冠狀病毒尚未傳播開來前，民眾一直都樂見經濟紓困方案的實施；可是這次政府雖出手闊綽，卻未有令政治不滿得以降溫。特區政府在2019年11月區議會選舉前諸多造作，其實是

要肆無忌憚地賄賂香港的選民，對此香港的民眾也心知肚明。此舉固然與那些運用經濟決定論矮化抗爭的策略一脈相承，可是北京讓馬克思理念迴光返照，只是想以順手拈來的概念應付抗爭，背後盡是輕浮的虛情假意。

· · ·

相比之下，香港與大陸之間的複雜多變的經濟和金融關係，才是撼動香港整體經濟的真正力量。源自北方的衝擊除了左右香港的政局，對經濟領域也同樣影響深遠。過去香港在中國大陸的經濟事務曾經有過舉足輕重的角色，可是如今已不復當年之勇。大陸的官員已不太理睬香港的官僚；這些官僚的地位，曾經因為特區在中國的發展擔當重任而水漲船高，可是形勢早已逆轉。除此以外，中資企業在香港經濟也擔演日益重大的角色，香港愈來愈依賴大陸的投資以至各種資源，過去那種恃才傲物的香港氣也都消聲匿跡。

此時的香港就如一位長期焦慮的孤兒，因為深恐被養父養母遺棄，就把心思都放在「服侍」大陸的利益。政府官僚、商界領袖、傳媒老闆、還有諸如此類的人物，這些年來都為此坐立不安。香港為促進中國經濟發展付出的努力夠多嗎？香港仍舊是中國海外貿易最重的轉口港嗎？中國能撤下香港獨力投身國際金融體系嗎？更重要的是，辦好前述的那堆事情，就足以保證香港不會與大陸的需求脫節嗎？

本人於1987年初次踏足香港時，身邊的人都說面對未來的

宗主國，香港若想保持自身的獨特性格，就務要保證香港對大陸經濟能夠持續有所幫助。當時工商界流傳著一種盲目樂觀的論點，認為香港雖小但堅強，與中國交手時香港處於上風。然而今時今日，縱使這個特區在某些層面對中國仍然有用、也持續為大陸提供必須的服務，可是此地對中國經濟發展的作用已大不如前，香港佔中國整體經濟的比重這些年來也持續收縮。香港於1993年的國民生產總值大約等同中華人民共和國的27%。不論我們如何詮釋，這都是個異乎尋常的數字。可是到2018年，這個比例卻大約收縮至微弱的3%。

有另一組數字可以讓我們看到事態的變化：1997年主權移交時，差不多一半的中國海外貿易都須要透過香港進行，如今這個比率收縮到少於12%。[21]改革開放政策的始創時期，海外資本若要投資大陸經濟，大多會到香港辦理。這個英國殖民地擁有各種在中國經商必須的事物，包括銀行、會計師行和律師樓，不過最為要緊的是香港有熟悉門路的人。自中華人民共和國在1970年代容許海外投資後，香港企業家一直都是在中國創業的急先鋒，直到2010年代末期，大陸仍然有約六成的外來直接投資源自香港。[22]

---

21 Eswar S. Prasad, "Why China No Longer Needs Hong Kong", *The New York Times*, New York, 3 July 2019, https://www.nytimes.com/2019/07/03/opinion/hong-kong-protest.html (last accessed 24 Nov.2020).

22 *The Economist*, "Hong Kong remains crucially important to mainland China", London, 8 August 2019, https://www.economist.com/briefing/2019/08/08/hong-kong-remains-crucially-important-to-mainland-china (last accessed 25 Nov. 2020)

今時今日，這些所謂的「直接投資」大多來自中資企業的香港分部。他們為求獲得大陸當局賜予外資的各種優惠，就先把資金調撥到香港分公司，再以外資身分將同一筆錢調回大陸。這種假外資的運作早已自成體系，稱為「返程投資」。[23] 不過仍有好一部分的大陸資金會留在香港，投資於各項本地事業。中資企業自1980 年代起就開始涉足香港經濟，當中又以現稱中信泰富的中國國際信託投資（香港集團）最為積極。這些中資企業起初低調行事，但此後愈來愈多的資本為求進軍中國，紛紛前來想要與他們合作。中資企業的業務蒸蒸日上，勢力也急速擴張；他們在最昂貴的地段設置奢華的總部，內裡又有數十萬計的員工為公司營營役役。中資企業之所以立足特區，主要是要以此為放眼世界的基地。他們在香港也較容易取得海外投資，或至少能從本地銀行取得貸款。在香港開設分部的不只是民營企業。招商局集團、華潤集團和中國旅行社是中國其中三間最大的國有企業，他們都把總部遷移到香港特區。而由國務院國有資產監督管理委員會管理的96 家國有企業中，有50 家在香港至少設有一間分公司。[24]

這些來自中國的企業，在建築、電信、旅遊和貿易等各行各業，皆成為香港首屈一指的龍頭。比如說 2020 年 10 月，在整個

---

23 譯按：中資企業之所以在香港成立「假外資」分公司，也是為求躲避大陸相對嚴謹的規範，並同時把資金撤出大陸以分散風險。關於中國的「假外資」現象，參：Hung-Gay Fung, Jot Yau and Gaiyan Zhang, "Reported trade figure discrepancy, regulatory arbitrage, and round-tripping: Evidence from the China–Hong Kong trade data", *Journal of International Business Studies*, Issue 42, Pp.152-176, 2011. (https://link.springer.com/article/10.1057/jibs.2010.35)

特區193間持牌銀行中就有24間是由中資掌握。[25]中資企業也開始挑戰實力雄厚的本地地產商，這些地產界的新軍來勢洶洶，以致大部分本地公司在籌劃新建案時，都會順勢與中資企業合夥。萬科集團、中國海外、世茂集團和保利置業等企業，在近年的土地拍賣場上積極投標，而土地拍賣是在香港任何開發案必經的第一步。在2016和2017年，中資企業時而獨自競投、時而與本地業界合作，總共投得全香港四成住宅用地，並付出65%的賣地成交金額。[26]考慮到中資地產商2011年才開始進入市場，這樣的成就實在值得刮目相看。根據仲介商仲量聯行在2016年的研究，2019年開售的私人發展新樓房將有一成來自中資地產商。[27]而負責營建這些建案的建築商也有一大部分是大型中資企業。中國共產黨其後對地產商的批判，卻奇怪地（或許也不奇怪）把中資企業的作為拋諸腦後。

24 Tianlei Huang, "Why China Still Needs Hong Kong", Peterson Institute for International Economics, Washington DC, 15 July 2019, https://www.piie.com/blogs/china-economic-watch/why-china-still-needs-hong-kong (last accessed 25 Nov. 2020).

25 Hong Kong Monetary Authority, "The Three-tier Banking System", Hong Kong, 2 November 2020, https://www.hkma.gov.hk/eng/key-functions/banking/banking-regulatory-and-supervisory-regime/the-three-tier-banking-system/ (last accessed 30 Nov. 2020).

26 Wen Simin, Liu Yanfei and Timmy Shen, "In Depth: After Cash Splash, Mainland Property Developers Flounder in Hong Kong", *Caixin*, Beijing, 5 March 2019, https://www.caixinglobal.com/2019-03-05/in-depth-after-cash-splash-mainland-property-developers-flounder-in-hong-kong-101387861.html (last accessed 25 Nov. 2020).

　　雖然中資企業在特區的投資以地產發展最為大宗，可是大陸的投資者的興趣也甚為廣泛，他們把資金投進其他各行各業，使中國成為香港外來直接投資第二大來源。中國大陸勢力在經濟層面的介入，對香港影響深遠——中資來襲不只改變營商生態，也對香港既有權力結構造成衝擊。

　　中國資金除直接投資在香港各行各業，在股票市場的角色也日益吃重。在香港交易所上市的公司有一半都與中國大陸有所聯繫，而作為香港股市指標的恒生指數，其成份股大部分由中資企業發行，這些企業的資本市值總額幾乎佔整個交易所的77%。[28] 根據一項常被引述的數據，中資企業自1997年已透過在香港交易所上市募得3,350億美元的資金，而這個數字持續攀升。起初中資企業仍寥寥可數時，香港股市還可堅持自身的遊戲規則；如今中資上市公司已成香港股市主流，反倒成為制訂規則的一方，有著能夠隨意免受規範的實力。

　　換句話說，這些遲來的大陸機構，如今已是香港的操盤人。香港交易所一直備受壓力，要迫使他們與大陸兩間股票交易所連結，並支援後者的運作。他們於2016年展開簡稱「深港通」的深

27 Sandy Li, "One in 10 new Hong Kong homes to be built by mainland Chinese developers in three years", *SCMP*, Hong Kong, 27 January 2016, https://www.scmp.com/property/article/1905877/one-10-new-hong-kong-homes-be-built-mainland-chinese-developers-three-years (last accessed 25 Nov. 2020).

28 Eric Lam and Yue Qiu, "Hong Kong's Stock Market Tells the Story of China's Growing Dominance", Bloomberg News, New York, 23 June 2017, https://www.bloomberg.com/graphics/2017-hang-seng-index/ (last accessed 25 Nov. 2020).

港股票市場交易互聯互通機制，藉此把國際資金引入中國股市。其後港交所也計劃與上海證券交易所合作，推出相若的「滬港通」機制。有關方面喜歡吹噓這些計劃的成果，可是這卻未有消弭輿論的質疑；是否這些計劃終究是對中資企業的優惠對待，這些企業在香港籌募大筆資金，如今則可輕易將其調動回中國大陸。

股票交易所內的權力轉移，如今也出現於香港經濟的其他領域：投資銀行、大型律師樓、主要的會計師行、以及其他相若的機構，現在都對大陸客戶極為依賴。因此他們不得不採取另一種辦事風格，並美其名曰「內地做法」；過去必須嚴格遵從的規範，如今也須因事制宜。倘若以寬鬆的方式詮釋規條仍然不能令中資企業感到稱心如意，那香港方面就乾脆把規矩改掉。如此的新作風，改變香港過去講究誠信的營商方式，使得本地專業人士焦慮不安，特區作為國際商貿中心的信譽也受到損害。

而大批背景非凡的大陸人也選擇在香港安頓下來，他們有很多都是黨國要員的家人，到香港應徵在地企業的職位。這些人有不少是所謂的「海歸」，即海外大學或商學院的應屆畢業生，他們能獲得高薪厚職看似理所當然；不過輿論都知道這只是煙幕。本人訪問過一位律師，他於一間專責公司法的中型律師樓工作，而這家律師樓對大陸業務極其依賴。他告知本人，辦公室內永遠至少有一位「太子爺」或「太子女」。他認為這些傢伙「基本上一無是處」，可是律師樓非但不敢解僱他們，甚至不敢分派太多工作給他們，以免這些權貴兒女會向親人打小報告。

德國《南德意志報》(*Süddeutsche Zeitung*) 在 2019 年 10 月根據

過去15年所蒐集的大批內部文件，刊登一篇專題報導。報導指出，德意志銀行香港分行透過聘請超過100位中國共產黨高層的親屬，成功贏取來自中國的業務。他們既向這些高幹子女慷慨送禮，又給予諸如參與高爾夫球賽局等各種優待。[29] 會如此籠絡人心的絕對不會只有這一家德國銀行。

香港企業已經學懂與中資企業共存，可是中國政府的監管角色卻遠遠更難應付。監管正是北京對香港特區施加控制的一部分，如此的控制使香港社會怨聲載道。

國泰航空在實際運作上等同香港的國家航空公司，他們在2019年8月的遭遇顯示出中國監管可怕之處。國泰航空的處境特別困難，除了因為中國國際航空公司[30]持有其三成股權，也是因為中國民用航空局掌管著航道——這些航道是國泰航空的命脈，即使其航線的目的地不全都在中國，但香港起飛的飛機大多要路經中國的航空管制區。[31] 國泰航空的母公司太古集團自殖民地時

---

29 相關報導的英文版，參：Michael Forsythe, David Enrich and Alexandra Stevenson, "Inside a Brazen Scheme to Woo China: Gifts, Golf and a $4,254 Wine", *The New York Times*, New York, 14 October 2019, https://www.nytimes.com/2019/10/14/business/deutsche-bank-china.html (last accessed 25 Nov. 2020).
譯按：原文報導，參：Von Christoph Giesen, Nicolas Richter und Meike Schreiber, "Deutsche Bank beschenkte Chinas Elite", *Süddeutsche Zeitung*, 14 Oktober 2019. (https://www.sueddeutsche.de/wirtschaft/deutsche-bank-china-affaeren-1.4640123)
30 譯按：中國國際航空公司為國營企業，1988年成立後接管中國民航原有的國際航線，現為中國的國家航空公司，國家領導人的出訪專機亦是由他們提供。
31 譯按：香港往返歐洲和北美洲東岸的航班都無法避開中國的航空管制區。當中，香港往返倫敦、紐約和多倫多的航線，乃是國泰航空最賺錢的其中幾條航線。

代就開始在香港經營,是老牌的英資大企業。這家公司在特區仍
頗有規模,其股票卻於2020年11月首次被踢出恒生指數。除國
泰航空外,太古集團的其他業務也同樣被中國政府扼住咽喉;他
們在大陸不但是可口可樂的特許經銷商,還設有規模宏大的飛機
維修廠,亦參與若干房地產發展的企劃。

隨著香港抗爭運動日益升溫,抗爭者於八月發起佔領機場
的運動,並獲得地勤人員及機組人員的廣泛支持。中國政權雖然
怒不可遏,卻仍抓緊機會懲罰這家對抗爭者「示弱」的公司。時
任集團主席施銘倫(Melvin Swire)是創辦集團的施懷雅家族(Swire
Family)成員,他於佔領行動後被迫親赴北京負荊請罪,為員工
同情抗爭的言論致歉。此後施銘倫被告知,往後國泰航空的航機
飛越中國航空管制區前,必須呈交機組人員的名單以供審核;任
何被指同情抗爭的員工,將不會被允許踏入相關航機。中國民航
局嚴厲警告國泰航空,命令他們必須強硬對付參與「激進活動」
的員工;北京還堅持,所有以言行表示支持抗爭的員工都要解
僱,連在社交媒體發表的私人言論也算。

太古集團起初不欲屈從於政治干預,可是最終還是有幾十
位員工遭解雇或被迫辭職,因為他們支持抗爭。此外還有更過份
的:他們要求施銘倫肅清國泰航空的管理層,因為這些人看似要
冒犯天威。[32]國泰航空行政總裁何杲(Rupert Hogg)、顧客及商務
總裁盧家培,都被安上疏忽飛行安全和航空保安的罪名,被迫辭
去職務。然而有一事讓我們能看清真相,即是兩人離職的消息竟
是由中國中央電視台率先報導,太古集團事後才發放自己的新聞

稿。何杲和盧家培離任後，國泰員工繼續受到大規模清算，遭解聘者包括國泰港龍空勤人員協會主席施安娜。

國泰航空的遭遇對那些在大陸設有業務的企業來說，無異是一聲警鐘。在香港各大企業，解雇同情抗爭員工的事件層出不窮。各企業都明白中國的作風，黨國權威永遠都凌駕於營利之上。在國有企業中，這種以黨為先的原則更為明顯：中國共產黨中央委員會在2020年1月一反過去暗裡行事的作風，明確地向各國有企業發出指引，強調實踐黨國方針是他們的首要任務。國有企業必須在公司章程中承認黨組織擁有指導公司治理的權力，而且，企業內只要有多於三名共產黨籍的員工，就必須設置中國共產黨的支部。指引規定「國有企業重大經營管理事項必須經黨委（黨組）研究討論後，再由董事會或者經理層作出決定」。而國有企業的主席也必須由黨支部總書記兼任。[33]

中國共產黨於同年九月進一步介入各企業的運作，發出一連串通告規定民營企業也要落實黨國的任務。中國的民營企業——特別是從事科技創新的企業——必須邀請黨員加入其諮詢架構，

32 譯按：施銘倫本人亦於2021年5月辭任香港兩間分公司的主席職務，只保留董事局成員的身分。表面上的理由，是因為太古集團受疫情影響，盈利不如理想。不過他只辭去香港分公司的職務，仍舊繼續擔任英國總公司的主席，因此這次人事變動的真實原因始終啟人疑竇。參太古公司於2021年5月21日的新聞稿。（https://www.swirepacific.com/tc/media/presseach.php?f=p210521.htm）

33 〈中共中央印發《中國共產黨國有企業基層組織工作條例（試行）》〉，中華人民共和國中央人民政府網站，2020年1月5日。（http://www.gov.cn/zhengce/2020-01/05/content_5466687.htm）

藉此換取國家的資助。[34]共產黨在十一月把矛頭指向規模最大、
蜚聲國際的民營企業，藉此向世界展現他們整頓民營企業的決
心。螞蟻科技集團是阿里巴巴旗下的企業，其老闆是身為共產黨
員的馬雲。此時螞蟻集團正準備集資上市，如果成事，將會是世
界史規模最大的首次公開募股活動；可是就在正式上市前兩日，
相關部門緊急下令叫停。此後有不少於四間監管機構先後立案調
查螞蟻集團，其後母公司阿里巴巴亦因涉嫌壟斷市場而被審查。
這一連串行動似乎是要報復馬雲對中國銀行體系的批評。馬雲曾
表示中國企業的發展，受困於金融體制不當的治理方式。不少論
者認為馬雲的「罪行」是他把自己看得太了不起，[35]所以必須受一
點教訓，讓他明白事情是黨說了算。[36]

. . .

---

34 Tom Mitchell and Xinning Liu, "Chinese Communist party asserts greater control over private enterprise", *Financial Times*, London, 29 September 2020, https://www.ft.com/content/582411f6-fc3b-4e4d-9916-c30a29ad010e (last accessed 25 Nov. 2020).

35 譯按：新華社於2020年11月3日發表題為〈話不可隨口，事不可隨心，人不可隨意〉的文章，文章內容是心靈雞湯式的人生哲理，不過配圖裡面，描繪著一朵馬形的白雲。有評論認為，這篇文章的題目是北京政權暗中警告馬雲。參：〈馬雲上月與王岐山唱反調 遭新華社15字諷口不擇言〉，《立場新聞》，2020年11月4日。

36 譯按：Jing Yang and Lingling Wei, "China's President Xi Jinping Personally Scuttled Jack Ma's Ant IPO", *The Wall Street Journal*, 12th November 2020. (https://www.wsj.com/articles/china-president-xi-jinping-halted-jack-ma-ant-ipo-11605203556)

　　雖然香港在中國經濟體系中的地位已大不如前，這個特區在某些層面仍然擔演不可或缺的角色。稍後我們在第 11 章中將會論及，香港對中國領導人有著無法取代的地位，這當中涉及的並非中國整體經濟的考慮，而是這些領導人自身的財務利益，而關乎此議題的討論過去並不常見。香港被新宗主國統治多年後，其經濟狀況出現翻天覆地的改變；這個特區起初是中國經濟不可或缺的「增長因素」，或是讓大陸經濟向世界接軌的必經橋樑。可是如今已是時移世易，即使最為顯赫的本地企業家也知道，縱然面對的要求日漸苛刻，他們唯一可以做的回應就是：「你想要甚麼的服務？」

　　一言以蔽之，香港人對經濟現狀的不滿確是有理有節，他們對中國大陸經濟上的進迫也日益焦慮。就如我們於第二章所言，香港人日常面對的政治制度根本無法妥善回應他們的訴求。而在政治和經濟的因素之上，還有另一個促成起義的重要因素，那就是新興的香港本土意識。我們將會在下一章繼續討論這個問題。

[4] 中國之夢魘：香港認同之誕生

China's Nightmare:
The Birth of a Hong Kong Identity

2019至2020年這場民主運動的核心價值，無疑就是香港的本土身分認同。雖然本土認同的苗壯成長其實早已持續多年，可是在起義之後才進化成清晰的集體意識，成為重大的政治議題。

抗爭運動於2019年8月白熱化之時，林鄭月娥在記者會中以不得體的言辭把抗爭者抹黑為「一小撮……對社會毫無建樹的人（they have no stake in the society）」。她說：「當社會眾人都在努力建設，這些人卻以暴力堵路，既會嚴重破壞經濟、也會妨礙市民的日常生活。」[1]這番目中無人的講話使得民眾極為憤慨。抗爭者之所以投入運動，正是出於他們對家邦深刻的熱愛。他們希望香港這個家在未來可以成為真正的自由社會，並為此立願奉獻自我。在街頭奮鬥的民眾顯然認為自己正在努力建設。

1　Government of the Hong Kong Special Administrative Region, "Transcript of remarks by CE at media session (with video)", press release, 9 August 2019, https://www.info.gov.hk/gia/general/201908/09/P2019080900869.htm (last accessed 26 Nov. 2020).

譯按：記者會以英語進行。此後「no stake」一度成為抗爭者自我調侃的流行語。

次年，林鄭月娥不再詆譭香港人有破壞、無建設，反倒批評他們對香港過份熱情。她說：「香港近年出現一股風氣，就係過份強調本土文化。」[2]

退一萬步說，就假設香港的民眾真是毫無建樹、並過份強調自身的獨特好了。但那些對特區新體制高調表忠、在聽到中國國歌時又故作端正的傢伙，他們對這個特區的態度，好聽一點是飄忽、實際上就是假冒偽善。他們口口聲聲要「歌頌祖國」，暗地卻積極籌謀要逃離他們「熱愛」的中國。香港的權貴十居其九都準備了繁複的逃生門，人要移民、錢要撤資。他們的家人大都持有外國護照、在海外接受教育，也把大批資產存在外地。

政府的頂端同樣充斥著虛情假意。林鄭月娥之前的行政長官每一位都是偽君子。林鄭月娥的丈夫和他們的兩位兒子，都是英國公民；理論上她亦（曾經）享有移民海外的資格。直到2007年，林鄭月娥都一直持有英國國籍，此後她為了升官，才不得不放棄外國護照。[3]在林鄭月娥政府內部，有這種海外聯繫的不只行政長官一人：當中有兩位負責鎮壓起義的高官，同樣擁有逃往民主國

2 〈林鄭踐踏香港本土文化　稱不介意GDP被深圳超越〉，自由亞洲電台，2020年10月13日（https://www.rfa.org/cantonese/news/htm/hk-lam-10132020061347.html）；〈斥港青搞本土「要再教育」〉，香港《蘋果日報》，2020年10月14日。譯按：林鄭月娥是於接受深圳衛視訪問時，發出相關的言論。

3 Kris Cheng, "Carrie Lam's right to reside in EU through her husband does not affect her candidacy, gov't says", *HKFP*, Hong Kong, 22 March 2017, https://hong-kongfp.com/2017/03/22/carrie-lams-right-reside-eu-husband-not-affect-candida-cy-govt-says/ (last accessed 26 Nov. 2020).

家的資格。保安局局長李家超曾經當過高級警官，在抗爭運動期間，他經常在鎂光燈下像鸚鵡那樣重申警察的觀點；可是他的妻子和兩名兒子都是英國公民，使他能擁有申請入籍英國的資格。律政司司長鄭若驊之所以出任該職，是因為林鄭月娥無法說服其他法律界專才加入，那些法律界人士，都表明不願意與這位行政長官共事。鄭若驊的丈夫持有加拿大護照，使她有資格隨時申請移民。作風低調的港區人大代表譚耀宗是人大常委會內唯一的香港成員，理論上他是中國政權決策體系內最資深的香港人，可是他的兩名兒子都移民澳洲安穩度日。如此看來，若說有誰對香港缺乏承擔，那正正就是這些權貴，絕不是那些為捍衛其生活方式而走上街頭的一般良民。絕大多數的抗爭者不像權貴一樣，花許多時間計劃如何逃離香港。

對北京而言，香港本土認同日趨強烈是種令人不安的現象；不過大部分的香港人只是想珍惜自身族群的獨特之處，沒有想像要脫離中國獨立建國。要求分裂或獨立，並不是抗爭者明顯的訴求；來自中國官方及其隨從的指控，顯然是脫離現實的生安白造。本人在抗爭者佔領機場時訪問過一位年輕的參與者，他說：「我只想他們給我們空間，讓我們自己管自己的事。」這樣的觀點反映了大部分支持民主的香港人之想法。可是中國共產黨的作風，就是不會讓公民自己管自己。

香港人認同的確立，在過去的歲月於各種掙扎中緩緩滋長，到了現在，雖然香港人仍然缺乏創立國族國家的想像，可是他們大部分認為自己自成一格，有著與別處不同的文化和生活方式。

143

地區上的差異以至衝突，在世界各國都相當普遍，而中國也不例外；在香港發生的問題是，地區的差異既被罔顧民情的政權視若無睹，偶而又會不甚雅觀地釀成街頭上的族群衝突。

嶺南的廣府人與嶺北各族群一直互不信任。他們不只說著不同的語言，連外貌看起來也有差別。由於北方人一直獨攬中國的大權，能夠取得國家權力的廣府人自然也為數不多。我們不要忘記，北京之所以選擇董建華為首任行政長官，其中一個原因正因為他不是廣府人。董建華生於上海，也一直活在上海裔權貴的小圈子；比起任何廣府裔的候選人，這位上海子弟更能讓中國的官員放心。[4]

粵語是香港文化最重要的其中一個特徵，也是香港人引以為傲的母語。這個語言在一眾漢語族語言中有極其重要的地位，亦因如此，有些都會傳說認為中華民國創立時曾考慮把粵語定為國語，[5] 畢竟中華民國的臨時大總統孫文也是位講粵語的廣府人。[6] 可是中國的官方政策卻堅持任何人都必須講華語，並把國內其他語

4　譯按：除第二任行政長官曾蔭權外，香港特別行政區歷屆行政長官都不是廣府人。梁振英祖籍山東威海，而林鄭月娥則是上海人的後裔。

5　譯按：這個誤解在粵語區極為普遍。不過把華語奉為中華民國國語，事實上是當年決策者的共識：粵語也從未被視為候選語言。當年爭論的焦點，是國語應該以南京腔的華語為標準、還是應該採用北京的腔調。這就是南方「老國音」與北方「新國音」之間的「京國之爭」。

6　譯按：孫文參與創立的興中會，其成員主要為廣東人。這個革命組織，後來與湖南人的華興會和江浙人的光復會合併，形成鼓吹排滿革命的同盟會。這個組織後來多次改頭換面，演變成如今的中國國民黨。客家裔學者羅香林認為孫文是客家人，這卻可能只是攀附權貴的假考證。

言矮化為方言。香港那些奉中國為圭臬的人，希望學校能以華語為教育語言——嚴格來說，那是被稱為「普通話」的大陸式華語。他們認為香港一直採用的傳統漢字亦要改換成簡化的中國通用標準漢字。可是香港人一直以書寫傳統漢字為榮，也認為粵語的歷史遠比源自華北的華語悠久。除此以外，香港粵語亦異乎廣東省一眾粵語方言；香港話有豐富而獨特的俗語、有一套自成一格的詞彙、有時會混雜著一些英文語句、而香港人也能輕易辨識出其獨特口音。

因此，捍衛香港本土認同意味著要努力保存粵語，並傳承這獨特語言所承載的文化。隨著抗爭於2019年白熱化，民眾對普通話日益反感。香港各種異乎中國的特徵此時為香港人反覆強調，藉此定出香港的面貌。本人一位朋友曾在紐約觀看一場聲援香港民主的音樂會，參與演唱的何韻詩是身兼演員的流行樂手，也活躍於香港的民主運動，她的粵語、華語和英語都能說得流利。期間她講起華語，高呼「歡迎中國大陸來的朋友」，在場的香港僑民甚為鼓譟，不斷地喝倒采。因著何韻詩的個人魅力，場面才不致於失控。她其後好言相勸安撫聽眾，力陳爭取中國民眾的支持對香港民主運動極其重要。聽眾似乎能諒解她的勸告，都安靜下來。隨後何韻詩改用粵語表演時，整個會場瀰漫著響徹雲霄的歡呼聲。

本人不少受訪者都能說出一口流利的華語，特別是比較年輕的世代。可是即使在起義爆發前，他們都主動告訴本人，終其一生不願再講這一種語言。

. . .

　　香港大學民意調查計劃一直追蹤研究身分認同的問題，他們在2019年的調查發現大部分（53%）受訪者認為自己純粹是香港人。[7]這意味民情出現巨變；兩年前作出同樣選擇的受訪者，比率只有37%。直到2018年，大部分的受訪者都認為自己擁有混合身分，既是香港人、也是中國人。當年選擇混合身分的受訪者比率有43%，其後一年卻急降至36%。[8]

　　中國共產黨向來著重灌輸國家榮譽感，如此的民調數據對他們來說絕對是一個噩耗：即使在2017年，認為自己是純粹中國人的受訪者比率也只有21%，到2019年更跌至可憐的11%。更糟糕的是，該研究也詢問受訪者於1997年成為中國公民後是否因而感到自豪，而在2019年調查的受訪者中，只有27%回答是「是」，有71%受訪者則回答「否」。那些認同自己是中國人、或是覺得自己擁有混合身分的受訪者，毫不意外地大都是50歲或以上的老人。而18至29歲的年輕受訪者，幾乎沒有人覺得自己是中國人。事實上，有四分之三年輕人認為自己只是純粹的香港人。在這個年齡組群，只有9%的人會為中國公民身分感到自豪。[8]

　　就在香港抗爭如火如荼之際，台灣人的本土認同也有攀升

7　譯按：該研究其中一條問題，讓受訪者於以下的選項四擇其一：香港人、中國的香港人、香港的中國人、或中國人。研究考慮到二元對立式的提問可能有潛在的問題，因此在另一些問題要求受訪者對香港和中國身分的認同度評分。

8　譯按：歷年的研究數據，參：https://www.pori.hk/pop-poll/ethnic-identity.html

——雖然不一定與香港的抗爭有直接關係——他們多認為自己是正港台灣人，而非任何的混合身分，當然更不是中國人。根據皮尤研究中心在2019年10月的調查，有66%的受訪者認為自己純粹只是台灣人，認為自己擁有混合身分的只有28%。而18至29歲的受訪者有83%認為自己是純粹的台灣人。[9]

耐人尋味的是，雖然英國的殖民管治延續了一個半世紀，絕大部分香港人都沒有視自己為英國人。[11] 有不少香港人的確持有英國護照——這些二等護照，起初是「英國屬土公民（British Dependent Territories Citizen, BDTC）」護照，後來再更新為「英國國民（海外）（British National (Overseas), BNO）」護照。在中國於2020年7月強推《國家安全法》時，大約有30萬香港人持有BNO護照，可是那時這本護照大體上還只是一份旅遊證件。英國隨後決定反擊《國安法》，宣布賦與擁有BNO身分的香港人居留權，受惠人

9 〈港大民研最後告別：中港身分認同落差拉闊、國民自豪比率急跌至四分之一〉，香港大學民意研究計劃，2019年6月27日（https://www.hkupop.hku.hk/chinese/release/release1594.html）。這是香港大學民意研究計劃獨立營運前的最後一次調查。該機構於2019年7月脫離香港大學體制，成為香港民意研究所，網址為：https://www.pori.hk

10 Mark Magnier, "Taiwanese support closer ties with US over China, few identify as solely Chinese, Pew Research survey finds", *SCMP*, Hong Kong, 12 May 2020, https://www.scmp.com/news/china/politics/article/3084068/taiwanese-support-closer-ties-us-over-china-few-identify-solely (last accessed 26 Nov. 2020).

11 譯按：香港仍是有一批人自豪於「英國傳承」，並主張英國應該恢復管治香港。不過這個群體2010年代才開始活躍，其成員也多屬年輕世代。香港歸英運動的性質比較像是以懷舊心態抗衡中國統治的抗議運動。參：凱莉塔圖，《論歸英——回到英治香港》，熱血時報，香港，2015。

數估計可達3百萬人。[12] 申請BNO護照的人數隨即暴增，可是這卻不能算是英國認同的展現。有許多人過去並無特意申請BNO護照，如今只是為避秦而奔走；加拿大和澳洲等國此時同樣敞開大門，而香港人對這些國家也是感激不盡。

在此之前，英國從未想過要讓這麼多擁有BNO身分的人取得公民權；縱使在主權移交前後，英國曾面臨各方的施壓。就如前文所論，英國對這個前殖民地的態度向來都是愛理不理，這也部分說明了何以倫敦政府對香港遺民的命運漠不關心——大英帝國的歷史當中唯有這一個殖民地，在未經當地民眾認可前被移交予另一個主權國家；香港人從未提出要趕走英國人，更未曾表示渴望接受威權統治。

雖然香港人對主權移交並沒有太多期盼，但他們同樣也沒有身為英國人的自覺。在印度這類的英國殖民地，英國殖民官員都

---

12 譯按：在1997年之前，任何只要是在香港出生，又或是在成為永久居民後申請歸化英籍，就可享有BNO身分。即使他們大部分都沒有續領BNO護照，只要他們不曾正式遞表要求取消BNO身分，BNO身分就終身有效。
在2019年前，持有BNO護照的香港華人並無於英國申請定居的權利。不過他們在香港、澳門、台灣和中國之外，可以享有英國的領事保護權。此外還有一條奇怪的規矩：只要他們能依合法渠道在英國連續逗留半年以上（比如說留學），就能在英國行使投票權，雖然還是不能申請定居。至於持BNO護照的非華裔香港人，由於《基本法》沒有賦與他們中國國籍，英國當局為避免這數以萬計的民眾淪為無國籍人士，決定讓他們自動成為英國公民。
由於BNO護照申請費用較昂貴，免簽證待遇也與特區護照相若，香港人於主權移交後大多沒有續領。不過在2010年代，續領BNO又重新成為熱門話題，並不是因為拿BNO旅遊更方便，而是意識形態上的考慮。

想要形塑屬民對「母國」的忠誠，想要在他們心中營造英式價值觀，至少也得讓他們愛上板球這類英國特有的運動。可是這種灌輸「英國特性」的文化政策卻從未在香港認真推行。[13]英國在心底一直認為自己只是香港的過客，因此也不太想培養民眾對英國的歸屬感。此外，英國在1997年前後也極度不願給予香港人正規的英國公民護照。出於這種種因素，英國殖民管治的體驗對香港人的身分認同影響，並不如某些想當然耳的印象所講的那麼誇張。

可是英國人持續一個半世紀的管治也決非毫無痛癢；在各種形塑香港認同的因素中，仍能看到英國遺下的吉光片羽。「香港本色」具有種種複雜特性，其中之一便是，直到1997年，香港一直受異族統治，統治者也說著外國的語言。殖民地時代的香港人若要更上層樓，就不得不學好英語。香港人於1997年後卻又要面對另一種語言文化的挑戰。為著同樣功利的原因，香港人如今要駕馭所謂的「兩文三語」；他們除了要學好粵語和英語，也必須懂得普通話這個重要的官方語言。

可是香港本土認同卻不是中國共產黨支持者所言的「親英戀殖」。這些人總是抹黑香港人，把本土認同說成是殖民心態的延續。無獨有偶，中國也愛用同樣的論述貶損台灣人，指責台灣人

---

13 譯按：英國人反倒鼓勵香港人持守傳統中華文化。香港在大英帝國中的定位，是把此地視為對清帝國／中國貿易的主要商埠。香港人若過份西化，就難以擔當英國商人與大陸商人之間的中介。英國人亦擔心太西化、太近代的思潮，會激起香港人的抗叛意識。參：羅永生，《勾結共謀的殖民權力》，牛津大學出版社，香港，2015。

雖然如此，香港還是極其喜歡英式足球，也有很多英格蘭足球超級聯賽的狂迷。

因為長期受日本管治，故此未能擺脫「皇民心態」。這些指罵不過是亂貼標籤而已。只是此等謬論之所以盛行，正好反映那些迷信中國霸權主義的人心裡忐忑不安，懼怕人世間任何的差異，認為那是動亂的根源，拒絕相信兼容並蓄是種美德。

· · ·

可是，香港本土認同的演化卻正是源自此地兼容並蓄的歷史。直到1970年代，這個殖民地的住民大多於中國出生，是來自大陸各地的移民。[14]然而，根據2016年的中期人口統計，香港有約六成人口是在香港出生。這顯示土生人口的比率持續增長，而這種轉變亦甚為急速；根據2016年的數據，65歲或以上的香港人只有大約三分之一是在香港出生。可是15歲以下的年輕人卻有九成以上是土生居民。[15]

如今多元族群的後代已形成不分你我的土生族群，隨此而來的身分認同轉變，乃2019至2020年那場起義的動力。一個以移

---

14 譯按：雖然大部分的移民，都是來自粵語區的廣府人，與香港素來關係密切。可是來自其他地區的移民，數量亦相當可觀。這包括廣東省內的客家族群、廣府系的四邑族群、以及閩南系的潮汕族群。來自廣以外的，則有福建各族群、經濟文化資本較豐盛的江浙人、還有英國於戰前自山東威海聘請的員警。值得一提的是，有不少華裔移民其實是來自海外，當中又以東南亞的「歸僑」數目最多。

15 Census and Statistics Department, Government of the Hong Kong Special Administrative Region, "2016 Population By-census: Snapshot of the Hong Kong Population", Chart 3, p. 5, https://www.bycensus2016.gov.hk/data/snapshotPDF/Snapshot01.pdf (last accessed 27 Nov. 2020).

民為主的社會對政府通常不會有太多期望，反倒堅信個人自力更生的能力。當移民的後代融合為土生的新生代，使社會演進成以土生人口為主的社會後，民眾就會開始要求政府介入解決分配不均的問題。根據一項2015年發表的學術研究，香港有接近58%的受訪者認為政府有責任紓緩收入不平等的問題，只有13.6%的受訪者反對政府介入。筆者認為這代表主流香港民眾正在擺脫過去那種對自由放任資本主義的迷信。[16]

生於1996年的民主運動家黃之鋒，在眾人眼中是抗爭運動的代表人物。這位身形瘦削的眼鏡男，說話有時會有點口吃，乍看之下不像是領導人才；可是他活力充沛、意志堅定，有著令人難以忽視的魅力。他以充滿力量的言辭如此形容同代的香港人：「我們想要在世界大舞台上找到定位，想要確立自己的身分，並為此奮鬥不息。我們珍惜本地的流行文化、語言、食物和獨特的生活方式。我們反覆地細味這一切本土事物，確立起本土的自我形象。」[17]

但是若說只有土生的年輕人才會參與抗爭，這顯然並非事實。抗爭運動中比較大型的集會都有各種年紀的人積極參與。不過在前線的抗爭者，確實是以年輕人為主力，相反地，我們可以

---

16 Alfred M. Wu and Kee-Lee Chou, "Public Attitudes towards Income Redistribution: Evidence from Hong Kong", *Social Policy & Administration*, 2017, vol. 51, no. 5, pp. 738–54 (first published 3 November 2015).

17 Joshua Wong with Jason Y. Ng, *Unfree Speech*, Penguin Books, London, 2020, p. 12. 譯按：這本對談錄以英文出版，譯者亦未能尋獲粵語訪問稿。在此根據譯者對黃之鋒的認識，嘗試重組他心底的想法。

用最粗略的分類來說，親中陣營的主流支持者大都是年長的人。
他們大多認同自己是中國大陸的一份子，而他們對過去中國政治
轉變引發的混亂亦有深刻的記憶。

　　雖然香港的人口構成已經大幅改變，可是仍然有著移民社會
的特徵，那是因為，出生後才移民香港的人至今仍是大部分家庭
的長輩。即使是土生土長的香港人，他們的父母或祖父母大都是
在大陸出生的移民。

　　籠統地說，香港與世界大部分的移民社會別無二致：第一
代移民在嘗試融入社會時會遇到困難，比如說有些人始終未能學
會本地語言，這樣一來，他們往往會聚集於同鄉的小圈子中。與
其他移民社會比較，語言在香港並不算太大的障礙；可是來自粵
語區以外的第一代移民確實偏好住在同鄉附近，在社區形成非粵
語族群的聚落，譬如說福建人和上海人都有這樣的傾向。與此相
比，他們的下一代卻不常有語言學習或社會適應的問題，比較積
極融入社會。他們以辛勤工作的父母為榜樣，卻可能不像上一代
那樣拚了命也要成功。而原鄉意識到第三代則會相當淡化。如今
在香港嶄露頭角的這一代，顯然對出生地有更強烈的認同，也比
之前的世代更能融入本土社會。有異於他們的長輩，新一代對中
國大陸沒有太多感情，反倒極其堅持自己的香港特質。他們對造
訪在中國大陸的原鄉興趣缺缺，不像那些講究落葉歸根的長輩。
這個特區的身分認同問題之所以如此複雜，也就不足為奇。

　　這並非香港獨有的情況，而是每一個移民社會的共同特徵，
這些社會大多是殖民制度的產物，比起第一代新移民，他們的後

代對家邦都有更強烈的認同。即使美國這個由移民創立的國家，雖然並不源自殖民體制，其國族認同也花了一段時間才逐漸形成。不過有一點很重要：美國這類的社會已經找到一種讓美國認同與新移民原鄉意識共存的方法——比如說非裔美國人、愛爾蘭裔美國人、義大利裔美國人這類混合身分的形成。混合身分的形成，正好說明這個國家充滿自信，能夠在堅持美國身分的同時理解和欣賞社會的多元性格。美國的經驗其實並不獨特，有不少國家都能欣賞移民對國家多元文化的貢獻，他們既積極培育國民的本土歸屬感，同時亦為新國民的多元背景倍感自豪。

香港身分認同問題的關鍵，在於他們的新宗主國並不鼓勵民眾形塑本土身分認同。他們認為香港人就是中華人民共和國的國民、就不過是中國人，僅此而已。以折衷的方式看待身分認同問題，曾經一度是個真實的選項；在 1970 至 1990 年代，香港民眾曾經認為自己是以香港為家的中國人，或是其他包含中國身分的混合。可是中國共產黨就是無法因而滿足。近年民眾認為自己純粹只是香港人，更令北京無法忍受；他們認為這是缺乏愛國心的表現，是極其危險的趨勢。

不但如此，身分認同的問題還變得日益政治敏感，因為中國共產黨認為效忠並支持中華人民共和國乃重大的責任，他們堅持這種國民責任理當是無條件的。「精忠報國」既是絕對的責任，就不能由其他的價值或認同來「肯定」，這是無法容忍的僭越。我們可以注意到香港反對陣營的成員經常被中國大陸的媒體貶斥為「漢奸」，那是因為反對活動被視為背叛祖國的破壞行為。黃

之鋒在《非自由言論》（*Unfree Speech*）一書覆述他因雨傘運動入獄後的經歷。當時那些比較年老的受刑人經常對著他破口大罵，指斥他是所謂的「漢奸」。

若說香港人對中華民族未曾有過一絲的自豪，那顯然並不是事實；即使是極其抗拒中國政治制度的人也可以對中國感到自豪，他們只是討厭中國共產黨。例如，2008 年北京舉辦奧運會時，香港曾出現過一股愛國熱潮。在同年的四川汶川大地震，香港人也為賑災大力捐輸，並把現場搜救的前線人員視為英雄。可是北京把喜事當成喪事、把喪事當喜事辦，把一切都視為政治宣傳的契機，為黨國的臉上貼金。如此一來，香港人對中國的熱情瞬間消失得無影無蹤。

認同自己純粹只是香港人的民眾，也高調地通過身分認同宣示自己的政治立場。亦因如此，在前線抗爭者的 T 恤上經常可以看到「香港人」這三個字。而「香港不是中國（Hong Kong is not China）」這句話也成為其中一句最流行的抗爭標語。這句標語也許揭示新生代的香港人開始透過與中國劃清界線來界定自身；他們不滿足於宣示「我是誰」，而是要清晰地說明「我不是誰」。

在本書的第二部分筆者會提到，在 2019 年的起義前，民主運動中的年輕人對他們的前輩愈來愈不耐煩。比較年長的民主運動家堅持悼念 1989 年的天安門大屠殺，藉此關注和支援中國大陸的民主運動，年輕世代卻認為：「與我們何干？」對李柱銘和司徒華這類老前輩來說，年輕世代的質問令他們甚為困擾。不過隨著抗爭運動愈演愈烈，兩個世代也開始能夠互相諒解。老一

輩的抗爭者開始強調以香港本土為重的立場，而年輕世代也開始察覺大陸的社會抗爭絕非無關痛癢。訪問抗爭現場的年輕人時，經常都會聽到他們說「只有父母輩的人才會關心大陸」、「我生於斯、長於斯，對大陸的事不感興趣」。可是北京對起義的打壓日趨嚴厲，對香港本土認同的回應也是莫名其妙；年輕人原先都對中華人民共和國漠不關心，如今反倒產生了隔閡與義憤。

　　中國共產黨對於如何面對這些年輕人的看法，始終都是莫無頭緒。他們似乎認為唯有在學校推動更徹底的洗腦教育，改造學生容易受人操縱的思維，方能有效解決年輕人的問題。中國的領導人有時會認為，只要透過港中融合促進經濟，就能改變香港人對待他們的態度。可是其實香港人卻對這些「恩惠」興趣缺缺。蘿蔔和棍棒是世界各地獨裁者的看家本領；既然香港人不懂感恩圖戴，中國政權就決定把棍棒狠狠地打下去。中國共產黨在香港的代言人開始主張以嚴刑峻法對付抗爭者，主張讓同情抗爭的人失去工作，提倡以嚴苛的手段扼殺表達自由。他們想把「不愛國」的老師逐出學校，讓心繫黨國的教書匠以洗腦教育取代通識教育；親中派認為香港的通識教育課程是促成學生接受外國價值的主因。[18]

　　對於中國來說，不論是國際通行的標準、還是兼容並蓄的美

---

18 譯按：可是，備受批評的通識教育科卻是於主權移交後由董建華政權引入。當時的教育統籌委員會主事者為董建華的親信羅范椒芬和梁錦松，提倡要改革當時的高中課程，建議把通識教育列為必修課。相關建議最終促成 2009 年的高中教育改革。

德，通通算不上什麼，所以「香港人只是香港人」的想法，對他們而言也是必須鎮壓的危險觀念。香港人看到中國共產黨如此偏狹小器，反倒對那些異乎中國的價值更加堅信不疑。亦因如此，就算21世紀初的抗爭終究一事無成，至少已令香港本土主義得以確立。這個政治敏感的概念將引致重大的社會影響，香港與中國之間的誤解也只能一直累積下去。

PART
2

起義
THE UPRISING

5 | 狂妄自大的政權
Hubris

　　要理解何以日積月累的民怨最終導致 2019 至 2020 年的起義，我們必須探究特區政權和北京政權在之前那四年是如何橫行無忌。換句話說，我們必須瞭解 2014 年雨傘運動無功而還後，那幾年香港發生的事情。

　　雨傘運動之肇因，是一場名為「讓愛與和平佔領中環」的公民抗命運動。這場運動的宗旨是要反抗特區政府提出的選舉制度改革方案，這些方案號稱要促進民主的發展。當政治改革方案終於出爐，大家都清楚看到普選是有代價的；要透過普選程序來選舉行政長官，它的代價就是候選人必須先由北京篩選。此後民怨沸騰，可是最令他們不滿的是什麼地方，卻是一言難盡。最令人氣憤的是這套方案本身嗎？或者是香港人竟被看得如此愚蠢，就好像他們不會注意到，方案中所謂的普選只是假借民意為北京心儀的人選背書。

　　雨傘運動於 2014 年 9 月在金鐘政府總部外的街頭爆發，這場運動的發展，最終遠比佔領中環運動發起人所想的更為基進。這場抗爭運動之所以被稱為雨傘運動，是因為數以千計的抗爭者只

能舉起雨傘抵擋警方的催淚彈。數以十萬計從未參與過民主運動的抗爭者紛紛湧上街頭,大部分都是年輕人。

這場使抗爭者費盡心力的運動,總共延續了79日。運動結束之時,已有955名抗爭者被警方拘捕。不過當時特區政府提出正式檢控時卻相當謹慎,非常緩慢地進行,最終把主要的抗爭領袖都帶到審判台前。總共只有300人被正式檢控,不及所有被捕者的三分之一。這與五年後的起義完全不能相比;超過一萬名抗爭者在2019至2020年之間的起義被捕。[1]

在首批被高調起訴的抗爭者中,包括黃之鋒、羅冠聰和周永康;[2]這三位是名聲最響的年輕民主運動家。發起佔領中環這場非暴力抗爭運動的領袖則要到比較後期才被正式檢控,包括首先想出這個計劃的法律學者戴耀廷,以及其後響應的社會學家陳健民和朱耀明牧師。他們三位因為是佔中運動的首謀,被法庭以各種罪名判處監禁(鑒於朱耀明牧師年老體弱,他獲法庭宣判緩刑,得以免去牢獄之災)。這場審判中也有其餘六位主要抗爭領袖被

1　在2019年的起義,有大批抗爭者被拘捕、被提控,法庭也累積了不少相關的案件。要理解這次大搜捕,是個艱鉅的任務。江松澗(Kong Tsung-gan,筆名)不斷在自己的網誌更新相關資料,值得讀者前往參考。(https://kongtsunggan.medium.com/hong-kong-protests-2019-82cf32383605)

2　譯按:周永康的名字經常與岑敖暉並列。雨傘運動期間,深受「腐女文化」影響的一些抗爭者把這兩位形影不離的年輕男生想像成一對同性戀人,並把二人的英文名字合稱為「Alexter」,甚至為二人開設臉書粉絲專頁,稱為「捍衛lester alex佔領巫山HeHe團」。這也許是對台灣太陽花運動的模仿;當時台灣的某些抗爭者,同樣把抗爭領袖陳為廷和林飛帆想像成一對同性戀人。

判刑：包括三位前任或時任立法會議員、兩位學生領袖、以及一位知名政治運動家。[3] 這些審判大都費時曠日，於是當起義在 2019 年爆發時，黃之鋒本人仍然身在獄中。而戴耀廷等人則於 2019 年的抗爭如火如荼之際，因為 2014 年的舊事（再次）被判入獄。

　　2019 年的抗爭運動從這一連串的起訴中學到教訓，那就是抗爭運動最好不要有具體的領袖；若由知名領袖所帶領，萬一這些領袖被捕就會使運動沒有目標可以追隨。如我們在其後的章節所言，2019 年的抗爭者從雨傘運動那邊學到不少珍貴的經驗。不過在雨傘運動其後幾年，香港反對運動卻陷入無以為繼的景況。雨傘運動被鎮壓後，反對陣營無法再發動大型的街頭抗爭。隨著反對運動士氣低迷，特區政府也趁機秋後算帳，使得任何的反抗看起來都只會是徒勞無功。中國大陸打壓反對者日益嚴厲，鼓舞著香港的強硬派，使他們躍躍欲試；自習近平主席執政後，中國大陸愈來愈無法容忍異見，使反對的空間愈縮愈窄。

　　雨傘運動結束之後一年發生了一起事件，反映如今中國當局已不再對香港投鼠忌器。過去北京對身處香港的大陸異見人士抱持睜一隻眼、閉一隻眼的容忍態度，容許他們有一定的行動自由。港中之間的實體邊界，使這些異見人士能放心於特區內活動，不用擔心會被邊界另一邊的人員拘捕。雖然坊間一直傳言中國的「容忍」即將達到極限，可是這些傳言在 2015 年化為令人震

3　譯按：他們包括在任立法會議員陳淑莊和邵家臻、前任立法會議員李永達、專上學生聯會的張秀賢和鍾耀華、以及社會民主連線的黃浩銘。

驚的現實：在香港經營銅鑼灣書店的幾位合夥人都被綁架到大陸扣查審問。

銅鑼灣書店是香港少數販賣中國「禁書」的專門店，店內相關書種相當齊全。這些批評中國共產黨領導人的書籍當中，包含不少怪異而鉅細靡遺的「內幕」。[4] 在香港出版禁書，過去曾經是安全的活動。可是如今北京越境擄人，香港再也不能被視為安全之地。而香港的特區政府沒有嘗試捍衛那幾位公民的人權；這個現象既令人憂心，卻也是毫不意外。執筆之時，這五位被中國綁架的人之中仍有一位尚未重獲自由，即是此刻仍然身陷囹圄的桂民海。有異於其餘四位被擄的合夥人，這位瑞典公民是在泰國被捕，而這次越境捉人卻沒有遵從任何法律程序。

輿論對這次「越境執法」的醜聞沒有太大迴響，此後中國當局食髓知味，連續迫使好幾家出版社和書店結束業務，甚至威迫香港的印刷商，使這些公司不敢再承印政治敏感的書籍。民意調查亦顯示，特區政府及其友好在這段時間贏得更多支持；在2016年之後的立法會補選，親政府的候選人兩度大獲全勝，說明反對政府的民氣大不如前。

其後中國當局日益猖狂，在2017年1月高調地擄走肖建華。

---

4 譯按：這些所謂「禁書」，主題是中國政壇聳人聽聞的「內幕」，內容真假混雜，喜歡採用惹人注目的標題。這些書籍有些是出自異見人士的手筆，也有一些是共產黨內部派系故意放出的消息。過去北京政權之所以會容忍禁書在香港出版，也許是想要一邊以「出口轉內銷」的方式發放風聲，並同時從特區打探政敵的消息。

這次的受害人是來自大陸的億萬富豪，而綁架發生的地點則是位處金融中心區的五星級旅館四季酒店。[5]中國當局沒有正式起訴肖建華，可是卻一直有流言指出他涉入黨內鬥爭；此外亦有一些啟人疑寶的聲音，指控他參與操控股市的內幕交易。不過，他被捕的主因很可能是因為他曾接受《紐約時報》訪問。那篇2014年刊登的報導，詳盡地列出肖建華從習近平的姊姊和姊夫[6]那邊購入的資產，於是讓人得以推想兩人多麼富裕。肖建華身為銀行家，又與中國共產黨有著千絲萬縷的關係，故此能得知黨國領導人秘密的財務狀況。

就如銅鑼灣書店事件那樣，肖建華被擄的風波激起的迴響也沒有對當局帶來太大的挑戰。這些年特區的社會抗爭比以往沉寂不少──民主陣營士氣低迷，而政府及其友好堅信他們已大獲全勝。如今他們再無後顧之憂，就不再只滿足於贏得論戰，還想要向政敵展開大清算。在2016年立法會選舉後那年，有六位民主陣營好不容易勝選的議員被政府以「宣誓不當」的理由褫奪議席。[7]而令民主陣營大失所望的是，六人遭逐出議會後，親中陣營在其中兩場補選取得勝利。[8]在此之後，又有兩位民主陣營的成員被取消議員資格。[9]到2019年末，已經有三分之一的民主派議

5 譯按：當時中國大陸的富豪若要逃避法律上的麻煩、或是找個地方避債，都會暫居交通方便的香港。位處中環國際金融中心旁的四季酒店甚受這些中國富豪歡迎，因而被一些論者戲稱為「望北樓」。

6 譯按：齊橋橋（習仲勳的長女，從母姓）以及鄧家貴。

7 譯按：他們分別是游蕙禎、梁頌恆、梁國雄（長毛）、劉小麗、羅冠聰和姚松炎。六人被褫奪議席，這就是說，特區政府以行政手段凌駕選民一人一票作出的抉擇。

員被逐出議會。

如今親中派議員在立法會取得絕對優勢，就著手修改《議事規則》，壓縮議員辯論政策和質詢官員的空間。民主陣營可以採用的只剩俗稱「拉布」的拖延戰術，這種迫不得已的戰術讓特區政府找到藉口，發動輿論指責反對陣營阻礙正常立法程序。

此時香港各個公共機關也瀰漫著無形的白色恐怖，各間大專院校是白色恐怖的重災區，那些與反對陣營關係密切的學者陸續失去教席，他們或是被拒絕升等、或是被迫提早退休。政權對教育界的迫害，在起義爆發後日益猖狂。2019 年末已有好幾位教師因為曾經參與抗爭而被取消教學資格；躲藏在暗角的告密者會翻查老師在網路的私人言論搜證。在公務員體系內，那些對中華人民共和國表現忠誠的官員會獲得提拔、迅即擔當要職。而官方的諮詢組織不讓與民主陣營友好的人士加入；這些諮詢組織，理論上是要為公共政策提供獨立客觀的建言。這種做法一反過去行之有年的慣例；這些組織，過去曾是少數容許多元意見合作的平台。

曾鈺成一直被視為親中陣營內思維比較清晰、態度比較開放的成員。他曾經是一間親中學校的校長，後來更一度擔任立法會主席，顯然是香港共產黨的地下黨員。他在 2019 年 11 月接受《香

8　譯按：過去民主陣營和親建制陣營的支持度一直呈六四之比。立法會補選並不採用比例代表制，而民主陣營過去於簡單多數制的選舉幾乎從未失敗過，可是這次卻遭逢兩連敗，使士氣早已低落的民主陣營陷入一片愁雲慘霧。

9　譯按：區諾軒和范國威於 2019 年 9 月被取消議員資格。

港自由新聞》（*Hong Kong Free Press*）訪問時，道出親中陣營在起義前後的心態。他指出，起義爆發前，「親建制陣營的同仁，都認為我們旗開得勝、勢不可擋」。他於訪問中亦顯露親中陣營罕見的坦誠：他承認自己的同仁如此目中無人，只會使民眾怨聲載道。[10]

• • •

雖然民主陣營在 2016 年的選舉失利，可是年初爆發的「魚蛋革命」，卻似乎顯示出民主運動已重新得力。這次事件雖被稱為「革命」，其政治性格卻不像雨傘運動那般明顯。不過這次抗爭事件卻顯示，香港的社運人士已經意識到反對運動必須有廣泛的社會基礎，需要更深入回應社會底層的需求。香港低下階層為求幫補生計，有時會兼職當起無牌流動小販，比如說在旺角這個勞動階層社區擺設路邊攤，售賣被稱為「魚蛋」的港式魚丸。在魚蛋革命爆發當晚，警察準備以無牌經營為由圍捕旺角的街頭熟食小販，從而觸發一場血腥衝突。[11]

---

10 *HKFP*, "Interview: Ex-head of legislature Jasper Tsang says the gov't is weakest player of four in Hong Kong's struggle", Hong Kong, 16 November 2019, https://hongkongfp.com/2019/11/16/interview-ex-head-legislature-jasper-tsang-says-govt-weakest-player-four-hong-kongs-struggle/ (last accessed 26 Nov. 2020).

11 譯按：案發當晚是大年初一。由於大部分的食肆不會在農曆新年期間營業，過去警方默許無牌熟食小販於農曆新年期間擺檔，這樣基層民眾可以賺取外快，年輕人也可以在日間拜年應付長輩後用剛取得的紅包消費紓壓。由於香港自殖民地時代起即對攤販採取嚴厲的管制，在農曆新年期間逛夜街、品嚐街頭小食，是少數能讓香港人重溫本土夜市文化的時刻。由是觀之，魚蛋革命不只是一場捍衛基層權益的抗爭，也是一場維護本土民俗的爭鬥。

　　當日在現場指導抗爭的其中一位領袖，是香港大學的高材生梁天琦。他後來因暴動和襲警罪而被檢控，於2018年被判入獄六年，宣判前，他在2017年到哈佛大學交流半年，隨後返港應訊。梁天琦是有名的「本土派」，主張香港優先的政策、亦強調要維護特區的自主。他沉靜好學，神情肅穆也不苟言笑，乍看之下毫無魅力，可是只要他拿著揚聲器，就會馬上提起精神、散發迷人的風采。他嘗試參與2016年的立法會選舉時，準備以「光復香港，時代革命」為競選口號。這句口號，剛巧捕捉到引發2019年起義的時代精神。《國家安全法》於2020年實行後，不論是展示還是高呼這句口號，都可以成為執法者拘捕的理由。雖然在抗爭運動期間梁天琦始終身陷囹圄，可是他的名言和頭像於各抗爭現場都極其常見。可以說，他已被這場起義的抗爭者奉為英雄。

　　梁天琦最終被取消參與2016年選舉的資格，雖然他曾經參與年初的新界東選區補選。為選舉資格掙扎期間，他在臉書專頁留言：「政權唔想我入到呢個立法會，就算我爬入去、躝入去，點樣都好，我都要行到入去。」（「正因為這個政權不想我踏入立法會，如今縱要承受胯下之辱，我也必須繼續選下去。」）[12] 隨此來的，是一連串的「DQ」潮；[13] 在2016年選舉前，選舉管理委員會懷疑另五位候選人同情分離主義，繼而取消他們的參選資格。

---

12 「梁天琦 Edward Leung」臉書專頁，2016年7月28日，香港時間下午7:52。（https://www.facebook.com/leungtinkei/photos/a.172255923187252/174708549608656/）（摘取於2021年10月17日）

13 譯按：「DQ」是英文「disqualification」的港式縮寫。

在此以前，特區政權從未運用這種手段，把政見不合的參選人「篩選」掉。

　　林鄭月娥於2017年「當選」，取代梁振英成為特區第四位行政長官。梁振英是位強硬的親中派，可是他倔強的性格卻會使盟友眾叛親離。雖然他極為擁護黨國，可是屢次把事情搞砸，使他被北京視為不可靠的人；雨傘運動在他的任期內爆發，而他2012年上任後也未能如願強推德育及國民教育科的課綱。民主陣營認為，這份新課綱是意圖在香港的學校推行中國大陸那邊的洗腦教育。當時只有15歲的黃之鋒發起抗爭，成功迫使特區政權擱置計劃。雖然梁振英這次遭到丟臉的挫敗，但他本人「愛國愛黨」的背景使他暫時仍能全身而退。可是他未能壓下2014年的雨傘運動，愛國背景也保不住他了。這迫使梁振英放棄競選連任，理由是他忽然發現自己正經歷嚴重的「家庭問題」，因此無法繼續履行職責。[14]隨後北京政權為保存梁振英的面子，委任他擔任中國人民政治協商會議全國委員會副主席；這個職位品級雖高，卻是沒有實權的榮譽職。梁振英空出了行政長官的位子，當時絕大部分人都認為他的名望奇差無比，再也不可能找到比他更討人厭的繼任行政長官了。沒想到，世間還有「技高一籌」的林鄭月娥。

---

14 譯按：另一方面，梁振英的家庭成員確實常常傳出負面消息。其妻梁唐青儀會在記者面前情緒失控，而根據2016年4月6日《蘋果日報》網站的即時新聞，她因為想要繞過機場的安檢程序，指著地勤人員辱罵了50分鐘。次女梁齊昕則經常將家人爭執的過程放在社交媒體公諸於世。可是這些家庭問題皆非一日之寒，似乎並非梁振英突然放棄連任行政長官的真正原因。

　　林鄭月娥自投身職場，就一直在公務員體系內打滾。她踏進行政長官辦公室時，相信唯獨政府方能縱覽全局，矢志要對上位者鞠躬盡瘁。林鄭月娥是位「好打得」的能幹官僚，卻完全欠缺從政者必須的技能；她急躁冒進，不願學習最基本的領導技巧，而且又以欠缺同理心著稱。即使是她的親密戰友也對這個人的剛愎自用感到驚訝，她從不理會任何人的勸告，只對北京的特使言聽計從。值得留意的是，自香港的民調機構開始測量執政者的民望，只有末代港督彭定康能於離任之時獲得比就任時還要高的民望。雖然彭定康在此以前一直都投身選舉政治，可是他卻是以官方委任的方式登上港督之位——即或如此，彭定康就任港督後仍自覺地以民選政治家的作風面對香港民眾。他經常到各社區微服出巡，努力嘗試與反對者直接對話，也在主權移交前在有限的框架下盡力推動民主。北京見到他深孚眾望，直到今時今日仍是忿恨難平。反觀香港特別行政區頭三位行政長官，他們的民望在離任前都已一瀉千里，而之後林鄭月娥的民望更是再創新低。可是林鄭月娥就任時卻一片赤誠，承諾會以一雙手為北京克服重重難關。

　　林鄭月娥對草根政治一無所知，與前任們相比，她也沒有什麼意識形態上的包袱。北京對她的指示極度清晰：就是把反對陣營徹底擊潰，並再次推動按《基本法》第23條訂立《國家安全法》。在這個議題上，林鄭月娥確是從容不迫，能從董建華的經驗汲取教訓；董建華在2003年企圖倉促立法，激起大規模的群眾抗爭，最終使他無法完成任期。（為了完整描繪香港行政長官

的淒慘史，容我提一下董建華的繼任人曾蔭權，他於卸任後因公職人員行為失當罪被判入獄，後來因一些法律技術的問題而重獲自由。雖然撇開技術問題，相關罪行可謂罪證確鑿，特區政府此後卻未有再次提出檢控。[15]）

林鄭月娥稟告北京的主子，強調她雖然暫時不會落實《國家安全法》，但他們可以放心相信她絕不向反對陣營讓步。與此相反，她有辦法令反對陣營無法再逾規越矩，並且要堅決地用盡手段，向香港人宣示特區是由何人作主。

這位新任行政長官很快就以行動證明，她要用什麼樣的方法來達成使命。不過沒人料到她首次出擊會選擇在文化領域出手，突然宣布要在西九龍文化區設置北京故宮博物院的分館。北京一直以傳承中國歷史之名，把這家博物館當成推廣愛國教育的文化事業。北京故宮的文物是中國政治重要的象徵符號，亦因如此，國民黨逃離中國時不忘把故宮的精品送往台灣。林鄭月娥非但沒有徵求西九龍文化區負責人的意見，還向財雄勢大的香港賽馬會徵取營建費用，藉此繞過立法會的撥款程序。賽馬會獲得官方特許，得享從事合法博弈的特權，條件是必須贊助各種官方建設。林鄭月娥解釋，她之所以秘密行事，正是為了不讓民眾有機會提

---

15 譯按：曾蔭權受富豪款待一事遭到披露時，2012年的行政長官「選戰」趨向白熱化，當時有意參選者，分別是曾蔭權支持的政務司司長唐英年，以及其後「當選」的梁振英。曾蔭權表態之時，北京政權也剛好下定決心要支持梁振英。隨後，與北京政權關係良好的傳媒揭發曾蔭權接受款待。觀乎相關報導拍攝的照片，其拍攝角度有異於一般傳媒的「狗仔隊」偷拍。曾蔭權為人確實貪愛小便宜，可是這單案件背後的政治操作耐人尋味。

出反對意見，從而避免出現「尷尬」的情況。

　　北京故宮博物院設置香港分館的計劃，乃林鄭月娥一石二鳥的謀略。她既可以向北京的主子證明自己的辦事能力，同時說明她願意擔任推廣愛國主義的馬前卒，縱使這個場館最終展示的國寶並不是什麼精品。不過這次「推廣文化」的舉動，顯示林鄭月娥既不願意花時間諮詢民意、亦剛愎自用地自以為義。大約一年之後，林鄭月娥在接受「可靠」的記者訪問時，毫無顧忌地展露她對各種建言的漠不關心。她解釋自己已對批評的聲音「免疫」，並且強調：「為何要分配時間、花時間，去看、去聽（批評的意見）、去不開心？不如不看、不聽……怎樣罵我都影響不到我的工作。」[16] 林鄭月娥不只把反對聲音置若罔聞，也會毫不猶豫地忽略任何構成障礙的程序。故宮博物院分館的建設雷厲風行，卻拖慢規劃多年的西九龍文化區的施工進度。

　　2019年初，林鄭月娥的地位看似經已穩固，而北京政權好像也對她相當信任。這時她就想要鞏固自己的成就，並向反對陣營證明他們已經一敗塗地。

　　不過，在意想不到的角落仍有一些執拗叛逆的低音，林鄭月娥認為必須壓下這些微弱的聲音。香港足球代表隊的球迷，在國際賽前播放《義勇軍進行行曲》這首中國國歌時，都習慣不約而同地喝倒采。中國大陸的官員為此怒不可遏，認為這是侮辱國

---

16 〈林鄭接受本報專訪透露　香港將在四方面尋求中央支持〉，《香港商報》，2019年10月19日。（https://www.hkcd.com/content/2020-10/19/content_1222794.html）

家。於是，林鄭月娥在2019年1月，按照中國既有法例草擬《國歌法》草案，草案建議重罰對國歌不敬者，並就播放國歌的時間和規矩制訂規範。這條草案激起民間社會的嘲諷，民眾亦提出為數不少的憂慮，可是按照當時的政治形勢，行政長官似乎能輕鬆地於年內完成立法程序。這條例的審訂後來出乎意料地被2019年的起義拖延，林鄭月娥顯然料不到會有這樣的發展，但它最終還是在2020年6月獲得立法會三讀通過。

• • •

雖然政權意圖引入《國歌法》的舉動驚動了民主陣營，但還是沒有引起大規模的抗議。可是在一個月後的另一條草案，卻促成民怨大爆發；雖然這條草案公報時引起的反彈，乍看之下雷聲大、雨點小。這次林鄭月娥政權提出《2019年逃犯及刑事事宜相互法律協助法例（修訂）條例草案》，容許特區政權任意把香港人引渡到從未達成引渡協議的司法區，這些地區包括台灣和澳門，以及極具爭議的中國大陸。這就是惡名昭彰的《逃犯條例》，也就是2019年起義的引爆點。

這場起義的爆發將會留待下一章討論。不過且讓我們細想，何以林鄭月娥會認為這次修訂是個值得實行的好主意。我們也必須去問，究竟她提出這一次的修訂是否只是忠實地遵從北京指示。

修例的淵源，來自一宗2018年於台北發生的凶殺案。當年二月，20歲的潘曉穎伴隨男朋友——也就是19歲的陳同佳——到台灣渡假。之後那個月陳同佳孤身一人返回香港，其後他因盜

用潘曉穎的提款卡、行動電話和相機被警方拘捕，並被控盜竊及處理贓物罪。警察審問時，陳同佳坦承自己在台灣殺害潘曉穎，把屍體棄置在竹圍捷運站旁的淡水河畔。台灣政府因此要求香港當局交人，讓陳同佳就謀殺罪接受台灣法庭的審判，可是香港當局卻無意合作，他們緊追北京定下的底線，堅持台灣不是獨立於中國大陸的司法區，又指出台灣與香港之間並無引渡協議。其後林鄭月娥宣稱要以人道理由關注潘曉穎家人的權益，因而必須盡快對《逃犯條例》作出修訂。

事實上，香港雖然和台灣沒有引渡協議，兩地警方面對同類案件時卻試過協力移送嫌犯；[17] 可是如今政治氣候已完全改變，而香港政府亦另有圖謀。事實上特區政府並無意主持公道：陳同佳後來只被判處較輕的罪名，2019 年 10 月刑滿出獄，而此後特區政府對潘曉穎家人的冷酷無情已是人盡皆知。[18] 台灣一直督促香港方面交人，讓陳同佳能盡快接受審訊，可是林鄭月娥政府卻堅持必須由香港警察把犯人押往台灣，而非按慣例讓提出檢控的國家來香港接收疑犯。此時，台灣總統選戰正進行得如火如荼，蔡英文政府也要拿政治來大作文章，堅持其司法主權，堅持按國際慣例由台灣執法機關派員到香港接走陳同佳。執筆之時，陳同佳仍然以自由之身在安舒的環境接受警方保護。[19] 他於 2020 年

---

17 譯按：舉例來說，荃灣工廈石棺藏屍案其中四名兇手於 2016 年潛逃台灣。台灣執法部門接獲香港警方通報後，即以「危害公共安全」為由撤銷四人簽證，安排把他們押解出境。與此同時，台灣當局亦讓香港警察派員到桃園國際機場守候，讓他們護送剛出境的疑犯返回香港。

10月信誓旦旦，聲言已下定決心到台灣自首，可是台港關係在政治上已變得極為複雜，令他無法成行。

當反對《逃犯條例》修訂的抗爭於 2019 年春天逐漸浮現時，特區政權很快就不再藉潘曉穎案惺惺作態。輿論此時普遍認為，林鄭月娥之所以提出修訂乃是出於北京授意。中國的宣傳機器以及香港那些中國代言人，此時都日以繼夜鼓吹盡快修訂《逃犯條例》，聲稱這次修訂既會帶來各樣的好處、同時也是當務之急；如此鋪天蓋地的宣傳，使輿論堅信一切都是源於北京無形之手。親中派的立法會議員在接受本人訪問時，承認中聯辦的官員一直向他們施壓，要求他們趕快讓草案順利通過。

---

18 譯按：潘曉穎的母親得知其女失蹤後，曾向民建聯主席李慧琼及該黨立法會議員周浩鼎求助，可是《逃犯條例》惹得滿城風雨後，兩人對潘母不聞不問。潘母後來於 2021 年 10 月 20 日召開記者會，控訴建制各方皆無意為女兒討回公道。她於記者會上表示：「呃我話一定可以幫到我，你哋話有好辦法。但最後，你幫到我哋乜嘢？我想知道！連電話都唔覆個⋯⋯李慧琼，你唔係氹我話一定會幫到我嘅咩？去做嘢啦，唔該你。同埋周浩鼎，你做人真係一啲都唔頂天立地⋯⋯呢兩個人叫我千祈唔好出嚟出聲，等佢哋兩個幫呀我討回公道就得。」（「你們都在欺騙我，說你們神通廣大，一定能夠幫助我。可是如今你們幫到些什麼呢？連電話都不回覆了⋯⋯李慧琼，你當時不是花言巧語騙我說你一定有辦法幫忙嗎？請你付諸行動吧，拜託！而周浩鼎這個人，根本就毫無誠信可言⋯⋯這兩個傢伙叫我不要把事情聲張，只管等他們為女兒討回公道就好。」）參：〈陳同佳鄧炳強等無應約到場　潘曉穎母：無一個夠膽出來面對我〉，《立場新聞》，2021 年 10 月 20 日。

19 譯按：在本書翻譯之時，香港警察剛宣布他們於 2021 年 6 月在評估後決定撤銷對陳同佳的保護，如今陳同佳已避居「深山」之中，聲言他正「準備」到台灣「自首」。參：〈陳同佳離安全屋未赴台　潘母擬下周政總外直接對話　憂心安全要求警方保護〉，《立場新聞》，2021 年 10 月 15 日。

然而，隨著抗爭一發不可收拾，北京就算仍然希望盡早通過修訂案，此時也必須尋找代罪羔羊；之後一切問題都是林鄭月娥的錯。行政長官提出修訂《逃犯條例》前顯然徵詢過北京政權的意見，這項提案也很可能獲得高層的授權，也就是主管香港政策的韓正。[20]可是中國政府卻清楚地否認修訂草案是由他們這邊發起。中國駐英國大使劉曉明一直都負責在海外媒體前為國家的政策辯護，他於2019年6月向英國廣播公司記者表示：「事實就是，北京中央政府從未有就這次修例，下過任何的指引、落過任何的命令。這完全是香港特區政府自發的行動，肇因是在台灣的一宗凶殺案。」[21]雖然這位大使擅於為北京的作為砌詞狡辯，可是根據其他證據，這次他的否認看起來卻是真誠的。林鄭月娥本人亦強調，修例是她自己一個人的主意。

筆者不斷探究，想知道這條鬧得滿城風雨的法案是由誰人負責提出；經過一番追尋，本人發現率先提出修例、其後又鍥而不捨的，就只有林鄭月娥一人。可是因修訂《逃犯條例》而闖下大禍，卻不完全是林鄭月娥一個人的錯。理應負責出謀獻策的行政

---

20 *The Standard*, "Fugitive bill was Lam's idea", Hong Kong, 23 December 2019, https://www.thestandard.com.hk/section-news/section/4/214744/Fugitive-bill-was-Lam%27s-idea (last accessed 27 Nov. 2020).《英文虎報》(*The Standard*)是星島集團旗下的英文報刊，《星島日報》的姊妹報。這個集團的刊物不時擔當北京半官方喉舌的角色，專責發放官方媒體不便親自報導的消息。

21 Embassy of the People's Republic of China in the United Kingdom, "Ambassador Liu Xiaoming Gives Exclusive Live Interview to BBC Newsnight", press release transcript of 12 June interview with the BBC's Mark Urban, 13 June 2019.

會議，其中沒有一個人曾挑戰過修例主張；法案送到立法會時，議會內各方派系的親建制議員也毫無顧忌地全力為修例護航；香港那些早被收買的傳統媒體，不斷鼓吹修例既急切又正當。待抗爭者已於街頭人潮洶湧之時，這些親中媚共之徒才爭相「澄清」自己早已察覺到不妥。

曾跟進香港和中國新聞幾十年的資深記者劉美遠，把各種觀察綜合起來，為林鄭月娥的冒進提出有力的解釋：「林鄭月娥之所以會如此冒險，是因為她想在〔慶祝中華人民共和國成立70週年的〕國慶大典前，討好北京那些高級領導人……她目睹那些專責反貪腐運動的調查人員把潛逃海外的疑犯押返中國大陸後，都獲得北京讚賞和提拔，使她好生羨慕。」[22]

親中陣營的大老曾鈺成則如此設想林鄭月娥當時的心境：「她非常自豪於自己的成就，也許從未想過會招來〔民主陣營的〕強烈反彈；他們堅決不讓〔修訂草案〕在立法會通過。中央對此非常憤怒。他們不認為這條草案真是那麼重要，可是如今激起的餘波卻演變為管治的問題。北京認為，特區政府若要提出任何草案，都有責任讓它獲得通過。為此北京會給予任何必須的支援。」[23]

22 Melinda Liu, "Hong Kong's Future: Police State or Mob State?", *Foreign Policy*, New York, 25 October 2019, https://foreignpolicy.com/2019/10/25/hong-kong-protests-future-china-police-mob/ (last accessed 27 Nov. 2020).

23 *HKFP*, "Interview: Ex-head of legislature Jasper Tsang says the gov't is weakest player of four in Hong Kong's struggle", Hong Kong, 16 November 2019, https://hongkongfp.com/2019/11/16/interview-ex-head-legislature-jasper-tsang-says-govt-weakest-player-four-hong-kongs-struggle/ (last accessed 27 Nov. 2020)

　　一位政府內部人士向本人表示：「你必須明白，如今搞出那麼多事情，最終都只是為了《基本法》第23條的事。」他的意思是北京已堅決要讓《國家安全法》盡快列入香港法例。如前所述，林鄭月娥清楚明白董建華當年強推第23條立法落得提早下台的下場。因此她決定先爭取時間，以其他各種方法令反對陣營士氣不振，讓他們無法再有效抵抗。這樣在時機成熟時，她就可以展開《國家安全法》的立法程序。此一「莎樂美戰術」讓林鄭月娥能向老闆說明，要達成全盤掌控、並使特區與祖國融為一體，其實可以用各種不同的手段達成。

　　亦因如此，林鄭月娥於2019年2月把《逃犯條例》修訂案刊憲，正式展開立法程序。起初特區政府似乎可以順利運用法律術語掩藏他們真實的意圖；這條草案如果獲得通過，即會史無前例地容許特區政府把疑犯送往中國大陸。在當年起草《基本法》時，這樣的事已經受到明確的拒絕。[24]該修訂草案將引渡疑犯的權力賦與行政長官，而非香港的法院，這樣的安排很早就引起一些人的不安；可是特區的官員卻堅稱行政長官在運用該權力後，疑犯仍可在司法體系中提出挑戰。

　　除此以外，林鄭月娥亦堅持《逃犯條例》修訂案必須於一年內完成立法，如此舉動激起了輿論的警覺，使眾人懷疑林鄭月娥之所以急於立法並不只是要把陳同佳繩之於法。然而，3月31日

---

24 消息來自筆者與李柱銘2019年11月22日於香港進行的訪談。李柱銘曾為基本法起草委員，1989年天安門大屠殺後請辭。

首場反對《逃犯條例》修訂草案的遊行，民眾的回應頗為冷淡。不過工商界此時卻出乎意料地頗有微言，他們認為在草案獲得通過後，那些到中國從商的業界人士可能會因而身陷險境。

香港的工商界對 2017 年 1 月的肖建華案記憶猶新。如前所述，這位明天系集團的大老闆從四季酒店這座豪華旅館中被人擄到大陸，於中國司法體系的黑洞中人間蒸發。執筆之時，肖建華的行蹤依舊不明。那些對銅鑼灣書店漠不關心的工商團體如今發現，即使腰纏萬貫，亦無法迴避「被失蹤」的可能。亦因如此，林鄭月娥在 2019 年強推《逃犯條例》修訂草案時，這些平時馴若羔羊的工商組織冒險發難。而這次修例也觸動香港法律界的敏感神經。草案四月初在親中派議員的護航下完成首讀後，社會各界紛紛對草案提出質疑，當中又以香港大律師公會[25]最為積極。

2019 年 4 月 28 日，逾十萬名民眾上街抗議「送中條例」。銅鑼灣書店其中一位合夥人林榮基，因為特區政府提出《逃犯條例》修訂草案，而於較早時決定到台灣尋求庇護。他當年被擄到中國大陸後，好不容易才抓到機會逃回香港，《逃犯條例》修訂卻很可能會使他喪失得來不易的自由。林榮基出國避難一事，是促成民眾上街的一個原因。

而另一些反對聲音則擔心，修訂草案如果獲得通過，將會危害本地居民的人身安全；他們一直對香港的司法體系深信不

---

25 譯按：即香港訟務律師的公會。香港習慣把事務律師稱為「律師」，把訟務律師稱為「大律師」，兩者實際上並無等級之分。

疑。[26]畢竟香港的法律體系與中國大陸天差地遠。中國的律師會因為替某些被告辯護而被政權押入監牢；疑犯即使未經審訊，亦可經歷長期的「行政拘留」，甚至遭到酷刑對待；幾乎每位被送往法庭的嫌犯最終都會獲判罪成。

香港那個時候至少還有獨立的司法體系。法律制度強調程序正義，民眾也相信疑犯會獲得當局人道對待。基本上，香港人對特區體制僅有的信心正建立在獨立自主的法律體系上。他們不禁要問，如果政權能夠隨意把疑犯運往中國大陸，香港難能可貴的司法獨立還能延續下去嗎？就如曾紀凡[27]所言，他們開始害怕「夜半會傳來敲門聲」；倘若修訂草案能夠獲得通過，這恐怕就是香港淒涼的前景。

質疑「送中條例」的聲音在四月仍然只是涓涓流水，到五月卻已凝聚成澎湃的洪流，社會各界的個人或團體都開始對草案議論紛紛。而反對陣營的立法會議員也在法案委員會以拖延戰術負隅頑抗。林鄭月娥政府卻罔顧民意，決定終止立法會法案委員會的討論，把草案直接交付立法會大會展開二讀。大會展開二讀後，議員只能於有限的時間內完成質詢，其後就要把草案交付表決。這樣一來，《逃犯條例》修訂草案很快就會在親中派議員佔

---

26 譯按：作者本人過去曾牽涉入民事訴訟，並因法律費用而感到困擾。亦因如此，他曾於過去的著作批評香港名大於實的「法治」，參：《香港新貴現形記》，頁294至295。關於「港式法治」的迷思，參：黎恩灝，《破解香港的威權法治：傘後與反送中以來的民主運動》，新銳文創，台北，2021。

27 譯按：音譯，參頁38，譯按。

優的立法會順利通過，三讀後成為正式法律。如此的舉動，最終只能加深民眾對草案的猜忌。

特區政府到5月30日才意識到，必須做一些事讓民情降溫。他們宣布會修改當時的草案，把各種與商業相關的罪行列入豁免引渡的名單。林鄭月娥還是認為稍作讓步，安撫一下工商界人士，就可以順利在立法會強推修訂草案。就如過去的作風，她根本毫不在乎香港普羅大眾的想法。

香港的工商團體此時的確鬆一口氣，畢竟他們向來都不太願意與反政府的抗爭扯上關係，只有少數的工商團體仍然像香港美國商會那樣憂心忡忡。可是這次改轅易轍，卻使民眾認為當局只在乎權貴的安危，對普羅大眾的憂慮漠不關心。林鄭月娥這次所謂的「讓步」非但未能平息爭議，反倒使民怨日益沸騰。於是6月9日那場約100萬人參與的和平示威，就為隨後的起義揭開序幕。這次遊行的參與人數可能比1989年聲援北京天安門學運的遊行還要多一點點。政權豈能對此置若罔聞呢？

特區政府在當日決定對抗爭保持緘默。林鄭月娥翌日終於露面，可是她居然宣布立法程序不但要繼續，更要加速，立法會要在兩日內完成二讀。立法會主席梁君彥此時亦證實，修訂草案將於6月12日交付立法會大會。他也要對議員的提問設下嚴苛的限制，整個質詢辯論的過程必須於66個小時內完成；根據他的規劃，修訂草案將會於6月20日晚上八時前順利通過。更令人嘆為觀止的是，林鄭月娥在電視鏡頭前流下極其虛偽的鱷魚淚，表示她已為香港作出種種犧牲，信誓旦旦的聲稱自己不會出賣香港。

如此拙劣的政治表演，使香港的電視觀眾嚇呆了。訪問播出之時，網民在社交媒體上議論紛紛，他們都覺得林鄭月娥的表現著實不可思議。

可是林鄭月娥仍然繼續胡言亂語。她好像故意要把觀眾的驚嚇轉換成憤怒一樣，把一百萬上街民眾都說成是被寵壞的孩子。她說：「如果我兒子每次都只會吵鬧『我就要這樣那樣』，而我也只是遷就他⋯⋯我想短時間，我們母子關係會很好；當這個小朋友長大了，卻因為當時的任性，而我去縱容他的任性行為，他就會後悔：『為何媽媽那時沒提醒我呢？』」[28]

有一位曾與林鄭月娥緊密合作的公務員接受本人訪問時指出：「這正是林鄭月娥的典型作風；她永遠認為自己是對的，從不會理會別人的意見。」[29]

行政長官對民意荒腔走板的回應使香港民眾怒髮沖冠，和平抗爭其後亦演變為肢體衝突——面對這次起義，香港警察毫無節制地濫用暴力。這樣的情況，在文化大革命誘發的六七暴動後，就一直未曾出現過。

---

28 香港電視廣播有限公司《無綫新聞》的訪問，2019年6月10日。根據電視台的資料，這次訪問是在6月5日進行。可是因為某些不公開的原因，電視台決定於五日後才廣播相關內容。

29 本人訪問過不少曾與林鄭月娥共事過的同僚；他們有的已經退下火線，有的則仍為林鄭月娥辦事。他們顯然都不會願意具名。在其後的篇幅，筆者會不時引述他們的觀點。

6 上善如水
Be Water

　　李小龍這位在美國出生、香港長大的功夫巨星，乍看之下與2019年的起義風馬牛不相及，但他確實成為抗爭者靈感的泉源。雖然他早在1973年逝世，可是李小龍仍然是香港重要的文化符號；在維多利亞港海濱的星光大道有一尊李小龍的雕像，擺著他舉世聞名的戰鬥姿勢。李小龍多姿多彩的人生，正好反映香港人尋求自身認同的掙扎。他既是香港的本土名人，也是馳名國際的明星。他是粵劇名丑李海泉的兒子，父親到美國三藩市巡迴演出時出生，後來返回香港渡過童年和少年時期，曾在詠春大師葉問那邊學過一些功夫。他在美國留學後加入演藝圈，卻一直投閒置散，後來回到香港才一舉成名。可是這個狹小的發跡之地卻無法滿足這位國際巨星的雄心壯志。

　　李小龍在一場有名的訪談中，道出他武術風格背後的人生哲理：「務要放空心靈、無形無相，猶如流水。你把水倒進水杯，它就變成水杯；把水倒入瓶子，它就成為瓶子；把水倒進茶壺，它就變成茶壺。流水既能四散、亦能衝擊。老友們，上善如水啊（Be water my friend）！」[1] 這句話深深觸動 2019 年的抗爭者。雨

181

傘運動未竟其功，使他們意識到必須採用更為靈活的策略。Be water，譯成粵語就是「如水」。這一次的起義，也稱得上是一場「流水革命」：他們不再建立固定的指揮架構，反倒隨機應變，因應形勢調整抗爭策略。這樣一來，2019至2020年的起義，抗爭方式可謂前所未見。

大規模群眾運動爆發的先兆，在6月4日晚間悼念天安門大屠殺的集會中已顯露出來。這場一年一度的燭光悼念晚會，向來是香港其中一個最大規模的抗爭運動。如今回望，這晚的集會正好為隨後的起義鋪平道路；雖然其後的抗爭，卻是另一個層次的事物。

2019年的6月4日剛好是天安門大屠殺的30週年，而在中國統治的領土中，唯獨香港每年舉行悼念集會；民眾當晚會在維多利亞公園內默默舉起燭光，在哀樂聲中聆聽劫後餘生者的講話，而民主運動的領袖則於台上朗讀悼詞。有好一段時間，這場晚會都是由2011年逝世的司徒華主持；他過去曾加入親共陣營，脫離組織後投身民主運動，後來還與李柱銘一起創立民主黨。他也是位德高望重的退休教師，演說技巧一流、極其熟悉中國歷史。司徒華生前是香港傳統民主運動的代言人，這場運動過去與中國

1　譯按：*The Pierre Berton Show*, CHCH TV, 9th December 1971. 訪問原文為：Empty your mind. Be formless, shapeless like water. Now you put water into a cup, it becomes the cup. You put water into a bottle, it becomes the bottle. You put water in a teapot, it becomes the teapot. Now water can flow or it can crash. Be water my friend.

大陸的民運人士關係密切。曾與他一起抗爭那個世代的民主派，都極其關心整個中國的民主前景，他們認為香港的民主運動是整個中國民主運動不可或缺的環節。

老一輩持續好幾十年的政治抗爭，卻令年輕人感到格格不入，[2]新世代關注的焦點集中在香港，對中國沒有太大的感情。有些人會認為年輕人的想法對長輩們並不公允。不過在 2010 年代開始關心政治的年輕人，在天安門屠殺發生時尚未出生，他們自然會認為集會事不關己。事實上悼念晚會的參與人數也持續下降。有些新生代的社運人士甚至杯葛六四晚會，認為這場集會與香港人無關。可是形勢卻於 2019 年扭轉，燭光晚會參與人數暴增至 18 萬人。特區政權強推「送中條例」，說明香港的前途與中國的政治形勢息息相關，使過去並不關心中國的年輕人再三反思。有異於過去的晚會由前輩主導，這一年在台上帶領集會的都是年輕世代；他們在台上把香港當前的命運，與天安門廣場上為自由民主犧牲的學生扣連起來。

當時筆者身處遠離講台的地方，在附近一片泥濘的潮濕草地觀察在場民眾。有些父母帶著子女到來，並向他們訴說集會的意義。過去在這場集會中能看到的都是老一輩民主派，可是這一年，舊面孔為人山人海所淹沒。而人潮中的新面孔大多散發著青春的氣息。還有兩個男人駐足在不遠處，他們穿著不合身的西裝，講著中國口音的華語。他們不跟隨民眾叫口號、歌戰曲，只

2　譯按：年輕世代往往把抱有中國情懷的前輩稱為「大中華膠」。

是在一旁觀看；他們都是中國國安單位的臥底。這年的氣氛既奇特、又嚴肅，彷彿預示將有大事發生。

一個星期後的6月12日，數以千計的民眾響應呼籲包圍立法會大樓，此時「送中條例」的審議正進行得如火如荼。在這次抗爭前的6月9日，才剛剛舉辦過一場大型的和平遊行集會。可是香港的抗爭文化在6月12日後完全改變。筆者於下午抵達抗爭現場時，當地瀰漫著濃烈的催淚瓦斯，並飄到鄰近抗爭現場的金鐘站。這座捷運車站設於地底，可是裡面還是能嗅到刺鼻的氣味。

此時抗爭者於車站外與全副武裝的警察激烈衝突，警察的防暴裝束看起來就像《星際大戰》中的黑武士。據估計，當時警方派出約五千名防暴警察對付抗爭者。這次警察毫無節制地使用暴力，因其暴行而受傷的至少有70人。事態的發展迅即在社交媒體上傳播開來，晚間新聞亦不斷播出當日的影像。

現場的抗爭者有一些是有備而來，另一些則忙於向民眾派發口罩，可是筆者戴上口罩後發覺這對催淚瓦斯完全無能為力。有一位朋友雖然身穿工作服，卻還是被催淚彈擊中倒地。旁邊的民眾迅即湧到她身旁，伸出援手把她扶起來。旁人見到筆者不由自主地流淚，馬上遞上清水和生理食鹽水，嘗試紓緩催淚瓦斯的功效。這樣的互助互愛隨後成為2019至2020年抗爭運動的特徵。

此時以年輕人為主的抗爭者開始在街頭設置路障，向警察投擲隨身找到的雜物。警方立刻還手，瘋狂發射催淚彈，又對準民眾發射布袋彈和橡膠子彈，即使部分抗爭者堅持拒絕肢體衝突，

還是會遭遇同等的暴力對待。此後警察拿著警棍衝向民眾，毫無差別地見人就打。這天警方發射的催淚彈已多於整場雨傘運動的總和。警務處處長盧偉聰把這次抗爭定性為「暴動」，肯定警方暴力鎮壓的行徑。（不過在五日後，這位處長還是稍作退卻，承認抗爭的不都是「暴徒」。）

那個時候我們還不知道6月12日的抗爭模式此後將會成為常態；警察濫用暴力，促使抗爭者勇武反擊，其後警察為報復而濫用暴力，周而復始。這樣的情況，在未來好幾個月都不會改變。唯一的改變，是警察的暴力和抗爭者的武力都在持續升級。

和平抗爭在香港已有一段時間的歷史，雨傘運動起初也是源於主張非暴力、不合作的佔領中環運動，到後來才往另一個方向演化，而那是因為當局已清楚表示他們決心採用更為嚴苛的手段來對付示威抗議。警方到2019年更進入全面戰爭的狀態，在那一年間採用了各式各樣的新武器；這些武器原先的設計是讓被圍攻的警察能自我防衛，可是如今他們卻不分青紅皂白用這些武器對付撤退的抗爭者，甚至用來向和平的民眾開火，這種濫用暴力的情況筆者親眼目睹過好幾次。在6月12日受訪的抗爭者都堅信濫用暴力的情況將會持續惡化，使筆者頗為吃驚。有一位二、三十歲的男士對筆者說：「之後情況絕對會愈來愈差。」其後他把護目鏡和口罩塞到筆者手中，說這些物品未來將有機會派上用場。

現場的年輕人都說他們必須為香港的未來犧牲自己的人身安全，他們有的只有十來歲，在此之前沒有參與過任何抗爭。有一位女學生向筆者表示：「不論將來會有甚麼的遭遇，我都不會在

乎。」我提醒她：「可是你也許會被捕、會受傷。」她沒有理會筆者的勸告，反而回了一句：「假如我們這次未能成功，香港又有甚麼未來可言呢？我不能只顧自己。」

隨著抗爭在夏天持續下去，抗爭者也變得日益困頓。有些抗爭者只在晚上小睡片刻，便提早起床投入抗爭。那些需要工作的抗爭者，把生活完全投入在工作和抗爭；譬如每天工作九個小時，再往抗爭前線待上九個小時。有一位受訪者日間受聘於一家馳名的五星級酒店，她向筆者表示，整個人生如今都投入在抗爭運動：「每天起床，就趕去上班，下班後就去上街。整天的生活就是這樣。」

我經常聽到抗爭者在說：「盡地一鋪！」[3] 這句話說明何以這些香港人會下定決心，為抗爭運動眠乾睡濕。往後，抗爭者會提出他們的五大訴求。可是在在這個時候筆者已察覺到，抗爭者的目標並不單純只是要撤回「送中條例」。

此時在幕後，林鄭月娥政權內部有許多驚慌的舉措。有位身為高級公務員的受訪者告知筆者，當時政府內部召開過數不盡的會議，每次高官都信誓旦旦地保證，形勢雖然「嚴峻」，抗爭卻必會早日平息。這樣的保證未能安撫與會的工商界人士和親中政黨成員，他們反倒呼籲政府果斷行事。林鄭月娥稍後才意識到，她不能坐等抗爭者自行散去。她遂於6月14日到深圳紫荊山莊觀

---

3 譯按：作者原文為「It's now or never」，譯者將之逆向翻譯為粵語。若翻成華語，大概就是：「機會只有一次，拚了！」

見副總理韓正。向來擅於洩露中國「官方消息」的《星島日報》指出她此行是為了商討暫緩修訂《逃犯條例》一事。[4]在此之後，中國官員開始與修訂條例保持距離，嘗試表明自己並非這條惡法的始作俑者。

　　林鄭月娥自深圳返回香港後即召集特區高官開會，一直商討到凌晨。她於會中表示將會擱置修訂《逃犯條例》，並將於15日向公眾宣布。可是她隨後於下午三時的公告中卻強調，政權只會暫時擱置《逃犯條例》修訂，無意完全撤回草案。這次林鄭月娥再次展現抱薪救火的特殊技能。在公布修例將暫緩而非撤回後，她還感嘆自己未能讓民眾知道這次修法是何等重要。一如既往，她仍然認為問題的根源在於民眾不知體諒。

　　筆者發現，與林鄭月娥對談——尤其在新聞採訪的場合——是個極其詭異的任務。她從不爭取別人的信任，只會用表情告訴你，你正在浪費她寶貴的時間，又強調那些使她不悅的提問都是源自無知。這個人沒有什麼同理心可言，只懂得堅持自己永遠是對的。根據筆者多年的採訪經驗，即使再不濟的政客，面對記者所提出的討厭問題，都會嘗試表現得討喜、或者展露一下機智。林鄭月娥卻從不使用這些技巧，反倒把自己視為「愛國愛港」的殉道者。她經常強調自己努力不懈，強調她是多麼忠實地獻身於自己的任務。有次她與工商界領袖聚會時，誤以為那只是私底下

---

4 〈政府高層深夜急召會議　林鄭料今宣布暫緩修例〉，《星島日報》，2019年6月15日。（https://tinyurl.com/ydaauvmz）

的敘舊，就抱怨抗爭運動使她不能去髮廊。可是這其實是一場正式的會議；後來外界得知會議紀錄的內容，她的發言招致排山倒海的揶揄，她還是弄不懂何以如此。林鄭月娥不時自哀自憐，強調自己準備好要為社會動盪「承擔責任」──可是隨後又會強調正是因為民眾「缺乏理解」，才會為她惹來各種各樣的麻煩。

林鄭月娥「暫緩」修訂《逃犯條例》的舉動，自然未能平息抗爭者的怒憤。其後的突發事件，也使原已緊繃的社會氣氛更加嚴肅。當日晚上，35歲的抗爭者梁凌杰在太古廣場懸掛橫額後，隨即從高處墜落身亡；也許他是意外跌落、也很有可能是要以死明志。[5]那座大樓位處的區域，正是6月12日爆發激烈抗爭的地方。他往生時身上穿著黃色雨衣，上面寫有「林鄭殺港、黑警冷血」八個大字。

梁凌杰之死使民眾大為震撼，並把抗爭提升到一個始料不及的層次。隨後那天，6月16日，約有200萬名民眾上街抗議──這就是說，香港四分之一的民眾都走上怒火街頭。當日的抗爭不單是香港史上規模最大的抗議活動，按人口比例而言也可算是世上規模最大的示威集會。

參與6月16日遊行的民眾大多穿上黑衣哀悼梁凌杰。而抗爭者於其後大大小小的場合都會以黑衣為記。這時候抗爭運動亦達成共識，向特區政權提出四大訴求：他們要求撤回「送中條例」，

5　譯按：死因裁判庭於2021年5月裁定梁凌杰「死於不幸」。可是這項裁決受限於能蒐集到的證據，也沒有完全排除自殺的可能。

而不是暫緩；要求警方改變把抗爭視為「暴動」的官方立場、主張對警察暴行展開獨立調查、並盡快釋放被捕的抗爭者。抗爭者隨後加上第五個訴求：全面實行自由的普遍選舉。起初抗爭者也要求林鄭月娥下台，可是這個訴求很快就消聲匿跡。有位受訪的抗爭者如是說；「為何要理睬這個人？她不過是個無關大局的傀儡。她下台，那些人也只會換上更差的人。」

　　6月16日這場約二百萬人參與的遊行，過程大體上仍算和平，這說明大部分香港人仍未準備放棄不動武的抗爭原則。可是最終抗爭者卻必須動用武力，方能迫使政權徹底放棄修訂《逃犯條例》。就如後來抗爭者在立法會大樓內的塗鴉所言：「是你教我們和平遊行是沒用的。」

　　群情洶湧之際，特區政府的支持者卻亂成一團。他們開始跟隨北京的腳步，與林鄭月娥政權保持距離。在《逃犯條例》修訂案被撤回後，他們開始竊竊私語，抱怨特區政權未有徵詢他們的意見、背叛了他們。他們曾全力支持林鄭月娥，但政府此舉讓這些人昔日的作為顯得愚蠢。香港的親中陣營向來宣稱自己獲得「沉默大多數」的支持，他們甚至嘗試以行動作出證明，在6月30日舉辦一場「撐警」集會。雖然早被收編的主流媒體極力宣傳，而現場也用巴士載來了許多人，可是與會人數不過是十萬人左右。過去這或許是震撼的數目，可是如今與民主陣營的動員相比可謂小巫見大巫。

　　過去支持特區政府的這個陣營把自己稱為「建制派」，可是

如今他們既要與特區政府保持距離，就比較偏好「親中派」的稱呼。不過在起義期間，這些親中分子大多自稱為「藍絲」，藉此要參與抗爭的「黃絲」分庭抗禮。（這些顏色的標籤，有點令人難以理解。抗爭者在梁凌杰犧牲後，多以黑衣上陣——可是他們卻選擇用黃色代表其政見。6）黃絲能動員的民眾數目遠遠超出藍絲的想像，使他們懊惱萬分，而且黃絲陣營有澎湃的創意，能想出五花八門的抗爭方式。親中陣營只能無助地指責黃絲犯規，此外也有少數藍絲徒勞地嘗試東施效顰。

這場新興民主運動，早就立志不要重複過去的抗爭模式。譬如說過去的抗爭都在市中心一帶舉行。之前維持79日的雨傘運動，大部分抗爭者都圍著政府總部和立法會大樓，堵塞道路以備長期抗爭。起初他們以為這是一個好主意，可是曠日費時的守候卻使抗爭者坐困愁城、士氣低落，最終抗爭者逐漸離去，使雨傘運動步向衰亡。隨後特區政權更針對發動抗爭的領袖，在漫長的審訊過程後把他們送往監牢。抗爭者互相指責的情況所在多有，

---

6 譯按：黃絲帶的概念也許來自源自美國流行文化。過去美國軍人的家屬會在家門繫上黃絲帶，期望家人可以早日退伍回家。流行樂團 Tony Orlando and Dawn 於1973年根據這個傳統，發表 *Tie A Yellow Ribbon Round The Ole Oak Tree* 一曲，由於歌詞似乎把戰場比喻為監牢，也就成為一首反戰歌曲。也許正因如此，「讓愛與和平佔領中環」的發起人為強調和平抗爭的理念，決定以黃絲帶作為標記；畢竟在他們的成長期，粵語流行音樂仍在草創階段，所以他們當年聽過不少西方流行曲。此外，香港民主陣營亦曾以該歌曲的字面意思，用黃絲帶聲援涉嫌「盜取國家機密」而被大陸政權扣押的香港記者。當黃絲帶成為抗爭的象徵後，親中派和支持政府、支持警察的那些人，也開始標籤自己為藍絲帶。這也許是因為警察用來封鎖現場的膠帶是以藍色色調為主。

只是大部分沒有浮上水面。[7]此情此景使得香港民主運動的成員陷入漫長的沉思。而連登討論區[8]的網民，也為未來抗爭應當何去何從激烈爭辯；參與這個討論區的網民數目於2019年起義前不斷增長。在2019年起義爆發後，網民開始在連登討論區討論抗爭策略，有時也會指揮抗爭者前往不同的地區。這個討論區此後成為一個平台，讓抗爭者分享財務、物資和經驗上的資源。

抗爭領導權的問題亦為抗爭者熱烈討論，他們認為民主陣營過去的抗爭過分倚賴站在「大台」上的領袖指揮大局，並對此深感不滿。連登討論區的網民質疑：為何要那麼倚賴台上那幾位領袖呢？他們站在台上，很快就會被敵人針對，隨後也會輕易被捕。既然民眾已經走上街頭，那麼為何不採用另一種更為靈活的領導方式，使敵人無法以斷頭戰術摧毀抗爭？在街頭的民眾以民主方式當下決定行動策略，那不是更有效率嗎？他們或許有意識或無意識地模仿世界各地新興的去中心化社會運動，比如說美國的「黑人的命也是命（Black lives matter）」運動；[9]這場運動雖然有

7　譯按：當時有另一批較基進的抗爭者不滿在金鐘圍堵政府大樓的領袖只顧守株待兔，決定轉移陣地，後來分別於銅鑼灣和旺角這兩個購物區留守。在旺角的抗爭比金鐘的圍堵動態得多，預示著2019年起義抗爭模式。可是民主運動主流領袖大多待在金鐘，為兩邊的抗爭者帶來心結。兩邊對本土思潮的理解亦存在分歧。隨此而來的路線之爭，要待2019年起義前才稍有舒緩。

8　譯按：過去立場偏向民主陣營的網民多參與高登討論區的討論。部分網民對高登討論區的管理方式日益不滿，於2016年自立門戶創辦連登討論區。

9　譯按：不過，香港有不少抗爭者因為對美國川普政府制裁中國的政策頗有期待，變成所謂的「川粉」。他們不熟悉美國國內的社會矛盾，因為同情川普而討厭「黑人的命也是命」運動，甚至認為這場運動是中國背後支撐的陰謀。

其獨特的代表人物，卻沒有向眾人發號施令的領袖。隨著 2019 年抗爭運動的開展，網民亦開始改用較能保密的 Telegram 通訊程式，藉此商討策略和調動人員。

以社交媒體為抗爭動員的主要模式，其實並不罕見。2014 年烏克蘭的獨立廣場起義，因為發起人透過網路動員民眾，而同時被稱為臉書革命。臉書在雨傘運動時亦發揮重要的功能，當抗爭活動嘗試從市中心向外擴散時，社交網路就是發放消息的主要渠道。不過在 2019 年的起義，社交媒體的運用又來到另一個層次；社交媒體此時不再只是消息來源，還擔當著統籌抗爭活動的角色。連登討論區、Telegram、以及其他網上討論區，此時都成為沒有指揮官的指揮中心；這樣的指揮風格，既沒有周詳的事先規劃、也沒有清晰的決策過程，一切都是隨機應變。在這個過程中，我們無法確知抗爭者究竟如何就行動達成共識；他們於各區採用多路並重的游擊策略，並與當地民眾聯手。這種做法在戰略和政治上，都是聰明的做法。

2019 年的起義並未把抗爭活動限制在市中心，反倒於各區遍地開花，說明抗爭者已明瞭「流水革命」的奧義。這反映在於起義初期即遍布各區的連儂牆；這些抗爭藝術佈置，靈感源自 1968 年的布拉格之春。當時布拉格市民把反抗訊息和藝術創作貼在街牆之上，藉此抗議獲蘇聯撐腰的體制，並以披頭四成員約翰·連儂（藍儂）命名。如今捷克首都其中一面街牆仍延續像當年的傳統，現在上面還貼了梁凌杰的遺像。香港人樂於借鑒世界各地的抗爭經驗，他們在雨傘運動時在政府總部其中一面外牆，

貼滿便條、藝術品和各式各樣的海報，而雨傘標誌於其中亦甚為常見。2019 年 7 月，抗爭者不只重建這面連儂牆，亦同時於各社區開枝散葉。雖然這背後並無中央統籌，但各社區的民眾都能自行聚集，騰出空間設置社區連儂牆。這些連儂牆通常設於人流密集的捷運站旁。若有親中團體前來試圖毀壞連儂牆，抗爭者往往會極力抵抗，其後再以新內容修補被破壞的部分。

而網路上各式各樣的抗爭短片，澎湃的創意與連儂牆不遑多讓。這些短片有些是動畫、有些是配上音樂的抗爭影像、而另一些則將特區官員和中國領導人的言論剪接起來，達到令人捧腹的效果。創作者還把中國國家主席習近平描繪成小熊維尼的形象，[10] 而北京對這樣的形象似乎忍無可忍；可憐的小熊維尼就這樣被中國大陸視為不受歡迎人物，其圖像亦從中國的社交媒體銷聲匿跡。

隨著雨後春筍的連儂牆而來的，則是擴散到大小社區的街頭抗爭。有些街頭抗爭只是回應社區議題的小規模抗議，可是有一些地區小風波卻因為警察過度反應，演變成全面激烈衝突。

當年八月，筆者在採訪時經常繞開各主要抗爭前線，想藉此了解一般街頭的真實狀況。在此筆者要講一個刻骨銘心的經歷：本人有一次穿上寫有「記者」二字的反光背心，走到大圍這

---

10 譯按：習近平主席於 2013 年赴美會見時任總統歐巴馬。他們造訪位處加州的莊園，傳媒拍下兩人一起散步的照片。中國網民看到心廣體胖的習近平與高瘦的歐巴馬並肩而行，便聯想起小熊維尼和他的好友跳跳虎。以小熊維尼隱喻習近平一度是中國的網路文化，可是相關貼文其後被網路審查過濾掉。

個公營房屋與私有住宅並立的社區。過去筆者要進行街頭探訪，需費勁地尋找受訪者，可是這次路人紛紛主動走近，指出催淚彈彈殼這類警察留下的痕跡。很多人表示，事發時他們只是平常地逛街，卻遇到未曾預料的快閃示威。過去要是發生這樣的事，路人必會埋怨：「為什麼他們要來搞事？這只是個平靜的小社區。」可是筆者在2019年的夏天卻從未聽過這樣的怨言；憤怒的民眾反倒控訴警察的暴行、又對年輕的抗爭者讚不絕口。這就是中國發言人所謂的「沉默大多數」，不論是當晚的大圍，或是筆者造訪過的大小社區，民眾的真實想法都與中國政權的幻想有著天淵之別。

而香港民眾亦曾手牽手組成宣示抗爭立場的人鏈。他們於8月23日模仿愛沙尼亞、拉脫維亞和立陶宛於1989年抗議蘇聯的「波羅的海之路（Baltic Way）」運動，11 組成一條約30英里長、環繞香港各區的人鏈。抗爭者的創意再次反映他們有意識地汲取世界各地的抗爭經驗。在這次「香港之路」運動後，部分社區的抗爭者亦曾動員區內學校的學生組成人鏈。

在這個夏天，抗爭者與建制都把行動持續升級：隨著警察開始動用全副武裝鎮壓起義，抗爭者也變得愈來愈勇武，甚至敢於用怪招出奇制勝。雖然運動領袖持續舉辦大規模遊行，可是似乎

---

11 譯按：當時的抗爭，是要抗議蘇聯於1940年侵略波羅的海三國後，於當地實施達49年的外來威權統治。

有相當一部分抗爭者認為這種溫和抗爭成效不彰。最終2019年的抗爭運動於7月1日迎來了轉捩點：那是香港主權移交的週年紀念日，在政治上有著非凡的意義。雖然民間人權陣線在六月已連辦兩場百萬人大遊行，他們仍計劃一如既往舉辦一年一度的七一大遊行，這場年度遊行一直都是各種抗爭議題百花齊放的場域。可是這一年警方決意禁止這件公民社會的年度大事。

　　大量憤怒民眾沒有理會警方的禁令，於當日自動自發沿著既定的路線遊行示威。當日警察並沒有於沿路維持秩序，以致街頭看起來有點凌亂。乍看之下，這彷彿是一場尋常不過的遊行，不會遭遇執法者太大的阻攔。雖然不再有組織運動的人士出來管控示威活動，它在最開始仍然是一場溫和抗爭。可是前線的抗爭者卻顯然不打算繼續溫和抗爭；這些非常年輕的勇武之士都穿上貼身的黑衣，頭上齊全的裝備掩蓋著他們的面容。他們在抵達遊行終點前，脫隊奔向立法會大樓的方向。由於沿路沒有警員駐守，當日遊行氣氛原本相當祥和；可是當遊行隊伍到達位處金鐘的終點前，抗爭者已透過口耳相傳或電子通訊，把衝擊立法會大樓的計劃傳播開去。原來警察也收到風聲，靜悄悄地進駐立法會所在的政府總部建築群。可是他們到下午四時忽然盡數撤離。這種前所未見的場面，實在並不尋常。

　　大批參與抗爭的民眾聚集在立法會大樓正門前。前線人員運用各種臨時拼湊的工具，設法衝開由強化玻璃製造的大門。雖然他們衝擊了好幾個小時，警方卻並未採取任何行動。最終在晚上九時左右，抗爭者成功闖進立法會大樓，直接奔向議事廳。可

是，大樓裡面竟然完全沒有警察的蹤影。事實上當日在正門阻擋抗爭者的倒是民主派的立法會議員，他們極力呼籲抗爭者要三思而行；此後親中陣營卻硬是要指斥這些議員「鼓吹暴力」。可是事實上，民主派議員已竭盡全力阻止被他們視為不智的抗爭行動。

當抗爭者闖進立法會大樓後發現警察早就撤離現場，也都吃了一驚。既然大樓內再沒有其他人能阻止他們，抗爭者就大舉衝撞，毀壞了不少傢俬、畫像和器材——當時場面看似混亂，可是他們卻不是隨機破壞。[12] 抗爭者在大樓內貼出告示，規勸同伴不要毀壞具歷史意義的書籍，儲藏飲料的冰箱外則貼著另一張告示：「我們不是賊人，不會不問自取。」抗爭者隨即為後續行動展開爭論，雖然他們的意見未能達成一致，大部分人還是認為繼續留守毫無意義。抗爭者於子夜時分撤離立法會大樓，此時全副武裝的警察蜂擁而至，並在大樓外發射催淚彈。

當日警方的盤算至今仍然是一個謎。警方發言人不斷改變其講法，就是沒有提出令人信服的理由：為什麼他們會容許抗爭者違法進入大樓，又不禁止他們的毀壞行為？警方編織出來的各種理由，都令人瞠目結舌、難以置信，譬如說他們恐怕大樓內光線不足、又說他們是要顧慮抗爭者的安全；這個紀律部隊在過去那個月，何曾關心過普羅大眾的安全？他們也從來沒有因為天色昏暗而取消打壓抗爭的行動。如此砌詞狡辯，根本毫無說服力。根

---

12 譯按：佔領立法會大樓的抗爭者毀壞物品的行為，大都具有政治意涵。他們蓄意破壞的畫像是高官或親中派政客的肖像；議事廳內的香港特別行政區區徽被抗爭者以噴漆塗黑，可是卻刻意避開區徽上「香港」和「Hong Kong」的字樣。

據種種環境因素，我們可以合理懷疑警方故意讓佔領立法會的行動水到渠成，乘機製造混亂的場面，繼而把這次起義抹黑成所謂的暴動。事實上自7月1日起，特區政府的敘事就一直圍繞著衝擊立法會大樓的事件，把抗爭貶斥為暴力和混亂，漠視抗爭的正當訴求。在政權那些高官的口中，除了暴力和混亂，就只有暴力和混亂。

那些本來就對抗爭大肆批評的中國官員，其論述於7月1日後更是充滿怨恨。他們把當日發生的事描述為「暴行」，宣告抗爭運動已開始出現「恐怖主義的徵兆」。雖然抗爭者小心翼翼，避免直接提出香港獨立的訴求，中國仍是把衝擊立法會視為「分離主義」的「嚴峻挑戰」——中國共產黨慣常把「分裂國家」的罪名，加諸超越紅線的異議者身上。

其後抗爭也向全新的方向發展：抗爭行動開始向市中心以外的社區全面擴散。7月13日，有大約三萬名抗爭者參與上水的遊行，這是個鄰近邊界的新市鎮。之後那天，則有逾十一萬人在沙田參與抗爭；沙田屬於香港市郊設立的首批新市鎮。這裡的抗爭，火氣遠比市中心旺盛，前線的年輕人顯然都想和警察大打一場。

這些自願衝向前線的抗爭者從沒有為使用武力而感到愧疚，因為在背後支撐著他們的是堅實的民意。根據《南華早報》2019年12月委託調查機構進行的調查，竟然有13%的受訪者表示他們「在某程度上支持」武力抗爭，譬如投擲汽油彈、或是毀壞公物，還有5%的受訪者甚至「強烈支持」相關抗爭行為。[13]這就是說，有接近五分之一的受訪者都認可武力抗爭的做法。此後筆

者在訪問時，想要知道民意何以至此。在某次抗爭中可以稍為歇息之時，筆者偶遇一位名叫路易莎的受訪者，而她的見解對本人不無啟發。她是一位23歲的醫護人員，也是這場抗爭的堅實支持者。她形容自己為「非暴力」抗爭者，從沒有參與那些勇武的行動。不過，她認為：「那些使用武力、取態激進的抗爭者，確是令人憂心，可是我們某程度上還是需要他們，畢竟和平抗爭未能促使政府改變立場。」

在7月21日這個星期天，針對抗爭者的暴力又提升了一個層次。當日黑幫分子野蠻地向抗爭者施襲，而過程卻似乎得到警方的默許。這場襲擊發生的地方是元朗，與上水同樣是位處市郊外圍的新市鎮，這個地區向來是鄉議局的勢力範圍，他們都是極端保守的土豪劣紳，自詡為所謂「原居民」的代言人。[14]此外元朗亦是某些黑幫的根據地，[15]他們與鄉議局的關係似乎亦相當密切。

13 Sum Lok-kei, "Nearly a fifth of Hong Kong voters say they support violent action by protesters, such as attacking opponents or hurling petrol bombs and bricks", *SCMP*, Hong Kong, 21 December 2019, https://www.scmp.com/news/hong-kong/politics/article/3043073/nearly-fifth-voters-say-they-support-violent-actions (last accessed 30 Nov. 2020).
譯按：根據多間民意調查機構的追蹤調查，雖然武力抗爭日趨激烈，可是民意仍然普遍支持這場抗爭運動。參：香港民意研究所，〈香港市民對「反對修訂逃犯條例運動」意見調查（第四輪）〉，2020年10月31日（https://www.pori.hk/wp-content/uploads/2021/01/reuters_anti_elab_round4_CHI_v1_pori.pdf）；香港中文大學傳播與民意調查中心，〈香港反修例運動中的民意狀況研究報告〉，2020年5月（http://www.com.cuhk.edu.hk/ccpos/b5/pdf/202005PublicOpinionSurveyReport-CHI.pdf）。
14 譯按：關於新界原居民，參頁102，譯按。

在當晚恐怖襲擊後拍攝的影片說明，這些江湖人士與親中派政客關係匪淺。在這段影片中，何君堯這位極度親中的鄉事派立法會議員向身穿白衣的黑幫分子握手道謝，稱讚他們是「我的英雄」。何君堯這位身家豐厚的律師是個複雜的人物，他愛出風頭，身陷在爭議的漩渦反倒能讓他獲得快感。他在涉入七二一恐怖事件時，顯然也是得意洋洋。

那個星期日抗爭者於各區示威集會，黃昏時黑道中人亦在元朗街頭集合。當天抗爭者遊行到中聯辦外，塗污掛在門外的中華人民共和國國徽，使裡面的官員氣憤難平。當部分身穿黑衣的抗爭者撤離現場準備回到在元朗的居所時，卻發現身穿白衣的惡黨早已守候多時，這些白衣暴徒手持藤條或各式各樣的武器，不分青紅皂白地見人就打。路過的民眾即使並非穿著抗爭者的裝束，同樣不能倖免於難。民眾雖然報警求助，警方卻始終沒有到場執法；過去爆發武力抗爭時，警察總會在第一時間出現。部分剛巧在現場巡邏的警員也對黑幫的暴行視若無睹，反倒轉身離去。警方要待40分鐘後才賊過興兵，緩緩地派警員到現場增援。這時候已有45人受傷，有些人的傷勢頗為嚴重。警方在一年後終於承認，當時襲擊現場駐有「監視」現場環境的便衣警員。可是這些警員何以遲遲未有要求增援，警方始終沒有交代清楚。[16]

---

15 譯按：元朗為14K及和勝和這兩大地下社團的勢力範圍。有趣的是，14K在歷史上曾是親國民黨的黑幫，其名稱上的「K」代表的正好是中國國民黨（Kuomintang）。當然在主權移交前後，14K也像香港其他親國民黨黑幫那樣改為向北京政權效忠。

　　警察既是姍姍來遲，施暴的惡黨自然能全身而退。根據官方解釋，警察之所以於7月21日當晚毫無作為，是因為他們正忙於應付其他地區的抗爭。可是其後警方修改其說辭，把事情的來龍去脈都顛倒過來，稱他們忽然「發現」元朗的襲擊其實是兩個武裝團體之間的衝突，又訛稱警察在事發18分鐘後即趕赴現場。警方隨後根據這樣的邏輯拘捕當日身處現場的立法會議員林卓廷，指控他「參與暴動」。這位民主派議員曾詳細描述七二一事件的事發經過，於當日也曾被黑幫分子毆打。執筆之時，有關方面仍未能證實如此莫名其妙的指控。[17]

　　這次無差別襲擊顯露出赤裸裸的暴力，特區內外的人都感到震驚，因為黑幫惡徒憑藉政治強權的庇蔭，就能隨心所欲。

　　要理解何以香港黑幫會涉入政治，且容筆者略為離題，討論一下香港黑幫的歷史。雖然香港確實是個守法之地，可是黑幫還是擔當著重要的社會角色。

　　香港的黑幫又稱為三合會。三合會大老以及其友好，在鄉郊

16　RTHK English News, "Police admit to being in Yuen Long before attack", Hong Kong, 15 July 2020, https://news.rthk.hk/rthk/en/component/k2/1537993-20200715.htm (last accessed 30 Nov. 2020).

17　譯按：警方於七二一事件後拘捕了若干涉事黑幫分子，當中有七位被告於2021年7月22日被法庭判處入獄。參：〈7罪成白衣人全有刑事案底　4被告首次入獄〉，《立場新聞》，2021年7月22日。可是當日的謎團並沒有隨著這次宣判而解開；關於721事件的未解之謎，可參考《眾新聞》的專題報導：〈721元朗恐襲〉，《眾新聞》（https://www.hkcnews.com/antielab-conflicts/721/721.html?fbclid=IwAR0Azaqb5KR1UpYCCir3YKH-X1lGEhEaS7XkRyMA3xLupIVSYBbq9Zt1pTs）。

有著穩固的權力基礎。在香港的立法會和行政會議、以致中國大陸各級諮詢架構，都可以見到這些鄉黑共同體的身影。黑幫參政亦非近年特有的新現象。中華民國國父孫文就是三合會組織國安會的成員，擔任負責施行暴力的「洪棍」，三合會暗語將這職位稱為「四二六」。如此一來，他就是史上最有名的三合會成員。在孫文加入三合會時，這些地下社團正逐漸從反清復明的地下組織轉型為專門從事犯罪活動的幫派。中華民國之所以能於1912年成立，亦有賴三合會在背後支持，後來中國國民黨執政時也曾經借助過三合會的力量。

三合會曾經與中國政權親近，養出了政治的胃口，可是國共內戰時卻站在落敗的那方。隨著中國共產黨於1949年大獲全勝，中國大陸的三合會成員有的跟隨中國國民黨逃到台灣、而另一些則遷移到香港。那些東渡台灣的三合會分子很快就與國民黨的新獨裁政權合作無間。香港的三合會亦輕易在殖民地社會找到自己的角色，當時的香港政府往往對他們的活動視而不見——這部分是因為當時的警察甚為腐敗，也是因為這些黑幫背後有人撐腰，而且殖民地當局認為，容許三合會暗中維持地下社會的秩序，至少能令那些小偷小摸之徒不敢隨意「自由工作」。此後三合會滲透到警隊內部，又在元朗這類鄉郊地方建立自己的政治基礎。

殖民地政府與三合會的關係並不是經常都這樣融洽。在1941年的香港保衛戰，三合會曾經令英國人吃盡苦頭。當時部分幫會成員組織名為「勝利友」的親日幫派，協助日本軍隊攻入市區。[18]可是1945年日本敗戰後，英國人還是默許三合會拓展勢

力。當香港的主權篤定要轉交中國時，黑幫分子再次改換立場，極力討好新的宗主國。他們的忠誠很快就獲得大大的回報。中國最高領導人鄧小平在1984年會見香港工商界代表團時，即向他們宣稱：「香港黑社會力量很大，可能比其他地方都大些……當然，黑社會不都是黑，好人也不少。」中國公安部部長陶駟駒於1993年亦以相同的語調，如此評論那些被視為黑幫的社團：「其實我看他們也很愛國。」他認為香港的黑幫，也可以是建設國家的力量。[19]

就像黑手黨那樣，香港的三合會亦涉足正當的生意，在香港的電影工業以及各式各樣的娛樂事業，他們的勢力之大可說是惡名昭彰。地產開發這個舉足輕重的行業，亦可見到黑幫大老的身影。除此以外，他們既能獲得陶駟駒這類官員撐腰，也因而懂得投桃報李，成為北京最堅實的支持者，既為親中派政客提供支援，也向反對政權的抗爭者施暴。

這些富貴榮華的黑幫大老旗下，有為數不少的幫會成員聽令行事。坊間普遍認為香港黑幫成員的數目約有十萬之眾；相對於全香港750萬的人口，在比例上確是甚為驚人。[20]古惑仔[22]的日常生活，不外乎是收取保護費、販賣成癮藥物、經營賣淫集團或是

---

18 譯按：諷刺的是，這些具黑幫背景的親日派，於日本攻佔香港後遭到整肅。參：鄺智文，《重光之路：日據香港與太平洋戰爭》，天地圖書，香港，2015年。

19 筆者曾於《香港新貴現形記》討論過三合會在香港的角色，以及北京政權對他們的收編。參頁310至319。

20 譯按：香港警察的編制，亦不過在三萬人上下。

發放高利貸，偶爾會幹些綁票勒索的勾當。雖然被稱為「龍頭」的大老都高調行事，他們卻很少會因為其犯罪事業而被捕。警察針對的通常是負責頂罪的小混混。

在2019年起義期間，三合會亦曾用暴力威嚇民主陣營的領袖。其中一項令人髮指的事件是，民間人權陣線召集人岑子杰於10月16日晚間被南亞裔的黑幫成員用鐵鎚攻擊，被打得頭破血流。7月21日元朗的恐怖襲擊後，以香港島北角為根據地的福建裔幫會亦曾動員向抗爭者施襲。此次暴力事件過後，警察一如既往拘捕幾位低層的小混混了事，在背後發號施令的大老卻始終毫髮無損。

雖然社會各界都要求當局對七二一事件展開調查，特區政權卻始終不為所動，也沒有任何一位警察須面臨紀律處分。何君堯其後雖然遭反對者以武力報復，可是他卻輕易擋下立法會內針對他的制裁議案。警察後來也拒絕批准抗議七二一事件的遊行，只不過抗爭者決定無視禁令。這次遊行最終亦以武力衝突作結，而警察於當日首次施放海綿彈。

就公共政策的觀點而言，有一個趨勢更加令人憂慮：林鄭月娥政府退居幕後，把警隊推往前線，而特區政府及他們在北京的主子都從無間斷地讚賞警察的鎮壓行動。抗爭衝突升級之際，林鄭月娥盡力避免公開露面，每次離開禮賓府都會動員大批警察阻

---

21 譯按：粵語稱小混混為「古惑仔」，其勾當稱為「行古惑」。

隔民眾。也就是說在這個炎炎夏日，林鄭月娥及其政府放手讓警方自行其是，容許他們主導對付抗爭的政策。香港警察開始喧賓奪主，僭越本應由高官獨享的政治決策權力，由張建宗的遭遇可見一斑：政務司司長張建宗本應是林鄭月娥之下的第二號人物，這個人雖然性格和善，可是也像他的上司那樣缺乏魅力。不論如何，他還是能鼓起勇氣，對警方處理元朗襲擊的手法略作批評。可是隨後，他被迫為自己的言論再三致歉。此後特區政權之內再沒有任何一位官員敢說警察的壞話，哪怕是模稜兩可的負面語調，他們都不敢宣之於口。

隨著抗爭活動自市中心向外擴散，暴力行為也持續惡化，晚間的情況尤其嚴重。警察與抗爭者之間的「禮尚往來」在歷次抗爭活動不斷重複，彷彿已變成一種儀式。衝突已經成為常態，卻不代表衝突變得無關痛癢。身陷其中的民眾往往會受到嚴重的傷害。防暴警察開始故意針對記者施暴，而衝突雙方亦改用更強大的武器。抗爭者開始向警察投擲汽油彈、以及各種沉重的器物。此時警察也長期穿戴全副武裝、攜帶大量的彈藥，濫捕的情況也日益嚴重。

在特區政府的官員袖手旁觀之際，北京的官員卻紛紛走上前台，以暴戾的言辭回應香港的事態。8月6日的記者招待會上，國務院港澳辦發言人楊光嚴辭厲色地警告：「玩火者必自焚。」隨後他唯恐聽眾未能理解他的恐嚇，惡形惡相地重申：「切莫誤判形勢，把克制當軟弱……切莫低估中央政府和全國人民維護香港繁榮穩定、維護國家根本利益的堅定決心和巨大力量！」[23]

中國官方媒體其後也報導武裝警察部隊[24]集訓的消息；當時有12,000名武警在香港旁邊的深圳進行防暴演習。這樣的行動，說明楊光的恐嚇絕非口說無憑。在演習中扮演暴徒的人員故意穿上香港抗爭者的裝束，背後的訊息再清楚不過。雖然香港的抗爭者沒有被嚇到，北京政權隨後卻接二連三地舉行類似的演習。

• • •

雖然香港的抗爭者並沒有忽略這些威脅，可是他們此刻卻仍然躊躇滿志，想以各種新方式推動變革。這時候他們獲得國際社會的注視與同情，就想好好運用來自國際友好的力量。抗爭者於8月9日破天荒地齊集香港國際機場，認為那是對國際社會發言的最佳舞台；香港國際機場是世界上傳客量最高的其中一座機場，也是香港特別行政區的象徵。雖然興建機場的工程早在殖民地時期末年動工，中國卻堅持機場必須待主權移交後才能啟用。經過漫長的討論，英國勉強同意這樣的安排，並與中國簽署諒解備忘錄。亦因如此，香港國際機場除了是重要的交通樞紐，也同樣是重要的政治象徵。[25]

當日抵達香港的旅客，通過海關踏入接機大堂後，就會遇到

---

22 中國新聞社，〈港澳辦向香港極少數暴力分子發出警告：玩火者必自焚〉，中國新聞網，2019年8月6日。（http://www.chinanews.com/m/ga/2019/08-06/8918582.shtml?f=qbapp）

23 譯按：中國人民武裝警察部隊有異於公安部轄下的人民警察，是中國人民解放軍旗下的部隊，其成員是負責執行治安任務的軍人。這個部隊的性質不像警察，比較接近其他國家的憲兵。

一大群穿上黑衣的抗爭者，向他們派送題為〈親愛的旅客——歡迎蒞臨香港〉的小冊子。這本簡陋而有趣的小冊子第一句就是向旅客致歉；「請原諒我們讓你看見『不符預期』的香港。」抗爭者在其後的段落向旅客解釋抗爭的來龍去脈。雖然有些中國大陸旅客於當日受到不禮貌的對待，可是這次行動的氣氛大體上相當友善。當天的抵港旅客須設法從人潮洶湧的接機大堂離開機場，可是他們並沒有被激怒、只是感到有些迷惘。當日一位名叫錫翠克的17歲學生帶著全副裝備留守機場，他在接受筆者訪問時，認為這次在機場的行動已把抗爭提升到另一個層次：「我只想負隅頑抗……這是我的未來，是左右人生自由的未來。」

這次佔領機場的行動出乎意料地達成預期的目標。素來後知後覺的林鄭月娥政府，沒有料到有這麼多的抗爭者會湧向遠離市中心的機場。一位特區政府官員於受訪時承認，他們預期這次行動會得罪旅客，讓抗爭者自討苦吃。特區政府還是一如既往地誤判形勢。當日抵港的旅客反而樂於接受傳媒訪問，並表達對抗爭運動的支持。而就抗爭者的觀點而言，這次運動的策略確實達到目標，成功吸引國際社會的目光。

香港國際機場的運作，於佔領行動結束後迅速恢復正常，

---

24 譯按：香港民眾於天安門屠殺後人心惶惶，政府為此推出「玫瑰園計劃」，嘗試透過大興土木，一方面說明殖民地政府仍然關心香港人的長遠利益、另一方面則塑造香港「明天會更好」的想像。新機場於1998年正式啟用之前，不少本地遊旅遊團以參觀新機場大樓為賣點，確是吸引到不少民眾。特區政權的官員亦透過這座摩登新穎的建築，證明香港主權移交的過程確實能夠平穩過渡。

只不過增加了許許多多措施，以便杜絕這種佔領行動——譬如說特區政府向法庭申請無所不包的禁制令，禁止抗爭者再次踏入機場。這些反制抗爭的措施，在執筆之時仍在持續執行。

此時，香港熾熱的氣氛不斷升溫。中國官方的鷹派媒體《環球時報》率先把民主運動的參與者貶斥為「暴徒」，其他官方媒體稍後亦逐漸跟進。抗爭者亦不甘示弱，指責那些支持中國的人是「納粹」或「赤納粹（Chinazis）」[25]——這種備受爭議的符號，令不少抗爭陣營的人深感不安。

2019年8月，幾乎每天都有抗爭活動在某個社區舉行。各界專業人士——比如說律師、醫師、教師和公務員等——此時都走上街頭集會。數以萬計的公務員冒著被開除的風險，於8月2日離開部門參與遊行，威脅發起罷工。在8月5日的大罷工，數以十萬計的罷工者於各區發起不合作抗爭，使公共運輸系統一度陷入停頓。即使在醫院裡面，醫護人員也發起靜坐，抗議警察濫用暴力。

隨後發生的事情，或許看似是過分誇張的描述。我們看到意志堅定的年輕人，想要勇武地抗衡同樣不畏戰的警察，而與抗爭者對立的警員有不少年輕力壯，也決意要和對手大打一場。在過去好些年日，筆者在抗爭現場採訪時，總能趁雙方佈陣對峙的空隙和警官們聊上幾句。可是到2019年夏天，筆者無法再用同樣的手法查探警察那邊的想法，警察已經完全無法信任記者，甚至

---

25 譯按：Chinazis一語發音類近粵語的「痴𡃁線」，也就是「徹底瘋狂」。

迴避眼神上的接觸。

　　然而，大部分的抗爭者都樂於向記者抒發己見。當筆者察覺他們其實是那麼的年輕，總是會大吃一驚——他們有不少都只是十來歲的小伙子。他們雖然全副武裝，卻都是心思細密的人。這些年輕人都清楚明白自己正面對著怎樣的風險，也意識到投身長期抗爭帶來的各種問題。

　　有晚筆者走到源禾路口，遇到三位放哨的年輕女生，這個路口旁邊正是滿佈戰痕的沙田市中心。莎莎是位21歲的學生，把每一個週末都花在街頭上，她告訴筆者：「如今我們已對這個政府無畏無懼。」在她身旁的樂希只有16歲，她認為：「我們若是恐懼，就無法享有自由。」她們不願說明自己是否參與向警察投擲雜物的激烈行動，可是卻毫不猶豫地對此樂觀其成。莎莎認為：「如果我們就此放棄，那些受傷或被捕的夥伴，永遠都不會原諒我們。」

　　正當筆者與這幾位女生閒談之時，附近的抗爭者都忙於拆除人行道上的階磚，拿來當成抗衡警察的武器。這時候他們需要用鐵鎚，可是人行道上的抗爭者都沒有準備，所以他們走到旁邊的公共屋邨，向邨內通道圍觀的居民求助，很快就弄到一把鐵鎚。在通道上圍觀的都是年紀較大的居民，看起來也沒有介入抗爭的意願。只要警察能騰出空來清場，抗爭一定會演變成武裝衝突；當晚許多交通幹道被抗爭者堵塞，這條路段是其中之一。

　　而驅車前往黃大仙區的路上佈滿路障、紅綠燈遭到毀壞，駕駛者路過都必須左閃右避，抗爭者成群結隊四處遊走，不知是前

往何方。黃大仙區此時已陷入風暴之中。警察在守衛森嚴的黃大
仙警署外佈陣，接連發射一輪又一輪的催淚彈。當地的交通已由
抗爭者負責指揮，全副武裝的外援趕赴現場時，他們則設法為這
些來自別區的抗爭者開路。他們向筆者派發用來清潔雙眼的瓶裝
水和生理食鹽水，並勸喻本人趕快離開。他們在這個社區發動抗
爭，是要達成什麼目標呢？這個問題沒有清晰的答案，不過筆者
認為，正正因為抗爭者生於斯、長於斯，才會選擇在這個社區抗
爭。他們在自己的社區更能宣洩怒氣，而且講白了，他們是能夠
全身而退。

2019 年八月中，陣營之間的衝突愈演愈烈。警察在香港各
區都開始大規模搜捕抗爭者。守護將軍澳連儂牆的抗爭者遭到刀
手襲擊；在此之前，將軍澳只是新界東部一個平靜的新市鎮。[26]

雖然此時的香港看似已陷入暴力的螺旋，可是我們必須強調
這並非事實的全部。那些涉及武力衝突的影片雖然無可避免讓觀
眾留下難以磨滅的印象，可是影像這種媒介向來充滿局限，忽略
事情的細節。就像其他香港居民那樣，筆者經常收到海外親友的
短訊，關心本人有否於亂局中「生還」。事實上，縱使抗爭活動
已擴散到香港全域，對於一點都不想參與抗爭的人來說，大體上
仍然能夠如常過活。筆者過去採訪過世界各地的抗爭，清楚明白

---

26 譯按：將軍澳是個中產基層混居的社區，雖然在行政規劃上隸屬新界，在地理
上卻與九龍東部比較接近。當地有不少大型中產屋苑，亦有不少公營房屋，刀
手襲擊的事發現場乃是兩個公共屋村之間的地下人行道。

身處現場的感受，根本不像剪輯過的電視片段那般恐怖。誠然這些衝突會為日常生活帶來種種不便，尤其是在出入交通方面。不過，林鄭月娥政府對事態的描述顯然脫離現實——他們聲稱香港在2019年已淪為混亂和暴力之城。實際上，這場起義令不少民眾團結一致，民眾於歷場抗爭中互助互愛的表現，使香港人倍感自豪。

可是特區政府的論述只一味強調「止暴制亂」，聲言要阻止中國陷入分裂。中國共產黨的宣傳機器肆無忌憚地抹黑這場起義，香港政府隨後也拾人牙慧，還把矛頭指向與民主運動無甚關係的團體。

中國共產黨的喉舌《人民日報》於8月22日忽然發表評論文章，高調批判經營捷運的港鐵公司，指責他們「禮遇」抗爭者。這篇文章甚至誣蔑港鐵公司「事後還派專列護送，暴徒免費乘車，揚長而去」。黨媒如此插贓嫁禍，使不少人大吃一驚。民眾固然會搭乘捷運前往抗爭現場，可是捷運本來就是他們日常的交通工具；港鐵公司經營有道，捷運系統既可靠又方便，向來使香港人引以為傲。如今《人民日報》的取態，說明任何事情都無法迴避政治干預。

港鐵公司的高層只感到莫名恐懼。雖然這家公司早已私有化，可是特區政府仍然是大股東，其董事亦多來自建制陣營。這些人壓根兒不會支持正在發生的抗爭。港鐵公司董事局召開緊急會議，絞盡腦汁思索該如何令中國政府息怒。他們隨即宣布，如果捷運沿線爆發武力抗爭，港鐵公司將會無預警關閉車站。

這樣，抗爭者若要前往抗爭現場，或是危急關頭要撤離前線，將會極其困難。如果公車也停駛的話，將會使抗爭者身陷困獸之鬥。可是，若以為關閉車站就能平息抗爭，那顯然是誤判。港鐵公司不時關閉部分車站，甚至勒令全線暫停運作，如此的確對抗爭者構成不便，不過結果是民眾把怨氣都投射在港鐵公司身上。香港捷運有好幾個星期以「系統維修」之名提早於下午八時暫停運作，變相在香港實施「宵禁」。香港汽車擁有率不高，大部分民眾都習慣使用可靠快捷的公共運輸系統。港鐵公司隨便關閉捷運的做法，嚴重衝擊民眾的日常生活，亦加深公眾對港鐵公司的憤恨。27

港鐵公司其後亦譴責抗爭者，激起抗爭者的怨恨，造成惡性循環，捷運系統的車站和列車成為抗爭者宣洩怒氣的對象。有一些抗爭者甚至開始破壞路軌，造成更大的麻煩。年輕抗爭者發誓不會再繳付車費，在搭車時乾脆跳過車站的閘機。抗爭者也擔心使用電子票證繳交車費會向警方暴露他們的行蹤；這種名為「八達通」的電子票證通用於香港各公共交通系統，亦能應用於其他的電子交易。

---

27 譯按：香港人習慣晚歸，不論是消遣娛樂、還是日常購物，都慣常於晚間進行，大部分的店舖在晚上9至10時才關門。香港的超級市場營業至晚上11時，部分較大的分店甚至通宵營業。在旺角這種集消費娛樂於一身的社區，直到凌晨時分仍是人潮洶湧。香港的捷運系統到尾班車開出時仍是非常繁忙；港鐵公司於晚上8時關閉捷運的做法，完全違反香港人的生活規律。香港工時漫長，晚上加班的情況頗為普遍。在港鐵「宵禁」的那幾個星期，不少上班族因捷運關閉而需繞路回家。

經歷三個月的動盪不安，行政長官林鄭月娥才勉為其難讓步，於9月4日宣布完全撤回《逃犯條例》修訂草案。林鄭月娥於新聞稿中展露罕有的自覺，然而對事情輕描淡寫的程度又有點好笑，她說：「我知道，我們的回應未足以平息社會上許多人的怨氣。」[28] 這句話倒是沒錯，因為，雖然撤回「送中條例」是抗爭的五大訴求之一，可是林鄭月娥堅持不會再答應其餘四大訴求，只是一直說民眾必須摒棄暴力，這種態度還真的是一點也沒有讓局勢平靜下來。

按常理推斷，隨著抗爭持續升級，特區政府理應嘗試接觸反對陣營的領袖——即使無法正式展開談判，至少可以有一定的對話。可是林鄭月娥偏偏拒絕與反對陣營的議員會面，也從未嘗試接觸抗爭組織。她曾於七月故作姿態，暗中邀請中文大學和科技大學的學生會領袖面談，可是這場對話必須秘密進行。學生領袖把這件事擺在陽光底下，並果斷拒絕參與這場「公關表演」。此後政府再也沒有接觸過大學學生會以至其他能夠代表抗爭者的組織。他們反倒恆常與藍絲陣營聚會。

雖然林鄭月娥拒絕與未能與黨國步伐一致的民眾對話，卻經常宣稱自己會「虛心聆聽」民意，又假惺惺地表示自己渴求對話。她最終於九月底舉辦了一場所謂的「社區對話」，以隨機抽籤的

---

28 〈行政長官宣布撤回修訂《逃犯條例》草案為幫助社會前行的四項行動之一〉，香港特別行政區政府新聞公報，2019年9月4日。（https://www.info.gov.hk/gia/general/201909/04/P2019090400706.htm?fontSize=1）

方式邀來130位民眾，在灣仔伊利沙伯體育館與他們會面。在警方嚴密保護下，林鄭月娥與四位高官突兀地處身空蕩蕩的體育館中；這個場館本來應該可以容納更多人。[29] 所謂的對話不過是一場鬧劇，因為抨擊高官的聲音在場內還是不絕於耳。林鄭月娥沒有逐一回應具體的批評，只是再三重申宣示政權立場的講稿。此時大批民眾包圍舉辦對談會的體育館，結果林鄭月娥須待凌晨人潮稍退時才能離開現場。特區政權原本想舉辦一系列「社區對談」，可是這場鬧劇過後，他們就毫不意外地打消這個念頭。

當路透社於9月3日的報導公開林鄭月娥與工商界領袖會面的錄音後，她僅有的公信力也瞬間化為烏有。林鄭月娥在聚會中表示，如果她還有選擇餘地，就會辭去行政長官一職，只是北京的中央政府並不容許。有一段話當時沒有引起太大迴響，不過，在對話的末段，林鄭月娥搬來宗教理由為自己辯護——她既仰賴無神論的中國共產黨，卻又難以置信地擅於妄稱上帝的名。她滿懷「信德」地宣稱：「所以香港接下來必然會經歷幾個階段。首先是制止暴力，經歷了這個階段後，根據聖經所言，下一個階段會是復活。我們需要回歸生活，此後我們想要迎接一個重生的香港，重振香港這個品牌。」[30]

林鄭月娥奢言要重建香港的品牌，並以「制止暴力」為首務。

---

29 譯按：該場館可容納3,500人。

30 鄭寶生，〈林鄭24分鐘辭職錄音全文曝光　指暴力份子有2000人〉，《香港01》，2019年9月3日。（https://www.hk01.com/政情/371190/逃犯條例-林鄭24分鐘辭職錄音全文曝光-指暴力份子有2000人）

可是警察早前於太子捷運站內濫用暴力，使民間一直流傳聳人聽聞的消息，無暇理會行政長官那些荒唐話。過去幾個月，太子站一帶是勇武抗爭爆發的熱點。特別戰術小隊於 8 月 31 日攻入捷運站，驅逐在場所有記者，把現場封閉兩個小時。其後被抬走的抗爭者有不少都被打得渾身是傷。由於事發時並無記者在場記錄，民間流言四起，甚至傳出有抗爭者被打死。雖然這些傳聞都沒有實證支持，卻還是在民間社會廣泛傳揚。港鐵公司拒絕發放當日完整的閉路電視影片，使得民怨沸騰，其後港鐵公司才不甘不願地讓步，公開刪剪過的影片。雖然警方否認當日捷運站內有人死亡，抗爭者還是把捷運站的入口佈置成祭壇，祭祀傳聞中的殉難者，警方與抗爭者之間的互信此時也陷入冰點。警察加緊搜捕抗爭者、抗爭者也日以繼夜地持續抗爭、基進抗爭者繼續毀壞公物、中國也不斷威脅要派武警越境鎮壓——香港社會以難以想像的方式，一步一步踏向臨界點。

這時候街頭上的抗爭者早就不以「香港人加油」為口號，而是不斷呼喊：「香港人，反抗！」過沒多久，這一句口號也換掉了。現在他們喊的是：「香港人，報仇！」

[7] 香港人，報仇！
Revenge

　　2019年10月1日早上八時，在香港會議展覽中心外的金紫荊廣場，一面五星紅旗冉冉升起。現場正舉行慶祝中華人民共和國成立70週年的慶典。在過去的升旗典禮，貴賓都會肅立在旗桿旁邊，仰望這面代表中國的旗幟，可是這一年，他們卻都龜縮在會展中心內，觀看升旗典禮的直播。據說這是出於保安考慮。雖然官方曾聲稱讓貴賓於室內觀禮是因為當日氣象不佳，不過就如官方在起義期間的所有聲明那樣，這種牽強的解釋終究無法令人信服。

　　當局既不敢讓貴賓外出冒險，同時也以銅牆鐵壁讓民眾無法靠近。他們擺下重重路障，又吩咐警察設立猶如天羅地網的封鎖線，把民眾遠遠隔開。如此防範是有必要的，因為這時候香港的抗爭已延續五個月，民間的怒憤不斷累積。

　　特區當局對這場中國政治日程上最重要的慶典抱有不切實際的期望，他們以為慶典可以激發中國大陸那種愛國熱情，藉此為香港的困局沖喜一下，帶來一點正能量。威權政體對於各種紀念日都有種稱得上是情意結的執迷，中國共產黨自然未能免俗。

在建國70週年的紀念日，中國各地都鋪張地大肆慶祝，不過最隆重的典禮則是於北京舉行的閱兵儀式；列陣的士兵經過多次綵排，軍容鼎盛、士氣高昂，不忘炫耀各種厲害的軍事裝備。習近平肅立在萬眾矚目的閱兵台上，像開國元首毛澤東那樣神情莊嚴，只偶爾向台下的士兵揮手。

　　北京在香港精心挑選略多於240人的代表團，讓他們觀摩這場國慶大典。這個由行政長官林鄭月娥率領的代表團，包括特區部分高官、顯赫的工商界領袖、各大傳媒老闆、親中派立法會議員、還有一些警方代表。劉澤基雖然只是基層的警署警長，卻也獲邀參與這場隆重的慶典。他曾手持來福槍威嚇抗爭民眾，並把他們貶稱為「曱甴[1]」；相關片段在網路曝光，反倒使他被大陸奉為英雄，他其後亦於社交媒體上辯解何以他與同僚用「曱甴」一語侮辱民眾。這就是說，在2019年政治日程上最重要那一天，特區最顯赫的權貴都安舒地雲集北京，遠離他們理應要代表的民眾。這種情況的確反映現實。留在香港代他們觀看升旗禮的，都只是次級官員和不太重要的貴賓；他們被迫逗留在毫無節慶氣氛的會展中心，苦苦地撐過沉悶不堪的所謂慶典。他們舉起香檳來回踱步，心裡盤算何時才能離開會場、平安回家。

　　這些人之所以擔心，並非毫無理由。此刻香港正處於戒嚴狀態：主要的捷運車站都準備關閉、而購物商場多已暫停營業。警方宣布取消休假，而市內則遍布穿上全套防暴裝備的警員。

1　譯按：粵語蟑螂之意，詞源近似台語的「虼蚻」。

　　此時坊間流言四起，傳言中國武警在國慶慶典過後就會攻入香港，令社會人心惶惶。如前所述，武警高調地於深圳展開防暴演習，藉此威嚇香港的抗爭者。有一些報導則指出中國人民解放軍有意增強駐港兵力；起義期間，這些軍人若非留在營區，就是去偏遠的郊區演習。警察公共關係科總警司謝振中更於9月30日明確警告民眾，若在中華人民共和國國慶日參與示威，將會「非常非常之危險」。

　　可是香港的抗爭者卻無畏無懼。10月1日清晨，一批登山者攀上獅子山，掛上寫著「十一國殤，光復香港」的直幡；這座聳立在九龍山脈的壯麗山峰俯瞰香港市區，一直象徵著這個特區永不放棄的精神。當局迅即派遣消防員到場移除標語，可是與其後發生的事情相比，懸掛直幡不過小事一樁。當日不論在市中心、還是在其他社區，都有民眾走上街頭抗爭。而警察則首次向民眾發射實彈，18歲中學生曾志健胸部中槍，留醫診治期間被捕。根據警方正式公布，當日有269名民眾被捕，防暴警察發射了1,400發催淚彈——這個紀錄空前但不絕後，隨後數週不斷被打破。

　　主權移交後，香港在每年的10月1日基本上都會在維多利亞港舉辦盛大的煙花匯演；[2]特區政權於這一年以局勢不穩為由取消煙花匯演，可是當日「煙花」還是隨處可見。在香港各區，警察都不斷發放催淚彈和布袋彈。在這個紀念共產革命的節日，香

2　譯按：2012年10月1日，民眾搭船前往觀賞煙花，卻不幸遭遇海難，釀成39人死亡、92人受傷的慘劇，當局遂取消其後兩年的十一煙花匯演。除此以外，在1997至2018年期間，當局都會燃放煙花慶祝中華人民共和國國慶。

港各地爆發的衝突倒與近幾個月的新日常差異不大；街頭抗爭對抗血腥鎮壓，周而復始，使社會瀰漫不安的情緒。

在7月21日元朗恐怖襲擊事件後，抗爭者與警察之間的關係急速惡化，民眾大多亦對警隊徹底失去信心。警員與抗爭者互相仇視，開始用各種語言貶斥對方，警察把抗爭者貶斥為「甴曱」，而抗爭者則把警察稱為「黑警」，或直接罵他們是黑社會。[3] 那些懷疑民意調查的論者，可以觀察另一種民情的寒暑表，那就是香港電影票房。過去幾十年，香港的電影工業發展蓬勃，在各漢語系社會中首屈一指。自1970年代起，警匪片是整個電影業最受歡迎的片種。可是2019年7月後，觀眾對那些正面描述警察的電影馬上失去興趣。這種過去算是票房保證的題材，如今遭到觀眾拒絕。

按照規矩，公務員必須維持政治中立，不得對公共政策發表言論；香港警方於起義期間肆無忌憚地違反以上規條，偏偏特區政府的官員對此視若無睹。警隊內各層級的員警和警官都毫無顧忌地與親中政治團體合照。香港警察隊員佐級協會代表基層警員，是規模最大的警察工會，他們直接捲入了政治爭論。鄧炳強於2019年11月接任警務處處長，標誌著警隊進一步的墜落。在回應《南華早報》的訪問時，他把2019年的起義描述成「暴民」鬧事。他警告特區政府不要為了調查警方於起義期間的表現而草率成立獨立調查委員會，也認為抗爭者的「五大訴求」只是花言巧語的「口號」。[4] 帶領香港警隊的警務處處長本應默默順從文官

3　譯按：有時也會把警察貶斥為「警犬」，或根據警察制服的顏色回贈一句「綠甴曱」。

的指令，而非公開就政治事務說三道四，可是如今林鄭月娥政權之內卻沒有人敢對警方的越權提出異議。

鄧炳強是受到信任的現場人員。大陸政府高層的領導人曾親自接見這位警官，高度讚揚他的工作。而前線的基層警員也比較喜歡鄧炳強，因為有異於前任處長盧偉聰，鄧炳強習慣親赴前線。雖然他曾經擔任盧偉聰的副手，可是兩人風格截然不同。自從鄧炳強第一天進辦公室，他就明確表現出自己與前任處長不是一回事，鼓勵警察以預防性的做法打擊抗爭，並刻意讓人看見他到了示威前線，與警員同在。

相比之下，盧偉聰從未巡察過抗爭前線，看似偏好呆在警察總部之中。他的專長比較像野心勃勃的文官；在承平之時，如此的技能或能助他步步高陞。可是局勢既已發展成這個地步，他已無法勝任這個關鍵職位，這不僅僅是警隊內部的看法。在他結束短短四年的任期時，警方沒有按慣例替他舉辦歡送儀式。不過，雖然盧偉聰的領導作風比較溫和，他卻放寬警方施用重型武器的限制；在此之前，唯有警察總部的高級警官方有權下令使用該等武器。在盧偉聰任內，他把相關權力下放到各警區指揮官，讓他們因應在地形勢而決定如何運用。大部分警官認為這代表總部容許他們毋須保持克制。在街上的年輕人只要身穿黑衣，即使他們

4　Christy Leung, "Exclusive: New Hong Kong police chief Chris Tang tells residents: the force cannot end protests alone", *SCMP*, Hong Kong, 19 November 2019, https://www.scmp.com/news/hong-kong/law-and-crime/article/3038305/incoming-police-chief-chris-tang-tells-hong-kongers (last accessed 1 Dec. 2020).

沒有參與抗爭，也會被前線警員視為「嫌犯」。他們會被攔下臨檢，被警員搜身，並且需要留下個人資料。部分比較暴戾的警員會命令他們雙手抱頭蹲下，或是要他們趴在牆上接受盤查。

　　起義爆發之前，香港警察曾經備受尊敬和信任。他們過去以「服務為本，精益求精」為座右銘，可是2019年11月，警隊的座右銘改為「忠誠勇毅，心繫社會」。我們難以猜測警方這次改變的動機，可是他們顯然察覺警隊已失去民眾的支持。根據香港中文大學2019年9月進行的調查，有48.3%的受訪者對警隊零信任。調查要求受訪者以1至10分之間的評分描述他們對警隊有多信任（10分為絕對信任，1分為絕對不信任），而最終得出的平均評分為2.89。[5]

　　對這個曾經深得民心的紀律部隊來說，如此的民調結果無疑是一種恥辱。可是其後另一個民意調查得出的結論更為驚人。黑箱研究所（Blackbox Research）於11月30日至12月2日期間進行的調查，發現有73%的受訪者目睹半年來的街頭衝突後，對警察失去信任。他們同時發現，那些報稱曾投票支持建制派的受訪者中，亦有65%的人對警方失去信心。有異於中文大學的調查，黑箱研究所發現「只有」26%的受訪者對警察零信任，可是卻僅有7%的受訪者完全信任警隊。[6]

　　究竟抗爭者是於何時把「香港人加油」這句口號換成更為兇

5　〈近半受訪者對警零信任　72％指用過分武力　暴力升級　半數人稱責在政府〉，《明報》，2019年9月16日。（https://tinyurl.com/y9ot6wzg）

猛的「香港人反抗」，如今已無從稽考。不過在10月6日，「反抗」二字就已在維多利亞港兩岸的抗爭活動中不絕於耳。他們是要抵抗日益猖狂的暴力。此時黑幫分子對抗爭領袖的襲擊愈來愈囂張。有部分遇襲者只是社區人物，例如何偉航，當時他只是一位低調的社運人士，卻還是被黑幫盯上。後來他到筆者居住的社區參選，成功當選西貢區議會議員。有記者身受重傷：來自印尼的記者維比・英達（Veby Indah），右眼被警察發射的橡膠子彈擊中，因而永久失明。另一些記者則稱警察現在已經把他們當成抗爭者來對待，拒絕承認記者履行職務的權利。相對之下，黃絲陣營很少會對個別人士使用武力，可是他們卻頻繁破壞器物，也開始使用汽油彈或其他燃燒裝置。毀壞紅綠燈和護欄等公物成為每次抗爭活動的指定動作。

　　警察不斷擴充武裝，採用愈來愈精良的武器。他們經常使用胡椒噴霧，也經常不按指引向抗爭者近距離噴射；這種化學武器能使受害者感到劇痛，接觸到眼睛則會短暫失明。其後他們開始用槍械發射胡椒球彈，效果與胡椒噴霧相若。布袋彈同樣也要用槍械發射──這種子彈基本上是一堆用小布袋包起的鉛球，雖然其設計並非要置人於死地，不過仍然能使人重傷。海綿彈體積較大，大小接近手榴彈，彈頭是橡膠、彈身則是堅硬的塑膠。起義

6　Jeffie Lam, "Police reputation in tatters across the political divide according to on-line survey of Hong Kong voters", *SCMP*, Hong Kong, 21 December 2019, https://www.scmp.com/news/hong-kong/politics/article/3043030/police-reputation-tatters-across-political-divide-according (last accessed 1 Dec. 2020).

之前，警方並不會隨意使用殺傷力較大的橡膠子彈，可是如今卻成為衝突現場的日常；而且警察往往近距離瞄準抗爭者發射。這些子彈比海綿彈堅硬，因此亦能造成更嚴重的傷害。[7]

不過警察最喜歡運用的武器始終還是催淚瓦斯[8]——這並不是尋常的瓦斯，而是一堆能嚴重刺激眼睛、氣管、肺部和皮膚的化學物質。這種化學武器毒性頗烈，也會損害當地環境，香港警察在起義期間經常在短時間內掃射大批催淚彈，如此則會構成更大的環境公害。警方購置的催淚瓦斯屬於毒性較強的版本，可是他們卻從未對外披露當中成份。特區政府為警隊購置兩部巨型裝甲水砲車，並於八月開始應用在抗爭現場。由於這兩部裝甲武器體積龐大，又容易釀成附帶損害，因此警方起初信誓旦旦地承諾必將審慎使用。可是自水砲車啟用以來，警方早已把昔日承諾拋諸腦後；水砲車噴射的水柱裡面含有一種藍色染料，還有一種成份不明的刺激劑。誤中副車的事自然不斷發生。有一次警察在尖沙咀抗爭現場噴射水砲，卻擊中全香港最大的九龍清真寺。剛好在裡面向真主祈禱的穆斯林，措手不及地被潑得全身是藍。

《華盛頓郵報》的記者在2019年末鉅細靡遺地引證，香港警察使用武器的方式徹底違反自己定下的指引和程序。報導指出：

---

7 譯按：上述各種武器往往被概括為非致命武器，在設計上，主要是讓警察在遠距離驅散群眾，並不適用於埋身肉搏。可是香港警察經常在近距離瞄準抗爭者面部的要害發射。

8 譯按：催淚瓦斯若藏於彈殼並由榴彈槍發射，那就是「催淚彈」。若是以自然揮發的方式施放，則稱為「催淚煙」。

「那些指引……經常被警察漠視，他們經常濫用化學武器，也對沒有反抗的抗爭者施以暴力。以上都是警政專家的意見。他們與本報記者合作，把香港的十幾宗案例與警方指引逐一比對。」[9] 即或如此，香港警方仍然聲稱自己是以合乎比例的合法方式使用暴力。

· · ·

林鄭月娥於10月16日宣讀施政報告，一方面向民眾大派福利，另一方面卻嚴厲警告抗爭者：特區政權既不會推動政治改革、也不會對抗爭者的任何訴求讓步。到翌年1月，她更進一步發放總值100億港元（約12.8億美金，358億新台幣）的福利津貼。縱使特區政權如此慷慨，卻未能令民眾回心轉意，抗爭運動還是持續下去。香港已陷入燃眉之急，特區政權卻還是只懂聚焦於經濟議題，與現實根本完全脫節。此時香港某些地方貼有諷刺政權企圖收買人心的標語：「之前濫權濫到盡，派錢封住人把口。」[10]

當《逃犯條例》修訂草案於10月23日正式於立法會完成撤回程序時，陳同佳這位鬧得滿城風雨的殺人兇手亦巧合地刑滿出獄；他在香港只被控以輕微的「處理犯罪得益罪」。起初林鄭月娥政府堅持修法，就是以把陳同佳引渡往台灣一事為藉口。可是

9　Shibani Mahtani et al., "In Hong Kong crackdown, police repeatedly broke their own rules—and faced no consequences", *The Washington Post*, Washington DC, 24 December 2019, https://www.washington-post.com/graphics/2019/world/hong-kong-protests-excessive-force/ (last accessed 1 Dec. 2019).

10　譯按：原文已佚，譯者以粵語逆向翻譯。

如今香港當局與台灣勾心鬥角，把陳同佳這位殺人犯押送台灣繩之於法一事，早已被拋諸腦後。

　　八月發生的一宗事件卻提醒民眾反對「送中條例」背後真正的用意。29 歲的鄭文傑是英國駐香港總領事館的員工，專責處理貿易事項，未曾高調參與香港社會事務。他到中國出差後，回程在西九龍高鐵站被捕。根據高鐵啟用時「一地兩檢」的安排，西九龍高鐵站有部分地方被劃入中國大陸的管轄區內；這次事件證實當年反對這項安排者的懷疑。可是當時特區政權卻把抗議者的遠見視為神經過敏的小題大做，再三保證在市中心設置大陸管轄區只是純粹的技術安排。鄭文傑案暴露這項安排的本質：這個管轄區是為中國當局準備的後門，方便他們擄走香港人，縱使當時特區政權還未決定要為《逃犯條例》作出修訂。

　　鄭文傑被中國官方安插「嫖娼」的罪名，並被押送深圳囚禁。中國政權因政治理由拘押疑犯時，慣常安插一些惹人遐想的刑事罪名。（「國難忠醫」是個為前線抗爭者急救的團體，創辦人是廣州中醫藥大學的學生「肥仔」。他 2020 年 1 月在廣州實習時同樣被當地公安以「嫖娼」罪扣押。）鄭文傑獲釋後即取道台灣流亡英國，他在接受英國廣播公司訪問時，指出自己在被扣押期間遭受虐待，又被強迫簽署認罪書。[11] 那些審問他的人最在乎的是英國在香港起義扮演的角色。他們想要鄭文傑親口確認，英國政府

---

11 BBC News, "Simon Cheng: Former UK consulate worker says he was tortured in China", London, 20 November 2019, https://www.bbc.com/news/av/world-asia-50481937 (last accessed 1 Dec. 2020).

有在香港起義背後撐腰，為抗爭者提供金錢和設備。英國政府否認中國方面的指控，奇怪的是，他們起初不太願意協助鄭文傑。不論如何，英國最終還是給予鄭文傑政治庇護，而北京則否認他們是基於政治因素作出逮捕。

根據中國司法制度的標準，鄭文傑所受到的懲罰算是短暫而輕微。可是放在更大的背景之下來看，此時執法者對起義的鎮壓，已愈來愈不知節制，街頭的武裝對抗似乎不會有終結的一日；鄭文傑被拘捕、被逼供的方式全無程序正義可言，這正好說明香港人對「送中條例」的憂慮絕非無的放矢。如今所有身處香港的人都有機會遭遇同樣的待遇，也很可能會有更壞的下場。

隨著抗爭愈演愈烈，警方亦愈來愈高調地提倡引入反制措施。特區政府屈從於警方及其支持者的壓力，決定設法禁止抗爭者使用口罩；在COVID-19疫情爆發前，抗爭者早已習慣用口罩掩飾身分，並以此防禦催淚瓦斯的傷害。亦因如此，警察希望特區政府頒布禁令，方便他們找出誰人曾經參與抗爭。

其後行政長官於10月4日繞過立法會，根據殖民地時期留下的緊急權力，禁止所有身處抗爭現場的人佩戴口罩。這種絕對的緊急權力多年來都處於備而不用的狀態，至1967年起就未曾運用過；在半個世紀之前，受中國文化大革命鼓舞的親共派發起死傷枕藉的暴動，迫使殖民地政府運用此等特權。此時林鄭月娥強調，她將來還會為著各種目的繼續動用這項特權發布行政命令。親中陣營極力慫恿行政長官動用特權，實施宵禁並查封媒體。林鄭月娥清楚表明她認為香港正處於緊急狀態，必須果斷地「止亂

制暴」。代表法律界的立法會議員郭榮鏗向筆者表示：「這些人只要嚐過運用緊急特權的滋味，就會想一試再試，使目前的政治危機進一步惡化成憲政危機。這正是邁向極權政治的第一步。」[12]

可是就短期效果而言，林鄭月娥再次展現她的特殊技能，讓步向沉寂的抗爭運動得以復甦。進退維谷的抗爭本來已開始逐漸步向低潮，卻因林鄭月娥無理的禁令而重新振作。抗爭活動此後一發不可收拾，迫使港鐵公司把捷運系統關閉整整一個星期。不過這次政權濫用緊急權力鎮壓起義的舉動，勉強也算是有正面的影響。香港高等法院其後接納反對「禁蒙面法」的司法覆核，說明香港的司法獨立一息尚存。高等法院於11月18日裁定相關禁令違憲，指出相關的規定「超乎合理所需」，侵害民眾的基本權益。

如此的判決使北京既迷惘、又憤怒；中國的法庭，向來都被視為行政機關的延伸。《環球時報》主編胡錫進隨即表示：「對老百姓來說，法院，又是高等法院做出的裁決總會產生權威感，香港高院就是利用了人們的這一心理，給他們對當前香港局勢的錯誤立場和態度披上法律的外衣⋯⋯向社會傳遞了錯誤的信號，使激進示威者們確信從事暴力活動乃至攻擊警察都可以幾乎沒有代價，更加有恃無恐。」[13]林鄭月娥政府即時提出上訴，並獲上訴庭批准，在頒布最終判決前能繼續執行禁令。而最終的判決雖然裁定相關禁令並無違憲，卻為緊急權力的運用設下先決條件。

---

12 筆者和郭榮鏗的訪談，2019年10月4日。

13 胡錫進，〈香港高院司法僭越，撥亂反正來得及時〉，《環球時報》，2019年11月19日。

當政權頒布「禁蒙面法」的舉動正淪為鬧劇時，生離死別已成為抗爭的常態。數位民主運動的支持者決定以死明志——我們無法估計確實有多少人決定殉死，可是至少有十來位於輕生前留下表明抗爭理念的遺言。親中陣營同樣有人傷亡。於七二一元朗恐怖襲擊時慰問黑幫成員的何君堯議員，九月被人持刀襲擊，不過傷勢輕微。而七十歲的親中老人羅長清，則在一場小規模衝突中被磚塊擊中頭部而傷重身亡。

直到此時，縱使警察毫無節制地使用暴力，卻沒有抗爭者直接死於警方的行動。可是，事態到11月8日起了變化，當晚22歲的科技大學學生周梓樂成為首位於警民衝突中犧牲的抗爭者。他在大學修讀理論電腦科學，也是一員運動健將，在起義爆發前並未熱衷參與政治。當日他逃避警方的追捕時，於尚德邨停車場高處墜落重創頭部。警方所受的懷疑當中，比較嚴肅的是指責警察故意把周梓樂推落停車場的圍牆，比較輕微的則指警察阻攔抵達現場的救護車，以致耽誤了搶救時間。警方強烈否認這兩項指控。

周梓樂之死使民眾大為震驚，民憤亦於哀傷的氣氛下逐漸沸騰。抗爭者數日後發起悼念周梓樂的大罷工。交通網路因而癱瘓，香港各區的民眾亦自行發起抗爭集會。隨後的幾個星期，抗爭者的口號從「香港人抵抗」演變成更為激烈的「香港人報仇」。雖然周梓樂在科技大學的同學相對上比較沉靜，可是其他大學的學生都怒髮沖冠。憤怒的學生佔領各大學的校園，與警方爆發血腥的武裝衝突。香港大學、城市大學和浸會大學的抗爭為期較短，也較早得以平息。可是中文大學和理工大學的學生一直在負

隅頑抗。至於香港餘下三間大學雖然有學生發起抗爭活動，卻沒有帶來太激烈的衝突。

　　浸會大學旁邊就是中國軍隊駐紮的奧士本軍營（Osborn Barracks），[14] 地理環境相當敏感。當民眾發現軍營內的士兵已被動員起來時，便開始擔心傳聞中的中國武警即將行動。不過北京當局決定以低調的方式宣示立場，他們讓士兵踏出軍營，以「義工」身分參與親中社團發起的「清潔街道」行動。這是人民解放軍首次直接介入香港抗爭。雖然中國動用軍隊的做法令人不安，可是他們這次也展示出低調的藝術。

　　活躍於大學校園內的抗爭者究竟有多少是真正的大學生，如今仍是無從稽考。我們知道的是，留守中文大學的抗爭者使旁邊的捷運車站無法運作，又堵塞校園內的主要通道。不論是警察還是抗爭者都沒有退卻的意願，此時抗爭者不只向警察投擲汽油彈，還向他們發射燃燒的弓箭——警察也禮尚往來，發放數以百計的催淚彈，並向抗爭者發射橡膠子彈。連中文大學校長段崇智到前線勸和時，都被四散的催淚彈彈殼擊傷。理工大學位處市中心，當地的圍城戰更為慘烈。校園旁邊是連接維多利亞港兩岸的海底隧道入口，也處於紅磡火車總站的對面。抗爭者以理工大學為據點，封鎖這條幹道的交通、毀壞隧道入口的收費亭，使香港

---

14 譯按：加拿大軍人約翰·奧士本（John Robert Osborn，1899-1941）於香港保衛戰期間負責協防香港。黃泥涌峽戰役時，他為保護戰友而撲向即將引爆的手榴彈，當場犧牲。英國於1945年收復香港後，決定以他的名字為九龍塘的新軍營命名。中國軍隊於1997年接收這座軍營後，將其改稱為九龍東軍營。

的交通大受影響。通往紅磡火車總站的要道亦被抗爭者堵塞，使交通狀況猶如雪上加霜。[15]

其後發生的理大圍城戰從11月17日一直延續到29日。被圍困的抗爭者，處境日益堪虞；他們陷入彈盡糧絕之境、大批傷員無法得到診治、校園的衛生環境也變得極其惡劣。警察為了斷絕抗爭者的優勢，決定忽略抗爭者於正門設置的路障，反倒封鎖前往校園的道路，阻止其他人前往增援，並拘捕任何從校園走出來的人（這一點在警察看來是更加重要的）。佔領校園的抗爭者嘗試以磚頭和汽油彈向警察還擊，不過此刻被困校園的許多人並未參與這樣的勇武活動。警方則以雷霆手段回應。警察於11月18日嘗試攻入校園時，一下子發射了1,458枚催淚彈、1,391發橡膠子彈、325發布袋彈和265枚海綿彈。[16]警方警告民眾，強調會把任何靠近校園的人視為暴徒。有不少民眾因此被警方拘捕，甚至因遭受暴力對待而受傷；他們有的是醫護人員、有的是記者、也有的是想要到前線調解的和事老。其後有消息傳出，為數不少抗爭者沿著下水道逃亡、或是從行人天橋游繩逃走。

圍城戰期間，大批民眾從各方走向校園增援。在其中一次抗

---

15 譯按：九廣鐵路於1979年把火車總站遷往紅磡海底隧道入口旁，並鋪設通往公車站的行人通道。該鐵路於1982年起開始電氣化和捷運化，把市區與沙田、大埔、粉嶺和上水這幾個市郊新市鎮連接起來。通勤的民眾可於該站換乘公車，經海底隧道直抵香港島的主要商業區。

16 相關數字來自香港警察公布的信息。參：BBC News, "Hong Kong Polytechnic University: Protesters still inside as standoff continues", London, 19 November 2019, https://www.bbc.com/news/world-asia-china-50465337 (last accessed 2 Dec. 2020).

爭行動，為數眾多的抗爭者之間甚至發生踩踏事故。當警察終於
攻陷理工大學時，大約有1,100人於校園內外被捕。警方宣稱校
園內發現約4,000枚汽油彈、600瓶腐蝕性液體、以及其他林林
總總的武器。[17] 理工大學的校園看起來就像戰場。

　　理大圍城戰結束後，香港各大學向公眾關上大門。此後各大
學的出入口變得守衛森嚴，顯示大學與社會的關係已出現根本上
的改變。即使後來校園內的抗爭活動逐漸平息，部分大學依舊不
讓民眾踏進校園，防止抗爭者於校園再現。

• • •

　　雖然武裝衝突自入秋以來持續升溫，可是根據路透社於
2019年12月委託民調機構進行的調查，有59%的香港人仍舊支
持起義。有三分之一的受訪者承認，他們於起義期間曾參與反政
府示威抗爭。[18] 雖然特區政府始終無視調查結果，不知害臊地否
認政權早已不得民心，可是11月區議會選舉的結果卻令人無法
忽視。民主陣營在這場選舉中取得前所未有的勝利。這場於起義

17　Danny Mok, "Hong Kong protests: more petrol bombs and offensive weapons found at Polytechnic University on Sunday", *SCMP*, Hong Kong, 2 December 2019, https://www.scmp.com/news/hong-kong/politics/article/3040136/hong-kong-protests-more-petrol-bombs-and-offensive-weapons (last accessed 2 Dec. 2020).

18　James Pomfret and Clare Jim, "Exclusive: Hong Kongers support protester de-mands; minority wants independence from China—Reuters Poll", Reuters, Hong Kong, 31 December 2019, https://www.reuters.com/article/us-hongkong-protests-poll-exclusive-idUSKBN1YZ0VK (last accessed 2 Dec. 2020).

爆發半年後舉行的選舉，猶如一場變相公投，讓民眾以選票否定林鄭月娥政府、以及在背後撐腰的北京。

香港的區議會缺乏實權，過去也一直是親建制政黨的禁臠。雖然特區政府一直以為自己獲得「沉默大多數」的認可，其部分親信卻恐怕11月的選情對他們不利。因此林鄭月娥政權暗示，他們或許會運用緊急權力，以政治氣氛不穩為理由，把選舉延後舉行。部分筆者的受訪者曾參與特區高官和親中政客之間的討價還價，他們告知筆者，特區政府原已準備好要動用緊急權力延後選舉，只是在最後關頭念及這將引發抗爭者的武力抵抗才不情願地收回成命。特區政權的決定，也是出於親中政黨的誤判；他們向政權表示，雖然親中陣營將會失去若干議席，卻還是能夠控制大部分的區議會。

平情而論，親中政黨的評估完全合乎常理，因為他們向來擁有豐厚的資源、在中聯辦的協調下他們比對手更有記律。而且特區政府也偏幫親中派區議員，使他們更容易向選民提供物質上的利益。也就是說，親中政黨坐擁大量鐵票，不可能被輕易擊敗。他們更相信抗爭者的行動早已使民眾覺得紛擾不堪。所以他們也放心讓選舉如期舉行。

可是事態的發展再次反映特區政府與民眾完全脫節。這一次選舉投票率為71.2%，打破歷屆紀錄，民主陣營於這一次選舉達成過去連做夢也想不到的目標。反觀親中陣營，卻只能取得大約四成的選票。在全香港19個區議會中，親中派只能於離島區取得優勢──這是因為離島區的區議會有一半議席是由政府委

任。[19] 與此相比，取得大部分選票的民主陣營則贏得86%的議席。
這場選舉可謂是一次民意海嘯。

　　民主陣營素來內鬥內行、外鬥外行，又不分主次地從小事著
眼，未能察覺大戰略上的危機。可是這年他們卻一反常態，能於
各區協調出最適合的候選人。最終他們取得57%的選票；雖然
過去民主陣營也曾取得同樣比例的選票，卻因為內鬥和分化而無
法把選票化為議席。這年他們學懂如何緊密協調，集中力量去贏
取議席，並成功取得勝果。

　　藍絲陣營慘遭滑鐵盧，知名親中議員紛紛落選，涉入七二一
元朗恐怖襲擊的何君堯也失去他在屯門區議會內的議席。民間人
權陣線召集人岑子傑、以及雨傘運動其中一位知名領袖岑傲暉，
於選戰後成為民主陣營的新科議員。即使林鄭月娥和她的隨從逃
避現實，民主陣營已經意識到這場選舉實際上是在特區政府和抗
爭運動二擇其一的全民公投——畢竟區議會選舉是香港政治體制
內最貼近全民普選的制度。既然這是一人一票的全民投票，選舉
結果自然不能等閒視之。親中政黨在地方選舉的傳統優勢使他們
流於輕敵；當大部分選民都在關注重大政治議題時，他們卻依舊
把目光集中在經濟問題。

---

19 譯按：新界各地共有27個鄉事委員會在新界的九個區議會中佔有當然議席。這
　　些鄉事委員會是新界鄉議局的成員組織，政治立場通常與特區政府保持一致。
　　離島區是都市化程度較低的地區，僅有的都會區是東涌新市鎮以及中產階級聚
　　居的愉景灣。區內大部分地方都是人口稀少的鄉郊和鄉鎮，全區卻設有8個鄉事
　　委員會。亦因如此，離島區議會當然議席的比例，遠高於香港其餘17個區議會。

　　民心所歸如今再也清楚不過，可是行政長官在選舉後卻兩度邀請敗選的候選人與她會面。第二次會面時她向親中派的敗選人承諾，政府將在林林總總的諮詢委員會中盡力為他們安排公職。林鄭月娥拒絕與新當選的議員會面，並對負責區議會事務的公務員發號施令；雖然這些公務員有責任輔助區議會運作，可是行政長官卻要求他們嚴厲對待區議會，當區議會開始討論具爭議性的議程時，公務員就必須拉隊離場，藉此宣示政權無法認可這樣的民選議會。其後有為數不少的新當選議員於抗爭活動中被警方拘捕。

　　林鄭月娥之前一直抱怨抗爭者群龍無首，使她無法找到可以談判的對象。如今抗爭陣營既已控制區議會，行政長官理應抓緊機會，與代表民眾普遍意志的民選議會對話。可是林鄭月娥一如既往，決定抓緊機會去「錯失」機會。

　　縱然特區政權決定無視選民的抉擇，他們還是有可能找到與民眾復和的契機。而最能有效緩和局勢的做法是成立獨立調查委員會，檢討警方對付抗爭者的手法。政治光譜兩端都有人贊成這樣的做法。民意調查也顯示，香港人一面倒地贊成成立獨立調查委員會；根據前述於12月舉行的調查，有74%的受訪者希望能成立獨立調查委員會，調查警方於起義期間的暴行。

　　而撤銷控告抗爭者的訴求，亦有辦法可以局部達成；如果執法者在決定正式落案起訴前能把公共利益原則放入考量，那就可以撤銷那些不涉破壞行為的和平抗爭者之控罪。而這正是大律師

公會主席戴啟思（Philip Dykes）的建議。[20] 根據公共利益決定是否提出檢控，在歷史上並非沒有先例可援，之前受惠於這項原則的弔詭地正是香港的警察。廉政公署於1970年代成立後，曾著力根除警隊內部的結構性貪污，使香港警察人人自危。部分警員於1977年發起暴動，圍堵攻擊廉政公署總部，要求廉署在落案起訴前必須先考慮公共利益。英國殖民地政府最終決定讓步，宣布將撤銷針對大批警員的檢控程序。當局甚至容許這些腐敗的警員繼續享用其不義之財，條件是他們此後不能再從事收黑錢的勾當。[21]

可是到2019年，香港警察卻堅決反對任何特赦抗爭者的建議，亦頑固地抗拒設立獨立調查委員會。他們反倒建議讓獨立監察警方處理投訴委員會（監警會）展開小規模的調查。這個組織雖然掛著「獨立監察」的招牌，其成員卻全部都是政府委任的親信，權力亦甚為有限。監警會為提升公信力，煞有介事地從海外聘請專家協助調查。可是這批專家在2019年12月卻決定集體退出團隊，他們認為監警會權力有限、執行不力，如此「嚴重的缺

---

20 Ng Kang-chung, "Take 'public interest' into account on whether to bring cases to court, instead of just sufficient evidence, head of Hong Kong Bar Association says in speech", *SCMP*, Hong Kong, 13 January 2020, https://www.scmp.com/news/hong-kong/law-and-crime/article/3045884/take-public-interest-account-whether-bring-cases-court (last accessed 2 Dec. 2020).

21 這場警廉衝突的歷史廣有記載，筆者認為奈傑爾‧科利特（Nigel Collett）的紀錄寫得最好，既翔實又清晰。參：Nigel Collett, *A Death in Hong Kong: The MacLennan Case of 1980 and the Suppression of a Scandal*, CITYUHK Press, Hong Kong, 2018, Chapter 4.

陷」將令調查無法順利開展。

最終監警會還是姍姍來遲地於2020年5月公布其調查報告。不過民眾早就料到報告的結論；這份報告認為警察的行動並未違反指引，只是在細節上有些改善的空間。[22] 監警會執意要用這份報告取悅特區政權，筆者訪問監警會宣傳及意見調查委員會主席陳錦榮時，他竟然把黑幫襲擊平民的七二一元朗恐怖襲擊描述成抗爭者與黑幫的武裝衝突。可是當時的抗爭者、以及於捷運列車上無辜遇襲的乘客，何曾使用過武器呢？陳錦榮突發奇想，硬要說他們手上的雨傘就是武器。[23]

林鄭月娥政權向來不會從錯誤汲取教訓，這次他們也同樣對監警會報告的重大瑕疵視若無睹，反倒想再次設立委員會去探討社會的「深層次矛盾」。不過社會上的有識之士都不願意參與，使這個計劃最終胎死腹中。執筆之時情況仍是如此。監警會本來就毫無公信力可言，民眾自然也不喜歡這份荒謬絕倫的調查報告。這所謂的調查既非獨立自主、更非公正不倚，無法回應民眾一直以來的訴求。

香港在僵持的氣氛下踏入2020年，新的一年卻沒有帶來新

---

22 獨立監察警方處理投訴委員會，《監警會專題審視報告；關於2019年6月起《逃犯條例》修訂草案引發的大型公眾活動及相關的警方行動》，2020年5月。（https://www.ipcc.gov.hk/tc/public_communications/ipcc_thematic_study_report.html）

23 陳錦榮在電視節目接受筆者訪問時的言論。參："IPCC thematic study: discussion with Clement Chan of IPCC", *The Pulse*, Radio Television Hong Kong, 22 May 2020, available at https://podcast.rthk.hk/podcast/item.php?pid=205&eid=159413&year=2020&lang=en-US (last accessed 2 Dec. 2020).

的盼望，群眾抗爭與武裝衝突依舊是社會的常態。抗爭者一如既往，於元旦在市中心舉辦大遊行，香港各大小社區亦湧現小規模的抗爭集會，當日於香港各地約有400人參與抗爭被警察拘捕。沒有人看得清前路將會如何。究竟在新的一年，香港的起義將會有什麼樣的發展？不論抗爭者還是當局，此際都疲態盡露，雙方都對前景憂心忡忡。

　　根據如今的後見之明，我們知道當時中國共產黨在幕後密鑼緊鼓做安排，使其足以繞過倒楣的林鄭月娥政權，用一道法令徹底扭轉「一國兩制」的概念。也就是說，北京決定把嚴厲的《國家安全法》強加諸香港，授予特區政權清除異見人士的絕對權力。不過他們在暗黑中陰謀行事，即使是林鄭月娥和她屬下的高官對此都一無所知，要待2020年六月圖窮匕見時才恍然大悟。[24]除此以外，中共政權亦展露其慣常的作風：他們尋找代罪羔羊，以掩飾自己的失察。在久遠的帝國時代，中原的皇帝為掩飾自身的過失，經常謫貶官員、讓臣子承擔君主的罪名。如今中國共產黨就是新時代的皇帝，黨的路線永遠不可能出錯，因此任何施政失誤都只能怪罪低層官員執行不力。粵語對此有個生動的說法：「總有人要食死貓。」

---

24 行政長官其後在 2020 年 6 月 16 日的記者會上，論及北京政權強推《國家安全法》一事。林鄭月娥強調她「不是負責草擬的人員」，因此「沒有辦法可以評論究竟它的條文中有沒有這些內容，或是如有這些內容，它的演繹是怎樣」。參：〈行政長官於行政會議前會見傳媒開場發言及答問內容〉，香港特別行政區政府新聞公報，2020 年 6 月 16 日。（https://www.info.gov.hk/gia/general/202006/16/P2020061600444.htm）

結果北京政權把第一隻「死貓」賜贈予中聯辦主任王志民品嚐，他在2020年1月4日被國務院「燉冬菇[25]」，調派往中央黨史及文獻研究院，投閒置散。[26]官方一如以往沒有交代他調職的原因，但相關傳言卻甚囂塵上。這位「面目模糊」的中央指派官僚似乎要為去年11月區議會選舉之敗績負責。其後北京的官方發言不斷譴責地方給予中央無用的情報，從而證實如此的猜測。

接替王志民擔任中聯辦主任的，是中國共產黨山西省黨委書記駱惠寧。這位黨官與國安系統關係緊密，果斷行事、不懼困難的作風使他在黨內有一定的聲望。駱惠寧在山西整頓黨風，一舉成名。在此之前，他曾擔任青海省黨委副書記，任內鐵腕鎮壓當地藏族少數族群。除了上述的「豐功偉績」，北京之所以挑選駱惠寧接任中聯辦主任也是因為他退休在即，可以即時走馬上任，如此中聯辦換血一事就不會被繁瑣的職務調動耽誤。

2020年2月的人事調動更是不留情面。港澳辦主任張曉明被直接降職，淪為負責日常庶務的副主任、兼任港澳辦內黨組織的副書記。接替他的位置的，是中國人民政治協商會議副主席夏寶龍；全國政協的地位僅次於全國人大，理論上是國家級的諮詢機關。雖然全國政協副主席大多是榮譽職，夏寶龍的地位卻與眾不

---

25 譯按：粵語「降職」或「投閒置散」之意。根據香港民間傳說，這原本是香港警察的內部術語：便衣探員若受到紀律處分，往往會被降職為制服警察的員警。在殖民地時代早期，華人警察以尖草帽為警帽，遠看猶如一枚香菇，故此警隊內部便以「燉冬菇」暗喻貶職。

26 譯按：雖然他被委任為該研究院的副主任，可是一位政治官員被調往管理檔案的單位，這種「平調」其實是變相的貶職。

同，他的政治歷練在眾多政協副主席中首屈一指。他曾擔任浙江省黨委書記，任內因嚴厲打壓地下教會而惡名昭彰。亦因如此，夏寶龍接管港澳辦的安排被輿論視為北京政權將強硬對付香港的徵兆，雖然被取替的張曉明根本也稱不上寬容。此外夏寶龍還是習近平的親信；雖然駱惠寧也是這個小圈子的人，但他與習主席的關係沒有那麼親密。由此看來，2020年初之所以出現頻繁的人事變動，主要是因為習近平開始親自處理麻煩的香港事務。

中聯辦和港澳辦內的大清算，使人懷疑林鄭月娥的任期是否也時日無多。中央保證會支持她，可是哪一個丟官的人沒聽過同樣的保證？無論如何，眼前看來林鄭月娥本人及她政府團隊的人都不會被拿來為他們在2019年的拙劣表現承擔責任。甚至可以說，就算如今在香港政權內展開清算，其效果如何也沒有人能說得準；畢竟此後能接任公職的，並不是什麼可靠的人選。

在北京替換掌管香港事務的官員之時，香港的抗爭似乎也逐漸沉寂下來。民主陣營對未來動向有許多討論。在十一月的區議會選舉大獲全勝後，部分抗爭者認為焦點應該從街頭運動轉移到預定於2020年九月舉行的立法會選舉。另一些人則認為應該加強開展海外游說的工作，讓國際社會向北京政權施加壓力。不過這場抗爭運動既是無形無相，大部分公共討論始終是在網上進行，抗爭者一時間亦難以為未來動向達成共識；事實上那些主張暫停示威活動、停止勇武抗爭的觀點，一直都只是少數人的見解。主流意見擔心如果停辦示威活動，整場抗爭運動就會失去重心、無以為繼。另一些抗爭者則認為，唯有堅持使用武力才有辦

法迫使政府正面回應。他們認為離開街頭就等同放棄主導權，如此對去年付出血汗以至性命的抗爭夥伴來說，不啻是一種背叛。

　　正當街頭抗爭失去動力之際，香港政府決定加緊宣傳，把這場起義抹黑成恐怖主義叛亂。2020 年 1 月至 3 月期間，警方發起多次高調的突擊搜捕行動，指控被捕人士涉嫌藏有武器或彈藥，甚至試圖製造炸彈。警察公共關係科亦全力出擊，以各種渠道提出各式各樣的譴責。這一年內，不斷有抗爭者在這類搜捕行動被捕，當中包括香港民族黨召集人陳浩天──他的政黨於 2016 年被取締。他在 2020 年 8 月被警方起訴，這次的罪名並非參與非法組織，而是藏有炸藥和攻擊性武器。執筆之時，當局尚未能夠證實如此的指控，不過警方早已達成目標，把香港描述為遭受恐怖主義威脅的地方。

　　特區政權的宣傳不斷放大那些所謂的恐怖主義行為，雖然這類嚴厲的指控背後並沒有任何堅實的證據。其中一次，警察向外界展示一個被毀壞的公廁馬桶──這樣的破壞其實為尋常，只是警察卻大肆宣揚，把它當成是某種滔天大罪的證據。然後有次有警察宿舍被投擲汽油彈，見獵心喜的警方把這次事件描述成精心策劃的恐怖活動；不過事件並未有造成任何傷亡，現場也僅有一些被燒焦的布料。2020 年 2 月，警方宣稱在深圳邊界旁的羅湖車站有疑似炸彈的物體「局部爆炸」，警察抵達現場後在附近「發現」並「拆除」另一枚炸彈。這宗發生在邊境禁區的「爆炸案」並沒有造成破壞。警方其後向公眾展示一段 Telegram 短訊，那

條短訊聲言「關口炸彈我說得出做得到」，並宣稱「我衛我城，歡迎親身體驗炸彈威力」。[27] 行政長官林鄭月娥甚至會見駐香港的外交官，繪聲繪色地宣稱香港已被暴力籠罩，警告他們恐怖襲擊的風險正與日俱增。特區當局的跨部門反恐專責組於 2020 年 3 月召集來自各紀律部隊的成員，高調地展開「反恐怖活動」演習。

武力衝突在香港街頭愈演愈烈，確是不爭的事實。然而，政府這些舖天蓋地的動作顯然全都缺了一項，那就是沒有提出可信的證據，說明香港即將爆發恐怖主義。此等謬論雖然完全沒有說服力，卻絕非毫無用處；當北京政權於 2020 年 6 月宣布強推《國家安全法》，大家都明白了這場歹戲拖棚的鬧劇是為著什麼的原因公演。

雖然自 2019 年終結、2020 年開始以來，香港的街頭抗爭逐漸降溫，表面的平靜下卻潛藏著洶濤暗湧。其中最嚴重的是北京此刻暗自炮製《國家安全法》的陰謀。而香港的特區政府亦設法抵擋九月立法會選舉可能帶來的衝擊。黃絲陣營則如前文所述，正在爭論抗爭運動該當何去何從。不過此時還沒有人想到，最終扭轉形勢的竟是從邊境另一頭傳來的瘟疫。我們在隨後的第九章和第十章會看到，政治風暴與公衛危機的結合，匯聚成一股莫之能禦的超級風暴。2020 年開始時，香港人無法預料 COVID-19 疫情和《國家安全法》會雙管齊下，為這場起義畫下休止符——全面的抗爭運動，至少無法於短期內再現。

---

27 譯按：〈羅湖站發現懷疑爆炸品　警：向恐怖主義行近一大步　TG 頻道「九十二籤」認責〉，《立場新聞》，2020 年 2 月 2 日。

［8］時代革命
Revolution of Our Times

　　雖然在 2019 至 2020 年起義期間梁天琦仍然身陷牢獄，他那句「光復香港，時代革命」卻於抗爭現場不絕於耳。行政長官林鄭月娥譴責「光復香港」的主張，認為抗爭者鼓吹革命是「挑戰國家主權，危害『一國兩制』的違法行為」，嚴厲警告這將會「摧毀香港的穩定繁榮」。[1]《國家安全法》於 2020 年 7 月 1 日落實後，特區政權以煽動分裂國家和叛國為由，禁止民眾懸掛或高呼這句口號。可是不管政權如何禁制，香港人的思維早已因這次起義而徹底改變，生活模式亦出現翻天覆地的巨變。

　　梁天琦在 2016 年因為「時代革命」這句口號被剝奪參選立法會議員的權利。曾於雨傘運動擔演主要角色的前學生領袖張秀賢，於 2019 年 10 月準備參與區議會選舉前，向選舉主任重新詮釋這句口號：「『光復香港』，意思是將香港『光復』回舊日般面貌，如市民可以如往日般享受各種自由……參選者亦可以如《基

---

1 〈行政長官會見傳媒開場發言和答問內容〉，香港特別行政區政府新聞公報，2019 年 8 月 5 日。

本法》第二十七條所賦予而享有言論、新聞、出版的自由，不會因為政治傾向而被取消參選資格。」此外他還補充：「『革命』一詞本身，在此不應解讀為『一種流血並推翻政權的行動』，而是結構和思潮上的大變革，就如『工業革命』、『技術革命』等，就指是一種在該層面上的大變革。」[2]

張秀賢「結構和思潮上的大變革」一語，正好道出2019至2020年起義期間的時代精神，那就是香港人要當家作主的意識：香港人於抗爭中獲得力量，發現自己毋需倚賴領袖也能把事情辦妥，並確立自己對抗爭者社群的歸屬感。志同道合的人都能為共同的目標眾志成城。這樣的覺醒在各層面帶來數之不盡的新機遇；問題在於，如此的改變是否能維持長久，或者那只是一時的現象？筆者認為，雖然隨著起義而來的躁動和鼓舞終究會冷靜下來，可是此後回復的「日常」，不會是起義爆發前的日常。

世界上大部分的革命都是源自對現狀的改變。於辛亥革命後成立的中華民國，刻意強調他們有別於被滅掉的清帝國。歷時28年的共產革命最終於1949年奪得政權，中國共產黨認為這場革命就如毛澤東所言：「這是開天闢地的大事變。」[3]新成立的政權喜歡使用「新中國」這個詞彙來強調要與過往割裂，或是作為國家體制的名號、或是用來稱呼立國後的新時代。共產革命與舊時代劃

---

2 「Tommy Cheung 張秀賢」臉書專頁，2019年10月15日。（https://www.facebook.com/TommyCheung0416/posts/2711931545517195）

3 譯按：毛澤東，〈唯心歷史觀的破產〉，《毛澤東選集》第四卷，人民出版社，北京，1960年。

清界線的作風於1960年代文化大革命期間的「破四舊」運動可見一斑；所謂的「四舊」，包括舊思想、舊文化、舊風俗和舊習慣。

相比之下，香港於2019至2020年的起義則比較獨特。雖然他們力求改變，可是這場起義追求的不是破舊立新，而是恢復原狀；他們相信香港過去有過一段自由的光輝歲月，卻因為主權移交而消逝。部分抗爭者毫不修飾地展露其懷舊情懷，遊行期間揮舞殖民地時代的香港旗，不過他們只是矚目的少數──畢竟英國人已離開了二十二年，當時年輕抗爭者尚未出生，也對英國如何管治香港一無所知。抗爭者真正想要光復的，是自由的理念、自由的現實。雖然殖民地政府從未為香港帶來民主，可是他們還是讓香港人享有高度的自由；特別是在殖民地時代最後幾年，各種自由表達的意見百花齊放，而當時司法體系也比較能落實法治。

香港民意研究所於2019年7月調查民眾對抗爭運動的看法，並於8月2日公布研究結果。[4]調查發現，絕大多數受訪者認為年輕人支持這一次起義的原因是想要追求自由和民主，這樣的結果實在令人矚目。不過有為數更多的受訪者認為抗爭者的不滿在於無法信任北京中央政府和行政長官。年輕世代一如所料是最支持自由民主的世代，可是對自由權利的關懷仍然是跨世代的現象。

正正因為香港民眾普遍支持民主，使2019年的起義能與本土社會緊密連繫。過去香港人為爭取民主會參與和平遊行集會、

4　鍾庭耀，〈「修訂逃犯條例」民意調查結果簡報〉，香港民意研究所，2019年8月2日。（https://tinyurl.com/2p874p54）

投票支持民主陣營的候選人，不過在起義期間他們決意再進一步，親自參與各式各樣的草根自助組織；如此一來，這場起義的意義就更加全面，不僅是街頭的抗爭活動而已。支持抗爭的民眾不只踴躍捐輸，也善用自己的專長支援運動。比如曾有廣告界的專業人士自發組織起來，義務協助民主陣營宣傳。其他的專業人士也以組織或個人身分協助抗爭。譬如支持起義的律師會輪流於警署附近當值，準備為被捕抗爭者提供免費法律支援。

　　第一批趕赴現場義務幫助抗爭者的，有些是受過醫療訓練的民眾。隨著抗爭現場衝突日趨激烈，他們揹上沉重的醫療物資四處奔走，一方面替受傷的抗爭者進行急救、另一方面協助把重傷者送往醫院。可是後來警察開始闖進醫院展開搜捕，抗爭者開始猶豫應否入院求醫。這時同情抗爭的醫生和護士開始介入，他們在酒店房間或住宅單位中建立秘密的醫療網路。可是受傷的抗爭者如何抵達這些「地下醫院」呢？此時其他的義工積極配合，協助運送傷員給醫護人員診療；他們有的是計程車司機、有些是搬運公司的司機，也有些甚至只是習慣開車的尋常民眾。

　　這場抗爭運動瀰漫著互助互愛的精神。任何親赴抗爭前線的人，都能在那邊找到充足的補給品；比如說用來清洗催淚劑的清水、或是協助抗爭者隱藏身分的口罩。筆者到抗爭前線採訪時常得到素未謀面的抗爭者協助；他們向筆者分享食物、或是在衝突升級時協助筆者逃離現場。

　　其後有愈來愈多的抗爭者被警察拘捕，使成千上萬的人丟失工作，同情抗爭的雇主開始向這些失業的同志伸出援手。一位網

名為「Pop」的28歲社工在Telegram成立「我要返工」平台，讓失業抗爭者能連繫上同情抗爭的雇主。其後Pop甚至辭去他原本的工作，全職維護這個平台；那時候不論是求職者還是雇主，反應都極為踴躍。各行各業的人都在Telegram和臉書開設群組，為抗爭者提供各式各樣的協助；比如說提供專業意見、尋找棲身之所、或是贈予有助紓緩催淚劑等化學物傷害的藥品。

民間團體也成立了兩個募款平台，藉此資助數以千計被捕者的法律開支。除此以外，民間發起過多次快閃眾籌活動，有效地為各樣議題籌得數以百萬計的資金。網路上各種眾籌活動使大批香港人能隨時援助民主運動，為抗爭事工帶來實質的支持；即使他們不便加入街頭抗爭，也可以熱切地參與這場起義。例如，香港民眾曾透過眾籌，在世界各地的報章頭版刊登廣告，呼籲國際社會支援香港的起義。第一次這樣的行動是2019年6月大阪舉辦G20峰會時展開。那時候世界各地的報章頭版都刊登著「讓G20峰會與香港同行（Stand with Hong Kong at G20）」的標語，而且這次行動似乎的確有其成效；在峰會期間，與會的大國領袖確實討論到香港問題。

抗爭者能輕易從民眾那邊取得捐款，使得特區政府和親中組織指責他們背後有外來勢力扶持，甚至能從外國政府那邊取得資助。執筆之時，他們能夠提出的「證據」只不過是主張，如此龐大的款項絕不可能是來自民眾支援，因此背後顯然有外來勢力介入。這種謬論忽略香港人一直以來都為各種政治和社會議題踴躍捐輸。如今參與起義的抗爭者不過是借助科技的力量，讓籌款的

金額和速度能有所提升而已。

　　警方於2019年12月，安插「洗黑錢」的罪名關閉其中一個募款團體；在被迫停止運作前，星火同盟抗爭支援已籌集到港幣7千萬元資金（約美金9百萬元，或新台幣2.5億元）。可是警方從未能提供確實的證據，證實他們提出的指控。匯豐銀行這座香港最大的銀行隨即取消星火同盟的銀行戶口，變相凍結相關資金。雖然特區政府的官員都對匯豐銀行的做法感到滿意，可是銀行卻因此而得罪客戶；不少民眾紛紛取消在匯豐銀行的戶口，抗爭者也開始毀壞該銀行的各大分行。踏入2020年，警方同樣以「洗黑錢」的指控，要求民主陣營的組織公開捐款者名單。他們顯然想要斷絕抗爭者的財政支援。

　　總結而言，香港人無需直接加入街頭抗爭，亦可以成為參與起義的一份子。大批民眾於起義期間，顯明他們與抗爭者同心，即使如今對抗爭的鎮壓隨《國家安全法》的實施日趨嚴厲，民眾與抗爭者之間依舊是團結一致。

· · ·

　　那些比較激烈的抗爭者會設法毀壞政敵的財物。不過較溫和的抗爭者還是可以宅在家中，用平和的方式表達意見，而且還能達成一定的果效。社交媒體於2019年8月發起另一種新式在地抗爭，也就是「鳩嗌」[5]運動，呼籲留在家中的民眾每逢晚上10點整到窗邊大聲呼喊口號；除了最常聽到的「光復香港，時代革命」，也包括「五大訴求，缺一不可」和「香港人加油」等口號。

特區的大部分人口都住在密密麻麻的住宅大樓，在不少社區，住宅大樓圍繞中央廣場而興建，使整個區域變成一個回音谷，於是「鳩嗌」的聲音能產生巨大的衝擊。有些人「鳩嗌」是為了宣洩不滿，有些人則是要在社區宣揚抗爭的信息。

不過，這種做法自然會引起反彈。不贊同這場起義的人也會走到窗邊，並以粗言穢語作為回報。隨後社區內不同政見的人就會在回音谷隔空對罵。

就如其他漢語族語言那樣，粵語也是一種聲調語言，[6]所以只要把一個字略為變調，就會得出完全不同的意思；透過粵語諧音營造落差，向來是粵式笑話的慣技。同時，英語在香港甚為通行，這種「港式英語」把既有的語言遊戲提升到另一個層次。這樣一來，香港的抗爭者能輕易運用生動活潑的語言奚落對手，往往也動用到髒話。雖然這種語言遊戲有時會玩得過火，可是卻也能有效使抗爭理念膾炙人口。

黃絲和藍絲兩大陣營的分裂亦見諸於媒體，這時候香港的主流媒體都已由親中派的老闆壟斷。由於民眾都想獲取另類資訊，網路新媒體如雨後春筍般冒起：包括網上直播、網上新聞、評論節目、網誌或網上聊天室。這些新媒體有的直言支持起義，其他的則至少提供了另類看法，不同於主流媒體提供的敘事。

5　譯按：粵語「亂叫」的意思，引申義為「大叫」。「鳩」為髒話「屌」的同音字（粵語拼音為Gau¹）。

6　譯按：粵語的前身分別為中古漢語，以及壯侗語系的古百越語，兩者皆為聲調語言。粵語共有六個音調，連同以 -p、-t、-k為韻尾的入聲，被稱為九聲。

　　有些講法認為香港的傳媒素來獨立自主，已經是一個歷史悠久的傳統；可是這樣的觀點無異於掩耳盜鈴。事實上自殖民地時代開始，香港的媒體都是為老闆的私人利益而設，而另一些報章則有明顯的政治立場。比較獨立自主的媒體要到殖民地時代末期才開始上場。可是新聞界的這段光輝歲月異常短暫，主權移交後，新聞界不斷承受沉重的壓力，原因之一是對於中國共產黨而言，控制媒體從來都是要優先處理的議題。

　　其中一個為編採自主負隅頑抗的主流媒體是公營的香港電台。由於其財政來源是公共撥款，特區政府得以不斷向其施壓，要令香港電台淪為宣傳的喉舌。然而，香港電台自視為一間公正的公營電台，嚴肅面對這樣的責任，至今為止電台仍拒絕成為大陸控制的傳聲筒。隨著形勢於起義期間日趨緊張，香港電台在財政上受到更大施壓，特區政府也於2020年委任新一屆的顧問委員會監督香港電台的運作，成員都是親近政府的親中分子。在這種情況下，香港電台的編採自主恐怕已時日無多。[7]此時，其他的廣播媒體早已陷入親中派老闆的魔掌。當中規模最大的香港電視廣播有限公司（又稱為無綫電視，簡稱TVB）早已為中資企業入主，亦因此被抗爭者貶稱為CCTVB——他們認為無綫電視的編採立場已經和簡稱CCTV的中國央視別無二致。

　　而香港大部分報紙亦已被北京的本地代理人操控。仍然敢與

7　譯按：政務官出身的李百全於2021年3月1日接任廣播處署長，上任後全面整頓香港電台，限制編輯和記者的編採自主，並開除部分資深員工。作者就是於同年7月被解僱，隨後被逼返回英國。

特區政府公開唱對台的主要報章，就只剩下黎智英創辦的《蘋果日報》。北京因此一直把黎智英視為眼中釘；他大概稱得上是黨國領導人的頭號敵人，全香港再沒有別人更招致黨國的憤恨。黎智英12歲時從廣東偷渡香港，未受過教育的他經過多年的努力，從身無分文的新移民變身成支持民主運動的富商。2020年8月，警方指控黎智英涉嫌欺詐罪和違反《國家安全法》，高調派出大批警員搜查《蘋果日報》總部，拘捕黎智英、他的兒子黎見恩及黎耀恩、以及多名公司管理層。其後黎智英於12月再次被捕，根據《國家安全法》被控「勾結外國或者境外勢力危害國家安全」的罪名。[8]

不過，就如世界各地那樣，主流媒體在香港逐漸失去影響力，年輕世代的受眾提不起興趣觀看電視直播，遑論購買實體報章。特區的主流傳媒都嘗試轉型為網路媒體，雖然偶而能取得一定的成就，卻無法超越資源匱乏的新媒體。這些新媒體雖然貧困，卻能吸引一定的受眾，使經營者倍感自豪。而新媒體的採訪、報導和評論，對抗爭運動來說都不可或缺。不少記者於2010年代的抗爭運動期間辭去主流媒體的工作，藉網路科技創立自己的媒體。他們篳路襤褸、以啟山林，為的不是金錢上的報酬，而是想要改變社會。

2010年代湧現的新媒體包括《立場新聞》、《傳真社》、《端傳媒》、《眾新聞》、《獨立媒體》、《香港01》，以及《香港自由新聞》

---

8 譯按：《蘋果日報》於2021年6月24日因資金遭凍結而無法維持，宣布停刊。

（Hong Kong Free Press）這個英語媒體。[9] 網路電台在香港也深受歡迎，比如說民間電台和 Myradio 都有其忠實聽眾。2019 至 2020 年的起義不只見證網路新媒體的崛起，新媒體亦被民眾視為最具公信力的資訊來源。民眾在起義期間開始認為新媒體比電視新聞更為可信，各大傳統媒體也在這段其間失去其公信力。[10] 雖然傳統媒體的衰落、新媒體的崛起，本來就是全球傳媒界的天下大勢，可是這場起義卻把新舊交替賦與政治含意，使正常的新陳代謝轉化成政治陣營的對決。

二元對立的現象不只見於新聞界，而是整個社會普遍的狀況，黃絲和藍絲兩大政治陣營的對立衝擊著香港人的家庭和友誼關係。昔日和睦共處的親友，如今落在政治光譜的兩端，雙方勢成水火。其中最痛苦的衝突產生在眾多的家庭中，長輩和後輩對起義各有不同的理解，引致世代之間的疏離。根據親政府社福機構香港青年協會於 2019 年 12 月的調查，有 42% 的年輕受訪者曾於過去六個月與父母爭執，當中有 71% 是出於對時事看法的分

9　譯按：這些列出來的新媒體大部分是由民主陣營的人開辦。《香港01》是唯一的例外；背後的大老闆于品海一直都被視為北京政權的代理人。即或如此，《香港01》內部仍有些同情運動的員工，其編輯亦採用模棱兩可的編採立場。

10　Shelly Banjo and Natalie Lung, "How Fake News and Rumors Are Stoking Division in Hong Kong", Bloomberg News, New York, 11 November 2019, https://www.bloomberg.com/news/articles/2019-11-11/how-fake-news-is-stoking-violence-and-anger-in-hong-kong (last accessed 4 Dec. 2020), 此報導參考了香港民意研究所於 2019 年 8 月進行的民意調查，參：〈市民認為最值得信任的新聞渠道〉，香港民意研究所網站（https://www.pori.hk/pop-poll/appraisal-of-the-local-news-media/j002.html）。

歧。[11] 香港房屋短缺、房價高漲，年輕人必須與父母甚至祖父母同住於擠迫的房子，這種環境正好是釀成家庭糾紛的溫床。

香港大學的學者2020年1月於《刺胳針》（The Lancet）期刊發表論文，指出香港的精神健康問題已隨抗爭而嚴重惡化。這些學者對18,000名受訪者進行持續10年的追蹤研究。他們發現2014年雨傘運動尚未爆發時，在年滿18歲的受訪者中2%患有上憂鬱症的症狀。可是到2019年，相關比率急增五倍至11%。更令人憂心的是，顯露創傷後壓力症候群病徵的成年人亦從雨傘運動結束時的5%急增至2019年的32%。[12] 抗爭逐漸平息後，香港卻隨即面臨COVID-19疫情的挑戰，使民眾的心理壓力再次飆升。根據2020年五月至七月期間進行的調查，有87%的受訪者承受著中等至高等的壓力，而52%的受訪者亦有焦慮的症狀。[13] 香港人對經濟和健康的憂慮底下，也蘊含著政治動盪帶來的不確定感。

而黃藍陣營的對立也蔓延至經濟領域，兩邊的消費者都抵制敵對陣營的商店，傾力支持同聲同氣的公司。以政治決定經濟和

---

11 〈改善香港的跨代關係〉，香港青年協會青年創研庫，2019年12月。（https://yrc.hkfyg.org.hk/wp-content/uploads/sites/56/2019/12/YI048SL_Full-Report.pdf）

12 *The Lancet*, "The Lancet: Study suggests mental health impact of ongoing social unrest in Hong Kong", press release, London, 9 January 2020, available at https://www.eurekalert.org/pub_releases/2020-01/tl-tls010820.php (last accessed 3 Dec. 2020).

13 Carine Chow, "Tourism, design and medical staff hit the worst by stress", *The Standard*, Hong Kong, 3 August 2020, https://www.thestandard.com.hk/section-ews/section/4/221495/Tourism,-design-and-medical-staff-hit-the-worst-by-stress (last accessed 3 Dec. 2020).

財務，迅即成為日常生活的一部分。究竟該去哪裡購物、到商店
又應該採購什麼，本應只是沉悶的日常，可是在香港卻成為重大
的政治議題。香港人嘗試於日常生活實踐「時代革命」精神，使
「黃色經濟圈」得以形成。「黃色經濟圈」的成員大多是同情起義
的新商店，當中又以小型零售店為主。這個經濟圈比親中的對手
更有組織，他們推出手機應用程式，讓民眾知道可以在哪裡找到
「黃店」，並列出應杯葛的「藍店」黑名單。

　　「藍色經濟圈」的規模遠比「黃色經濟圈」龐大，最明顯屬
於「藍色經濟圈」的公司有些是由親北京的老闆持有，另一些則
是中國國營企業的業務。就如之前在第三章所提及，中國國營企
業在過去二十年已逐漸主導香港的本土經濟──銀行、保險公
司、加油站、地產發展以及電信業務，如今都可以見到中資的蹤
影。這場起義令香港人提高警覺，使他們知道這個特區已被北方
的強鄰掌控，黨國的魔爪已伸延到社會各個層面。這種針對「藍
店」有形或無形的杯葛行動，與基進抗爭者毀壞「敵產」的行動
互補不足。

· · ·

　　北京橫行無忌地利用經濟實力欺壓香港以外的海外企業。連
富可敵國的蘋果公司亦軟弱低頭，把抗爭者用來偵察警察行蹤的
手機地圖程式從程式商店下架。耐克這個舉世知名的體育用品品
牌則因販售印有休士頓火箭隊標誌的商品，遭遇大陸零售商大規
模拒絕進貨──只因當時火箭隊的經理達雷爾·莫雷（Daryl Mo-

rey）在推特聲援過香港的起義。[14] 除此以外，北京政權亦曾迫使其他企業迎合他們；比如迫使世界各地的航空公司不再在網站中把台灣列為國家。[15] 萬豪酒店集團過去於網站上把台灣列為國家，此時也被迫卑躬屈膝地向中國請罪。跨國大企業於香港起義期間受辱的事，可謂罄竹難書。

換言之，香港爆發起義後，北京政權的立場變得甚至比從前更加清晰——工商界若要繼續在香港和中國做生意，再也不能繼續維持政治中立。不論是本地企業還是海外的跨國企業，都必須遵從效忠黨國的規矩。香港的大企業很快跟從地產商的腳步，於各大報章的頭版刊登廣告，宣誓效忠中國共產黨、嚴詞斥責抗爭運動。中國的官員亦召見本地工商界領袖，警告他們如果膽敢同情抗爭，必須承擔嚴重的後果。如前文所述，國泰航空在起義期間被高調羞辱，其後被迫跟從黨國的路線。這對於香港的工商界可說是前車之鑑。

如今的形勢，使本地企業進退失據。他們需要因應黨國的壓力，作出反對抗爭的政治表態，可是向強權叩頭的舉動，卻會觸怒眾多本地消費者。這些表態效忠黨國的企業，有些確是發自內心、另一些則無奈接受形勢比人強；可是不論如何，這最終只

---

14 譯按：莫雷後來被迫辭去火箭隊的職務。翻譯之時，莫雷已改投費城76人籃球隊，擔任籃球營運總裁。

15 譯按：除日本、美國和台灣的航空公司外，世界各國的航空公司網站都把「台灣」標示成「中國台灣（Taiwan, China）」。與此同時，他們也把「香港」都改為「中國香港（Hong Kong, China）」或「香港，中國的特別行政區（Hong Kong, SAR of China）」。

會擴大民眾與大企業之間的鴻溝。他們的商店因此被消費者杯葛,財產被基進抗爭者毀壞。雖然香港工商界與中國共產黨早已是好幾十年的老盟友,可是民眾一向認為這只是同床異夢的利益交換,不把它看得太重。然而,2019至2020年的起義爆發後,民眾不再冷感,許多人再也無法容忍大企業自找的政治處境,不會再體諒工商界的「迫不得已」。就如前文所述,當港鐵公司決定在抗爭期間關閉捷運網路後,即面臨通勤族的杯葛、其設施也遭勇武抗爭者毀壞。由於抗爭者懷疑連鎖雜貨店優品360與打壓抗爭的福建裔黑幫關係密切,他們的分店也成為勇武抗爭者的對象。在2019年11月之前那六個月,優品360於全香港102間分店中有75間曾遭遇抗爭者的攻擊。這些被攻擊的分店,總共承受過逾180次的衝擊。[16]

　　而令黃絲陣營至為咬牙切齒的一家「藍色企業」,則是香港餐飲業鉅頭美心集團——他們旗下有馳名的中式餐館、連鎖快餐店、還取得星巴克等海外餐飲品牌的專營權。集團創辦人伍沾德的長女伍淑清在起義期間出言不遜,把集團的商譽毀於一旦,這幾乎可以肯定是她始料未及的。雖然這位大小姐並無參與經營,卻經常把自己的形象與美心的招牌混為一談。她向來都是敢言的親中派,也是中國多個諮詢組織成員,不過她在起義爆發前並不

16　Lam Ka-shing, "Best Mart 360 shuns 'war zone' Hong Kong for mainland China in growth plan after protesters trash 75 of its 102 stores", *SCMP*, Hong Kong, 28 November 2019, https://www.scmp.com/business/companies/article/3039803/best-mart-360-flees-war-zone-hong-kong-mainland-china-after (last accessed 4 Dec. 2020).

為民眾所熟悉。而伍淑清一夜之間成為鎂光燈的焦點，那是因為她於2019年9月親赴日內瓦，在聯合國人權理事會會議中發言，當時理事會正討論如何回應香港的事態。她以流利的共產黨語言污衊抗爭者的人格和動機，又自詡為香港主流民意的發言人。

伍淑清的評論立刻招來不滿，而她此後接受中國媒體的訪問，以更嚴厲的語氣誣蔑香港的起義，使民憤猶如火上加油。不過這位大小姐倒是絕口不提美心集團的股權結構：這家集團有一半的股權由怡和集團這個老牌英資企業持有。怡和是1832年由蘇格蘭商人於廣州創立，曾經向清帝國民眾傾銷鴉片。詹姆斯‧克萊威爾（James Clavell）於1966年出版的小說《大班》（Tai-Pan）之主要角色，就是在影射創立怡和洋行的渣甸家族（Jardines）。可是不論是伍淑清本人、還是對她感到厭惡的抗爭者，都未有把美心股權結構的現實放在心上。[17] 伍淑清之舉使得美心集團也成為民眾針對的對象；同情抗爭的消費者杯葛美心旗下的商店，而勇武抗爭者則去毀壞這些商店的財物，甚至破壞整間店面。負責美心集團日常營運的董事長，是伍淑清的侄子伍衛國。如今伍衛國陷入兩難之境，究竟他應該為安撫香港的消費者而與他的姑媽劃清界線？還是應該顧全集團在大陸的商舖和廠房，保持緘默以避免得罪中國政權？伍衛國最終決定保持緘默。

藍絲陣營背後的強權有能力對黃色經濟圈展開報復。公開支

---

17 譯按：不過，怡和集團的經營策略是放手讓伍沾德家族管理美心集團，並沒有積極參與美心的內部營運。

持抗爭的商店若被盯上往往會招致嚴重損失，出版《蘋果日報》的壹傳媒集團是藍絲陣營施以報復的頭號對象。壹傳媒不但被警方針對，也被藍絲陣營的廣告客戶落井下石，廣告收益在2019年一下子就消失了四成。德勤會計師行（Deloitte Touche Tohmatsu）則以該集團營運涉及專業風險為由，片面中止對壹傳媒的審計服務。[18]

執筆之時，那些毀壞親中派資產的行動早已沉寂下來，不過民眾對親中企業餘怒未消，消費者仍然拒絕在親中商店購物、或是採用他們的服務。社會壁壘分明的政治對立對消費習慣的長遠影響仍是未知之數。究竟在抗爭塵埃落定後，民眾消費時是否還會區分黃藍？最終會否演變成長期的罷買運動？這的確很有可能發生；畢竟香港社會潛藏的不滿，也非一時三刻所能紓解。

• • •

2019年的起義也透過擁抱在地文化、並加上創新的元素，使抗爭意識深深植入民眾的集體回憶中。其中最具知名度的是抗爭者在這場起義中為香港帶來一首嶄新的「國歌」。網名為「Thomas dgx yhi」的音樂人譜寫《願榮光歸香港》一曲，2019年

---

18 *Dimsum Daily*, "Deloitte, auditor of debt-ridden Next Digital Group which owns Apple Daily resigns due to professional risks related to auditing and its fees", Hong Kong, 17 December 2019, https://www.dimsumdaily.hk/deloitte-auditor-of-debt-ridden-next-digital-group-which-owns-apple-daily-resigns-due-to-professional-risks-related-to-auditing-and-its-fees/ (last accessed 3 Dec. 2020).

8月31日於連登討論區發表後，很快就如野火般廣為傳頌。[19]在此之前，抗爭者已經透過改編既有歌曲宣揚理念，比如把《孤星淚》（*Les Misérables*）音樂劇中 Do You Hear the People Sing 一曲譜上粵詞改編為《問誰未發聲》。如今香港人終於可以自己唱自己的歌。這首「國歌」的旋律頗有深度，在起首一句「何以這土地淚再流」後，情緒隨即冉冉上揚：

在晚星　墜落　徬徨午夜
迷霧裡　最遠處吹來　號角聲
捍自由　來齊集這裡　來全力抗對
智慧　勇氣　也永不滅

《願榮光歸香港》推出後不久，就有一群音樂家聚在某間商場內即興合奏。後來名為「黑方格」的 YouTube 頻道上傳了這首「國歌」的音樂短片，一個星期內獲得 150 萬人點擊。[20]影片內，演奏的樂手都穿上前線抗爭者的全副裝備：包括防備警棍的安全帽、遮蓋面部的黑色頸巾、隔絕催淚瓦斯的護目鏡、以及抗爭者自六月以來一直穿的黑衣。除了吹奏管樂的樂手，其他人都戴上示威現場常見的防毒面罩。此後短片的點擊率繼續攀升，又被網

---

19 譯按：此歌曲原為香港網民之集體創作，後來 Thomas dgx yhi 出面申請版權，並將不同版本的《願榮光歸香港》收錄到 Glory to Hong Kong 這張網上專輯。該專輯被列明「湯瑪仕 & 眾香港人」是負責創作的藝人，而作詞人則為「t」和「眾連登仔」。

民翻譯成其他語言,當中有一段日語版最為令人感動。[21] 雖然林鄭月娥於年初立法禁止侮辱中國國歌,可是足球場上的球迷再也沒有向中國國歌報以噓聲,改為以《願榮光歸香港》這首「香港國歌」回敬。這樣的舉動,顯然會觸碰到當局的敏感神經。

　　以文化抗爭響應起義,顯然並非香港獨有的經驗;世界各地有規模的抗爭運動都意識到抗爭必須靠藝術表達來維繫。即使中國共產黨也深明箇中道理,他們發動共產革命時就曾參考俄國革命的經驗推廣所謂的「人民藝術」。「工農兵文藝」使追隨毛澤東的共產黨員能確立自身認同,堅信革命生涯充滿意義。這種文藝工作後來愈演愈烈,轉化成對毛澤東的個人崇拜,不過這終究是量變而非質變。雨傘運動的文化抗爭相對而言低調得多,不過在2019至2020年的起義,文化的角色被提升到另一個層次。這場起義填平所謂「高雅」文化與「低俗」文化之間的鴻溝。過去那些未曾參觀過畫展或是欣賞過音樂會的民眾,發現種種文化生活的表現都已走到他們的日常之中,如今普羅大眾都有機會親嘗豐富的文化盛宴。文化亦因此而民主化,再也不是少部分精英或專

---

20 Kimmy Chung, "'Black Blorchestra' crew behind music video of protest anthem 'Glory to Hong Kong' voice fears about being identified", *SCMP*, Hong Kong, 18 September 2019, https://www.scmp.com/news/hong-kong/politics/article/3027744/black-blorchestra-crew-behind-music-video-protest-anthem (last accessed 4 Dec. 2020).

　　譯按:影片連結為:https://youtu.be/oUIDL4SB60g

21 譯按:YouTube 網站上有好幾個不同版本的《願榮光歸香港》日語影片。其中一條拍得比較好的影片:https://youtu.be/vDMPwB4bKfM

家的專利。

　　因應抗爭運動的形勢，形形色色的藝術創作也應運而生。除了各個版本的《願榮光歸香港》音樂短片外，亦有網民創作題為《反送中！撤回逃犯條例！》的動畫影片，這段動畫有好幾千萬的點擊次數，被翻譯成20種語言。[22] 新成立的香港藝術家工會是另一個創意澎湃的平台，工會成員為起義創作了數之不盡的繪畫、雕塑、攝影作品、以及各式各樣的視覺藝術創作。香港各區的連儂牆上貼滿具有歷史和藝術價值的創作，這甚至吸引到一些藝術收藏家，使他們著力蒐集整套系列創作。那些抗爭圖像充滿力量，亦因此可見諸於各式各樣器物之上，比如在時鐘的錶盤上。筆者本人就收藏了一面這樣的時鐘。這個鐘的錶盤是由黑膠唱盤改造，上面描繪著一位用黃色雨傘抵擋催淚彈的黑衣抗爭者。

　　此時新興的抗爭文化，乃建立於粵語流行曲和粵語電影這類本土文化的基礎之上，這些本土流行文化過去一直維持政治中立。自1960年代起，香港獨特的粵語流行文化開始取代當時風行的華語及英語流行文化。粵語流行曲和香港粵語片也衝出香港，對亞洲各地帶來深遠的文化影響。香港這個不起眼的英國殖民地，只是個住著幾百萬人的彈丸之地，卻因流行文化的輸出而廣為人知。而在香港，本土流行文化的興盛也是本土身分認同得以確立的關鍵成因。於1972年開始播放的香港電台電視劇《獅子山下》剛好能概括這種新興的本土身分認同；在這劇集系列中

---

22 譯按：YouTube 網站上華語版的影片：https://youtu.be/XMRs0RQpBIo

的香港勞動民眾，為著爭取幸福的生活而努力拚搏。此後直到
2020年，香港電台都有續拍《獅子山下》系列，當中反映香港人
使命必達、拒絕放棄的堅忍精神。[23]

　　這種「獅子山精神」直到今時今日仍然是香港的核心價值，
就如獅子山如今仍然聳立在九龍山脈那樣。這座山峰氣勢磅礴，
怪石嶙峋的山頂看似俯瞰香港的雄獅頭。抗爭者習慣攀登獅子
山，於山頂展示聲援民主運動的標語。在2019年起義初期「香
港人加油」的口號正正就是獅子山精神的體現。

---

[23] 譯按：黃霑替《獅子山下》撰寫的主題曲可謂「獅子山精神」的文字摘要。歌詞
　　內容：

　　　　人生中有歡喜　難免亦常有淚
　　　　我哋大家　在獅子山下相遇上
　　　　總算是歡笑多於唏噓
　　　　人生不免崎嶇　難以絕無掛慮
　　　　既是同舟　在獅子山下且共濟
　　　　拋棄區分求共對
　　　　放開彼此心中矛盾　理想一起去追
　　　　同舟人　誓相隨　無畏更無懼
　　　　同處海角天邊　攜手踏平崎嶇
　　　　我哋大家　用艱辛努力寫下那
　　　　不朽香江名句

不過「獅子山精神」的意涵，至1970年代起即不斷演變。就如上述由黃霑所填
的歌詞，亦可以有不同的詮釋方式。老一輩香港人會採用比較保守的詮釋，著
重「同舟共濟」的一面，認為香港人理當建立迴避紛爭的和諧社會。年輕世代
則認為獅子山精神的要義是把香港當成一個共生社群，而香港人要為家邦的自
由、幸福和尊嚴團結奮鬥。到2010年代，第二種詮釋開始成為香港人（至少是
香港年輕人）的共識。參：黎國威，〈「獅子山」：歷史記憶、視覺性與國族寓言〉，
《二十一世紀》，香港，總161期，2017年6月，頁84至101。

　　香港民眾個人政治意識的提升，使遊行和各種抗爭行動不斷冒起，這些行動卻不一定與主流民主運動有太大的關連。民眾認知到個人的命運應由自己掌握，自發為身邊各種不平事走上街頭。針對社區議題的小規模抗爭，在香港本來就不是新鮮的事情。不過如今這類抗爭變得日益頻繁，規模亦大有增長。比如在鄰近邊界的上水，曾有數以萬計民眾抗議中國大陸旅客到訪，這些旅客在社區的商店搜購物資，既使物價飛升、也令在地民眾無法購置民生物品。[24] 而屯門的民眾則到屯門公園舉行示威，抗議來自大陸的「跳舞大媽」佔用公共空間；她們在公園穿上妖艷的服裝載歌載舞，不但發出擾人的聲浪，也涉嫌以可疑的方式賺取金錢。當COVID-19疫情在2020年初爆發時，林鄭月娥政府未有諮詢在地民眾，就推出備受爭議的防疫措施，從而誘發另一波的社區抗爭。特區政府可能是為了謹慎應對新型冠狀病毒帶來的嚴重健康風險，設置了檢疫中心，而地點往往是勞動民眾聚居的社區。當地民眾受起義期間的反抗精神鼓舞，以勇武抗爭回應這樣的計劃。

　　此時警方已經習慣用同一套手法來對付各種街頭抗爭，他們很快就讓社區街坊的抗爭嚐到主流民主運動所受的對待：不斷發射催淚彈、用胡椒噴霧制服抗爭者、大肆搜捕在地民眾。不過此

---

24 譯按：這些中國「遊客」大都是來香港從事貿易；由於中國大陸假貨盛行，他們便到信譽較好的香港大舉購物，再運回中國倒賣。他們把在地商店當成批發行，往往一買就買掉好幾箱貨品，影響香港邊境社區民生物品的物價和貨源。

時民眾已對警察的暴力司空見慣，也因此顯得無畏無懼。上街抗爭如今已成為條件反射的回應；他們不再相信，費力發起聯署、或想方設法與那些漠不關心的官僚見面，會帶來什麼正面的結果。如今抗爭已成為新的常態，而民眾也沒有退卻的意欲。

除卻社區街頭的偶發衝突，新興社團或公民社會組織於起義期間亦如雨後春筍。如前文所述，起義期間的抗爭運動背後有各種專業團體和工會的支援，如今這些團體都想轉型為長遠的組織，使新興工會大批湧現。這些新工會雖然像傳統工會那般爭取僱員權益，卻也著意要把抗爭融入日常生活，讓民眾能於職場發聲。

工會參與政治事務本來就是香港的常態。香港最大的工會香港工會聯合會，本身就是中國共產黨「統一戰線」的一部分。這個親中總工會的壟斷地位在1990年受到新成立的香港職工會聯盟（職工盟）挑戰。職工盟的發起人都積極參與民主運動，1989年高調聲援天安門學運，當中包括永不言倦的李卓人。2019年起義後的新工會運動是一股前所未見的熱潮；在2020年第一季就有1,578個勞工組織申請成為註冊工會。特區政府對此的回應，卻是以行政手段極力拖延申請的過程。[25]

新工會的職能，往往與既有勞工團體重疊。新公務員工會乃當中最顯著的例子；在新工會成立前，公務員參與工會的比率已是香港各行各業之冠。資訊科技界、銀行界、建築及土木工程界、廣告界、會計界以及各大企業的員工，紛紛成立自己的新工會。新工會中規模最大的首推醫管局員工陣線，他們曾於2020年2月

動員7,000位成員發起罷工，要求政府暫時禁止中國遊客入境，藉此抵擋源自中國的COVID-19疫潮。他們也向醫院管理局請願，要求局方向員工提供妥善的個人防護裝備。雖然醫護人員於疫情危急之際發起罷工很容易惹人非議，可是他們還是得到民眾廣泛的支持。香港政府起初想要忽略他們，可是其後還是不情不願地應允封關的訴求。

這些新工會並非職工盟這個「舊民主派」組織的成員，可是職工盟還是願意傾力襄助。這些新工會秉持的也就是2019至2020年起義的時代精神，避免設立科層組織，強調讓會員自發討論以進行決策。

• • •

社會政治的動盪，往往能改變過去根深蒂固的定見。香港的抗爭運動當然也是如此。雨傘運動時，一眾年輕人首次擺脫家長或其他人的監督，在街頭紮營生活。這無疑是種解放的體驗，令參與抗爭的年輕人充滿自信。筆者當時訪問的抗爭者，現在有不少都是二十出頭的年輕人，他們回顧當時，發現參與抗爭的經歷使他們眼界大開，改變了他們的世界觀；比如他們對性取向和

---

25 Ng Kang-chung, "Anti-government activists' plan to win key Legislative Council seats in 2020 election suffers blow as minister reveals huge backlog to trade union approval", *SCMP*, Hong Kong, 12 April 2020, https://www.scmp.com/news/hong-kong/politics/article/3079547/anti-government-activists-plan-win-key-legislative-council (last accessed 3 Dec. 2020).

階級觀念的看法，因為抗爭的經歷而有所改變。不過最重要的改變，關乎他們對權威的態度。在雨傘運動於2014年末結束後不久，筆者曾與一位抗爭者傾談，他比紮營露宿的年輕人略為年長。他認為這場抗爭「使他首次意識到自己是活著的人」。這位受訪者也許見到筆者一臉狐疑，就繼續補充：「這真是改變人生的時刻，抗爭使我意識到自己正在創造歷史。」

　　民主派立法會議員朱凱廸曾於2020年初在臉書公布被捕抗爭者的統計數字。於2019至2020年的起義被捕的抗爭者中，有64%的年齡介乎19至30歲，也就是說香港有千分之四年輕人因參與抗爭而被捕。[26]年輕人也比較容易遭遇警察臨檢，即使他們只是為與抗爭無關的日常事務而外出，也要比其他人承受更多來自警方的壓力。

　　警察與年輕世代的全面決裂乃前所未見的新現象。在過去好幾十年，香港警察一直與年輕世代關係良好，不時派員到學校或青年組織向年輕人解釋他們的工作，藉此促進警民合作。這類活動令警方深受年輕人支持，而警隊亦毫無爭議地被視為善良的團隊。[27]香港的學校向來重視權威，著重學生的紀律，這樣的傳統在年輕人之間培養出一種尊敬權威的文化。而社會上也講究論資排輩，不容年輕人質疑長輩的權威。亦因如此，警方早已把民眾的欣賞視為理所當然。而香港警察確實有效執法，使犯罪率維持

---

26 譯按：「八鄉朱凱廸 Chu Hoi Dick」臉書專頁，2020年2月29日（https://www.facebook.com/chuhoidick/posts/2799321570133749）。根據同一份數據，約17%被捕者是18歲或以下的少年人。

在理想的低水準，香港也沒有其他社會常見的街頭暴力罪行。治安良好的香港，曾經有獨立而有效的司法體系，確保觸犯法網的人都能獲得公道的對待。

可是就如之前提及那樣，2019至2020年的衝突過後，香港的警民關係已變得水火不容，甚至來到無法彌補的地步。我們已經知道林鄭月娥政府既不敢提出任何改革建議，也不接受以獨立調查的方式檢討警方對付抗爭者的手法。而且，此時不論是國際組織、還是本地的機構，都曾多次控訴警察濫用暴力。[28]最令人憂心的是，抗爭期間被捕的人士有高比例受傷，同時又有抗爭者指控警察於拘留期間毆打和襲擊他們。[29]民權監察於2020年5月向聯合國人權理事會提交報告，指出香港警察已經習慣濫用權力、並且獲得體制的支持。[30]傳媒及民眾拍攝的影片都顯示警員曾涉及非法暴力行為，進一步證實抗爭者和人權組織的指控：警

---

27 譯按：警隊腐敗的問題獲得解決後，才開始出現這種情況。1970年代及以前，貪污腐敗的警察會被民眾暗罵為「有牌爛仔（有官方認證的流氓）」。警隊的形象於1980至2000年代徹底扭轉，部分要歸功於以警察為題材的香港電影；這些電影往往把警察描述成與罪惡周旋的英雄。（當時警察公共關係科其中一個重要功能就是幫助電影業拍攝與警察相關的場面。）

28 世界特赦組織早在2019年9月即已蒐集到一堆警察濫暴的證據。參：Amnesty International, "Hong Kong: Arbitrary arrests, brutal beatings and torture in police detention revealed", Hong Kong, 19 September 2019, https://www.amnesty.org/en/latest/news/2019/09/hong-kong-arbitrary-arrests-brutal-beatings-and-torture-in-police-detention-revealed/ (last accessed 3 Dec. 2020).

29 《立場新聞》曾深入報導起義頭九個月警察虐待被羈留抗爭者的情況。他們列出統計數據，並記錄部分受害者的證言。參：〈至少百名被告因傷缺席首次聆訊 20人投訴遭警毆有明顯傷勢 8人被打至骨折〉，《立場新聞》，2020年3月13日。

察毆打抗爭者、有交通警員駕駛機車全速衝向抗爭民眾、甚至警員向早已倒地不起的抗爭者開槍。香港法例規定警員執法時必須佩戴委任證、或在制服上印上辨認身分的記號，可是鎮壓抗爭的警察往往無視這條規定。雖然高等法院於2020年11月裁定這種作風違法，警方卻完全無視法庭的裁決，只表示會研究判詞對執法行動的影響。

　　雖然警方面對排山倒海的指控，可是卻沒有向任何一位警員究責；只有一名警員因涉嫌向抗爭者洩露警方機密，而被立案紀律調查。警方發言人在回應公眾指責時總是強調，警員是有節制地依法使用武力。警隊基層自覺陷入四面楚歌的景況。有些警員於休班期間遇襲、有些則宣稱子女於學校受人欺凌、有些警員家屬的個人身分則被網民「起底」。本來我還懷疑警方說他們遭受騷擾的這些話是否有點誇張失實，但卻有一位朋友告訴我他的經歷，使我吃了一驚。這位朋友於國際學校小學部擔任兼職助教，卻於唱遊課時被幼童拍打。老師很抱歉地對朋友解釋，是有人告訴學生們這位朋友以前是警員。

　　也很可以說，警察如今淪為全民公敵是自作自受，警員在鎮壓抗爭時帶著堅決的敵意去對待抗爭者、記者、義務急救員、以至任何被他們視為「曱甴」的民眾，有許許多多的人是因為這樣

---

30 Alvin Lum, "Hong Kong police 'systematically infringed' human rights of protest arrestees, local group argues in report destined for UN", *SCMP*, Hong Kong, 13 May 2020, https://www.scmp.com/news/hong-kong/politics/article/3084050/hong-kong-police-systematically-infringed-human-rights (last accessed 3 Dec. 2020).

才恨起警察的。警隊就如所有制服紀律部隊一樣，對團隊有強烈的歸屬感。香港警察不只喜歡在警察的小圈子中生活，也聚居在警方為他們蓋建的宿舍。[31] 起義爆發後，警員開始討論要把子女送往中國留學。香港警察隊員佐級協會曾於舉辦聚會時邀請地產開發商到場，倡議在中國大陸的肇慶為退休警員興建養老房屋。這就是說，2019年以後，警察也開始把他們的家人與主流社會隔離。

前線執法人員非但未獲民眾信任，甚至被主流社會明確的厭惡，如此勢必釀成影響深遠的惡果。與此同時，香港警察卻獲得藍絲陣營的狂熱支持。警隊作為執法機關本應超然於政治之上，可是如今已淪落為高度政治化的武裝團隊。

如今警隊的狀況已是難以逆轉，甚至比起1970年代更加困難；香港警察在1970年代因貪污腐敗和執法不公而風評不佳，當年殖民地政府絞盡腦汁方能恢復警察的聲譽，使其一度被評為「亞洲最佳警隊」。2019年的起義為警隊的未來帶來前所未料的不明朗因素。

這場起義的後續發展使社會動盪不安，香港人也無法捉摸那說不出的未來，因此許多人產生移民的念頭。隨著形勢逐漸對抗爭運動不利，去留與否也成為日常對話無法迴避的問題。這時候香港的狀況就像1989年天安門大屠殺之後那樣；當時香港人害怕1997年主權移交後，中國政權會在香港重施故技，所以大批

---

31 譯按：香港警察為警員提供的房屋福利，遠比其他國家優渥。

民眾決定移民海外。

正因為香港本身就是個移民社會，因此與那些未有遷徙經驗的社會相比，香港民眾比較能接受把移民當作選項。不過要確定香港有多少人選擇移民，卻是個艱鉅的任務；因為香港人移民後仍然可以繼續持有永久居民的身分，而政府統計處也沒有蒐集與移民相關的數據。我們只能從申請「無犯罪紀錄證明書」的人數推估有多少人決定移民海外，因為大部分接受香港移民的國家，都會要求申請人遞交這份俗稱「良民證」的證明文件。2019年發出的「良民證」數目比往年急增66%，也就是說該年有33,252人取得這份證明文件。[32] 不過民眾申請「良民證」不必然說明他們都準備要移民，而且單憑一年的數據，無法反映往年已取得證件的申請人之去向。而且根據1990年代移民潮的經驗，不少移民其實只是把加拿大、澳洲和英國這類國家當成避難所。有不少移民在辦好手續取得國民身分後，就返回香港如常生活。

不過，隨著《國家安全法》於2020年6月推出，移民海外也成為香港人積極考慮的選項。有些國家此時實施讓香港人取得庇護的政策，當中最重要的是英國，這點我們已在第四章討論過。《國家安全法》這條強加諸於香港人身上的嚴苛法律，帶來未能預見的效果；它既使香港的抗爭者考慮流亡，亦促使海外國家為

---

32 *SCMP*, "'Exodus' from Hong Kong? Those who fear national security law mull best offers from welcoming countries", Hong Kong, 12 July 2020, available at https://newscolony.com/exodus-from-hong-kong-those-who-fear-national-security-law-mull-best-offers-from-welcoming-countries/ (last accessed 24 Nov. 2020).

香港人大開方便之門。

　　而香港此時亦首次出現湧往台灣的移民潮。彭博新聞社（Bloomberg News）引用台灣官方數據，推算出2019年頭七個月移民台灣的香港人數目比過去增加了28%，而全體新住民中亦有接近一成是香港裔台灣人。[33]部分前往台灣的香港人顯然是逃避警方搜捕的政治難民，不過這些落難的抗爭者只是香港裔新住民當中的少數。

　　香港中文大學香港亞太研究所於2020年9月就移民問題進行更詳盡的調查，期間訪問了737位受訪者。根據研究所10月的公布，有43.9%的受訪者表示，如果條件許可他們就會決定移民。此外亦有35%的受訪者已開始為移民海外積極籌劃。受訪者偏好移民往英國和澳洲，而台灣則是緊隨其後的熱門選擇。[34]

　　離開土生土長的地方、移居另一個陌生的國度，乃是重大的人生抉擇。可是香港的中產階級都有一定的積蓄，亦擁有全球通用的技能；也就是說，移民海外的選項一直都存在，只是當今世局使這樣的選擇顯得更為吸引人。接近四成的香港人移居海外這種情況，似乎不太可能成為事實，可是民眾難免議論紛紛。而香

---

33 Cindy Wang and Chinmei Sung, "Hong Kong Immigration to Taiwan Surges as Protests Grind On", Bloomberg News, New York, 19 August 2019, https://www.bloomberg.com/news/articles/2019-08-19/hong-kong-immigration-to-taiwan-surges-as-protests-grind-on (last accessed 3 Dec. 2020).

34 中大香港亞太研究所電話調查研究室，〈中大香港亞太研究所民調：宜居城市評分持續下跌　更多市民作移民準備〉，香港中文大學香港亞太研究所，2020年10月6日。（http://www.hkiaps.cuhk.edu.hk/wd/ni/20201007-105135_1.pdf）

港民意研究所於2020年9月的調查發現有兩成受訪者正計劃移民海外，他們當中有一半打算於兩年內付諸實行。[35]

　　在1990年代的移民潮中雖然有不少香港移民在取得國民身分後即回流香港，可是他們往往會把子女留在海外。這樣的歷史如果重演將會進一步惡化香港人口老化的問題，而有能力遠走他方的通常也是傑出能幹的人才。這次移民潮對香港的長遠影響，將會在未來幾代人的時間逐漸浮現。

---

35 香港民意研究所、StarPro Agency，〈市民對移民的意見調查〉，香港民意研究所，2020年9月22日。相關研究結果，參：https://www.pori.hk/wp-content/uploads/2021/01/STARPRO20MIGRAT_freq_rpt_v1_pori.pdf

PART
3

說不出的未來
THE UNEXPECTED
AND THE FUTURE

9 從武漢飄來的生化危機
Virus and Crisis

　　2020年初，香港的抗爭運動雖然略為沉寂，卻還沒有終結。可是隨後幾個月，香港卻必須面臨另一個更為沉重的挑戰，迫使已維持好幾個月的起義畫上休止符：中國大陸中部城市武漢此時正爆發瘟疫，很快就發展成席捲全球的COVID-19流行。起義與瘟疫同時發生雖然只是出於偶然，但兩件事都對同樣中國政權構成衝擊。即使北京與國際社會的衝突「純粹只是」出於對香港起義的鎮壓，那已經足以使中國外交官夢魘不斷；可是如今中國讓瘟疫擴散全球，卻使這場外交惡夢演變為全面的信任危機。中國無法從一開始就穩住疫情，讓中國民眾開始懷疑北京政權是否真的無堅不摧；他們逐漸得知政權曾隱瞞疫情的消息，如今又必須承受隨之而來的經濟衝擊。

　　這款新型冠狀病毒，揭示（或說證實）中國毫無誠信可言；當中國共產黨的利益與公共利益有所衝突，黨國必然會對後者視若無睹。就如我們曾在第三章論及，北京政權的邏輯歷來都以黨國威權至上，任何其他的利益都只能擱在一邊。威權政體為求保護領導人的利益，在本能上都會傾向掩蓋壞消息，只容許那些對

獨裁者歌功頌德的好消息流通。正因如此，中國失去阻止疫情擴散的黃金機會。政權之所以猶豫不決，是因為他們只關心如何能壓下不利傳言，沒有真正用心應付疫情的挑戰。

中國國家疾控中心病毒所研究員孟昕曾於社交媒體上發文，批評當局的防疫作風「政治第一、安全第二、科學第三」；[1]這些貼文後來都被盡數刪除。這就是說，即使致命的公共衛生危機迫在眉睫、即使到了必須讓負責辦事的人得悉真相的時機，當局仍舊把杜絕壞消息視為頭號任務，未曾考慮本於責任開誠布公。中國各地民眾都知道中國的「防疫」體制是如何運作。魏鵬（音譯）是武漢一間社區醫院醫生，該醫院專門接收和診治發燒病患，距離疫情的爆發點不遠。他雖然知道疫情是由一種新病毒引致，可是卻不敢讓上級得知實況。他向記者表示：「你向上頭報告，對你不會有任何好處。你不把實情上報，也沒有人會向你追究。」假如他選擇向上頭反映實情，萬一那正好是當權者不想聽到的壞消息，那只會為他帶來「數之不盡的麻煩」。[2]

瘟疫的消息最終還是傳揚開來，紙再也包不住火了。接下

---

1 源自程翔的引述。參：程翔，〈新聞自由攸關生死：武漢肺炎肆虐全球的反思〉，《2020言論自由年報：危城下的自由》，香港記者協會，2020年7月7日，頁35。（https://drive.google.com/file/d/1KeFHqAKvc3aCZzxQPAviGWTBmDYa_pOk/view）

2 Guo Rui, "Coronavirus: Why did China's multimillion-dollar early warning system fail?", *SCMP*, Hong Kong, 13 March 2020, available at https://malaysia.news.yahoo.com/coronavirus-why-did-china-multimillion-025333317.html (last accessed 30 Nov. 2020).

來，北京的領導人只好聲稱，與海外那些民選政府相比，掌管一切權力和資源的威權政體反倒更能有效應對這種規模的危機。習近平於2020年9月甚至如此宣告：「抗擊新冠肺炎疫情鬥爭取得重大戰略成果，充分展現中國共產黨領導和我國社會主義制度的顯著優勢，創造了人類同疾病鬥爭史上有一個英雄壯舉。」他又宣言北京政權已經「經受了一場艱苦卓絕的歷史大考」。[3]

可是這場瘟疫很快就演變成嚴重的政治問題，為中國的內部統治和國際關係都帶來了麻煩。這次COVID-19疫情是21世紀第二場源自中國的瘟疫大爆發，兩次瘟疫的疫源都是中國惡名昭彰的生鮮市場。2002至2004年的嚴重急性呼吸道症候群（SARS，粵語俗稱為「沙士」）大流行亦有著相似的起源。SARS疫潮主要局限於亞洲國家，衝擊程度也遠不及COVID-19，可是2020年的瘟疫卻是遍布全球的大流行。隨著疫情爆發，國際社會對中國意圖左右全球局勢的野心、以及中國為求達到目的採用的手段，都提出愈來愈多的疑問。即使是中國的海外盟友、或是向來迴避批評中國的國家，如今都勇於挑戰北京的立場。中國自40年前開放改革以來，未曾遇到這樣的外交挑戰。

首先，國際社會質疑北京沒有開誠布公，沒有說明病毒早已擴散、也沒有講清楚此種病毒的危險性。這是中國的慣技，2003年爆發SARS疫情時，中國拖延了四個月才正式向外承認疫情爆

3 楊明偉，〈在歷史大考中開創新局面〉，《紅旗文稿》，北京，2020年18期。（http://www.qstheory.cn/dukan/hqwg/2020-09/21/c_1126520622.htm）

發的消息。最終在大陸及世界各地有8,096人不幸染疫、當中有774人因而病故。[4]

　　關於COVID-19這場瘟疫，坊間流傳著各種無法證實的陰謀論；這類講法在美國特別流行，認為新型冠狀病毒是一種人造病毒，因為某種事故從某間神秘的實驗室洩漏，並從武漢這個湖北省省會擴散開來。不過，目前大部分的證據，都說明疫情很可能是源自販賣野生動物的野味市場。[5]可是，天方夜譚的陰謀論絕非美國人的專利，中國也傳出了一些瘋言瘋語。比如中國外交部發

---

[4]　譯按：SARS的死亡率為驚人的9.6%，如果這個疫病的傳染率再高一點，勢必令各國醫療體系瀕臨崩潰。由於瘟疫爆發初期，尚未發現治療SARS的最佳辦法，醫療人員只能採用高劑量的抗病毒劑和類固醇，把病患從生死邊緣中拯救過來。可是這種療法為康復者帶來嚴重的身心後遺症，至今仍然困擾著劫後餘生的病患。

[5]　譯按：嶺南人有食用野生動物的習慣。在廣東野味市場常見的果子狸，後來被發現是SARS病毒的宿主，也就是說病毒可能是在野味市場由動物傳播到人體，而由於人類免疫系統難以應付這種來自動物的病毒，使新瘟疫一發不可收拾。COVID-19疫情爆發初期，專家普遍認為武漢華南海鮮市場很可能就是病毒的源頭；該市場雖有販賣野生動物，可是也是海外進口海鮮的集散地。因此中國官方一直嘗試證明病毒並非源自中國，而是從海外引入，但這種說法卻未能說服海外專家。後來另一些專家認為，病毒來源可能是市場附近的病毒研究所；果真如此的話，這比較可能是實驗室意外洩漏，但坊間卻有陰謀論認為這是中國軍方研製的生化武器。香港大學微生物學講座教授袁國勇曾撰文，批評中國食用野生動物的飲食文化容易促成瘟疫傳播，隨後於壓力下撤回文章。參：李澄欣，〈「中國人陋習是病毒之源」　香港專家文章撤回〉，《德國之聲》中文網，2020年3月18日（https://p.dw.com/p/3ZcM9）。關於實驗室洩漏假說，參：Amy Maxmen and Smriti Mallapaty, "The COVID lab-leak hypothesis: what scientists do and don't know", *Nature*, Volume 594, 17th June 2021, Pp.313-315 (https://www.nature.com/articles/d41586-021-01529-3).

言人趙立堅於 2020 年 3 月就於推特上暗示，美國軍人在 10 月到武漢參加世界軍人運動會時趁機把病毒帶入中國。[6]

趙立堅的無理指控引起了一些騷動，然而，並沒有觸及更深刻的疑問：究竟中國是何時何日發現到新型冠狀病毒的嚴重性？這項疑問，以及究竟中國的醫學研究人員是什麼時候發現病毒能夠人傳人，至今仍是個爭論不休的議題。後來事態逐漸變得清晰：北京婉轉地證實，就如《華爾街日報》2020 年 1 月 8 日的獨家報導那樣，中國最高領導人要到該報導刊登前一日，才從匯報得知這病毒有多危險。[7]不過地方政府也許很早就知道瘟疫的真相，只是拖到此時此刻才鼓起勇氣向中央報告。

中國官方在 1 月 11 日的公告承認武漢的疫情已出現首宗死亡個案。[8]此後疫情不斷向外擴散，死亡人數急劇攀升，國際社會開始質疑中國有否提供傳播率和死亡率的準確數據。中華人民共和國的統計系統為政治服務已是眾所周知的事實，而關乎天災和瘟

6　Ben Westcott and Steven Jiang, "Chinese diplomat promotes conspiracy theory that US military brought coronavirus to Wuhan", CNN, New York, 14 March 2020, https://edition.cnn.com/2020/03/13/asia/china-coronavirus-us-lijian-zhao-intl-hnk/index.html (last accessed 30 Nov.2020).

7　Natasha Khan, "New Virus Discovered by Chinese Scientists Investigating Pneumonia Outbreak", *The Wall Street Journal*, New York, 8 January 2020, https://www.wsj.com/articles/new-virus-discovered-by-chinese-scientists-investigating-pneumonia-outbreak-11578485668 (last accessed 30 Nov. 2020).

8　Amy Qin and Javier C. Hernández, "China Reports First Death From New Virus", *The New York Times*, New York, 10 January 2020, https://www.nytimes.com/2020/01/10/world/asia/china-virus-wuhan-death.html (last accessed 30 Nov. 2020).

疫的統計數據向來都被列為高度機密。所以北京顯然可能會弄虛作假，一方面宣揚他們遏止病毒傳播的功績，另一方面則淡化病毒傳播的程度。總部設在美國加州的智庫蘭德公司（RAND Corporation）曾就病毒傳播的問題做過研究。他們檢視航空旅行的數據，以外推法估計新型冠狀病毒在2020年1月真實的染病人數可能是中國官方數據的37倍。[9]習近平主席於同年3月造訪武漢，高調宣示這個重災區已經戰勝病毒，此後中國官方沒有再公布新感染個案的數目；但後來的事實清楚表明病毒的傳播仍未得以遏制。[10]不但如此，中國亦不斷修改納入統計個案的標準，他們後來承認起初的死亡統計沒有記錄在醫院以外死亡的病患，也沒有把安養院中死去的人計算在內。

中國官員在疫情爆發初期反應遲鈍，正好反映防疫體制缺乏透明度。令人震驚的是，中國的防疫預警系統開始啟動之時，疫情早已一發不可收拾。[11]武漢地方當局甚至於1月18日舉辦一場約有40,000個家庭參與的萬人宴，藉此慶祝即將來臨的農曆新

9　Christopher A. Mouton et al., "COVID-19 Air Traffic Visualization: COVID-19 Cases in China Were Likely 37 Times Higher Than Reported in January 2020", RAND Corporation, Santa Monica, CA, 2020, https://www.rand.org/pubs/research_reports/RRA248-3.html (last accessed 30 Nov. 2020).

10　Emily Rauhala, "China's claim of coronavirus victory in Wuhan brings hope, but experts worry it is premature", *The Washington Post*, Washington DC, 25 March 2020, https://www.washingtonpost.com/world/asia_pacific/china-wuhan-coronavirus-zero-cases/2020/03/25/19bdbbc2-6d15-11ea-a156-0048b62cdb51_story.html (last accessed 30 Nov. 2020).

年；[12] 此時COVID-19的爆發、以及疫病容易傳播的特性，早已廣為人知。不過當時武漢民眾對疫病的危險性愈發警覺。最有名的事件是李文亮醫師曾於2019年末向同業表達他對疫情的憂慮，可是他卻因此在1月3日被國安人員以「散播謠言」的罪名拘押，強迫他簽署認罪信。一個月後，李文亮因在工作期間已不幸染疫，於傳染病房撒手塵寰。[13]

　　李文亮之死在中國社交媒體激起前所未有的怒濤。中國的社交媒體一直以嚴厲的言論審查見稱，可是此時網民群情洶湧，網路審查員應接不暇。微博鏡像計劃一直追蹤新浪微博的貼文——這個網站是中國規模最大的社交媒體。這個研究計劃發現在李文亮的死訊傳出後，審查員從40,232條相關貼文當中成功刪除了117條。可是微博的用戶連同使用WeChat這個於中國風行的短訊程式之網民，繼續挑戰政府對COVID-19疫情的論述。數以百計的WeChat帳戶因為涉嫌批評政府的防疫政策、或傳播被官方媒體審查的新聞，而遭服務供應商註銷。WeChat刪除帳戶的風

---

11 Dali L. Yang, "China's early warning system didn't work on covid-19. Here's the story", *The Washington Post*, Washington DC, 24 February 2020, https://www.washingtonpost.com/politics/2020/02/24/chinas-early-warning-system-didnt-work-covid-19-heres-story/ (last accessed 30 Nov. 2020).

12 James Kynge, Sun Yu and Tom Hancock, "Coronavirus: the cost of China's public health cover-up", *Financial Times*, London, 6 February 2020, https://www.ft.com/content/fa83463a-4737-11ea-aeb3-955839e06441 (last accessed 30 Nov. 2020).

13 Stephanie Hegarty, "The Chinese doctor who tried to warn others about coronavirus", BBC News, London, 6 February 2020, https://www.bbc.co.uk/news/world-asia-china-51364382 (last accessed 30 Nov. 2020).

波後來成為微博的熱門話題，吸引到約三百萬名網民圍觀，可是相關貼文後來也新浪微博移除。WeChat 的審查員到 2 月 15 日整理出 516 個關鍵詞的組合，並以此過濾關乎疫情的「不良訊息」。根據多倫多大學公民實驗室的研究，任何提及李文亮醫師的貼文都會使相關討論串被審查人員刪除[14]。不過中國技術高超的網民有辦法繞過當局的言論審查，主要方法是通過 VPN 網路「翻牆」上網。而大陸的網路警察亦日益警覺，開始設法針對 VPN 網路。

COVID-19 疫情的爆發，也許促成中國社交媒體前所未有的騷動，為數不少的網路紅人於此役被網路審查封殺。崔永元曾經擔任中央電視台的主播，他在社交平台吸引了近兩千萬名追隨者。觀乎他的背景，崔永元根本不可能與異見人士扯上任何關係，可是 WeChat 還是註銷了他的帳戶、微博也封鎖他的貼文，只是因為他曾於網上討論過疫情。[15] 相比之下，任志強對北京政權的批判更為激烈；他是中國共產黨黨員、也曾經是地產大亨，於 2020 年 2 月在社交媒體勇敢地把政權應對疫情的手法描述成

---

14 Linda Lew, "Coronavirus pandemic shows global consequences of China's local censorship rules", *SCMP*, Hong Kong, 7 June 2020, https://www.scmp.com/news/china/society/article/3087866/coronavirus-pandemic-shows-global-consequences-chinas-local (last accessed 30 Nov. 2020).
譯按：追蹤微博貼文和 WeChat 討論，是香港大學新聞及傳媒中心的研究計劃。可是該研究中心可能因為《國家安全法》的壓力，不再向公眾展示相關研究結果，只讓專業研究人員申請閱覽。微博鏡像計劃的網頁：https://weiboscope.jmsc.hku.hk；WeChat 追蹤研究的網頁：https://wechatscope.jmsc.hku.hk
15 崔永元相關貼文的截圖，參：古莉，〈崔永元發聲牆內被封　短暫寬鬆結束了？〉，法國國際廣播電台中文網，2020 年 2 月 8 日。（https://rfi.my/5LH3）

「黨內的執政危機」。[16]七個月後，他被深不見底的中國司法制度安插罪名，以貪污罪被判處入獄18年。[17]

　　法律教授許章潤曾如此批評政權：「此番大疫暴露出的體制之弊與強人政治惡果，再度將政體之辯提上議事日程，令中華文明憲政秩序建設的迫切性更加顯明。」[18]此後他就從北京人間蒸發。知名異見人士許志永發表公開信，呼籲習近平為疫情承擔責任、鞠躬下台。他質問：「你要把中國帶向何處？你自己知道嗎？邊喊改革開放，邊為馬列招魂。」[19]此後許志永開始逃亡，卻不幸於廣州被捕。那些報導武漢疫情實況的公民記者亦於此時遭遇大搜捕，縱使有不少網民都在追看他們的報導。住在上海的公民記者張展在五月因「尋釁滋事」的罪名被拘捕；在疫情爆發時，她曾親赴武漢見證真相。此外亦至少有三位到武漢探訪的公民記者於二月被扣留。[20]

---

16 譯按：任志強後來發表一篇題為〈習近平就像一個被剝光了衣服也要堅持當皇帝的小丑〉的文章，綜合他於疫情爆發初期對政權的批評。他之所以被判入獄，也許是因言賈禍。關於文章全文，參：https://tinyurl.com/y4f5tj7y

17 *The Guardian*, "Ren Zhiqiang—who called Chinese president a 'clown'—jailed for 18 years", London, 22 September 2020, https://www.theguardian.com/world/2020/sep/22/ren-zhiqiang-who-called-chinese-president-a-clown-jailed-for-18-years (last accessed 30 Nov. 2020).

18 許章潤，〈世界文明大洋上的中國孤舟〉。參「中國人權」網站的全文備份：https://www.hrichina.org/cht/wen-zhang-xuan-deng/xu-zhang-run-shi-jie-wen-ming-da-yang-shang-de-zhong-guo-gu-zhou

19 許志永，〈勸退書〉。參「中國人權」網站的全文備份：https://www.hrichina.org/cht/gong-min-guang-chang/quan-tui-shu

異見人士批評北京政權其實並不罕見，不過這次連素來冷感的中國民眾都關注他們的批判。那些繞過中國網路長城的批判言論，聲勢亦比過去更為浩大。

中國異見藝術家艾未未於2020年3月的訪問中，如此總結疫情爆發時的狀況：「中國共產黨的制度，嚴格控制資訊的流通。而當中的官員也只會向高層負責，對民眾不聞不問。經過好幾十年，這種制度最終侵蝕人與人之間的信任。民眾不會因為致命病毒的出現，而期望互不信任的現狀會在一夜之間改變。可是社會失去信任，民眾就無法抗拒謊言。在現時的公共領域中，任何信念終究都是毫無根據。」[21]

艾未未關乎社會信任的見解，正好說明習近平政權何以恐懼群情洶湧的質疑；政權著力自吹自擂的一點就是中國共產黨如何深受民眾信任。為確保民眾對政權的信任不會進一步受到侵蝕，習近平政權罕有地向民眾讓步；他們被迫承認當初曾惡待李文亮醫師，又讓官方媒體大費周章把他追封為忠於黨國的共產黨員。中央開除了部分武漢地方官員，容許官方媒體對衛生部門的防疫措施作出有限度的批評。

20 BBC News, "Coronavirus: Chinese citizen journalist faces jail for Wuhan reporting", London, 17 November 2020, https://www.bbc.co.uk/news/world-asia-china-54969682 (last accessed 30 Nov. 2020).

21 Ai Weiwei, "China is ill, but it goes much deeper than the coronavirus", *The Guardian*, London, 8 March 2020, https://www.theguardian.com/commentisfree/2020/mar/08/china-ill-not-only-coronavirus-communist-party-control (last accessed 30 Nov. 2020).

習近平在三月巡視武漢時，暗示政權將不會容許進一步的批評；他宣布對付病毒的「人民戰爭」勝果已定，又讚揚中國共產黨力挽狂瀾的本事。新任武漢市委書記王忠林向武漢市民發表宣言，要求民眾對習近平感恩圖戴、要他們「聽黨話、跟黨走」。不過民眾未有依照王忠林的劇本行事，反倒在社交媒體嘲諷和責罵這位阿諛奉承的市委書記。官方見眾怒難犯，唯有把這一段宣言刪除——他們在理應無可退讓的時刻，又被迫向民眾讓了一步。

· · ·

正當新型冠狀病毒在大陸蔓延之際，香港政府卻完全喪失管治意志，高官不敢越過雷池半步，深恐做錯事觸怒已經怒不可遏的北京領導人。香港方面要到2020年1月第三個星期才收到關於病毒傳播的報告。雖然疫情此後並沒有在香港急速擴散，可是2003年SARS疫情的經驗卻使民眾大為緊張。

那些待在添馬政府總部的高官得知關於COVID-19疫情的消息，反倒如釋重負；特區政權認為這場公共衛生危機或會成為平息起義的契機，縱然他們從未對外如此承認。筆者訪問過曾參與高層會議的人員，綜合他們的描述，就能清楚地感受到那些高官的情緒。其中一位受訪者對於高官這種自私自利的態度甚為憤恨，因而託付筆者把消息盡量傳開。

反對陣營的《蘋果日報》2020年2月表示，他們取得一份由林鄭月娥撰寫的機密文件。行政長官在這份文件中向中央政府表示，新型冠狀病毒疫情是「難得可扭轉形勢的契機」，有望能終

結起義期間「四面受敵」的狀態。據報導，林鄭月娥呼籲北京全力支持香港的防疫工作，好讓她能抓緊機會「轉危為機」[22]。香港政府通常都會對這種媒體報導作出回應，這次卻一言不發，也許是要向公眾默認報導的內容。

COVID-19爆發的危機雖然把街頭抗爭平息下來，卻無法消弭公眾對政府的批評。與此相反，林鄭月娥政權處理這場危機的手法使民眾更加憤怒。根據一份2020年3月進行的調查，香港人對特區政府的因應對策憤恨難平；有超過一半的受訪者認為，林鄭月娥政府面對疫情的表現無足稱頌。此外，有七成受訪者認為COVID-19之所以沒有在香港急速擴散，全賴社群的同心協力；2003年SARS疫潮的經驗使香港民眾得以提高防疫意識。[23]民眾的警覺確實為香港的防疫助了一臂之力；直到筆者於2020年開始執筆時，香港的感染率和死亡率都遠低於世界大部分地方。香港民眾在衛生官僚發出指引前，就自發採取各種有效的防疫措施，很早就開始佩戴口罩、大量使用消毒用品、又一直保持社交距離。特區政府也許沒有從SARS疫潮汲取教訓，但民眾始終對此

---

22 〈林鄭呈中央報告曝光　藉抗疫圖翻盤　篤背脊　泛民：令人作嘔　建制：佢冇得救〉，《蘋果日報》，2020年2月23日。

23 該調查由《南華早報》委託香港中文大學傳播與民意調查中心於2020年3月19至27日進行。相關報導：Tony Cheung and Natalie Wong, "Coronavirus: Hong Kong residents unhappy with Covid-19 response—and surgical masks one big reason why, Post survey shows", *SCMP*, Hong Kong, 1 April 2020, https://www.scmp.com/news/hong-kong/politics/article/3077761/coronavirus-post-poll-shows-hong-kong-residents-unhappy (last accessed 30 Nov. 2020).

銘記於心。

疫情當前，素來漠視民意的林鄭月娥依然故我，毫不理會民眾對防疫措施的批評。她甚至於2月初宣稱：「我不想評論政府這次的表現，但是我們肯定已採取能確保香港安全和健康的策略。」[24]

事實上特區政權一直都在守株待兔，要待北京承認問題嚴重，才慢吞吞地開始行動。香港人正從世界各地搜購口罩，林鄭月娥反倒下令禁止官員戴口罩上班。除此以外，雖然瘟疫的來源顯然是邊界另一邊的中國大陸，特區政府起初卻堅持拒絕封關、也不肯管制跨境交通。新成立的醫管局員工陣線為此發動醫護人員罷工，藉此向毫無作為的政府施壓。雖然政府最終向罷工讓步，卻死要面子地宣稱他們的措施是「局部關閉口岸」而非「完全封關」。當局亦針對那些參與罷工的醫護人員，威脅要解僱他們、甚至不排除會提出檢控。（當局於2020年11月稍為退卻，宣布只會扣減罷工醫護人員缺勤期間的工資——當時醫護人員正忙於應付第四波疫潮。）

最終林鄭月娥政權還是開始儲備口罩，不過此時民眾的搜購行動已維持了一個月，市面上口罩的供應也已經充足。可是特區政府購入的口罩當中卻有六百萬件是假貨，事情最終於2020年七

---

24 林鄭月娥是於2020年2月5日的防疫記者會中發表上述言論；後來香港特別行政區政府新聞公報刪去相關內容。相關中文紀錄：https://www.info.gov.hk/gia/general/202002/05/P2020020500731.htm；相關英文紀錄：https://www.info.gov.hk/gia/general/202002/05/P2020020500740.htm

月敗露，進一步突顯政府的無能。[25]雖然在SARS的危機過去後，官方的調查報告強調必須做好設置檢疫中心的規劃，可是特區政權在隨後十五年一直無所作為。到新型冠狀病毒入侵香港時，那些活得輕鬆愜意的高官才以急就章的方式於公共屋邨附近設置檢疫中心。這激起鄰近居民的抗議，高官也因此被迫放棄部分計劃。

香港特區政府的防疫表現之差，誠然並非特例——世界上還有其他政府表現得更為差勁。不過大部分的海外政府，雖然被COVID-19弄得焦頭爛額，卻也無需同時面對長期的社會動盪。香港特殊的政治體制、以及此地與大陸的微妙關係，使特區政府看起來格外軟弱無能。當世界各國都開始派遣專機從武漢撤僑時，香港特區政權卻始終袖手旁觀，使數以千計的香港人被迫滯留武漢，因為政權高官擔心撤僑的舉動會使香港顯得像個獨立國家。最終這些流落異鄉的香港人，要待其他國家完成撤僑後好幾個星期才得到特區政權姍姍來遲的救援。[26]

林鄭月娥政府的防疫政策往往因顧慮北京的意見而受到掣肘，還有一個例子。2019年抗爭運動期間抗爭者佩戴口罩掩飾

---

25 Ng Kang-chung, "Coronavirus: more than 6 million masks procured by Hong Kong government found to be fake", *SCMP*, Hong Kong, 3 July 2020, https://www.scmp.com/news/hong-kong/law-and-crime/article/3091616/coronavirus-more-6-million-masks-procured-hong-kong (last accessed 30 Nov. 2020).

26 譯按：COVID-19疫情期間，香港人若被困於疫情嚴重的國家，往往無法從中國政權和特區政權那邊得到協助。持有英國國民（海外）護照的香港人卻能輕易獲得英國政府的幫助，安然踏上回家的路。參：〈譚文豪指逾80港人滯留秘魯　最少8人持BNO上英國包機〉，《立場新聞》，2020年3月1日。

身分,並且避免吸入催淚瓦斯,行政長官為此頒布禁止佩戴口罩的緊急命令,卻遭抗爭者以司法覆核挑戰。自COVID-19疫情開始影響香港後,所有人都開始戴上口罩避免染疫。可是就在人心惶惶之際,林鄭月娥政權卻堅持就司法覆核提出上訴;這時候連特區政權的高官都已戴上口罩。政府方面拒絕接受現實的這種態度,很快就演變成胡鬧。法院於2020年4月宣布其最後判決時,抗疫形勢已變得極為危急,而高官此時也不斷強調佩戴口罩是必要的防疫手段。而我們之前已在第七章提及,相關判決裁定,抗爭者能否佩戴口罩乃視乎該集會是合法還是非法。

香港於2020年7月迎來新一波的疫潮,感染率和死亡率亦隨即上升。可是此時特區政府關心的是如何趁機達成其政治目標,而非想辦法克服疫情。他們以疫情惡化為藉口禁止一切公眾集會,並宣布延後原定於九月舉行的立法會選舉。除此以外,特區政權也大肆宣揚大陸曾派遣人員和捐贈器材,幫助香港面對疫情的難關。可是部分來自中國大陸的醫療器材卻無法通過香港方面的測試,而那些蒞臨香港的所謂「專家」看起來比較像是歌功頌德的宣傳隊伍,而非真正能派上用場的醫護人員。於是林鄭月娥政權又再一次陷入泥沼。疫情在八月迎來另一個高峰,特區政權嘗試引入全面普篩,[27] 卻再一次惹來政治爭議,因為負責收集樣

---

27 譯按:雖然香港當時疫情惡化,可是染病率與世界各國相比,還是處於比較低的水準。在這樣的環境下,全面普篩並非有用的防疫手段,因為偽陽性的比率會遠高於真正的染病率。全面普篩的潛在問題,參:〈台灣模式—精準防疫100天〉,台灣中央流行疫情指揮中心(https://tinyurl.com/2p9yh7nm)。

本的化驗公司全部都是大陸的企業，民眾擔心中國政權會藉此收集DNA數據，用來建立包含所有香港人的遺傳資料庫。林鄭月娥似乎也沒有注意到，用作採檢中心的場所基本上就是選舉期間徵用的投票站——特區政權擔心選舉若如常舉辦將促使疫情在投票站擴散，可是在這些場所設置採檢中心不也同樣容易促使疫情擴散？特區政權嘗試重拾信任、控制疫情的措施，反倒惹來四面八方的批評。不過政權高官依然故我，以「流於政治化」為由對民意視而不見。

　　高官或許可以輕視民意，卻無法否認瘟疫已經嚴重損害香港的經濟。在2020年的第一季，香港的國民生產總值下跌了9.1%、到第二季則繼續下跌9%。第三季的數據比頭兩季好一點點，「只」下跌3.5%。[28]而香港的貧苦大眾必須直面經濟衰退帶來的衝擊，有的失去工作、有的被僱主強迫放無薪假期、有的則被大幅削減工時。這個特區的經濟前景實在不樂觀。

　　雖然時勢艱難，可是特區政府的紓困方案姍姍來遲。他們於一月提出要向所有成年民眾發放同樣的救助金——每位民眾或富或貧，都同樣會獲得港幣一萬元（約美金1,282元、新台幣35,600元）。不過特區政權卻遲遲未有落實紓困方案，再拖延了一段日子後，才宣布會於（後來被取消的）九月立法會選舉前發放款項——顯然是要為親中政黨造勢。特區政權其後於二月宣布

28〈二零二零年第三季經濟報告〉，香港經濟近況，香港特別行政區政府，2020年11月。（https://www.hkeconomy.gov.hk/tc/pdf/er_c_20q3.pdf）

會向香港人發放710億港幣（約91億美金、2,533億新台幣）的福利，總數為一月建議的救助金之七倍。[29]特區政權過去亦曾試過發放現金，想要藉此收買人心，可是每次都以失敗收場；這次因應疫情的紓困方案，效果也是一如所料地不堪入目。

· · ·

COVID-19疫情為北京帶來不利的結果，如今世界各國都無法繼續信任中國政權。中國共產黨原本想要向國內民眾和世界各國宣揚中國已經戰勝新型冠狀病毒，從而顯示「中國模式」體制的優越；黨國不受民主程序的限制，就能在領導人果斷的帶領下，以最高的速度、最佳的效率解決問題。相形之下，民主制度卻充斥著不必要的麻煩程序，造成議而不決的情況。

中國在疫情期間能迅速動員大批軍隊、醫護人員和輔助人員前往重災區，的確稱得上是矚目的成就。北京運用權力在短時間內封鎖社區，確實能有效阻止病毒擴散，可是執行方式卻非常粗暴。他們也有能力在短短十日之內於武漢修築一座佔地645,000平方英尺（約18,123坪、或59,914平方米）的臨時防疫醫院。[30]可是兩個月後，英國也於九日內在倫敦蓋一座規模相若

29 Ng Kang-chung, "Tax breaks, goodies in HK$120 billion package aimed at keeping 'still fertile' Hong Kong afloat through social unrest and coronavirus outbreak", *SCMP*, Hong Kong, 26 February 2020, https://www.scmp.com/news/hong-kong/hong-kong-economy/article/3052482/hong-kong-budget-cash-handouts-tax-breaks-and (last accessed 30 Nov. 2020).

的臨時醫院——雖然英式效率向來惡名昭彰，政府也是「礙手礙腳」的民選政府。[31]

而台灣處理COVID-19疫情的表現更直接挑戰「中國模式優越論」的觀點。根據這種流行的謬論，台灣政府既然由民主體制產生，施政理應窒礙重重、政府理當無法果斷行事；可是台灣的感染率和死亡率都非常低。而且，台灣民眾自願配合政府的防疫政策，也沒有人強迫他們要向領袖歡呼喝采。

這場瘟疫雖然前所未見，台灣卻先知先覺，採取有效的防疫手段。台灣島於2019年12月31日開始隔離自武漢直達台灣的旅客，其後又區隔來自大陸其他地方的入境人士。台灣政府亦迅即為民眾儲備口罩，並引進保持社交距離的措施。當局亦於二月採取措施，確保民生物資的供應，迅速平息世界各地（包括香港）此時常見的搶購潮。除此之外，有關部門亦果斷地為企業和民眾推出紓困方案。

因為台灣的防疫政策能夠發揮效用，蔡英文總統民望急升。TVBS電視台2020年2月進行調查，有高達82%的受訪者認可蔡英文政府處理疫情的手法。[32]

---

30 Sophia Ankel, "A construction expert broke down how China built an emergency hospital to treat Wuhan coronavirus patients in just 10 days", *Business Insider*, New York, 5 February 2020, https://www.businessinsider.com/how-china-managed-build-entirely-new-hospital-in-10-days-2020-2?r=US&IR=T (last accessed 30 Nov. 2020).

31 BBC News, "Coronavirus: How NHS Nightingale was built in just nine days", London, 17 April 2020, https://www.bbc.co.uk/news/health-52125059 (last accessed 30 Nov. 2020).

　　台灣也是第一個就新型冠狀病毒疫情向世界衛生組織提出警告的國家。可是這個國際機構的高層基本上都是中國的傀儡，故此對這項於十二月呈交的重要訊息視若無睹。世衛組織的權力機構世界衛生大會，過去已經在北京的壓力下取消台灣的觀察員資格。台灣的會籍問題十分敏感；筆者曾親自見識到，世衛組織高層人員是如何一聽到台灣就崩潰。過去在香港電台主持名為《脈搏》(The Pulse)的電視新聞節目時，筆者的一位同事透過視訊訪問世衛秘書長高級顧問布魯斯・艾爾沃德（Bruce Aylward）。當被問及關於台灣的問題時，他一開始假裝沒聽到，後來直接拒談台灣，掛斷連線。[33] 這一段訪問播出後隨即成為香港的熱門話題，其後筆者的節目以及香港電台都收到來自特區政府的警告；他們認為節目只要提到台灣，都是不能接受的。親近特區政府的人士此後一直逼迫香港電台把這集節目自網站下架，而高官也連續幾個月對這場訪問死咬不放。直到執筆之時，相關的爭議尚未平息。

　　在COVID-19疫情兵凶勢危之際，北京依舊鍥而不捨，阻止台灣參與國際社會的防疫工作。世界衛生組織亦因此淪為大國政

---

32 Ralph Jennings, "Why Taiwan Has Just 42 Coronavirus Cases while Neighbors Report Hundreds or Thousands", *VOA News*, Washington DC, 4 March 2020, https://www.voanews.com/science-health/coronavirus-outbreak/why-taiwan-has-just-42-coronavirus-cases-while-neighbors-report (last accessed 30 Nov. 2020).
譯按：值得留意的是，雖然這家民調機構向來對民進黨不算友善，但這次調查的結果是一面倒。參：〈選後一個月，蔡英文總統滿意度與武漢肺炎疫情民調〉，TVBS民意調查中心，2020年2月12日。（https://cc.tvbs.com.tw/portal/file/poll_center/2020/20200213/5bb7f1fe8a47db1b537d185c004018ad.pdf）

治的角力場，最終令美中兩國的對立白熱化，使美國川普政府決
定退出世衛，撤回所有的資助；在此以前，世衛大部分的經費都
是源自美國的贊助。美國對世衛處理疫情的手法深感不滿，不顧
該組織尚有其他有效的事工。美國對中國的情緒早已日積月累，
背後涉及兩國愈演愈烈的貿易爭議、國安疑慮，與急劇惡化的
外交關係。雖然拜登在11月當選美國總統後即宣布將會撤回退
出世衛的決定，可是事實上美國仍是餘怒未消，世衛組織弊病纏
身、高層又是中國精心挑選的人，在COVID-19疫情期間，世衛
多次毫無羞愧地阿諛奉承，公開盛讚北京的防疫政策。

　　疫情期間擔任世界衛生組織秘書長的譚德塞（Tedros Adhanom
Ghebreysus）是北京堅定的支持者。他不時被稱為「Dr. Tedros」，
如此的稱號猶如一位有專業資格的執業醫師。可是他真正擔當過
的職業是公共衛生研究員，如此一來，譚德塞就是首位沒有醫師
資格的世衛秘書長。更重要的是譚德塞於2012至2016年擔任衣
索匹亞的外交部長，而中國在這段期間與阿迪斯阿貝巴政府走得
很近。譚德塞接任前，世衛秘書長一職也是由中國的人選擔任，
那就是前香港衛生署署長陳馮富珍；自她投身公共衛生工作以
來，在每一個崗位的工作表現都曾惹人非議。陳馮富珍理所當然
也是北京的死忠支持者，並於卸任後擔任全國人民政治協商會議

---

33 Interview with Bruce Aylward, "Coronavirus situations in New York city, London
and Lombardy, Italy & interview with WHO Bruce Aylward", *The Pulse*, Radio
Television Hong Kong, 28 March 2020, 19:54, https://www.rthk.hk/tv/dtt31/pro-
gramme/thepulse/episode/619602 (last accessed 30 Nov. 2020).

常務委員。

　　就如他們在世界衛生組織所作的那樣，中國於2020年十月在聯合國人權理事會爭取一席之位。這兩個國際組織都有高層衝出來為北京保駕護航，反駁那些使中國很不高興的批評。在2002至2004年之間的SARS疫潮期間，中國處理疫情的表現極其拙劣，使其必須面對國際社會的嚴厲批評。中國自此決意要操控世界衛生組織，最終於2007年把陳馮富珍捧為世衛秘書長。執筆之時，聯合國十五個專門機構中已有四個是由中國代表領導，由美國公民主導的機構只剩下世界銀行。[34] 中華人民共和國於2020年四月就開始設法左右人權理事會之運作，針對此事，美國資深參議員米特・羅姆尼（Mitt Romney）表示：「中國於近年已對眾多國際管治組織造成不符比例的影響；他們把自己的國民、以及忠於中國共產黨的海外代理人安插到這些組織當中，以求擴展他們對地緣政治的影響力。」[35] 羅姆尼亦指出COVID-19疫情「暴露中國缺乏

---

34 Courtney J. Fung and Shing-Hon Lam, "China already leads 4 of the 15 U.N. specialized agencies—and is aiming for a 15th", *The Washington Post*, Washington DC, 3 March 2020, https://www.washingtonpost.com/politics/2020/03/03/china-already-leads-4-15-un-specialized-agencies-is-aiming-5th/ (last accessed 30 Nov. 2020).

35 Mitt Romney, "America is awakening to China. This is a clarion call to seize the moment", *The Washington Post*, Washington DC, 23 April 2020, https://www.washingtonpost.com/opinions/global-opinions/mitt-romney-covid-19-has-exposed-chinas-utter-dishonesty/2020/04/23/30859476-8569-11ea-ae26-989cf-ce1c7c7_story.html (last accessed 30 Nov. 2020).
譯按：羅姆尼的官方網站上有刊載非付費版本（https://www.romney.senate.gov/america-awakening-china-clarion-call-seize-moment）

誠信的一面」，呼籲美國趁機重拾對國際社會的領導權。他之所以如是說，是要針對川普政府的外交政策；川普看似要堅持孤立主義，也對維持國際組織內的多邊關係興趣缺缺。

　　川普外交政策帶來的真空，使北京能夠掌握時機奪取羅姆尼所言的國際社會領導權。2017年譚德塞接替陳馮富珍的職位，其後他的表現沒有讓中國失望。不過中華人民共和國為求操控世衛、排擠台灣，卻付出了沉重的代價。這種專橫的作風，使世界各國在決定聯合國專門機構的人事變動時，開始嚴格檢視中國提出的人選。在2020年3月，中國自信滿滿，認為世界智慧財產權組織的領導權是囊中之物；不過國際商議的結果，卻決定讓美國支持的新加坡人鄧鴻森擔任該組織的秘書長。

　　世界衛生組織在疫情期間的表現，至今仍留下各種謎團。他們於2020年1月4日首次公開武漢的零星個案，卻未能對此作出進一步的判斷。他們反倒在中國政府的遊說下，向全球民眾宣稱毋須實施旅遊及貿易管制。世衛最終於1月14日承認新型冠狀病毒或許會構成危機，卻隨後於推特上表示「沒有確實證據」證明該病毒能以人傳人的方式傳播。只是，中國的研究機構12月底即曾對新型冠狀病毒展開研究。在一個星期前的1月3日，中國疾病預防控制中心率先完成對病毒的基因排序，而中國醫學科學院兩日後亦提交相若的研究報告。究竟世衛是否曾閱覽相關研究、中國是否對世衛有所隱瞞，至今仍是未解之謎。[36]可以肯定的是，面對如此重大的公共衛生危機，訊息的流通是分秒必爭。

　　雖然中華人民共和國沒有把他們的發現坦誠布公，世界衛生

組織卻不遺餘力地讚頌中國政府的防疫工作。世衛宣稱北京對公開資訊極其用心，令他們留下「無以名狀的深刻印象」。現在大家已經知道，在表面的公關伎倆背後，前線抵抗病毒的世衛員工卻不像他們的秘書長那般信賴中國。譚德塞在四月的記者招待會上，暗示他們所接獲疫情爆發的消息乃是來自中國當局；世界衛生組織要待同年七月才終於承認，起初向世衛提出警告的是該組織駐武漢的辦事處，而非中國的有關部門。[37] 實際上，世衛高層在一月疫情爆發時幾乎無法從北京那邊套出有效的資訊。當時世衛既缺乏完整資訊、行事又要顧慮中國的政治立場，結果一直拖到 1 月 30 日，才正式公布全球的公共衛生已陷入緊急狀態。[38] 如此的決策方式，使世衛面臨各界排山倒海的批評。

其後世衛組織依照世界衛生大會的決議，派員到中國調查病毒之源頭。世衛官員於 2020 年 8 月到訪中國，號稱要展開為期三

---

36 Associated Press, "China delayed releasing coronavirus info, frustrating WHO", New York, 2 June 2020, https://apnews.com/article/3c061794970661042b18d5aeaaed9fae (last accessed 30 Nov. 2020).

37 AFP/JIJI, "WHO says it was first alerted to coronavirus by its office, not China", *Japan Times*, Tokyo, 4 July 2020, https://www.japantimes.co.jp/news/2020/07/04/world/who-coronavirus-alert-china/ (last accessed 30 Nov. 2020).

38 關於當時事態的分析，參：Claudia Rosett, "A Chinese Communist Virus at the World Health Organization", in Fred Fleitz et al., *Defending Against Biothreats: What We Can Learn from the Coronavirus Pandemic to Enhance U.S. Defenses Against Pandemics and Biological Weapons*, Centre for Security Policy Press, Washington DC, 2020, available online at https://www.centerforsecuritypolicy.org/wp-content/uploads/2020/08/BioDefense_Rosett_080720.pdf (last accessed 4 Dec. 2020).

週的初步調查，嘗試為未來國際社會的正式調查鋪路。可是這些
官員千里迢迢來到中國，卻沒有踏進武漢一步，[39] 令人跌破眼鏡。

北京對那些指責他們黑箱作業的指控異常敏感也是難免，畢
竟這些指控已經損害到中華人民共和國的國際形象。中國政府於
2020年6月發表一份37,000字的白皮書，一一細數中國的防疫是
如何既公開、亦透明。他們強調一切批評中國隱瞞疫情的觀點都
是「無端指責」。白皮書向國際社會宣稱：「中國始終堅持公開、
透明、負責任原則及時向國際社會公布疫情信息。」[40] 在發表白皮
書的記者會上，外交部副部長馬朝旭殺氣騰騰，否認中國的聲譽
因疫情受損：「個別國家逆歷史潮流而動，為了推卸自身抗疫不
力的責任，瘋狂地對中國進行攻擊抹黑，製造和傳播政治病毒，
可以說無所不用其極。對於這種『甩鍋』的做法，中國當然要堅
決反擊。」[41]

不論國際社會的批評是針對中國防疫政策、還是處理香港的
政治危機，北京都選擇以強硬手段應對。其中一個很糟糕的做法
是，動員在加拿大和澳洲等地的中國學生，煽動他們去襲擊和騷

---

39 Christian Shepherd, Katrina Manson and Jamie Smyth, "Failure by WHO team to visit Wuhan sparks concerns over virus probe", *Financial Times*, London, 26 August 2020, https://www.ft.com/content/f9dea077-66fb-4734-9d1d-076dc93568e1 (last accessed 30 Nov. 2020).

40 《抗擊新冠肺炎疫情的中國行動》白皮書，中華人民共和國中央人民政府網站，2020年6月7日。（http://www.gov.cn/zhengce/2020-06/07/content_5517737.htm）

41 〈國務院新聞辦就《抗擊新冠肺炎疫情的中國行動》白皮書有關情況舉行發布會〉，中華人民共和國中央人民政府網站，2020年6月7日。（http://www.gov.cn/xinwen/2020-06/07/content_5517773.htm）

擾聲援香港抗爭的同學。

過去北京曾經「韜光養晦」，嘗試向國際社會展現和平開朗的形象。可是在香港爆發抗爭之後，中國對世界各國的態度起了180度的轉變。這種情況在COVID-19疫情期間更是變本加厲。

中國外交部在2019年11月指示駐外使館發言時須強硬維護國家立場，又鼓勵他們投書各國報刊闡述北京立場。此前習近平主席亦點明外交人員必須有「戰鬥精神」。中國「外交戰場」的官僚迅即「入陣決戰」，而當中尤以駐英國大使劉曉明的戰功最為顯赫，這位通曉多國語言的外交官四處奔波，積極參與世界各大媒體的談話節目。

這種隨COVID-19疫情愈演愈烈的新作風，咄咄逼人地強迫他人接受中國的立場，故此又被稱為「戰狼外交」。這個名號來自《戰狼》這部歌頌愛國英雄的動作電影，北京外交體系內的「戰狼」都以為自己正與「邪惡的洋鬼子」英勇地決一死戰。這種外交取態伴隨著相當的風險；此時瘟疫大流行使西方國家經濟受到重創，感染率比起中國又是居高不下，而中國外交官卻表現得十分幸災樂禍。北京駐巴黎的大使甚至嘲笑法國疫情之慘重已經讓安養院員工棄兵曳甲。此番不負責任的言論促使馬克宏（Emmanuel Macron）政府義正辭嚴地端正視聽。

被戰狼外交觸怒的絕對不只法國人，有許許多多國家都因北京於2020年的狂言而煩擾不堪。十餘國的政治家聯同部分歐洲議會議員，於六月組成跨國跨黨派的對華政策跨國議會聯盟（Inter-Parliamentary Alliance on China）。這個聯盟故意選擇在六月四

日天安門屠殺週年那天正式成立；雖然這目前看起來只是個談話平台，卻總算是動員國際社會的契機，或可幫助各國抵禦日益猖狂的習近平政權。歐洲聯盟亦於同月作好規劃，主張限制外來國有企業於成員國投資，這個看似一視同仁的規劃顯然是衝著中國而來。

　　其後戰狼外交的攻勢似乎在2020年末逐漸平靜下來，畢竟這些做法已經帶來反效果。不過中國駐加拿大大使叢培武卻於十月發表一份不符尋常的聲明，對渥太華出言恐嚇，聲言加拿大政府若膽敢推動讓香港異見者尋求政治庇護的計劃，或會損害位處香港的加拿大公民之「健康與安全」。當時全香港大約有30萬位民眾持有加拿大護照。[42]

• • •

　　雖然有「戰狼外交」這台大戲，但同年4月呈交予中國領導人的內部文件描述的卻是另一番不同的景像。負責撰寫報告的中國現代國際關係研究院，是與國家安全部關係緊密的智庫。後來有告密者將這份文件洩露給路透社。這份報告直接了當地指出，當下全球各國的反中情緒高漲，中國在1989年天安門屠殺事過

42 Rhoda Kwan, "'Health and safety' of Canadians in Hong Kong jeopardised by Ottawa's acceptance of Hong Kong refugees, says Chinese envoy", *HKFP*, Hong Kong, 16 October 2020, https://hongkongfp.com/2020/10/16/health-and-safety-of-canadians-in-hong-kong-jeopardised-by-ottawas-acceptance-of-hong-kong-refugees-says-chinese-envoy/ (last accessed 30 Nov. 2020).

境遷後，從未遇到這種規模的公關危機。他們認為自COVID-19疫情爆發後，華盛頓當局就把中國定性為「對美國經濟和國家安全的威脅，是西方民主國家的挑戰」。該報告亦警告美中關係若全面決裂，勢必衝擊北京與亞洲各國的關係。[43]

　　這樣的說法絕對不是空穴來風。不只美國政府對中國失去好感，一眾西方國家的民眾亦開始厭惡中國；這一點我們將會在下一章詳細討論。毫無疑問，中國處理COVID-19疫情的手法是使該國於美國變得人見人厭的主要原因。根據哈里斯洞見與分析研究所（Harris Insights and Analytics）於2020年4月3至5日進行的全國調查，大部分美國人認為中國政權是促使疫情擴散的元兇；這包括67%的民主黨支持者、90%的共和黨支持者。對中華人民共和國實施強硬的貿易政策，基本上是美國兩黨的主流共識。[44]亦因如此，即使拜登接替川普擔任美國總統，也不太可能使美國對華政策顯著改變。

　　除美國之外，2020年世界不少國家的主流民意也同樣主張

43 Reuters, "Exclusive: Internal Chinese report warns Beijing faces Tiananmen-like global backlash over virus—sources", Beijing, 4 May 2020, https://uk.reuters.com/article/uk-health-coronavirus-china-sentiment-ex/exclusive-internal-chinese-report-warns-beijing-faces-tiananmen-like-global-backlash-over-virus-sources-idUKKBN22G198 (last accessed 1 Dec. 2020).

44 Josh Rogin, "The coronavirus crisis is turning Americans in both parties against China", *The Washington Post*, Washington DC, 8 April 2020, https://www.washingtonpost.com/opinions/2020/04/08/coronavirus-crisis-is-turning-americans-both-parties-against-china/ (last accessed 1 Dec. 2020).

強硬對付北京；習近平政權於疫情期間的作為敗壞了中國的國際
形象，使各地民眾都義憤填膺地起了疑心。中國共產黨的領導人
起初還以為可以對國際社會的批評坐視不理；後來，他們以為只
需透過一場華麗的表演，擺一下願意和國際社會合作的姿態，就
可以使這些批評無以為繼。可是隨著病毒急劇擴散，而死亡人數
於世界各國都呈指數增長，北京陷入進退失據的境地。世界對中
國日益不信任，譴責中國的聲音此起彼落，北京對於應當如何應
對，也愈來愈不能確定。

　　為彌補早前「戰狼外交」所造成的損害，中國積極捐贈物資
和提供醫療援助，嘗試藉此收買人心。北京下令提高個人防護裝
備的生產，在三月和五月之間出口約706億個口罩。[45]在四月中之
前，有超過120個國家都收到包括口罩在內的各種物資，而中國
的醫療人員也被差遣到世界各地。[46]可是透過醫療物資收買人心
的做法很快出現問題，因為不少接受饋贈的國家發現這些物資不
堪應用；比如說未能偵測病毒的病毒試劑、又或是不合規格的口
罩。荷蘭起初甚為感謝中國的捐助，可是他們後來卻發現有60

---

45 François Godement, Europe's Pushback on China, policy paper, Institut Montaigne, Paris, June 2020, https://www.institutmontaigne.org/ressources/pdfs/publications/europes-pushback-china-intention-policy-paper.pdf (last accessed 1 Dec. 2020).

46 Juliet Eilperin et al., "U.S. sent millions of face masks to China early this year, ignoring pandemic warning signs", *The Washington Post*, Washington DC, 18 April 2020, https://www.washingtonpost.com/health/us-sent-millions-of-face-masks-to-china-early-this-year-ignoring-pandemic-warning-signs/2020/04/18/aaccf54a-7ff5-11ea-8013-1b6da0e4a2b7_story.html (last accessed 1 Dec. 2020).

萬個口罩未能符合醫療規格，如此使他們憤恨不堪。而西班牙則發現中國捐贈的 58,000 份試劑根本無法用來偵測到新型冠狀病毒。[47] 中國對歐洲國家的捐助也明顯是要配合他們在當地的政治操作，使歐洲各國大為反彈。例如義大利和中國關係較好，是北京政權想要拉攏的歐盟成員國，他們因此最快獲得最多的物資。即或如此，羅馬政府最終還是與中華人民共和國鬧翻；他們起初以為中國提供的物資都是給義大利的禮物，可是北京其後卻向他們送上報價單。[48]

而在其他歐洲國家，則傳出歐盟的電腦系統被中國駭客入侵的消息；這些駭客連醫院的電腦系統也不放過。接著，當歐盟在五月發起集資研發疫苗的國際合作計劃時，北京拒絕作出捐獻。中國駐歐盟大使張明在認捐大會上呼籲世界各國停止「推諉」責任，並宣稱中國「儘管自身防疫任務依然艱鉅，仍盡力為有需要的國家提供力所能及的幫助。」[49] 參與認捐大會的其餘 43 個國家都派出領袖或政要參加視訊會議，代表中國的卻是層級較低的張明。中國顯然沒有尊重這個會議，還要咄咄逼人地出言不遜，這

---

47 Wendy Wu, "Coronavirus: don't politicise medical supply problems, China says", *SCMP*, Hong Kong, 30 March 2020, available at https://sg.news.yahoo.com/coronavirus-don-t-politicise-medical-060459186.html (last accessed 1 Dec. 2020).

48 Amber Athey, "Italy gave China PPE to help with coronavirus—then China made them buy it back", *The Spectator*, London, 4 April 2020, https://spectator.us/italy-china-ppe-sold-coronavirus/ (last accessed 24 Nov. 2020).

些情況都被人看在眼裡。[50]

北京於 10 月回心轉意，決定與國際社會合作分發疫苗，並參加世界衛生組織的相關計劃；中國早前對這類計劃興趣缺缺，只想獨力研發疫苗，主導整個計劃。在 2020 年中，中國研究人員開始與人口眾多的友好國家接洽，讓他們於當地進行抗病毒藥物的人體測試，並承諾會向這些國家分享研究成果、並優先分發中國製造的疫苗。印尼和巴西都參與了這項合作計劃。這時候中國想自力完成研發過程，不想與盟友以外的國家合作。不過後來中國改變主意，認為他們必須於國際分發疫苗的工作上扮演一定的角色。

歐盟和中國在 COVID-19 疫情爆發前，曾協議把 2020 年訂為「歐中合作年」，並打算在這年召開歐盟中國高峰會。雙方都把這年視為促進經貿和外交合作的契機，當時西方國家仍然迷信中國會隨著經濟增長深化改革。可是疫情來襲，這個幻象逐漸成為泡影。歐盟國家的領袖再也沒有興趣加強與北京的連繫，反倒質問何以中國沒有履行承諾，既沒有開放歐洲產品進口、亦未能改善在華歐盟企業的營商環境。歐盟打破過去的緘默，高調譴責中國

---

49 譯按：〈中國政府代表張明大使出席應對新冠肺炎疫情國際認捐大會〉，中華人民共和國駐歐盟使團，2020 年 5 月 5 日。(http://www.chinamission.be/dshd/202005/t20200505_8341038.htm)

50 Stuart Lau, "Coronavirus: China gets defensive during high-level EU event on fundraising and vaccine development", *SCMP*, Hong Kong, 5 May 2020, https://www.scmp.com/news/world/europe/article/3082841/coronavirus-china-gets-defensive-during-high-level-eu-event (last accessed 1 Dec. 2020).

鎮壓香港的起義，也開始像美國那樣把中國視為戰略威脅。歐洲執行委員會於2020年3月首次把中華人民共和國描述成「全方位對手」，而委員會主席烏蘇拉・范德賴恩（Ursula von der Leyen）更於六月形容歐中關係「舉步維艱」。當時范德賴恩正為歐中線上高峰會總結陳辭；根據疫情爆發前的規劃，這場高峰會理當令雙方關係更上層樓。在那之前，習近平主席焦急地保證「中國要和平不要霸權」、「中國是機遇不是威脅」。[51] 不過觀乎范德賴恩的陳辭，習近平冗長的視訊演說，似乎未有成功打動一眾歐盟領袖。[52]

歐洲國家的領袖亦毫無忌諱地批評中國。北京遮遮掩掩的作風，證實歐洲各國於疫情爆發之前已有的懷疑。法國總統馬克宏於2019年3月宣告，歐洲寄望中國步向改革的「純真年代」已經「結束」。他在歐盟的高峰會過後表示：「歐盟與中國的關係，不能單獨只談貿易，也必須顧慮地緣政治和戰略關係。」他指責正當世界急需COVID-19疫情的情報時，中華人民共和國卻沒有把所知所聞開誠布公。在一眾G7國家領袖中，只有德國總理安格拉・梅克爾（Angela Merkel）曾經歷過共產政權統治，她向來以謹小慎微的態度面對中國。她在同一場高峰會中表示，中國雖是歐

---

51 〈習近平會見歐洲理事會主席米歇爾和歐盟委員會主席馮德萊恩〉，《新華網》，2020年6月22日。（http://www.xinhuanet.com/politics/leaders/2020-06/22/c_1126147325.htm）

52 Stuart Lau, "EU leaders talk tough to Beijing over long list of unmet promises", *SCMP*, Hong Kong, 23 June 2020, https://www.scmp.com/news/china/diplomacy/article/3090198/eu-leaders-talk-tough-beijing-over-long-list-of-unmet-promises (last accessed 23 Nov. 2020).

洲的合作夥伴，卻也同時是競爭對手。[53] 德國向來不願高調批評中國，可是北京藉疫情填補政治真空的做法，卻使他們在2020年決定出聲指責。這些已經夠糟糕了，然而更糟糕的是，面對這種種質疑，中國卻叫外國不要把問題「政治化」。

比起其他歐洲國家，英國比較期望延續與北京的良好關係；英國因著2016年的公投結果，須於2020年脫離歐盟，因此想與中國達成有利的貿易協議。大衛・卡麥隆（David Cmaeron）2010至2016年擔任首相期間，政界不時提及要展開英中關係的「黃金時代」，只是倫敦當局沒有付諸實際行動。隨著COVID-19疫情於2020年爆發，這樣的幻夢隨即被迫終止。英國外相多米尼克・拉布（Dominic Raab）於四月表示，英國不可能與中國「關係如常」。他指出在疫情爆發過後「我們必須提出嚴正質疑，要知道瘟疫從何而來、以及當初是否能設法防微杜漸。」[54] 五月，兩國關係急速惡化，中國首次提出要強行在香港引入嚴苛的《國家安全法》，英國隨即指責相關決定違反《聯合聲明》的協議。隨著世界踏入2020年代，倫敦與北京的關係再也不能只著重經貿合

---

53 Philip Blenkinsop and Robin Emmott, "EU leaders call for end to 'naivety' in relations with China", Reuters, Brussels, 22 March 2019, https://uk.reuters.com/article/us-eu-china/eu-leaders-call-for-end-to-naivety-in-relations-with-china-idUKKCN1R31H3 (last accessed 23 Nov. 2020).

54 Bloomberg, "Coronavirus: no 'business as usual' with China after pandemic, Britain says", *SCMP*, Hong Kong, 17 April 2020, https://www.scmp.com/news/world/europe/article/3080304/coronavirus-no-business-usual-china-after-pandemic-britain-says (last accessed 1 Dec. 2020).

作的方面。

與北京關係惡化的不限於西方國家。雖然菲律賓政府近年開始倒向中國，可是這種親華情緒卻於疫情爆發後扭轉過來，他們發現中國承諾的防疫支援盡是無法實現的假大空。另外，雖然這種講法不盡不實，但菲律賓民眾卻認為COVID-19在該地的傳播都要怪罪源源不絕的中國旅客和中國勞工。中國其後於2020年6月在有領土爭議的南中國海水域展開軍事演習，更令菲律賓群情洶湧。澳洲原是中國最大的貿易夥伴，可是坎培拉當局主張對疫情展開國際獨立調查、又嚴厲批評中國把《國家安全法》強加於香港，使兩國關係陷入冰點。以色列向來著力與中國保持友好關係，可是班傑明・納坦雅胡（Benjamin Netanyahu）表示要屈從於美國壓力，以國家安全為理由全面檢視與中國電信公司的合作計劃，主要針對華為，讓北京倒抽一口涼氣。

決定重新檢視與對華關係的，也包括中國本來的盟友，以及那些未曾批評中國的國家，令人非常驚訝。亞洲的韓國、非洲的迦納和奈及利亞，都決定逐漸與中國疏遠。南美洲的巴西曾是中國可靠的有力支持者，此時也開始批評和譴責北京。巴西總統雅伊爾・波索納洛（Jair Bolsonaro）身為眾議員的兒子愛德華多（Eduardo）嚴厲譴責中國使COVID-19疫情蔓延全球。

除此以外，新型冠狀病毒的傳播亦衝擊著連結中國與世界各地的供應鏈，使世界各國留意到他們的經濟生產已經過於倚賴中國；這個國度既容不下批評、行事作風又凶神惡煞，與這樣的國家合作是很危險的。曾任美國國家安全顧問的約翰・波頓（John

Bolton）2020年7月表示，美國與中國在經濟上脫鈎「不但可行，而且正在發生」。他認為這是因為中國的「國家主導的間諜活動」使人不勝其擾，這些間諜工作對於「美國和歐洲企業來說是難以置信」。[55] 想與中國經濟脫鈎的不只西方國家。舉例而言，日本已成立一個總值22億美元的基金，鼓勵日本廠商從中國回流日本、或是把廠房遷往東南亞國家，藉此減少對北京的依賴。[56]

• • •

中國當然不會被四面八方的惡評打倒，可是北京的領導人卻不能忽視一點：外交關係的惡化將會危及其出口導向的經濟模式。中華人民共和國自1980年代起的急速增長全賴這種經濟模式帶來的資金。

中國共產黨一直向民眾吹噓自己的功勞，宣稱當今的繁榮是中國在黨國領導下自力更生的成果，此一榮景完全是黨的功勞。按照市場價格推算，中國經濟佔全球生產總值的比重已從1995年的2%暴增至2019年的17%。[57] 這好幾十年的發展使數以百萬

---

55 John Bolton, "Online Zoom Event: John Bolton: The Man in the Room Where It Happened", Foreign Correspondents' Club, Hong Kong, 15 July 2020, https://www.fcchk.org/event/club-online-zoom-event-john-bolton-the-man-in-the-room-where-it-happened/ (last accessed 1 Dec. 2020).

56 Isabel Reynolds and Emi Urabe, "Japan to Fund Firms to Shift Production Out of China", Bloomberg News, New York, 8 April 2020, https://www.bloomberg.com/news/articles/2020-04-08/japan-to-fund-firms-to-shift-production-out-of-china (last accessed 1 Dec. 2020).

計的人脫離貧困、促使中產階級興起、並建立起全球第二大經濟體,寫下不可不說是偉大的成就。北京政權本來打算於2020年達成步向「小康社會」的政策目標。要達成這個目標,必須克服重重障礙:根據2020年出版的《中國統計年鑑》,在2019年中國有四成人口的每月人均收入仍停留在人民幣1,000元(約美金141元,新台幣4,352元)左右的水準。不論如何,2020年還是中國經濟重要的里程碑;中國此時的人均國民生產總值大約是美金10,000元,和十年前相比內翻了一倍。

在連續40年的經濟增長過後,中國於疫情爆發前估計2020年國民生產總值將會再增加6%。可是事與願違,當年第一季中國經濟收縮了6.8%,使46萬間企業承受不住衝擊而倒閉。[58]中國領導人在當年五月表示不為這年的經濟增長定下指標,這個決定在以前是難以想像的。中國官員在2020年末高調宣稱中華人民共和國是首個克服疫情的主要經濟體,經濟亦已恢復正增長,這部分是出於國家慷慨的紓困政策,部分是因為海外訂單於年中突然增加。不論如何,2020年中國的經濟增長只有2%,是40年以來的最低水準。的確,如果詳細檢視官方前前後後釋出的個別數

---

57 Statista, "China's share of global gross domestic product (GDP) adjusted for purchasing-power-parity (PPP) from 2009 to 2019 with forecasts until 2025", New York, 2020, https://www.statista.com/statistics/270439/chinas-share-of-global-gross-product-gdp/ (last accessed 4 Dec. 2020).

58 Charlie Campbell, "'How Can I Get Through This?' The Impact of Coronavirus on China's Economy Is Only Just Beginning", *Time*, New York, 21 April 2020, https://time.com/5824599/china-coronavirus-covid19-economy/ (last accessed 1 Dec. 2020).

據，我們就會發現北京的說詞只是一廂情願的樂觀想法。

舉例而言，零售業這個中國經濟增長的火車頭，其業績於2020年上半年衰退逾11%。同期的固定資產投資則下降逾3%，而且此時國營企業刻意增加投資，以彌補民營企業投資乏力的狀況。中國官方聲言這段時間的工業生產只降低了1.3%，可是根據其他數據，在當年五月有三分之二的工廠只啟動不足八成的產能；其餘的工廠狀況還要更差。為數不少的經濟分析師認為，中國官方斷言經濟已恢復增長只是毫無事實根據的樂觀想像。[59]

經濟增長應該如何數算，往往眾說紛紜。可是問題的關鍵在於中國政府於年初疫情爆發時曾誤導世界各國，如今愈來愈多人認為中國想於經濟範疇故技重施，聲稱已達成讓經濟恢復增長的獨特成就。

這種自吹自擂的作風使世界各國惴惴不安，而此時中國的評論員又嘲諷他國所面對的經濟困難，藉以顯示中國於經濟發展和股票市場是多麼有成就。英文《中國日報》於2020年8月誇言「中國經濟在新型冠狀病毒的衝擊下首當其衝，不過事後證明中國的復原能力世界第一。」他們聲稱這種成就是因為「民眾顧念世界需要中國製品，故此甘願承受嚴格的檢疫措施。」[60]

究竟COVID-19疫情大爆發對於中國經濟造成怎樣的影響、其復元過程又是否像中國宣傳那樣，這些都是可以爭辯的問題。

---

59 Frank Tang, "Is China's second quarter GDP as rosy as it seems?", *SCMP*, Hong Kong, 17 July 2020, available at https://malaysia.news.yahoo.com/china-second-quarter-gdp-rosy-115623912.html (last accessed 1 Dec. 2020).

很有可能發生的情形是，世界經濟因疫情陷入衰退時，中國不論用上何種方法，也會在 2020 年寫下經濟的正增長。不過，這與過去急速增長的時代仍相差甚遠。新型冠狀病毒所造成的短期影響，以及世界各國力求不再依賴中國製造業的大趨勢，將使中國未來的經濟發展道路崎嶇不平。

亦因如此，中國民眾必會親身目睹經濟發展放緩的事實。根據官方數據，2020 年 4 月全國有 6% 的勞工面臨失業；[61] 可是這並沒有計算農村的嚴重失業狀況，也沒有計入全國的 2.9 億民工，[62] 官方數據往往沒有準確反映農民工的實況，甚至會把整個階層完全忽略。官方關乎就業狀況的說詞與民眾實際經歷完全脫節，從而損害民間對北京政權的認受。而中國對貧苦民眾的紓困政策也是如此。中國共產黨在發放資源時總是優待城市地區，一方面是因為他們認為城市有較高的動亂風險、另一方面國家也利

---

60 China Daily, "First into the virus slump, China is proving the fastest out", Beijing, 17 August 2020; 參彭博新聞社的全文轉載：Bloomberg News, "First Into the Virus Slump, China Is Proving the Fastest Out", New York, 15 August 2020, https://www.bloomberg.com/news/articles/2020-08-15/first-into-the-virus-slump-china-is-proving-the-fastest-out (last accessed 1 Dec. 2020).

61 Evelyn Cheng, "Unemployment ticks higher in China as coronavirus shock to economy persists", CNBC, New York, 15 May 2020, https://www.cnbc.com/2020/05/15/unemployment-rises-in-china-as-corona-virus-shock-to-economy-persists.html (last accessed 1 Dec. 2020).

62 譯按：即是那些在農村設籍，在城市打工的勞工。中國實施嚴格的戶籍政策，部分農民工即使已於城市生活多年，他們及其家人都難以把戶口遷到城市內。他們亦因此無法享有城市居民的權益，甚至會被城市當局及當地民眾歧視。譬如說北京市就曾經把農民工歸類成「低端人口」，必須除之而後快。

用城市既有體制來統籌刺激經濟的政策。對付農村地方的貧窮問題，北京政權通常只會採用拉上補下的權宜政策。中國領導人固然能聲稱國家已戰勝貧窮，可是不少的民眾正為三餐而憂愁，過去要改善民生的承諾——比如說鋪設電網——也沒有付諸行動。政權如此的勝利宣言，對貧民來說不啻是諷刺話。

於 2010 年代貢獻中國六成國民生產總值的中小型企業，也在疫情期間遇到麻煩。這些中小企的營運經費通常不像大型企業那樣得到政府源源不絕的救濟，只能向不甚可靠的地下銀行借款度日。這些企業的日常營運猶如走鋼絲，稍有差池就會倒閉收場。可是中國共產黨卻無視這樣的實況，驕傲地以這些企業為例，高歌黨國帶領中國走向富裕的主旋律。

在 2020 年末，中國經濟體系上的裂痕仍未對政權穩定構成衝擊。不過凶兆已經出現。在當年 6 月，河北省的保定和山西省的陽泉，都出現銀行擠兌的情況。[63] 這兩座城市的民眾都收到風聲，認為他們存款的銀行受困於大批呆帳，很可能無預警倒閉。這樣的恐懼絕非空穴來風，因為中國的銀行體系的借貸有很大比率都是無法收回的呆帳。公家和民間的債務自 2008 年起即急劇增加，到 2019 年這些債務的總和已等同國民生產總值的 300%。[64] 隨著中國的經濟發展放緩，銀行體制承受的壓力必會與日俱增。中國

---

63 Amanda Lee, "China's banking system begins to crack at its grass roots as two bank runs take place within a week", *SCMP*, Hong Kong, 23 June 2020, https://www.scmp.com/economy/china-economy/article/3090266/chinas-banking-system-begins-crack-its-grass-roots-two-bank (last accessed 1 Dec. 2020).

共產黨過去一直鼓吹為求經濟發展放棄自由，如此一來，高速增長年代的終結造成的後果會極其嚴重。

也許疫情長遠的影響並不在於經濟所受的損害，而在於疫情期間黨國體制開始受到懷疑，因為這一段時間的事件顯明北京政權不只隱瞞疫情出現的事實，還淡化病毒傳播的程度，這些做為造成了嚴重的結果。雖然新型冠狀病毒似乎未有摧毀中國共產黨的威信，卻也許已命定中國未來的歷史動向。COVID-19疫情於全球擴散，再加上國際社會對香港起義的同情，促使世界重新檢視面對中華人民共和國的態度——就如我們在下一章所揭示，這種轉變將徹底扭轉未來的世界局勢。

---

64 Reuters, "China's debt tops 300% of GDP, now 15% of global total: IIF", London, 18 July 2019, https://www.reuters.com/article/us-china-economy-debt-idUSKC-N1UD0KD (last accessed 24 Nov. 2020).

10 香港並不孤單：全世界都在看
Hong Kong Is Not Alone: The World Is Watching

　　就如我們在上一章看到那樣，中國處理新型冠狀病毒疫潮的作風嚴重損害他們與世界各國的關係。不過北京加緊對香港異見者的迫害，更為國際社會帶來難以忘懷的壞印象。中國高調鎮壓香港的起義，反倒使這個特區舉世矚目，獲得國際社會前所未有的關懷。

　　雖然香港只是個小地方，可是過去在國際社會亦非寂寂無名；國際傳媒不時會報導香港的事情——可是十居其九都不是好消息。過去香港的事情成為頭條新聞，若非因為瘟疫或金融危機，就是被當成貧富極度懸殊的壞榜樣。英國於1997年把香港的主權移交予中國當然使香港登上頭條新聞，傳媒卻把焦點放在參與交接儀式的政要身上。到後來2014年的雨傘運動、以及2019至2020年爆發的民主起義，國際傳媒的焦點才真真正正的放在香港人身上。他們把香港人對自由的渴求描述成大衛對抗哥利亞的奮鬥，香港人敢於和世界最大的威權帝國抗衡，為世人留下深刻的印象。

　　中國領導人顯然不會喜歡國際傳媒這種論述，他們特別擔心如斯負面的描述會妨礙中國向全球擴張勢力的計劃。香港抗爭者

與北京之間的對決，亦因此成為形塑中國國際形象的輿論戰。

• • •

　　研究國際社會如何回應北京對待香港的手法之前，我們可以先想一想，是北京的領導人積極帶頭把香港問題設定成一項國際問題。事件剛開始不久，中國共產黨就已經堅信抗爭運動背後都是外國試圖干預香港事務的陰謀。當外國政府真是為香港發聲，或是提出外交抗議、或是威脅要實行制裁，北京就大張旗鼓地宣稱它所謂的陰謀終於露出真面目。這種宣傳主要以中國國內民眾為對象，卻也獲得部分中國海外盟友的共鳴，比如俄羅斯就同樣會把對人權問題的批評視為外國意圖干預內政的陰謀。中國政權不斷向民眾灌輸國族主義的宣傳，他們一方面歌頌黨國讓「新中國」崛起的豐功偉績，另一方面又強調世界各國都不懷好意地妒忌中國的成就。

　　因為北京的領導人對於香港當時事態的可靠情報有限，所以習近平政權和其他威權政體一樣，堅信一己的被害妄想：民眾之所以會起義反抗，原因是「亡我之心不死」的外國勢力在幕後操控。否則的話，那些中國共產黨聽都沒聽過的人，怎麼有能力動員數百萬民眾？一介平民又怎麼可能發動細膩的文宣攻勢、怎麼可能有辦法組織連續幾個月的運動？在北京看來，這些問題最顯然的答案，就是有幕後黑手在海外操縱運動。黨國在香港的應聲蟲一直呼應著這種被害妄想的謬論。這些親中派向來只依據北京的意思行事，因此以為這是政治運作的唯一方式：任何的政治行

動，都只可能是出於高層的授意。

但凡香港出現抗爭，中國及他們在香港的隨從都會迫不及待把問題歸咎於外國的興風作浪，這種條件反射實在令人發噱。2019 年 6 月 9 日百萬人上街反對《逃犯條例》修訂案後，英文《中國日報》即於翌日社論表示：「有一小撮香港民眾，不幸受到反對派及為他們撐腰的外國勢力迷惑，支持所謂的『反送中運動』。」[1]

隨著反送中運動演變成持續的起義，中國也加緊責怪外國勢力介入運動、出錢讓抗爭者為他們辦事。由中國官方持有的《瞭望》時事周報，11 月在社交媒體宣稱美國派遣特務到香港，一面在香港製造麻煩、一面給予抗爭者金錢報酬。他們繪聲繪影宣稱，每位參加集會的抗爭者都會收到港幣 5,000 元（約美金 641 元、新台幣 17,835 元）的報酬，倘若他們能找到同伴一起參加遊行則會收到港幣 15,000 元（約美金 1,923 元、新台幣 53,507 元）的報酬。《瞭望》周報甚至莫名其妙地宣稱特務以港幣兩千萬（約 256 萬美元、7,134 萬新台幣）報酬，聘請殺手「扮成警員殺害抗爭者——最好在鏡頭面前行事——藉此嫁禍給警察。那些在城市各處縱火的人，則會獲得較少的報酬。」[2]

這些異想天開的指控都是毫無根據的含血噴人。即或如此，

1　轉引自路透社的報導。參：Ben Blanchard, "UPDATE 3-Chinese paper says 'foreign forces' using Hong Kong havoc to hurt China", Reuters, London, 10 July 2019, https://uk.reuters.com/article/hongkong-extradition-march-china/update-3-chinese-paper-says-foreign-forces-using-hong-kong-havoc-to-hurt-china-idUKL4N23G0MR (last accessed 1 Dec. 2020).

香港特區政權仍然堅持抗爭是由外國勢力策動，縱然他們的語調比較平實。香港行政長官林鄭月娥2020年1月在美國全國廣播公司（CNBC）的新聞節目上表示：「我覺得整件事情背後，是由某些陰謀推動。雖然目前尚未有實質證據，可是目前香港本地的形勢，顯然是大棋局的一部分。」[3]

林鄭月娥也拾人牙慧，仿效中國官員的做法，片面引用美國公正準確報導協會（Fair and Accuracy in Reporting, FAIR）的調查報告。該報告分析美國有線新聞網路（CNN）和《紐約時報》的報導，比較他們如何報導香港、厄瓜多、智利和海地的抗爭運動。該報告發現相關媒體對香港起義的報導，超過其餘三國抗爭運動相關報導之總和。

FAIR認為這兩家美國媒體之所以聚焦在香港，是因為他們認為不同國家的苦難「報導價值有別」，他們輕看那些針對「美國附庸國的官商合謀和貪污腐化」的抗爭、而高舉那些發生在美國勢力範圍外（比如中國）的抗爭運動。[4]筆者對傳媒偏見則有

---

2   Frank Chen, "US NGOs, local tycoon funding HK protests: report", *Asia Times*, Bangkok, 13 November 2019, https://asiatimes.com/2019/11/us-ngos-local-tycoon-funding-hk-protests-report/ (last accessed 1 Dec. 2020).
    譯按：《瞭望》周刊的貼文如今已經散佚。

3   Matt Clinch, "Carrie Lam suggests foreign influence in Hong Kong protests: 'Perhaps there is something at work'", CNBC, New York, 21 January 2020, https://www.cnbc.com/2020/01/21/carrie-lam-suggests-foreign-influence-in-hong-kong-protests.html (last accessed 1 Dec. 2020).
    譯按：文章網頁附有林鄭月娥接受訪問時的的影片。

不同見解，也許看起來像是老生常談，可是這卻是多年從事海外前線報導的體驗：傳媒決定聚焦於哪項新聞，主要取決於身在千里之外的受眾是否能對報導產生共鳴。新聞報導很少能「絕對公平」，比如說在非洲奪走數以千計人命的慘案不會有太多人注意，可是如果新聞受眾熟悉的地方有十數人遇害，他們自然會加緊關心。香港既然是國際都會，此地的抗爭獲得的注視多過厄瓜多、智利和海地的同類事件，這並不是令人意外的事情。除此以外，香港有不少出色的年輕人參與民主抗爭，他們懂得推陳出新讓抗爭充滿活力，確實吸引傳媒和新聞受眾的興趣。

雖然FAIR嚴厲批判美國的政策、矢志與主流媒體的偏見抗衡，可是他們絕對沒有把海外媒體的關注等同於外國對抗爭者的物質支援。這種想法只是一廂情願的過度詮釋。然而，中國共產黨卻把這份報告當成外國勢力干預香港的確實證據。不過這種把過度詮釋當作實質證據的謬論，並不是什麼新鮮的觀點：上一任行政長官梁振英就經常聲稱他掌握「無法推諉的證據」，說明雨傘運動背後有外國勢力撐腰，當時他聲言會等待合適的時機把這些證據公告天下。可是四年後的今天，他依舊無法提出任何實質的「鐵證」。

那些聲言外國介入香港起義的指控，常常把矛頭指向美國的國家民主基金會（National Endowment for Democracy）。親中媒體《點

4　Alan MacLeod, "The Revolution Isn't Being Televised", FAIR, New York, 26 October 2019, https://fair.org/home/the-revolution-isnt-being-televised/ (last accessed 1 Dec. 2020).

心日報》(*Dimsum Daily*) 2019 年 8 月的報導直接指出:「過去國家
民主基金會曾贊助過 2014 年的佔領中環運動,使人不禁懷疑美
國有否同樣支持近期的『反送中運動』。民主派政客經常與民主
基金會的代表以及美國高層官員會面,使我們不禁懷疑民主基金
會資助前線的示威者。」這篇報導以薄弱的證據、曖昧的暗示,
「揭發」民主派主要領袖、傳媒大老黎智英(那些陰謀論總是對
他念念不忘)和知名與不知名的美國官員互相合作,陰謀策動
「亂港計劃」。這篇報導也刊登這些人物與抗爭者的合照,想藉此
證明美國中央情報局是所有事情的幕後黑手。[5]

　　國家民主基金會的確是一家頗具爭議的組織——他們從美
國政府取得資助、也曾發聲支持香港的起義。可是這樣的事實並
不能證實這個組織煽動或策劃香港的抗爭。民主基金會的主席在
2019 年 12 月的聲明,反駁那些過份推論的指控:「中國政府及其
官方媒體,三番四次地指責本基金會統籌或資助正於香港持續的

5　*Dimsum Daily*, "Is United States involved in the current civil unrest in Hong Kong via its National Endowment for Democracy?", Hong Kong, 25 August 2019, https://www.dimsumdaily.hk/is-united-states-involved-in-the-current-civil-unrest-in-hong-kong-via-its-national- endowment-for-democracy-ned/ (last accessed 1 Dec. 2020).《點心日報》熱衷報導各種古靈精怪的陰謀論,有意思的是,該報花了不少工夫去遮掩其股權結構。根據他們於 2019 年 9 月 20 日的聲明,這家媒體是由一家在英屬處女群島註冊的公司營運,公司由「香港本地投資者持有」。參:*Dimsum Daily*, "Clarification to quash rumours with regards to ownership of Dimsumdaily and our pro-Beijing stance", Hong Kong, 20 September 2019, https://www.dimsumdaily.hk/clarification-to-quash-rumours-with-regards-to-ownership-of-dimsumdaily-and-our-pro-beijing-stance/ (last accessed 1 Dec. 2020).

抗爭，這些全部都是失實指控，旨在蒙蔽香港社會運動是由草根民眾自發的事實。香港人一直期待北京政府信守1984年《聯合聲明》的承諾，保證香港人在『一國兩制』下的基本自由。」[6]

上述那一段聲明固然也稱不上實質證據，不過國家民主基金會卻著重運作的透明度，使他們的講法顯得較為可信；那些針對民主運動的親中團體，從來不會公開營運上的細節。國家民主基金會2019年的年報，詳細列出他們對香港民間組織的資助內容，這些組織有的提倡保護人權、有的要維護法治、有的爭取工人權益、也有一些組織想鼓勵「以證據為基礎的決策和對話」。相關的贊助總額為美金642,943元（約1,787萬新台幣）。然而，當中有美金325,000元的捐助是由美國國際民主協會（National Democratic Institute for International Affairs）間接交予民間團體；這個組織經常與親中派政客會面，也會嘗試接觸位處政治光譜各方的人物。[7]此外，我們也要按照比例來看待此事，相對於香港民眾自發捐獻給各種民主團體的金錢，國家民主基金會花在香港的只是一筆小數目。

---

6 National Endowment for Democracy (NED), "National Endowment for De-mocracy responds to threat of Chinese government sanctions", Washington DC, 2 December 2019, https://www.ned.org/national-endowment-for-democracy-responds-to-threat-of-chinese-government-sanctions/ (last accessed 1 Dec. 2020).

7 NED, "2019 Annual Report", Washington DC, 2019, https://www.ned.org/annual-report/2019-annual-report/ (last accessed 24 Nov.2020).
譯按：相關的財政報告，是由國家民主基金會委託美國RSM會計師事務所（台灣廣信益群聯合會計師事務所是同一個集團的會員）撰寫：https://www.ned.org/wp-content/uploads/2021/02/NED-FY-2019-Financial-Audit.pdf

比如2019年8月網民在連登討論區貼文呼籲網友捐款，藉此於世界各地的報章刊登聲援起義的廣告，最終有 22,500 位網民響應，總共籌集得 197 萬美金（約 5,477 萬新台幣）的善款。[8]

• • •

縱使香港的抗爭顯然不是海外陰謀，但國際社會在 2019 至 2020 年確實高度關注香港的民主起義。海外媒體花了不少篇幅報導香港的抗爭、世界各地的民眾都發起聲援香港的運動、各國政府亦前所未見地表態關注香港的局勢。這樣的情況必須歸功於抗爭者的努力，他們用心吸引海外社會關注，並嘗試向北京施加外交壓力。香港抗爭者之所以極力爭取海外關注，其中一個原因是他們知道在中國其他地方，在外國人很少注意的地方，會發生什麼樣的事情——比如在新疆，數以十萬計的維吾爾人無聲無息地被押進集中營，號稱「再教育營」，多麼恐怖的名字。亦因如此，抗爭運動的國際面向乃是不可或缺的關鍵，而此等面向亦帶來難以預期的結果。為著香港抗爭的「國際線」事工，北京憤恨難平。

香港抗爭者深知北京懷抱領導全球的野心，因此向世界吹奏

8 Alvin Lum, "Hong Kong protesters raise US$1.97 million for international ad campaign as they accuse police of 'war crimes' and using 'chemical weapons'", *SCMP*, Hong Kong, 12 August 2019, https://www.scmp.com/news/hong-kong/politics/article/3022498/hong-kong-protesters-raise-us197-million-international-ad (last accessed 1 Dec. 2020).

警號提醒世人，民眾在中華人民共和國統治下的慘況。在香港的抗爭現場總會遇到揮舞美國和英國國旗的抗爭者，他們藉此呼籲世界各國向香港和中國的政府施壓，並於國際會議上持續與北京抗衡。香港抗爭者也刻意與世界各地的本土抗爭串連，特別是加泰隆尼亞；此時加泰隆尼亞街頭也是人潮洶湧，當地民眾想要向馬德里中央爭取自治權。部分走上街頭的加泰隆尼亞民眾於抗爭現場舉起聲援香港的標語，香港抗爭者亦於2019年10月禮尚往來，舉辦聲援加泰隆尼亞獨立的示威遊行。在10月1日中華人民共和國國慶那天，加泰隆尼亞的旗幟亦顯眼地於抗爭現場飄揚。

在世界各地的抗爭史中，2019年都是值得紀念的一年：這一年除了在加泰隆尼亞，智利、黎巴嫩、伊拉克和俄羅斯的民眾都曾發起大規模集會。就如英國政治理論家莫里斯・格拉斯曼（Maurice Glasman）所言：「這些抗爭者的論述，都圍繞著主權在民的理念，都關乎政治權利、尊嚴、自由與民主。」[9]這段話精準描述香港此刻的狀況。泰國在2020年末爆發抗爭運動，香港、泰國和台灣民主運動的參與者隨即串連成「奶茶聯盟」，將抗爭的共通線索具體顯示出來。這三個國家的民眾都喜歡喝奶茶，雖然他們的奶茶各有不同風格，奶茶正反映出他們彼此相似，卻又迥然有別。

遠在奶茶聯盟成立之前，香港抗爭者早已聲援新疆和西藏

9　Maurice Glasman, "In the heart of Baghdad, a new vision for Iraq is emerging", *New Statesman*, London, 29 November 2019, https://www.newstatesman.com/world/2019/11/heart-baghdad-new-vision-iraq-emerging (last accessed 1 Dec. 2020).

的人權問題，這是2019至2020年起義的新興現象。這些對中國來說都是不可觸碰的敏感議題。香港人過去都迴避如斯敏感的議題，可是，隨著抗爭運動不斷持續，香港抗爭者開始發覺自身的際遇與這兩個所謂的「自治區」頗為相似。北京看到抗爭者揮舞鮮艷的雪山獅子旗，又高呼聲援新疆維吾爾人的口號，使他們確信香港形勢將會走向最壞的方向。

香港的起義重新點燃國際社會對中國人權問題的關注，使他們再次關心西藏的民權和環境問題、並呼籲以制裁行動回應中國關押新疆維吾爾族穆斯林的惡行。[10] 美國總統川普最終於2020年6月正式簽署《維吾爾人權政策法案》。該法案授權美國政府制裁涉及侵害維吾爾族人權的人士，並史無前例地要求聯邦調查局提交報告，交代他們對於流亡美國的維吾爾人和中國公民的保護措施。

不過，香港起義期間，美國政界仍是把目光聚焦在香港身上。他們後來嘗試引入許許多多法案，想藉此懲罰鎮壓香港起義的中國。美國參眾兩院於2019年11月率先通過《香港人權與民主法》；國會曾於2014年雨傘運動期間推動這條法案，可惜後來無疾而終。可是2019年的抗爭運動促使國會優先處理這條法案。

---

10 *The Washington Post*, "How China corralled 1 million people into concentration camps", editorial, Washington DC, 29 February 2020, https://www.washington-post.com/opinions/global-opinions/a-spreadsheet-of-those-in-hell-how-china-corralled-uighurs-into-concentration-camps/2020/02/28/4daeca4a-58c8-11ea-ab68-101ecfec2532_story.html (last accessed 1 Dec. 2020).

川普政府於法案通過後果斷地依法行事，隨後又推動更多與香港相關的法案。他們宣布中國已嚴重侵蝕特區的自治，使美國無法繼續把香港與中國區別對待；在此以前，香港一直享有商業、法律和移民政策上的優惠，有別於中國其他地區。

美國此後加強施壓，2020年7月通過《香港自治法》；中國過去曾在《聯合聲明》和《基本法》承諾給予香港自治，如今那些違反自治承諾的人士將會依法受到制裁。此法案授權禁止相關人士入境美國，同時也規範美國在國內和海外金融機構，不許他們代表被制裁的人物或機構於美國從事交易。這對香港特區政權的高官來說不啻是一場惡夢；他們喜歡在美國置產、又讓家人移居美國，因此與美國有著千絲萬縷的利益關係。如果這些高官侵害香港國際公認的自治權，此法案不單能讓他們無法踏足美國國土、也能凍結他們放在美國的資產。

上述法案皆建基於跨黨派的共識，獲得參眾兩院無異議通過，而針對香港現狀的法案此後仍是陸續出現。國會不只是禁止向香港售賣美國生產的國防裝備，也不再容許輸出未經審核的軍民兩用技術到香港。此後香港特區若要引入相關的技術，必須面對與中國同等的限制。其實，這些法案的象徵意義多於實際，對香港的經濟運作並不會構成太大影響；可是林鄭月娥政府政權的高官過去公開否認與美國有任何聯繫，如今卻要為迴避制裁而狼狽地改換銀行、轉移資產，的確大快人心。

2020年6月底，美國國會再一次嘗試引入新法案，那就是《香港庇護港法案》（Hong Kong Safe Harbor Act），建議給予流亡美

國的香港人難民身分。加拿大和澳洲等國家已採取相若的政策，
而這些國家在起義爆發前早已吸引到不少香港移民。

在早前的篇幅，我們已論及在1997年已取得永久居民身分
香港人，大都有資格取得英國國民（海外）護照（British National
(Overseas)，簡稱BNO）；雖然持有這份護照的民眾於主權移交後仍
可向英國申請延期，可是這本護照基本上只是旅遊證件，持有者
無法得享英國公民的權利。然而，2020年7月1日主權移交23週
年那天，英國政府宣布改變政策，容許擁有BNO身分的香港人
偕同家屬移民英國，藉此回應《國家安全法》對香港人的侵害。
根據2020年2月的統計，香港約有290萬人擁有BNO身分，當
中約35萬人已申領BNO護照。[11]

海外國家不只歡迎香港人移民避難，諸如美國、英國、法國
和德國等國家也因為對《國家安全法》實行後的法治水準充滿疑
慮，終止與香港的引渡協議。這些國家還把香港列入黑名單，禁
止把軍事或警務設備輸入香港，也不准向香港出售任何可作監視
用途的設備。

由於英國曾經管治過香港，比起其他西方國家相比與香港有
較親密的連繫；作為《聯合聲明》的簽署國，英國有責任持續監
察條約有否落實，畢竟這是一條曾向聯合國備案的國際條約。過
去香港人一直鼓勵英國扮演更積極的角色，透過履行監察條約實

---

11 UK Home Office News Team, "Media factsheet: Hong Kong BN(O)s", Home Office blog, 29 May 2020, https://homeofficemedia.blog.gov.uk/2020/05/29/media-factsheet-hong-kong-bnos/ (last accessed 24 Nov. 2020).

行的責任，主動督責中國實踐容許香港自治的承諾。可是中華人民共和國拒絕承認倫敦仍須為《聯合聲明》負責：中國在2017年6月甚至把這條國際條約，貶稱為早已失去實際意義的「歷史文件」，宣稱《聯合聲明》已經「對中國中央政府對香港特區的管理已不具備任何約束力」。[12] 可是英國指出，他們監督中國有否遵從《聯合聲明》、每半年就該國際條約的實踐發表報告，是要履行簽約國必須擔起的法定責任。英國在過去的報告都只會一派輕鬆地複述狀況仍然良好，2019年10月的報告卻不能繼續保持樂觀。該份報告提出值得關切的幾項領域，英國外相拉布於報告中嚴正聲明，要求與林鄭月娥政府實行「有真實意義的對話」，藉此捍衛「香港的權利、自由和高度自治」。[13]

拉布其後在另一篇聲明中明確表示，中國鎮壓香港起義的舉動將直接損害其國際地位。他指出英國之所以對擁有BNO身分的香港人敞開大門，是因為中國通過強行引入《國家安全法》，剝奪香港理應享有的自治、侵害香港人一直擁有的自由。拉布也在聲明中暗示北京的舉動將會帶來深遠的影響，他指明，這種輕舉妄動只會「令中國政府失去國際社會的信任，使他們無法相信

---

12 〈觀察：中英聯合聲明「失效」中共承諾價值幾何？〉，BBC News 中文網，2017年7月1日。（https://www.bbc.com/zhongwen/trad/chinese-news-40471315）

13 UK Secretary of State for Foreign & Commonwealth Affairs, *The Six-Monthly Report on Hong Kong: 1 January to 30 June 2019*, London, 31 October 2019, https://assets.publishing.service.gov.uk/government/uploads/system/uploads/attachment_data/file/856991/Hong_Kong_Six-monthly_Report_Jan-Jun19.pdf (last accessed 1 Dec. 2020).

中國會言出必行、信守承諾」。[14]

　　質疑中國有失誠信，並非只是英國單獨一國的說法。即使過去與北京維持良好關係的澳洲，如今也態度大變；澳洲與美國、加拿大、法國、德國、紐西蘭和英國一樣，關注特區政權對付抗爭者的手法，聲援抗爭者要求落實民主的訴求。澳洲首相史考特・莫里森（Scott Morrison）2018年就任後，向來不敢對北京據理力爭，使他一直為人詬病。可是隨著《國家安全法》的強制實施，他亦一反常態地強硬起來。同時澳洲和中國也發生貿易糾紛：在坎培拉政府呼籲就新型冠狀病毒的起源展開國際調查後，中國隨即在商貿層面展開報復。莫里森如今堅決宣示澳洲「永不向威嚇屈服」，決不會因為北京或任何國家的「逼迫」，放棄國家根本的價值觀。[15]即使是向來低調沉默的日本，亦出乎意料地仗義執言，聲援香港的起義、譴責政權的鎮壓。

　　面對排山倒海的反制政策和譴責聲明，中國死不服輸地嗤之以鼻，堅持這一切都只會徒勞無功；然而，北京實際上的後續作為是如此凶猛，顯見它口頭上的毫不在乎只是故作姿態。在2019年12月美國通過《香港人權與民主法》後數日，中華人民共和國隨即取消與美國的協定，不再容許其軍艦和軍機造訪香

14 "Hong Kong National Security Legislation", statement by Foreign Secretary Dominic Raab, Hansard HC Deb., vol. 678, col. 329 (1 July 2020).

15 Stephanie Dalzell, "Scott Morrison says Australia won't respond to Chinese 'coercion' over warning about universities", *ABC News*, Canberra, 11 June 2020, https://www.abc.net.au/news/2020-06-11/australia-morrison-china-respond-coercion-on-universities/12342924 (last accessed 23 Nov. 2020).

港，並禁止好幾家美國非政府組織在中國運作——當中包括被指策動香港起義的國家民主基金會。中國於2020年6月也把在香港議題「劣跡斑斑」的美國政客和官員列入黑名單，不再批准他們申請中國簽證。幾日之前，華盛頓才剛宣布禁止部分決定香港事務的中國官員入境。

香港起義爆發後，北京政權反美情緒持續高漲，2020年3月一口氣驅逐了三份美國報章的駐北京記者，也不許他們到香港工作。我們要注意，美國在一個月之前先開始進行相關舉動，將美國境內運作的中國官方媒體形容成外交團體，要求它們按其真正職能註冊，如此一來這些媒體將受到額外的限制。中國政權也針對美國之音這個公營媒體；令人諷刺的是，川普在其後那個月以白宮的名義批評美國之音，認為他們在報導COVID-19疫情時發布「中國官方的宣傳」。向來對北京格外忠誠的澳門特區政府則禁止香港美國商會的幹事入境，使他們無法參與一場當地舉行的社交活動。

北京以牙還牙的反應，反映2020年日益惡化的國際形勢：中國與多個國家爆發貿易戰，外交關係處於決裂邊緣。

• • •

中國對付香港起義的高壓手段使他們與國際社會關係惡化，可以說，對北京而言最嚴重的就是台灣的國際地位因而水漲船高。北京對此耿耿於懷，甚至到了歇斯底里的地步。如前所述，綠營蔡英文於2016年當選台灣總統後，北京即收緊對台灣的外

交壓力：他們連續使七個國家與台灣斷絕外交關係，又拒絕讓台灣參與包括世界衛生組織在內的國際組織。

　　台灣聲援香港起義的集會是海外國家中規模最大的，而香港的事態發展，也幫了這個島國的政府一大把。中國在香港的惡行使台灣人意識到「今日香港、明日台灣」，明白中國絕對不會在兩岸「和平統一」後善待台灣，這種恐懼讓蔡英文於2020年總統大選成功連任。香港特區發生的事情也讓華盛頓和台北愈走愈近，而促進台美關係向來是台灣政府的主要外交目標。美國總統川普於2020年3月正式簽署國會通過的《2019年台灣友邦國際保護及加強倡議法》，使台美關係向前邁進一大步。雖然當時美國兩黨互不相讓，可是仍然就這條法案達成跨黨派共識。這條簡稱「台北法案」的新法律使台美關係更上層樓；自尼克森總統決定與中華人民共和國復和後，美國就開始疏遠台灣。其後卡特政府更於1979年，決定與流亡台灣的中華民國政權斷交，不再正式承認台灣是獨立於中國的國家。「台北法案」鼓勵美國與台灣在國防與經濟問題互相合作，並以外交行動紓緩台灣被全球孤立的現狀。

　　這條對台灣有利的法案，並不代表華盛頓已與台北正式建立邦交。即或如此，對北京來講也沒什麼好安心的。北京緊張地譴責這條新法案，擔心台美關係如果解凍，將會鼓勵其他國家與這個實然獨立的島國愈走愈近。事實上在「台北法案」通過後，日本和加拿大有所行動，呼籲世界衛生組織重新接納台灣為觀察員。

• • •

2020 年的外交局面本來就已經對中國相當不利，可是北京
卻選擇神經質地批駁國外的評論，向四面楚歌的形勢火上加油。
北京政權的領導人若不是迴避外間的批評、就是推行所謂的「戰
狼外交」，同時世界各國開始批評中國背信棄義，尤其是背棄了
貿易承諾。英國外相拉布論及香港問題時，提出中華人民共和國
的所作所為已使他們失信於天下。中國不只明目張膽地違反《聯
合聲明》關於香港自治的承諾，甚至片面宣稱條約作廢，只因為
它自己厭倦了規條的束縛。而英國顯然並非唯一對中國失去信任
的國家。

北京在 1997 年開始統治香港時，它過往信誓旦旦提出的各
種承諾已寫入《聯合聲明》，北京也樂於指出它願意將這些承諾
寫進條約。北京曾邀請國際社會一同來見證，中國確實願意在境
內接納一個高度發展的資本主義社會，願意容許香港保持高度自
治，使香港人享有中國各地欠缺的自由。可是隨著《國家安全法》
於 2020 年 7 月被強行引入，這一切自由都如過眼雲煙，在世人的
目光下消失得無影無蹤。此後國際社會的回應從口頭上的聲援演
變成實際的行動。

在大部分情況下，外交政策並不是各國政府優先處理的事
項。積極介入別國的事務，既不會贏得國內選民的支持、往往也
只會吃力不討好。可是中國在香港橫蠻無理的暴行，卻難得地使
世界各國的民眾和領袖感同身受。之前我們已經提及，世界各國
都有抗爭者上街集會，團結一致聲援香港的抗爭——尤其是在那
些華人社區頗有勢力的國家。世界各國之所以支持香港，是基於

國內民眾的壓力。

例如，根據民意調查，英國民眾普遍支持讓擁有BNO身分的香港人享有居英權——英國民眾向來討厭蜂擁而至的海外移民，如今竟然一反常態。YouGov在2020年六月底的一項調查中，發現有接近三分之二的受訪者支持讓擁有BNO身分的人到英國永久居留。在1990年的同類調查，則只有約三分之一的受訪者支持這樣的提議。[16]相反地，大眾逐漸不再給予北京支持，這樣的情況可見於皮尤研究中心的調查。總部設在華盛頓的皮尤研究中心於2019年5月18日至10月2日期間，研究發現澳洲、印度、印尼、日本、菲律賓和韓國這六個印太國家的民眾大都比較親近美國、抗拒中國。雖然這些受訪者比較偏好歐巴馬，對川普的政策相對缺乏信心，卻還是對美國看法較為正面。[17]

縱使中華人民共和國的公關伎倆最終只帶來反效果，但他們為了公關確實下過很大工夫。北京不斷想要贏得海外的論戰，甚至動員網軍跨越網路長城，讓他們在Twitter和臉書這類被中國

---

16 Will Jennings, "Support for helping British passport-holders in Hong Kong is rising", YouGov, London, 1 July 2020, https://yougov.co.uk/topics/politics/articles-reports/2020/07/01/support-helping-british-passport-holders-hong-kong (last accessed 1 Dec. 2020).

17 Jeremiah Cha, "People in Asia-Pacific regard the U.S. more favorably than China, but Trump gets negative marks", *Fact Tank*, Pew Research Center, Washington DC, 25 February 2020, https://www.pewresearch.org/fact-tank/2020/02/25/people-in-asia-pacific-regard-the-u-s-more-favorably-than-china-but-trump-gets-negative-marks/ (last accessed 1 Dec. 2020).

封鎖的社交媒體大放厥詞。隨著香港的抗爭運動持續，中國共產黨也於社交媒體上就香港問題展開輿論攻勢，設法控制論述。香港大學新聞及傳媒研究中心在2019年有一項研究，起因是推特和臉書聲明有一群互相組織協調的帳戶，要把這次起義描述成分離主義運動。在這兩個平台以及各大社交媒體，都有人毫無節制地動用網路機器人，藉此傳播關於香港的假新聞。香港大學研究員分析64萬個推特帳戶的數據，發現這些造謠生事的帳戶有兩成由網路機器人操控。[18]在中國網路長城內的微博和WeChat等社交媒體，更是不遺餘力要建構對香港事態的「正確」敘事。

除了操控網上輿論，中國也努力透過傳統媒體向世界宣揚一己觀點。耐人尋味的是，中國共產黨發現香港媒體在這件事上面很有用；香港媒體仍然維持著自由自主的形象，而香港影視娛樂產品在海外華人之間一直深受歡迎。香港電視廣播有限公司（簡稱無綫電視或TVB）是香港最大的電視台，在海外華人社區甚有影響力。雖然TVB早已落入中資之手，可是其殘存的公信力仍然遠勝中國官方的電視台，讓他們能以「中立報導」附和北京的立場。

而熱衷為北京發言的《星島日報》則是中國官員放消息的渠道，他們也會以疑真疑假的報導「事先張揚」中國官方的新政策，藉此幫助政權試探民情。雖然這份報章在香港銷量不佳，他們在

---

18 傅景華，〈中國是怎樣打「反送中」這場資訊戰？〉，Matters，2019年10月21日。（https://tinyurl.com/ybwh6nol）

海外出版的衛星部卻是海外華人社群的主要資訊來源。不過《星島日報》只能接觸到年長的海外華人，其親中立場使年輕世代敬而遠之；畢竟他們有足夠的英語水準，能從其他報刊汲取豐富的資訊。

英文《南華早報》的情況更為複雜，現時這份報章的大股東正是中國首富馬雲——他當然是也中國共產黨的黨員。《南華早報》目前仍然有一定的編採自主，他們關於中國新聞和香港新聞的報導仍是相當堅實可靠。這樣一來，《南華早報》正是統一戰線標準戰術的絕佳載體：黨利用具有公信力的組織來推動其目標，同時又讓該組織與中國共產黨本身保持距離。北京負責文宣工作的人士一直在尋找較具聲譽的英語媒體為黨國發聲。馬雲在2015年底買入《南華早報》的股權，當時他為何會決定買下這份報章，至今仍是未解之謎，可是顯然不是出於商業利益的決定。《南華早報》是個燒錢的生意，在馬雲注資後其虧損反倒變本加厲。

原本就與政府關係友善的《南華早報》，在起義爆發後與藍絲陣營愈走愈近。他們也承擔著新的任務，宣稱要「領導關於中國議題的全球對話」。這份報章此後暗中調整其報導重點，並在評論版刊登許許多多支持北京的意見。除此以外，他們也舉辦宣揚中國觀點的座談會。最噁心的是《南華早報》也被用來刊登中國政治犯的「悔過書」，雖然受害人都在受到威脅的情況下「認罪」，這份報章卻濫用公信力塑造政治犯「坦承罪行」的假象。

按照中國共產黨的理想，黨應該無需假手香港的媒體，應該

可以運用自己的渠道向海外宣傳，可是即使是那些黨國宣傳界的強硬派，也不得不承認中國向外宣傳的固有渠道未盡理想；中國官方媒體僵化得近乎可笑的表現，在享有新聞自由的社會完全沒有說服力。不過，他們的確盡力洗刷官方媒體的門面。中國環球電視網（CGTN）於2016年底成立，藉此取代乏人問津的中央電視台外語頻道，這個外表亮麗的新電視台聘用了大批有國際經驗的外國專家。

英文《中國日報》這份針對海外讀者的主要官方報章，亦於習近平時代更新版面。他們以鉅款說服至少30份外國報章讓他們開設題為〈中國觀察〉（China Watch）的專欄，用以轉載《中國日報》的文章。好一些在國際享有盛譽的報章，竟然也為收取報酬而設立這樣的專欄：包括美國的《華爾街日報》、《華盛頓郵報》和《紐約時報》，法國的《費加羅報》，西班牙的《國家報》，德國的《商報》，日本的《每日新聞》以及澳洲的《雪梨晨鋒報》。[19]英國的《每日電訊報》過去亦曾經開設〈中國觀察〉專欄，可是他們卻於2020年4月結束與《中國日報》大約十年的合作關係，這是因為該專欄討論COVID-19疫情的文章使《每日電訊報》大為警覺。至於其他報章會否跟進如今仍是未知數，不過這個專欄

---

19 林慕蓮和柏金（Julia Bergin）曾詳盡探討中國傳媒機構如何介入海外媒體。參：Louisa Lim and Julia Bergin, "Inside China's audacious global propaganda campaign", *The Guardian*, London, 7 December 2018, https://www.theguardian.com/news/2018/dec/07/china-plan-for-global-media-dominance-propaganda-xi-jinping (last accessed 1 Dec. 2020).

在2020年過後刊登頻率已大不如前。[20]

　　北京政權之所以在海外報章購買版面，加強官方媒體的海外廣播，並不只是要讓外國觀眾能接觸到中國官方的觀點。他們也希望能「出口轉內銷」，借海外媒體的聲望支持國內的官方論述。比如引用《華盛頓郵報》的文章，藉此引證官方的說法；中國的讀者不會知道這篇文章是在協議的安排下從《中國日報》轉載。這看起來，就像是中國借用海外媒體自說自話。這種操作背後有種矛盾得令人發噱的邏輯；北京一面藉海外媒體的權威往自己臉上貼金，另一面卻同時基於排外心態指責外國人造謠生事。

　　特區政府此時也發動自己的「大外宣」，動用數以百萬計的公款在德國、英國、法國、美國、加拿大和日本的主要報章刊登頭版廣告。不過這場袖珍版的大外宣運動，效果似有若無。2019年九月林鄭月娥政權曾與八間全球公關公司接洽，想要聘請他們參與公關工程，期望藉此促進特區政權的聲望；可是八間公司都婉拒，他們不得不打消念頭。[21]在此之後，特區政府權決定花錢

---

20 Jim Waterson and Dean Sterling Jones, "Daily Telegraph stops publishing section paid for by China", *The Guardian*, 14 April 2020, https://www.theguardian.com/media/2020/apr/14/daily-telegraph-stops-publishing-section-paid-for-by-china (last accessed 1 Dec. 2020).

21 Kimmy Chung and Alvin Lum, "Hong Kong government spends HK$7.4 million in global advertising blitz, but PR experts question effectiveness of campaign", *SCMP*, Hong Kong, 24 September 2019, https://www.scmp.com/news/hong-kong/politics/article/3030020/hong-kong-government-spends-hk74-million-global-advertising (last accessed 1 Dec. 2020).

在全球報章刊登自己設計的廣告，強調雖然香港有抗爭運動，可是這個特區的經濟依舊繁榮、仍然是讓投資者放心投資的樂園。這系列的廣告想要東施效顰，回應民主陣營那些從眾籌取得資金的廣告，可是宣傳效果卻是天差地遠。

雖然北京以鋪天蓋地的方式嘗試爭取海外民眾的輿論支持，可是他們最終也只能迷惑地感到憤憤不平：為何香港這個小小的中國屬土、為何這個特區理應軟弱無力的民眾，竟然能贏得各地民眾的熱心支持？華盛頓不時會迎接來自香港的民主運動家，即使在起義期間也從未間斷。像黃之鋒那樣的年輕社運人士，有機會在華盛頓精英的聚會中發表演說，於國會聽證會作出證詞。流行樂手何韻詩在日內瓦的聯合國人權理事會會議中，贏得重大的外交勝利，雖然在場的中國代表嘗試阻止她發言，可是何韻詩把握機會發表簡短的演說；網民把相關影片放到社交媒體，並獲得可觀的點擊量。老派的民主派領袖亦獲川普政府的高層官員接見，包括創辦民主黨的李柱銘和何俊仁、曾於特區政府成立初期擔任第二號人物的陳方安生、以及創辦《蘋果日報》的出版人黎智英。

民主陣營的成員獲華盛頓高層接見，使北京極為惱怒，中國官方媒體把這幾位獲美國禮遇的民主派人士貶稱為「亂港四人幫」；不過「四人幫」的污名原先是用來形容文化大革命期間在毛澤東身邊弄權的四位親信。英文《中國日報》一篇報導宣稱：「他們除了統籌所謂的『民主運動』，也已經淪為西方反華勢力擾亂香港的棋子，因此備受譴責。」[22] 黎智英於 2020 年 12 月成為「亂

港四人幫」中首位因《國家安全法》被檢控的人士，被政權安插
「勾結外國或者境外勢力危害國家安全」的罪名。倘若他最終被
法庭定罪，很可能被判處終身監禁。

　　就在香港民主運動家獲西方國家禮遇之際，中國那些在海外
嘗試為香港政策辯解的代理人只能獲得冷淡的回應。如此一來，
北京政權為挽救中國鎮壓香港起義的國際形象，投放大量時間、
心力與資源從事海外游說，這一切的努力都猶如石沉大海。可是
這樣真的有差嗎？香港起義造成的衝擊，會否真的對北京在全球
擴展勢力的策略帶來不可修復的損害？

• • •

　　面對世界各國的批評，習近平政權擺出一副愛理不理的姿
態，畢竟「戰狼外交」這場大戲使國內的觀眾甚為受用。另一方
面他們也深信，縱使外國再怎麼振振有辭，說到底，還是沒有任
何國家真的會為了香港給自己找麻煩。包括美國。於當代智庫論
壇擔任理事長的中國知名學者李肅，直接了當地質疑：「美國甚
至沒有資格成為中國的對手。他們要怎麼做？為香港打仗？」[23]

　　不僅如此，雖然美國對 2019 至 2020 年起義的聲援於列國中

---

22 *China Daily*, "'Gang of four' 'incited' unrest in Hong Kong", Beijing, 1 November
　2019, https://www.chinadaily.com.cn/a/201911/01/WS5dbb89faa310cf3e35574d6e.
　html (last accessed 1 Dec. 2020).
　譯按：亦可參考〈「亂港四人幫」叛國奪權　必須嚴懲〉，《大公報》，2019 年 8
　月 29 日。（http://www.takungpao.com.hk/news/232109/2019/0829/342145.html）

最為高調，但是北京狡猾的官員卻很清楚，川普政府的立場既有自身的漏洞、也有前後矛盾的地方。美國方面的錯漏偶爾會使他們的聲援淪為鬧劇；比如2019年11月，美國總統川普誇張地聲言，若非出於他個人的努力，「香港早就撐不過14分鐘，遭到徹底的毀滅」。他甚至宣告：「我告訴大家，我們必須與香港同行。可是我也會與習近平主席同行；他是我的朋友，是位出色的傢伙。」川普說，中國曾於邊界部署百萬大軍，隨時準備要侵略香港特區，卻因他自己的游說而收回成命。[24]北京的人根本不屑回應如此荒謬的發言，不過事件卻讓中國領導人更加確信原本的印象：他們面對的這位總統，容易分心並且無視事實。

不論是北京的統治者、還是香港街頭的抗爭者，他們都傾向誇大國際社會對民主運動的關注和參與。有些時候，香港只是美國外交策略上一顆正好可以運用的棋子；在另一些時候，香港抗爭者確實令海外民眾和外國政府的想像變得更為充實。不過抗爭者如果相信海外的支持能夠成為永不改變的長遠助力、從而改變

---

23 摘引自James Kynge, "China, Hong Kong and the world: is Xi Jinping overplaying his hand?", *Financial Times*, London, 10 July 2020, https://www.ft.com/content/a0eac4d1-625d-4073-9eee-dcf1bacb749e (last accessed 1 Dec. 2020).

譯按：這段話出自李肅於新浪微博發布的影片，原文已散佚，不過還是可從各內容農場網站窺探。

24 Channel News Asia, "Trump: Hong Kong would have been 'obliterated in 14 minutes' if not for me", Singapore, 22 November 2019, https://www.channelnewsasia.com/news/world/trump-hong-kong-protests-obliterated-14-minutes-xi-jinping-trade-12118468 (last accessed 1 Dec. 2020).

北京的行事方式，這種想法未免流於一廂情願。這種想法高估中國領導人的能耐，誤以為他們都會冷靜理性地取捨得失，能夠明白粗暴鎮壓香港的起義只會損害自身的國際信譽、令其外交目標無以為繼。

　　習近平政權之所以把西方國家和世界各國的負面評論當成耳邊風，還有另一個原因：黨國威權體系基本上與世隔絕，不讓領導人聽到壞消息，使他們難以察覺其聲譽在海外已如江河日下。可是如今香港已是國際社會關注的焦點，北京如欲以雷霆手段壓下抗爭運動，也必須三思而後行。在此先說一句老掉牙的話：全世界都在看。

[11] 金錢不會說謊
Follow the Money

　　何以北京未有把戰車開進香港，鎮壓這場1989年天安門以來中國屬土上最大規模的起義？這有一部分是因為北京投鼠忌器，不願讓早已陷入谷底的國際關係進一步惡化。不過另一項關鍵，就在於1976年描述水門事件的紀實電影《驚天大陰謀》(*All the President's Men*)中[1]代號「深喉」的吹哨人給名記者鮑勃·伍德沃德 (Bob Woodward)之建議：「金錢不會說謊(follow the money)。」當年兩位《華盛頓郵報》的記者跟隨建議，從金錢的流動追本溯源，找到白宮試圖瞞天過海的有力證據。

　　這種曾經揭露華盛頓政治陰暗面的方法，也可用來分析中國領導人與香港之間最為關鍵的連帶。金錢既然不會說謊，那麼我們順著財產的流向，就可以看見一條極少被人提起、但十分有力

1　譯按：這部電影改編自卡爾·伯恩斯坦(Carl Bernstein)及鮑勃·伍德沃德(Bob Woodward)於1974年出版的報導文學，描述這兩位《華盛頓郵報》記者如何在1972年透過偵察報導，發現總統尼克森派員到位處水門辦公大樓(Watergate Office Building)的反對黨總部安裝竊聽器。當時聯邦調查局探員馬克·費爾特(Mark Felt)化名「深喉」(Deep Throat)向兩位記者提供機密資訊，使他們能找到總統非法行事的證據。事情敗露後，尼克森在國會正式表決彈劾前於1974年8月9日宣布辭職。這件美國的政治醜聞史稱水門事件。

的解釋，讓我們理解何以北京威權政體如此對待其南方逆子。簡單來說，中華人民共和國之所以節制地避免使用更極端的暴力，是因為黨國要人都已在香港特區購置大批資產。倘若中國真要派兵鎮壓香港的抗爭，使整套體系崩潰，這些數之不盡的財富會一夕之間化為烏有。或許可以這樣說：難道有人真的以為中國的領導人會把累積家產的銀庫付諸一炬？

奇怪的是，過去的討論卻沒有考慮到香港是中國主要的資金流出轉接站，以及究竟這種舉足輕重的角色如何左右中國領導人關乎香港的決策。香港作為中國資金的出口，絕非無關痛癢的小事，因為中國的精英心裡都害怕會遭到清算，而設法把至少一部分的財富匯出國外。他們深知在威權政體下，即使再有權勢的人，其財富都可能瞬間蒸發。他們希望如果遇到最惡劣的狀況，家人仍然可以維持財務穩定——這樣一來，他們必須把金錢轉移到黨國之力所不及的地方。

中華人民共和國的政治體系常常因權力鬥爭而出現大地震。鬥爭中的落敗者，面臨相若的命運。他們首先會被當權派控以貪污的罪名——在中國結構性腐敗的政治體系中，幾乎無官不貪，所以當權派向落敗者安插貪污罪名，不但直接了當、亦能使人信服。權貴若在中國共產黨的內部鬥爭落敗，他們迅即會淪為階下囚，財產也會全數充公。不過中國共產黨的制度通常無法對付他們安置在海外的資產。沒收海外資產向來是艱鉅的任務，中國政府也沒有認真嘗試針對那些資產。

中國沒收海外資產的工作之所以充滿障礙，原因甚多，首先

就是難以爭取外國政府的合作，因為中國的司法程序於國際社會毫無公信力。中國官員不願意到外國法庭作證，因為他們追討資產的理據很可能無法通過獨立司法機關的審視，反倒顯得尷尬。然而，不去取回這些資產的更重要原因，在於訂立規則的人自己也意識到，隨著政治形勢的演變，今日的清算者他朝也許會淪為失敗者。既然「今日吾軀歸故土、他朝君體也相同」，那麼退一步自然就是海闊天空。任何黨國體制的核心成員，都希望這最後的安全網完整無缺。

黨國精英安置在海外的資產既能躲避政治鬥爭的風險，那麼下一步就要考慮怎麼把資產轉移出去。中國在大陸實施嚴格的外匯管制，可是中國資金卻可以輕易轉移到香港，再經過這個國際金融中心匯往世界各地。香港如此獨特的角色，使北京決定香港政策時不免存在著某種利益衝突。香港特區的金融角色對黨國精英之所以不可或缺，正是因為香港向來異乎中國，至 1949 年中華人民共和國成立後這種港中差異更是日益明顯。與中國相比，香港至少（曾）有相對的自由、有比較自主的司法體系、金融制度與世界大部分的地方相容。這一切都使香港特區成為不可或缺的中間人，讓權貴的財富能擺脫黨國的陰影，並同時「漂白」他們從「灰色地帶」賺取的財富。

中國權貴當然可以通過其他地方轉移資金，可是唯獨香港處於中國咫尺之旁。世上再沒有別的地方，既由中華人民共和國實際統治、同時又擁有國際認可的法律保障。海外其他擅長財富管理的國家與中國權貴打交道的經驗不夠豐富，經營業務也不如香

港那麼便利。[2] 雖然澳門與香港相若，都是中華人民共和國的特別行政區，可是其經濟卻以博弈業為主，而這種產業與洗錢的勾當則密不可分。澳門雖然也可擔當資金轉介中介人的角色，可是其金融體系規模不足，難以應付來自中國權貴的大批資金外流。

　　這樣一來，倘若要把資金在中國的眼皮底下撤出，香港這條渠道顯然是權貴的不二之選。總部設於英國的稅收正義聯盟一直堅持，稅務政策與金融全球化理應有更大的透明度。根據這個機構的調查，香港的金融秘密指數於2020年位列全球第四。排位比香港還要高的，只有排頭位的開曼群島、緊隨其後的美國、以及看重客戶機密的瑞士。[3] 這份報告如此描述香港作為離岸金融中心的歷史：「此地政府承諾堅持『對市場運作低度干預』的原則，在金融管制上對任何不義都坐視不理。他們志在吸引各種或明或暗的離岸事業，從不過問這些事業的來龍去脈……香港向來想為中國的領導人和權貴發展成一個熟悉、可信、並通曉中文的離岸交易中心——企業在這裡仍然受到大陸的部分控制，但已免除相當多的監管。」[4]

・・・

2　譯按：根據世界銀行的營商環境指數（Ease of doing business index），香港營商的便利程度一直都在世界頭十名以內，甚至能長期佔據三甲之位。參：The World Bank Doing Business 網站（https://www.doingbusiness.org/content/dam/doingBusiness/excel/db2020/Historical-data---COMPLETE-dataset-with-scores.xlsx）

3　Tax Justice Network, "Financial Secrecy Index—2020 Results", London, 2020, https://fsi.taxjustice.net/en/introduction/fsi-results (last accessed 1 Dec. 2020).

因為以上種種理由，香港成為中國權貴外流資金的主要目的
地；經過多位記者鍥而不捨的追查，最終揭開權貴資金流向的神
秘面紗，發現其背後複雜的固定模式。即或如此，我們還是無法
得知確實的數字，藉此說明中國權貴在香港究竟擁有多少金融、
房地產或其他的資產、或是總共有多少資金經香港流出海外。不
過現有的證據都顯示，總額會是一大筆鉅款。

國際調查記者同盟（International Consortium of Investigative Jour-
nalists, ICIJ）於2016年取得巴拿馬莫薩克・馮賽卡律師行（Mossack
Fonseca）的內部文件；這家律師行專門替世界各地的權貴於英屬
維京群島（British Virgin Islands, BVI）這類「避稅天堂」設立離岸
公司。此後這些文件也被稱為「巴拿馬文件」。而有為數不少安
置於香港的財產都是由這類BVI離岸公司持有；目前已知約有
16,300間空殼公司是香港或中國的事務所申辦，並為莫薩克・馮
賽卡律師行帶來29%的業務。這家巴拿馬律師行於世界各地都
設有分行，當中以香港分行的生意最為興隆。[5]

這當然並不只是某間律師行的特殊情況，ICIJ也通過其他調
查整合出全球離岸空殼公司的資料庫，根據這個資料庫，香港

4　Tax Justice Network, "Financial Secrecy Index 2020: Narrative Report on Hong
Kong", London, 2020, https://fsi.taxjustice.net/PDF/HongKong.pdf (last accessed
1 Dec. 2020).

5　Alexa Olesen, "Leaked Files Offer Many Clues To Offshore Dealings by Top Chi-
nese", International Consortium of Investigative Journalists (ICIJ), Washington
DC, 6 April 2016, https://www.icij.org/investigations/panama-papers/20160406-
china-red-nobility-offshore-dealings/ (last accessed 1 Dec. 2020).

的法人控制了約26,000間這樣的公司，佔全球空殼公司總數的10%，而中國大陸的法人另外控制了約33,300間空殼公司。[6]根據巴拿馬文件，在2004至2013年之間，大約有1.4兆美金（約38.9兆新台幣）資產從中國向離岸空殼公司流出。這些資產有著各種各樣的來源，包括賄賂、洗錢和逃漏稅等。[7]這份文件也記錄不少自中國流出的「乾淨」資金；對於中國共產黨而言，這反倒是最為敏感的資訊，代表即使是以合法方式賺取利潤的中國企業，也想要把資產匯出海外。他們都知道把財富都放在威權國家之內絕非明智的做法。

工商人士要在香港成立公司乃是極其方便，因為他們無需上報主要股東的身分。香港公司若再透過離岸公司持有資產，則能為主要股東提供多一層保護。如此一來，中國大陸的權貴可以把他們的資金交由離岸公司持有，繼而從中國匯出。他們可以選擇把資產繼續留在海外，也可以把存放在「避稅天堂」的財產運回香港特區。在2013至2015年之間，香港「海外投資」的最主要來源就是這些離岸公司。[8]所謂的投資，投入的其實都是來自個

---

6 Stuart Lau, "Chinese dominate list of people and firms hiding money in tax havens, Panama Papers reveal", *SCMP*, Hong Kong, 10 May 2016, https://www.scmp.com/news/hong-kong/article/1943463/chinese-dominate-list-people-and-firms-hiding-money-tax-havens-panama (last accessed 1 Dec. 2020).

7 Reuters, "Hong Kong takes aim at middlemen in wake of Panama Papers scandal", *The Edge Markets*, Selangor, Malaysia, 15 February 2017, https://apps.theedgemarkets.com/article/hong-kong-takes-aim-middlemen-wake-panama-papers-scandal (last accessed 4 Dec. 2020).

人或企業的本地資金，這些資金不會長期留在香港，反倒以「海外投資」的方式在香港和各「避稅天堂」之間循環往返。透過這樣的方式，權貴能逃避繳交稅項、隱瞞其資金的真正來源，藉此賺取龐大的利潤。

香港銀行業管制寬鬆，其運作亦缺乏透明度，故此存放了不少來自中國大陸的資金，除此以外也吸引到世界各地的可疑資金。香港的銀行曾於 2017 年爆發醜聞，被揭發曾協助俄羅斯的黑幫洗錢。這類醜聞使香港特區政府尷尬不堪，迫使他們以臨時措施重振香港銀行業的聲譽。他們於同年修改法例，強制所有公司於註冊時登記業務受益人。不過特區政府向來就缺乏透明度，因此也沒有開放登記資料讓公眾查證。除此以外，業務受益人若能把匯入香港的資金迅速轉移到海外的離岸公司，就能避開相關的申報規定。

雖然中國大陸的熱錢經香港外流的現象已對香港的國際聲譽帶來損害，可是各地的金融機構大體上仍把香港視為可靠的司法管轄區。財富管理這個行業亦於特區獲得可觀的成長，根據 2018 年 7 月的正式數據，這個行業管理著總值約 239.5 億美金（約 6,654 億新台幣）的資產，當中有 43.3 億美金（約 1,203 億新台幣）資產是信託基金；成立信託資金乃是資產持有人隱藏身分的常用方法。根據這些數字，可以推估香港財富管理業管理的資金至少一半是來自香港或中國。可是我們卻無法分辨當中有多少是本地

---

8 同上。

資金、有多少是中國資本，畢竟有不少所謂的「本地資金」都從中國大陸那邊獲得注資[9]。除此以外，雖然我們有辦法注意到大筆大筆的款項從中國流向香港，卻依然難以得知中國的貪腐行為所帶來的熱錢數額；這種事顯然不會有任何可靠的數據。不過根據種種旁證，中國官員收取的賄款有許多都成功抵港。

可以肯定的是，貪污腐敗的陋習在中國已屬司空見慣。習近平主席經常強調，貪污腐敗的問題乃是對中國共產黨最嚴重的威脅。他在2004年尚未執政之時，就已經向黨內同志強調；「管好你的配偶、子女、親屬、朋友和工作人員，發誓不要使用權力謀取私利。」[10] 2013至2016年之間，差不多有一百萬名官員因貪污被定罪。[11] 不過這些被捕的人有不少其實是習近平的政敵，被羅織「貪污」的罪名予以剷除。這場蔓延全國的反腐敗運動波及不少地方官員、低級幹部以及國家機器內各種小人物，使得他們身陷囹圄。不過習近平的主要目標是那些被稱為「大老虎」的對手，這些高官都貪污了數之不盡的財產。

---

9 證券及期貨事務監察委員會，《2018 年資產及財富管理活動調查》，香港，2019 年 7 月。（https://www.sfc.hk/-/media/TC/files/ER/PDF/Asset-and-Wealth-Management-Activities-Survey-2018_TC.pdf）

10 譯按：習近平當年於一場反貪污視訊會議上發表這段講話。他成為中國領導人後亦不斷發表類似講話，要求共產黨、軍隊和政府的人員好好管束家人和部屬。參：《習近平關於注重家庭家教家風建設論述摘編》，中央文獻出版社，北京，2021 年。

11 BBC News, "'One million' Chinese officials punished for corruption", London, 24 October 2016, https://www.bbc.com/news/world-asia-china-37748241 (last accessed 1 Dec. 2020).

　　消息指出，這些「大老虎」從國家與民眾那邊盜取數以十億計的財富。根據2008年一份從中國人民銀行洩露出來的文件，1990年代中葉以來，這些貪官污吏已經把總值1,230億美金（約3.42兆新台幣）的贓款匯出中國。[12]根據另一些人的估計，中國因貪污腐敗而流失的財富數目遠比上述來得驚人。根據一份從中國共產黨中央紀律檢查委員會洩露的文件，截至2012年已有總值1兆美金（約27.79兆新台幣）的贓款流出海外。[13]

　　周永康案是中國共產黨典型的貪腐大案；他曾擔任中央政治局常委和中央政法委員會書記，是涉入貪污案件的最高層黨國官員。周永康受審時一臉冷靜，最終於2015年被判處終身監禁。[14]中國當局從周永康的家人和親信那邊總共搜獲逾145億美金的贓款，最終約300人於這次打貪行動中被捕。當局充公約300間樓房和別墅，找到大批古畫和當代藝術品，總值10億人民幣（約美金1.62億元）、發現超過60架汽車、數之不盡的高級名酒、黃金、白銀、以及大批人民幣和外幣現鈔。[15]周永康之所以淪為階下之囚，是因為他在政治上和習近平作對；他人生最大的錯誤，就是對自己的權力太有信心，把大部分的家當都留在大陸，於是

---

12 James T. Areddy, "Report: Corrupt Chinese Officials Take $123 Billion Overseas", *The Wall Street Journal*, New York, 16 June 2011, https://www.wsj.com/articles/BL-CJB-13932 (last accessed 11 Dec. 2020).

13 資料來源為北京《經濟觀察網》於2013年1月19日的一篇報導。

14 BBC News, "China corruption: Life term for ex-security chief Zhou", London, 11 June 2015, https://www.bbc.com/news/world-asia-china-33095453 (last accessed 1 Dec. 2020).

在反腐敗運動抄家時才會搜出這筆富可敵國的財產。

　　曾任陝西省省委書記的趙正永也受到同樣的制裁；這位地方官來自相對貧窮的西北邊陲省份，黨內影響力與周永康不能相提並論。可是當法庭2020年審判他這宗案件時卻發現此人毫無節制地收受賄賂，從而獲得8,900萬美金（約24.7億新台幣）的現金和資產。[16]他和周永康犯下同一個錯誤，沒有把資產匯出海外，讓當局能夠把他的財產全數充公。不過，大部分有財有勢的貪腐官員都不會像周永康和趙正永那樣，錯估其資產的安全程度；他們知道必須要把財產匯出國外，並設法用各種方式掩藏這些財富的真正主人。

　　有一樁戲劇化的案件，反映出高官家屬持有的熱錢如何出逃，那就是薄熙來的海外資產。薄熙來曾經擔任政治局常委，亦是重慶市黨委書記，當年稱得上是一方勢力，[17]他後來被習近平政權檢控，2013年以貪污和濫權的罪名被判處終身監禁。薄熙

---

15 Benjamin Kang Lim and Ben Blanchard, "Exclusive: China seizes $14.5 billion assets from family, associates of ex-security chief: sources", Reuters, London, 30 March 2014, https://www.reuters.com/article/us-china-corruption-zhou-idUS-BREA2T02S20140330 (last accessed 1 Dec. 2020).

16 William Zheng, "China reveals mountain of bribes seized from fallen Communist Party boss Zhao Zhengyong", *SCMP*, Hong Kong, 14 May 2020, available at https://sg.news.yahoo.com/china-reveals-mountain-bribes-seized-133611417.html (last accessed 2 Dec. 2020).

17 譯按：在習近平接任中國領導人前，薄熙來曾被視為下一任領導人的熱門人選。他在擔任重慶市黨委書記時，曾禮聘御用學人歌頌他在重慶的治跡，將其宣揚成可以帶領中國走向未來的「重慶模式」。

來雖然在國內身敗名裂，可是當局對他的海外資產亦只能徒嘆奈何。薄熙來和他的妻子谷開來涉入一宗駭人的醜聞；谷開來涉嫌毒殺英國商人尼爾‧海伍德（Neil Heywood），結果薄熙來失勢後，谷開來也像她丈夫一樣被判終身監禁。這宗凶殺案的審判過程異乎尋常地對外公開，把谷開來的殺人動機公告於天下；她與海伍德為著一棟價值7百萬歐元（約793萬美金、2.2億新台幣）的法國別墅起了爭執。這幢別墅業主身分不明，因為所有權屬於一間BVI離岸公司，而該公司表面上由海伍德及其合夥人控制。可是根據「巴拿馬文件」的資料，谷開來才是別墅的真正業主。根據她在法庭上的供辭，她當時懷疑海伍德等出面辦事的人想要監守自盜，把這幢房產佔為己有。[18]

　　輿論一直認為海伍德是替薄熙來夫婦管理財產的管家，可是谷開來卻有兩位姊妹活躍於香港工商界，而薄熙來的大哥薄熙永則在光大國際工作，在這家總部設在香港的中資企業擔任副總裁。[19]海伍德也負責管理兩幢位於倫敦的豪華住宅，這些房地產名義上登記的代理人是谷開來的大姊谷望江，房地產的產權不斷在谷望江和一間BVI離岸公司之間循環轉讓。谷望江擁有一定的

18 Juliette Garside and David Pegg, "The Panama Papers and the French villa at the heart of a Chinese scandal", *The Guardian*, London, 7 April 2016, https://www.theguardian.com/news/2016/apr/06/panama-papers-french-villa-heart-chinese-scandal-bo-xilai (last accessed 2 Dec. 2020).

19 David Barboza, "As China Official Rose, His Family's Wealth Grew", *The New York Times*, New York, 23 April 2012, https://www.nytimes.com/2012/04/24/world/asia/bo-xilais-relatives-wealth-is-under-scrutiny.html (last accessed 2 Dec. 2020).

個人財富,持有總值7,900萬美金(約21.9億新台幣)的股票,並在好幾間位於香港、巴拿馬和中國的公司擔任董事。[20]薄熙來夫婦的家族成員關係緊密,谷開來亦與她的姊妹有實際的金錢來往,所以,薄家和谷家很可能曾以香港為中轉站,把其家庭財富匯出中國。這顯然正是大陸當局的想法,他們甚至於2012年派員到香港調查這宗弊案,討回這個政治家族少部分的家庭資產。如今薄熙來和他的妻子仍是階下囚。

在此必須強調,流出大陸的熱錢,絕非每一筆都來自明確屬於犯罪性質的活動。這些熱錢有很大一部分來自高幹家屬販售其影響力的活動:他們運用親屬關係,暗示甚至明示自己有辦法居中牽線,讓對方接觸到黨的決策者。做為交換,對方則必須提供合法的商機,令其有機會接觸績優可靠的金融機構。

此種手法最好的案例,正正就是習近平主席自己的家人。彭博新聞曾刊登一篇破天荒的偵查報導,揭露習近平家族於海外的公司投入總值3.76億美金(約103億新台幣)的資產;他們動用17.3億美金(約478億新台幣)間接持有一間稀土公司18%的股權,又於一間上市科技公司投入2,200萬美金(約6億新台幣)的資金。[21]

習近平的大姊齊橋橋是家族財產的主要代理人。在彭博新聞刊登那篇報導時,她在香港擁有總值5,000萬美金(約13.8億新

---

20 Sally Gainsbury, "Gu's sister fronted property company", *Financial Times*, London, 8 August 2012, https://www.ft.com/content/2ea37758-e162-11e1-9c72-00144fea-b49a (last accessed 2 Dec. 2020).

台幣）的房產，包括位於海濱豪宅區價值3,150萬美金（約8.7億新台幣）的一間住宅。她的女兒張燕南購入一間科技公司的部分股權，其股價於隨後三年急漲40倍。[22] 此外習近平家族的其他成員則擁有遠為集團這家涉足地產開發和電信業的企業。其他媒體後來跟進彭博新聞2012年那篇報導，發現齊橋橋、丈夫鄧家貴、和女兒張燕南三人，開始變賣資產或把業務清盤，當中涉及上以億計的資產。不過他們仍然繼續透過遠為集團操縱旗下龐大的事業王國，這家企業的總部位於香港旁邊的深圳。[23]

就如彭博新聞社那篇報導所言：「根據我們找到的文件，這些資產無法追溯到習近平本人……他的夫人彭麗媛……或是他們的女兒。沒有證據顯示習近平曾經出手干預，好讓家屬的商業交易得以獲利；也沒有證據顯示習近平及其家族涉及任何不法行

---

21 Bloomberg News, "Xi Jinping Millionaire Relations Reveal Fortunes of Elite", New York, 29 June 2012. 這篇報導其後鬧得滿城風雨，彭博新聞社一度必須把這篇報導下架，而負責撰寫這篇報導的員工若不是被解僱、就是離職。彭博新聞社與北京政權的官員展開艱鉅的談判，讓新聞社能延續其中國業務。據彭博新聞社的員工透露，新聞社承諾不會再作出同類的報導，方能與中國方面達成協議。亞洲出版人協會的官方網頁備份了這些報導：https://2013.sopawards.com/wp-content/uploads/2013/05/45-Bloomberg-News1-Revolution-to-Riches.pdf (last accessed 3 Dec. 2020).

譯按：翻譯之時，該文章已可取用：http://www.bloomberg.com/news/2012-06-29/xi-jinping-millionaire-relations-reveal-fortunes-of-elite.html

22 同前註。

23 Michael Forsythe, "As China's Leader Fights Graft, His Relatives Shed Assets", *The New York Times*, New York, 17 June 2014, https://www.nytimes.com/2014/06/18/world/asia/chinas-president-xi-jinping-investments.html (last accessed 2 Dec. 2020).

為。」[24]根據目前能夠查知的紀錄,也無法說明習近平或彭麗媛能直接控制家族持有的資產。不過,中國權貴家族的主要財政收入來源通常不是來自高官本身,縱使就是他的權力使家族財源滾滾。習近平主席的年薪只有美金 22,000 元 (約新台幣 609,125元),[25]遠低於其他大國的國家元首。中國的高層官員的薪金也是同樣低廉,可是他們的生活水準卻遠超過其正式收入所能負荷。[26]

黨國精英的家屬憑藉家庭背景獲得豐厚利益,在中國已是司空見慣,習近平家族的盈利能力並非特別出色。中國近年崛起的新貴,當中有不少都是高官的親屬。彭博新聞社有另一篇報導追蹤 103 位權貴子弟的財富,他們都是創黨元老或主要國家領導人的親信(這篇報導刊登後,彭博新聞社再也不敢做類似的新聞)。[27]

這些所謂「元老」都年事已高,可是他們的後人卻毫不害臊地利用其顯赫的地位,從而獲得豐厚利益。王震將軍的後人以其

---

24 Bloomberg News, "Xi Jinping Millionaire Relations".

25 譯按:台灣總統的年薪為新台幣 5,885,520 元,大約等於美金 212,556 元。香港行政長官的年薪為 521 萬港元,大約等於 66 萬美金、或 1,849 萬新台幣。

26 譯按:根據香港《防止賄賂條例》第 10 條,任何公職人員,若其財政收入或是生活水準遠超過其正式薪金所能負荷,即已干犯「財產來源不明罪」。即使法庭無法找出疑犯匿藏的資金,仍是可以認為他曾涉及貪污活動,繼而將他定罪。

27 Bloomberg News, "Immortals Beget China Capitalism From Citic to Godfather of Golf ", New York, 12 December 2012. Again available at https://2013.sopawards. com/wp-content/uploads/2013/05/45-Bloomberg-News1-Revolution-to-Riches. pdf (last accessed 3 Dec. 2020).
譯按:翻譯之時,該文章在官網已可取用:https://www.bloomberg.com/news/ articles/2012-12-26/immortals-beget-china-capitalism-from-citic-to-godfather-of-golf

規模龐大的企業王國著稱。這位將軍當年帶兵打仗之時，帶領解放軍屯墾土地，使部隊能夠自給自足。如今他的子孫卻以另一種諷刺的形式，使其家族能奢華地「自給自足」。王震的次子王軍參與創辦中國中信集團，該集團是率先進軍香港的中資企業之一。除此之外他也在保利集團身居要職，這家公司過去曾經販售軍火、又在非洲鑽探石油，不過他們在香港卻是有名的新興地產發展商。他於中國又「被譽為高爾夫教父」，旗下的高爾夫球俱樂部冠絕全國。而他的女兒王京京則（曾經）住在部分業權屬於中信集團的香港豪宅。王軍的三子王之，則與比爾·蓋茲合作開發中國版的微軟視窗作業系統。

　　曾經是全中國最高領導人的鄧小平，家族也同樣風生水起。他的女婿賀平曾擔任於香港上市的保利集團主席，直到2010年才退休。鄧小平的兒子鄧樸方所經營的福利基金會，與一眾企業有著糾纏不清的利益關係。鄧榕與鄧質方則投身地產行業，在香港旁邊的深圳擁有不少發展項目。鄧小平的另一位女婿吳建常，穿梭於政府部門、以及在香港上市的國有企業和私有企業之間。吳建常的兒子、鄧小平的外孫鄧卓泝遊走大陸、香港和海外的商界，並對冶金行業特別有興趣。

　　王小朝是元老楊尚昆的女婿，他的岳父曾於1988至1993年間擔任國家主席。他與保利集團的關係也是極其密切——這個集團和不少權貴家族都有連繫。楊尚昆的女兒楊李在中信集團旗下一間子公司擔任榮譽主席，與其他權貴家族的公司都關係密切——關係兩個字，正正就是中國金權政治的關鍵。

　　前人種樹、後人乘涼，那些能讓後人乘涼的前人，並不限於參與創立中國共產黨的「元老」。惡名昭彰的李鵬擔任國務院總理時下令血腥鎮壓1989年的天安門學運，他的家族也於權貴關係網路中聲名顯赫。[28]李鵬的女兒李小琳以及丈夫劉智源的名字都在「巴拿馬文件」中反覆出現。李小琳後來遷居香港，並擔任中國電力國際發展的副總裁，這家國有企業同時在香港和上海的股票交易所上市；他們兩夫婦亦與多家BVI離岸公司關係密切。[29]溫雲松的父親，是2003至2013年間的總理溫家寶。根據「巴拿馬文件」，溫雲松透過一間瑞士銀行香港分行的協助，開了一間BVI離岸公司。[30]香港《蘋果日報》根據國際調查記者同盟發表的資料，發現六位現任或前任中央政治局常委有親屬在海外開設離岸公司，他們存放在香港的資產總值2.69億美金（約74.5億新台幣）。[31]

　　在此必須強調，這些從大陸匯出來的資金並不一定是貪污得來的賄款、甚至也未必是透過關係賺到的錢財。中國終究有不少憑雙手創業興家的有錢人。即或如此，這些正直商人若要保有其

---

28 譯按：嚴格而言，李鵬家族亦可稱得上創黨「元老」的後人。李鵬的父親李碩勛於1924年參加中國共產黨，卻於1931年被國民黨政權捕殺。李鵬成長過程中都是由周恩來等元老級黨員撫養。

29 ICIJ, "Li Peng", *Offshore Leaks Database*, Washington DC, undated, https://offshoreleaks.icij.org/stories/li-xiaolin (last accessed 3 Dec. 2020).

30 ICIJ, "Trend Gold Consultants Limited", *Offshore Leaks Database*, Washington DC, undated, https://offshoreleaks.icij.org/nodes/151840 (last accessed 3 Dec. 2020).

31 〈習家族6億港房地產曝光　香港大陸化　太子黨「撤資」〉、〈賈慶林孫女24歲斥4億買傲瑆〉、〈胡錦濤堂姪公司賣酒店賺3億〉、〈栗戰書女一炮過買億元豪宅〉，《蘋果日報》，2018年10月10日。

財富，就不得不設法顧全中國共產黨的利益，很多時候他們都會決定邀請權貴的親屬參與業務運作。此外他們都懂得要把資金放置海外，一方面是要逃避政治風險、同時亦可防止旁人窺探業務的機密。

「巴拿馬文件」中可見到不少知名跨國銀行的名字，這些銀行的香港分行幫助中國大陸的客戶開設離岸公司。替客戶開設離岸公司是跨國金融公司香港分行的主要業務。瑞銀集團（UBS）曾通過 TrustNet 的協助，幫助超過 1000 名來自大陸、香港或台灣的客戶設立離岸公司；TrustNet 亦以相同方式幫助逾 400 位普華永道（PricewaterhouseCoopers）的客戶。根據國際調查記者同盟的檔案，TrustNet 在 2003 至 2007 年期間曾替中港台這三個司法管轄區的客戶開辦 4800 間離岸公司。[32] 而德勤會計師行（Deloitte）2018 年的調查則發現香港特區的財富管理業在 2010 至 2017 年間增長 127%，發展得比世上其他司法管轄區都更快。[33]

上述種種情況，都有香港來扮演穿針引線的角色；香港可以

---

32 Marina Walker Guevara et al., "Leaked Records Reveal Offshore Holdings of China's Elite", ICIJ, Washington DC, 21 January 2014, https://www.icij.org/investigations/offshore/leaked-records-reveal-off-shore-holdings-of-chinas-elite/ (last accessed 3 Dec. 2020).

譯按：該文件的中文版：https://www.icij.org/investigations/zhong-guo-chi-jin-rong-jie-mi/ji-mi-wen-jian-pi-lu-zhong-guo-jing-ying-de-hai-wai-zi-chan/

33 Deloitte Monitor, *The Deloitte International Wealth Management Centre Ranking 2018: The winding road to future value creation*, third edition, Zurich, 2018, available at https://www2.deloitte.com/ch/en/pages/financial-services/articles/the-deloitte-wealth-management-centre-ranking-2018.html (last accessed 3 Dec. 2020).

是大陸匯出資金的中繼站、也可以讓資金成為生財工具，比較普遍的做法是購置房產。不少大陸權貴的家人在香港購置房地產後定居，並通過這個根據地不斷往返大陸及海外國家。

　　香港作為大陸資金轉移的中繼站，不只有躲避風險的作用。香港固然能讓落難權貴保留實力、以謀東山再起，這個金融中心也有能力讓存放於此地的財富日益增長。

· · ·

　　中國領導人如今陷入兩難之境；他們若要維護國家利益、特別是中國共產黨的利益，就必須準備犧牲與香港相關的個人利益。倘若他們真的服膺於中國共產黨的意識形態，這些領導人根本毋須為個人利益而懊惱，因為毛澤東早就清楚界定身為共產黨員的基本責任：「共產黨員無論何時何地，都不應以個人利益放在第一位，而應該以個人利益服從於民族的和人民群眾的利益。因此，自私自利、消極怠工、貪污腐化、風頭主義等等，是最可鄙的。而大公無私、積極努力、克己奉公、埋頭苦幹的精神，才是可尊敬的。」[34]

　　如今中國共產黨黨員仍以護教的熱情研習毛澤東的話語，可是另一方面，他們又對這些話懷有極度犬儒的態度。他們雖然都熟悉身為黨員的責任，卻又學懂如何詮釋這些責任，好替自己

---

34 毛澤東，〈中國共產黨在民族戰爭中的地位〉，《毛澤東選集》第二卷，人民出版社，北京，頁510。

以權謀私的作為狡辯。他們相信保住自己黨國精英的權位，就是「服務」黨、國、群眾的最佳方法。這種為詭辯而扭曲邏輯的作風，在中國共產黨的香港政策中表露無遺，他們想要在「港人治港」的表象下全盤操控。2019至2020年起義期間中國領導人為求達成全面掌控，不斷侵蝕「一國兩制」的理念，可是這種做法很可能會破壞這個保護他們個人財產的制度。北京似乎意識到貿然出兵鎮壓會立刻損害黨國精英的個人利益，可是他們好像並不認為出兵鎮壓也會立刻衝擊到香港開放的營商環境、與國際社會的緊密商貿往來；而香港之所以能成為國際金融中心，一直是因為此地擁有法治和自由。這個封閉而怪異的威權國家，容許領導人執迷於妄想世界中；他們以為剝奪香港固有的自由，達成絕對的政治操控後，這個特區仍然可能延續全球金融中心的角色。[35]

這種妄想能否成真，還有待後續事實來驗證；另一項尚有待揭露的事實是，二十多年來建構的「一國兩制」是否真的會急速崩解。可是上海在共產革命後，國際商貿都會的地位迅即消逝，這個歷史悲劇預示香港這個國際金融中心也是同樣弱不禁風。還有黎巴嫩過去曾是阿拉伯世界的商貿中心，其榮景卻於1975年爆發內戰後化為烏有。貝魯特這個欣欣向榮的國際都會崩塌為頹

---

35 譯按：北京政權也許是想把香港改造成另一個新加坡，這樣他們既可以維持一黨專制的局面，同時也可以受惠於金融業的蓬勃發展。然而，新加坡不是能夠輕易模仿的對象。新加坡雖然缺乏自由，可是長期一黨專政的人民行動黨確實有取得民眾的認受；這種不尋常的模式背後有一個必要的前提，那就是，新加坡是個獨立自主的主權國家，而新加坡人大體上也認同自己是新加坡國民。

垣敗瓦，雖然此後整個中東再也沒有一個商貿金融中心能獲得貝魯特過去的光輝。

也許有不少想把資金撤走的中國領導人，正在煩惱如何在香港以外找到另一些資金中轉站，並為此絞盡腦汁。問題是，這樣的中轉站實際上並不存在（這點我們將於下一章討論），而且，執筆之時，全球大勢已經改變，國際社會對企業的要求愈來愈高，著重透明度、重視問責、又要求對企業有更多獨立監察。要找到一個能代替香港的地方，將會日益困難。避稅天堂豈是說有就有？

即使摧毀香港的自由開放或會招致各式各樣的危機，中國政權的權貴依舊認為值得冒險。他們當中有些人早已經把大部分財富轉移海外，而香港對這些「先鋒黨」來說不過是用完即棄的寄居之地。稅收正義網路（Tax Justice Network）2020年的報告指出：「為求變得更為隱密……香港的企業架構，往往會與其他司法管轄區的架構結合，這些司法管轄區都處於中國無法觸及的地方。自1990年代中以來，中國和香港的精英，都對英國維京群島這個注重隱私的司法管轄區情有獨鍾；他們都恐懼中國會控制他們的資產。」[36]可是中國的統治階層對自由社會如何運作近乎無知，他們並不理解社會自由其實與商貿運作環環相扣。

這些黨國領袖也許將要面對殘酷的現實：即使他們沒有派戰車輾平香港而是採取其他鎮壓手段，只要「中國特色」在香港開始氾濫，這個國際商貿中心只會無以為繼。

---

36 Tax Justice Network, "Financial Secrecy Index 2020: Narrative Report on Hong Kong".

[12] 終局之戰？
Endgame?

1995年6月底，《財富雜誌》（*Fortune*）替當期雜誌起了個聳動的標題：香港之死（The Death of Hong Kong）。那時香港距離主權移交只有兩年，身在紐約的評論家自信地預測未來，聲稱英國把香港交予中國後，就是這個殖民地的末日。他們認為香港這片領域將被中國大陸完全吸收，失去原有的特色、喪失固有的自由。

1997年後，那些為新成立的香港特區說話的人都把這個標題當成笑談，嘲笑《財富雜誌》錯得多麼離譜。不過最近幾年，香港再也沒有人會開這種玩笑。香港人都察覺到，香港在中華人民共和國體系內的前景絕對稱不上明朗。特區政權的本地官員面對民眾及國際社會的質疑，都會以流利的北京腔打發過去，著實令人難以安心。

除《財富雜誌》外，有不少人曾就香港在中國統治下的前景作出預言。他們的論調不像《財富雜誌》那樣悲觀；在1990年代，不是每一位評論家都看淡香港的前景。有不少評論家為中國大陸威權體制歡呼喝采，像中國共產黨那樣看好香港的「光輝前景」。或許我們忍不住也想預測一下，說香港在2020年代所要面對的實況將會落在這兩種極端之間；不過，有一句老話確實沒錯，未來

是難以預測。我們最多只能指出，短期內，香港既有的自由體系
已如風中殘燭，卻暫時尚未徹底消失。雖然香港經歷愈演愈烈的
鎮壓，可是香港在 2021 年初仍然擁有中國大陸缺乏的若干自由。
不過我們必須要問：這種脆弱的港中區隔，還可繼續苦撐多久？

　　若要評論香港的長遠未來將會如何，我們必須從上世紀專
制獨裁政權的歷史汲取教訓。這些極權或威權政體在如日中天之
際看似無堅不摧，可是它們最終還是有脆弱的時刻。北京堅稱任
何抵抗只會歸於徒勞；可是吹噓自己有神功護體，向來都是獨裁
者的標準說詞。獨裁者的集體回憶，卻告知他們這種吹噓不符事
實。中華人民共和國的國祚已超越歷史上所有一黨專制的國家，
使它看起來像是獨特的孤例。不過中國同樣也可能走上蘇聯老大
哥的路，親自經歷到帝國基礎從周邊開始崩壞。真是應該有人建
議中共領導人仔細研究蘇聯崩潰的案例，從中吸取教訓。

　　要理解蘇聯何以崩潰，我們必須從 1968 年開始看起，這一
年蘇聯和一眾華沙公約成員國的戰車浩浩蕩蕩地開進捷克斯洛伐
克，把「布拉格之春」民主運動鎮壓下去。此刻蘇聯的帝國霸權，
以及該國在華沙公約的領導地位，似乎都堅如磐石、屹立不倒。
莫斯科政權的鎮壓行動受到一些海外國家的批評，時任中國總理
周恩來是其中一位最激烈的批判者；如今重溫這位中國總理的發
言，不免令人覺得諷刺。他於 8 月 23 日到羅馬尼亞大使館慶祝外
國國慶時，發言批評「蘇修叛徒集團早已墮落為社會帝國主義和
社會法西斯主義」，而蘇聯出兵捷克斯洛伐克的舉動則是「大國
沙文主義和民族利己主義的必然結果」。周恩來還把蘇聯的作為

與希特勒於1938年的侵略相提並論。[1]可是包括中國在內的國際批評，並未替捷克斯洛伐克的局勢帶來太大幫助。「布拉格之春」自此告一段落，異見人士都被押入監牢。親蘇派重新掌權、恢復社會秩序，生活看似回復平常。

當時輿論普遍認為，蘇聯壓下捷克斯洛伐克的民主運動，此舉鞏固了蘇聯的霸權，而不是削弱了蘇聯的霸權。此後蘇聯也積極向全球各地擴展勢力，收緊對華沙公約附庸國的控制。最終國際社會的譴責也平靜下來，只剩下令人不安的餘韻，各國與莫斯科恢復過去的關係。可是僅僅二十年後，事態的發展完全是兩個樣，捷克斯洛伐克的民眾從未忘記當日爭取自由的體驗。他們到1989年紛紛重返街頭，此時蘇聯正值內憂外患，無力再與民眾的意志作對。蘇聯不能再操控捷克斯洛伐克，並非出於外國勢力對抗爭者的支援，而是因為蘇聯腐敗的體制早已無以為繼；而且民眾於「布拉格之春」嘗過自由的甘甜，他們已準備奮力抓緊讓自由重現的歷史契機。戰車並沒有輾平民眾的反抗精神，曾經身陷囹圄的社運人士如今成為國家民主化後的政治領袖。活躍於1968年民主運動的劇作家哈維爾（Václav Havel），被民眾通過民主選舉推舉為總統。捷克斯洛伐克在1989年並非孤軍作戰；這一年華沙公約成員國紛紛起義，而這一連串的周邊騷動，終於使蘇聯帝國垮下。

---

1 〈中國政府和人民強烈譴責蘇修集團侵佔捷克斯洛伐克　堅決支持捷克斯洛伐克人民反抗蘇軍佔領的英勇鬥爭〉，《人民日報》，北京，1968年8月24日。

　　極權國家的崩潰往往源自邊陲的動亂和反抗，蘇聯並不是特例。觀乎世界歷史，帝國崩潰乃是司空見慣的平常事；不少自以為能夠千秋萬世的獨裁者，經常因為一些遠離帝國核心的麻煩，淪落到必須逃亡保命的田地。二十一世紀的中東亦曾經發生這樣的狀況，蘇丹、敘利亞、阿爾及利亞和突尼西亞獨裁政權的崩潰，起因都是出自邊陲地區的動盪。與本書更加相關的則是中國自身的歷史，那裡面充滿邊陲動亂蔓延的往事。清帝國的崩潰正正就是周邊壓垮中央的經典案例；不論是十九世紀中期的太平天國戰爭、還是最終造成清帝國解體的革命，都是源自以南方為主的邊陲地區抗爭。[2] 也許未來的歷史學家會把 2019 年的起義，描述成香港的「布拉格之春」。

　　中國領導人對歷史素有研究，也對全國各地動亂的癥狀極為敏感。可是中國共產黨卻陷於糾結之中；他們既恐懼不再能控制國家、又自信滿滿地覺得自己戰無不勝。習近平政權遵從獨裁主義的鐵律，深信唯有採用嚴刑峻法方能避免中華人民共和國步上清帝國或蘇聯的後塵。他們也堅持，這種嚴苛的做法必然能達成預期的成果。考慮到這一點，我們才會明白中國何以會採取鐵腕手段對付香港。

2　譯按：太平天國戰爭的第一場戰事，是由客家族群的小教派，於西南邊陲的廣西發動。引發辛亥革命的社會抗爭，則首先於四川這個西部邊緣省份爆發；其後一連串的連鎖反應，觸發 1911 年 10 月 10 日的武昌起義，其後革命風潮再從湖北向清帝國各地擴散。而湖南人和廣東人，則曾主導 19 世紀末、20 世紀初的改革和革命運動；他們向來並非清帝國核心的一份子。此後的共產革命，也是於贛閩粵和陝甘的邊陲地區逐漸壯大，到中日戰爭期間才開始進軍中國的核心地帶。

　　中國對香港起義殘酷的鎮壓，雖然沒有動用戰車，卻使一切都看似曾被輾壓那樣。隨著監控技術日新月異，那些衣冠楚楚、西裝革履的人也能達成昔日非動用武力不可的社會鎮壓；運用當代技術行使既有的法定權力，就可使香港在淪落為警察國家之時維持一切如常的表象。此外香港也有一堆自願出賣家邦的叛徒，隨時樂意服從北京的指令。

・ ・ ・

　　有些論者認為香港終究難逃被鎮壓的命運，因為北京對特區自治的承諾一定會有所動搖。不過，也許北京一開始就沒有像它外表看起來那樣真心要保留香港的自治。就如我們早前在第一章論及，鄧小平1987年向基本法起草委員會講話時，強調「一國兩制」是要確保香港能保持與中國大陸有所差異；可是與此同時，他也堅持所謂的「兩制」不代表政治領域上的分離。鄧小平警告，在香港實行普選或會對國家安全構成危險，是以北京必須保有於重要關頭一錘定音的絕對權力。一言以蔽之，鄧小平希望香港的經濟繼續讓企業自由運作，可是北京卻必須緊握統治實權。

　　中國在香港施行「一國兩制」的實驗，是要向世界證明他們能夠容忍多元，也決意要成為國際社會的忠實成員；也就是說，證明他們會信守國際條約，這就是1984年與英國簽署的《聯合聲明》，《聯合聲明》保證給予香港特區可觀的自治權。可是中國簽署條約之時尚未有近年的實力和影響力。鄧小平主張中華人民共和國必須「韜光養晦」，藉此爭取時間平穩發展、累積實力。

如今中國已經是世界第二大經濟體，一方面派商人到世界各地投資、一方面又派顧問左右國際社會的輿論，藉此爭取盟友、確立自身的全球霸權。中國亦募集一群御用學者，不時向海外民眾宣揚中國的政策立場。田飛龍是其中一位學者，他毫不掩飾地說明，什麼叫做風水輪流轉：「我原來弱的時候，我全是接受你的規則。我現在強了，並且我有了自信之後，我為什麼不能表達我的規則，我的價值觀，我的看法？」[3]

正是出於於這種思維，習近平的中國才會斗膽宣稱《聯合聲明》已是失去效力的歷史文獻。對於黨國領導人來說，只要能夠摧毀香港的反抗運動，撕毀國際條約並不算什麼了不起的事。對於他們來說，即使招來國際社會的反彈，也絕對不能讓香港特區嘗到自由的滋味；因為這樣會開出危險的先例，可能令中華人民共和國土崩瓦解。任何容許中國屬土高度自治的主張，無可避免會和中國共產黨全盤操控的執迷產生衝突。當《國家安全法》在2020年7月被強行引入香港時，中國異議藝術家艾未未接受英國《獨立報》訪問，並就此作出正確的分析：「香港當今的局勢，正好說明中國這個威權社會永遠容不下討論或斡旋的空間。中國威權社會只要遇到異議者，或是那些有自己想法的人、或是意識形態異乎黨八股的人，就會失去溝通的能力。」[4]

3　儲百亮，〈「還得中共去收拾爛攤子」：習近平強硬政策背後的智囊團〉，《紐約時報》中文版，2020年8月3日。（https://cn.nytimes.com/china/20200803/china-hong-kong-national-security-law/?utm_source=tw-nytimeschinese&utm_medium=social&utm_campaign=cur）

於是我們面臨著兩種相反的主張：中國威權政體認為高度自治的政治實驗已經走到盡頭，但香港民眾卻認真對待「一國兩制」的承諾，迫切抱緊這個制度所包含的有限自由。而香港人這一方面的奮鬥，居然使得中國威權政體面臨四十年來未曾遇過的挑戰。

• • •

在香港易幟之時，沒有人想到這片微不足道的屬土將對中國共產黨這個龐然大物構成衝擊；可是當時也沒人料到，中國將來還會出現像毛澤東那般強勢的領導人。自習近平於2012年掌權後，他就想要一切定於一尊。此後這位鐵腕統治者的魔爪顯然也逐漸伸向香港；此後，究竟「高度自治」的承諾會否兌現，再也沒有幻想的餘地。

習近平的鐵腕統治究竟對中國大陸帶來怎樣的影響？中央黨校退休教授蔡霞一直相信，黨內改革若能成功推動，就沒有結束一黨專政的必要。她在私人網上群組語出驚人，後來在2020年6月流傳到公開的網路。她隨即被中國共產黨革除黨籍，失去中央黨校的退休金，又被政權沒收存款。蔡霞流亡美國後，不再把

4　Arjun Neil Alim and Francesco Loy Bell, "Ai Weiwei: China's national security law 'finished' Hong Kong's autonomy, says artist", *The Independent*, London, 28 July 2020, https://www.independent.co.uk/news/world/asia/ai-weiwei-interview-cracking-down-minority-groups-china-domestic-policy-a9641386.html (last accessed 23 Nov. 2020).

批判局限在黨內改革的框架中。雖然她避免直接提到習近平的名字，卻還是嚴厲被批判他的政權：「所以這個黨本身已經是一個政治僵屍。而一個人，一個主要領導可以憑著他的這種掌握了刀把子、槍桿子，然後又捏住了體制本身，就是黨內一個就是官員本身的貪腐，第二就是黨內沒有任何人權和法治保障黨員幹部的權利。這兩條被捏在手裡面，所以這個九千萬黨員成了奴隸和個人使用的工具。他需要的時候說黨怎麼走，不需要的時候，你這個黨員幹部就不是黨員幹部了⋯⋯」[5]

中國共產黨初創之時曾經抱有馬克思主義的普世關懷，可是如今一黨專制的黨國卻把這種意識形態視為構成不便的包袱。黨國如今取得權勢，就輕視起家時的意識形態，為整個體制帶來價值真空。中國共產黨表面上仍然尊崇馬克思，又到處懸掛這位蒼髯老人的畫像，可是馬克思主義的批判論述已吊詭地成為對現實的嘲諷。北京政權不能再利用馬克思主義動員群眾，只好仿效其他當代威權國家，訴諸極端的國族主義他們煽動群眾戀慕帝國的榮光，又同時鼓吹對外國的仇恨。蔡霞老黨員似乎仍然相信馬克思主義，可是她亦有宿命論的心態，隱約覺得中國的現狀無以為繼。因此她提出這樣的警告：「所以我覺得我們這一代人，大概在我們活著的時候吧，五年之內，我們還能看到中國還要經歷一次大的亂世，這個亂世最後怎麼收拾，很難講。那就是，亂世出

---

5 〈中共中央黨校退休教授蔡霞內部講話文字稿：從修憲開始，這個黨已是一個政治僵屍〉，《中國數字時代》，柏克萊，2020年6月16日。（https://chinadigi-taltimes.net/chinese/647305.html）

梟雄。然後重新再走一輪當初的那段路……中國人不幸啊，命該如此。」

不過促成社會改變的卻不會是單純的命運。命運或會帶來機遇，可是如果沒有人伺機而動，改變也無從發生。即使在1960年代文化大革命的黑暗歲月，中國也無法完全杜絕非主流的異見、未能讓反抗完全消失，而在黨國體制之內，並不是沒有從內部推動改變的努力。反抗中國共產黨著實艱難，因為他們就像所有威權國家那樣，要反對者付出沉重的代價；1989年天安門學運慘遭血腥鎮壓，正好說明抵抗威權絕不輕易。即或如此，中國共產黨終究未能完全消滅異見。

世界與中國研究所創所所長李凡是位異常高調的改革派。這位身處北京的改革派學者認為，1989年之前的改革風潮、以及1990年代改革思潮的復興，已為中國民眾帶來難以磨滅的印象。他於2020年7月於《外交政策》撰文，認為中國仍有變革的希望；「中國過去缺乏民主的傳統，不過經過四十年的開放改革，中國已變得比較開放、開始與外國交往，中國民眾也得知何謂自由、法治、人權，知道什麼是公民社會……即使到如今，公民社會仍然在默默成長。我在網站或社交媒體，仍然看到有民眾批評政府，推廣民主、法治和自由的價值。我目睹家庭教會的信眾持續增長。公民在地方層次自我組織起來，並參與各式各樣的事務。農民也組織起來維權。那些關注環境議題的非政府組織，令人驚訝地存活下來，繼續監察他們身處社區的環境狀況。在社區的層次，公民團體依舊甚為活躍。」[6]

李凡對中國公民社會影響力的評估也許流於天真，可是我們不能忘記在看似全能的威權體制下，中國社會各處仍有各種微妙的轉變。而且一如既往，黨國高層內部仍然存在裂痕，也有跡象顯示部分勢力仍抱有改朝換代的期望——若非如此，習近平就不必運用如此高壓的手段來肅清於黨內構成威脅的政敵。

北京政權的國內問題顯然尚未終結，而香港事態的發展還是可以星火燎原。2019至2020年期間的起義，讓那些懂得翻越網路長城的大陸民眾體驗到反抗政權究竟是怎樣的一回事。當然大部分中國民眾都倚賴官方媒體獲得資訊，把香港的抗爭視為政局不穩、社會混亂、恐怖暴力猖獗的現象。中國於二十世紀飽經戰禍，民眾對動亂有切身體驗，或者至少對這樣的歷史耳熟能詳。如此一來，北京政權就可以透過渲染恐懼，宣揚所謂「穩定壓倒一切」的信息。不過中國官方媒體大幅報導香港的起義，卻也有潛在的風險；畢竟這場抗爭運動正好向觀眾示範，面對威權政體，奮起反抗也可以是一個選項。

除此以外，我們不能忘記經濟增長放緩的潛在影響。過去四十年的高速增長終究不可能永遠持續下去，然而COVID-19疫情的衝擊使經濟放緩在這個非常時刻提早降臨。北京想要重拾2020年前的經濟動力，可是恐怕只會事與願違，因為這場瘟疫已經對世界經濟造成損害，世界各國也開始減少其供應鏈對中國的依賴。

6　Li Fan, "Don't Give Up on Chinese Democracy", *Foreign Policy*, New York, 8 July 2020, https://foreignpolicy.com/2020/07/08/chinese-democracy-civil-society-coronavirus/ (last accessed 23 Nov. 2020).

· · ·

　　上述的種種發展，如何影響香港相對於中國的關係？為了推敲北京對香港的未來有什麼盤算，讓我們先回顧中國究竟想要這個特區保留什麼特色；這些特色，基本上都與金融或商貿有關。如前所述，雖然香港經濟在大陸經濟發展的角色大不如前，可是香港仍然在中國金融制度扮演著關鍵角色；中國需要香港協助從海外籌措資金，也要透過香港把中國的資產匯到海外。

　　正因為這種獨特的角色，香港至今仍然是中國企業海外發債的主要據點，使這些企業能有現金可供使用。單是在 2019 年，中國企業就已在香港發行總值約 1,770 億美金（約 4.90 兆新台幣）債券。[7] 中國通行的人民幣並不能自由兌換，也受到嚴格的外匯管制，使它無法在國際市場上流通。可是，中國透過香港把資金匯出，使香港成為實際上的人民幣離岸市場；在香港金融管理局管理下，香港銀行發出的人民幣存款證書也可以在國際市場上交易。金融管理局在其官方網站上吹噓：「香港是全球最大和最重要的離岸人民幣業務中心，提供全面的人民幣計價金融服務，包括清算、結算、融資、資產管理和風險管理等。」[8] 除此以外，香

7　Andrew Collier, "Hong Kong's not so special status as China's financial centre", *Financial Times*, London, 27 September 2019, https://www.ft.com/content/2c4c56bd-1c40-3261-8ba8-f3ce8c83e8d2 (last accessed 24 Nov. 2020).

8　〈中國業務的主要樞紐〉，香港金融管理局網站。（於 2021 年 12 月 4 日摘取。）（https://www.hkma.gov.hk/chi/key-functions/international-financial-centre/hong-kong-as-an-international-financial-centre/dominant-gateway-to-china/）

港的銀行自2004年起獲准提供人民幣存款的業務。這項服務推出以來一直為香港企業廣泛應用、也深受散戶歡迎,讓中國的貨幣能以另一種方式於國際流通。

我們於上一章曾論及,中國權貴若要確保其個人的財務安全,不得不倚賴香港的獨特角色。香港特區既是中國的屬土,是管理權貴家族財富的理想據點,寄存在香港的資產亦容易匯到海外避險;這些事情在中國大陸都無法辦到。因此,要摧毀香港作為國際金融中心的地位,不會是個容易的選項。

不過對於香港能否維持國際金融中心的地位,中國共產黨倒有著難以撼動的信心;他們相信即使香港失去自由開放的特色,仍然能在黨國的支持下擔當這項重任。縱使中國對香港的壓制已經摧毀香港相對的法治,侵害民眾的表達和行動自由,可是北京仍然假設香港能如常運作,繼續擔演國際都會的角色。他們甚至以為在秘密警察的嚴密監控下,香港仍然可以是國際商務活動匯萃之地;在《國家安全法》被強行引入後,國家安全處的密探已肆無忌憚地在香港橫行。

北京政權之所以有這樣的幻想,那些在香港和中國活動的海外商貿社群實在難辭其咎,前文已論及這些情況。有些世界規模最大的企業,為求能於中國這個也許是全球最大的市場分一杯羹,在北京的領導人面前卑躬屈膝,信誓旦旦宣稱他們為進軍中國會盡其所能服從黨國的指令。那些在中華人民共和國開設工廠的總裁,喜歡的是中國勞工早已被黨國馴化,既服從指令、薪資也極其低廉,並且絕對不會以工業行動挑戰雇主。這些跨國企業

的老闆因獲得中國的禮遇而雀躍不已，而且中國不像本國那樣，充滿惱人的環境法規以及各式各樣的規管。這個跨國資本的樂園，又怎麼可能會出錯呢？

中國共產黨的領導人很明白這種情況。國際商界的風雲人物，都像好學生那樣聆聽黨國要員的批評；黨國要員承諾他們，如果願意遵從中國的遊戲規則，必能得到回報。黨國領導人看到這些有頭有臉的人物在他們面前唯唯諾諾，心中一定竊笑。馬克·祖克柏不屈不撓地嘗試把臉書引進中國的努力，顯然會令一眾黨國要員回味無窮。他為求使旗下的社交媒體跨越網路長城，不惜承諾為中國量身定做閹割版的臉書，甚至在黨國要員面前賣弄自己結結巴巴的華語。那些忍俊不禁的黨國要員，最終還是當面否決了他的建議。9

中國於 2020 年 7 月在香港強推嚴苛的《國家安全法》，就是向在香港的企業發出明確的信息，要求他們必須積極熱烈地表態支持政權的鎮壓。總部設在英國的匯豐銀行沒有立即表忠而遭受官方媒體的圍攻，最終不得不有失體面地向中國叩頭。當然僅僅只是叩頭並不能滿足中國共產黨的慾望，他們最喜歡見到外國的大企業出醜，尤其那些靠香港業務來盈利的公司，例如匯豐銀行。我們之前提到，大陸早前亦如此凌虐英資的國泰航空，迫使他們一次又一次的讓步，最終容許大陸監管他們的運作。

而那些在中國大陸營運的跨國企業，必須讓共產黨在中國

9　譯按：即或如此，來自中國企業的廣告收益，仍然是臉書主要收入來源之一。

分公司內成立黨支部，分公司的決策必須先徵詢黨支部的意見，如此一來，就讓黨的幹部鑲嵌到公司的營運當中。這些公司甚至必須於工作場所懸掛代表共產黨的鐵鎚鐮刀徽號。在中國營運的海外汽車製造商是第一批同意黨國如此干涉企業運作的企業，不過，如今幾乎各行各業的外國投資者都決定向中國共產黨妥協，包括享負盛名的迪士尼、萊雅集團和杜邦化工。[10]

中國共產黨既能對跨國企業予取予求，又能恣意羞辱，使他們相信即使在香港直接實行中國的法律、壓制此地固有的自由，也不會惹來工商界的反彈。中國領導人會相信「一國兩制」的定義能無限收縮，一直收緊到讓香港僅能如常運作的極限，也就完全不足為奇。在他們的心目中，香港特區的銀行體制、投資產業和各種工商行業都可以採用異乎中國的制度，不過所謂的「兩制」就僅此而已。香港的政治運作以及公民社會的空間，只能比中國所謂的「自治區」略為寬鬆；黨國在那些「自治區」，只會姑且容忍「無害」的本土風俗、讓一些本土精英擔任門面的官職，再也不會賦與更多的權利。

這就是北京的如意算盤——可是國際社會竟然對於香港民主運動遭受鎮壓一事產生強烈反彈，北京既沒有料到、更沒有處理好。中國因香港問題與國際社會交惡，不只對中國的外交策略構

---

10 Richard McGregor, Xi Jinping: The Backlash, Penguin, Melbourne, 2019, p. 8; Richard McGregor, "How the state runs business in China", *The Guardian*, London, 25 July 2019, https://www.theguardian.com/world/2019/jul/25/china-business-xi-jinping-communist-party-state-private-enterprise-huawei (last accessed 3 Dec. 2020).

成損害（早前在第十章已經提及），甚至經濟商貿關係也受到波及。中國領導人像所有威權主義者那樣，既虛偽又犬儒，而且以小人之心度君子之腹。他們相信對於世界各國，假冒偽善是商業運作的鐵律。既然利潤主宰一切，那些講一套、做一套的民主國家，自然不會讓民主的空話妨礙自己發財。

美國華裔政治學家裴敏欣如此一語道破中國的思維模式：「（中國共產黨的）世界觀，犬儒地信奉貪婪的力量。遠在中國尚未成為世界第二大經濟體時，共產黨早就認定西方各國的政府都只不過是資本家利益的附庸。雖然這些國家都說效忠人權和民主的價值，（中國共產黨）卻確信他們決不會坐視失去中國市場的風險——畢竟與他們競爭的資本家會因此獲利。」[11]

這樣的判斷在2020年之前也許還說得過去。可是2019年的香港起義、以及翌年中國處理COVID-19疫情的拙劣手法，這兩件接連發生的大事不只影響中華人民共和國國內的政治局面，也毫無疑問衝擊到其國際地位。

然而北京至今依然故我。中國領導人雖然熱心關注海外形勢的變化，卻始終無法理解民選政府的運作邏輯。外界與日俱增的敵意，被他們詮釋為對中國的嫉妒。遠在2020年那一連串的事件使北京開始面對過去四十年都未遇過的壓力之前，北京就已經

---

11 Minxin Pei, "The Political Logic of China's Strategic Mistakes", *Project Syndicate*, Prague, 8 July 2020, https://www.project-syndicate.org/commentary/china-strategic-mistakes-reflect-communist-party-mind-set-by-minxin-pei-2020-07?barrier=accesspaylog (last accessed 23 Nov. 2020).

懷有這樣的執念。英文《環球時報》的評論，曾生動地描繪出這樣的官方心態：「面對前方所有的挑戰，中國必須擁有比過去更堅強的意志，克服外界那些屬於嫉妒的敵意和憤恨，把發展的道路堅持下去。」[12]

對外界批評感到不滿，這種心態容易理解；可是外國政府和海外企業之所以對中國的做事方式存有疑慮，絕非「嫉妒」兩個字能夠概括。外國政府的選民、海外企業的顧客，都從電視畫面看到中國的殘忍暴戾。海外民眾看到這些駭人的景象，會向該國的政治人物請願，要求他們設法回應中國的暴行。這些國家的領袖必須向民眾證明自己極力捍衛自由民主的價值。就如我們之前提及那樣，西方的主流民意不再歡迎中華人民共和國，認為這個國家不堪信任。西方國家的政府因而也必須下定決心與中國疏遠，再也不能像以前那樣，幻想可以把某個「無害」的獨裁國家當成夥伴。

而且，民主國家的領袖也被民眾寄予厚望，不得不捍衛自身的國家利益。隨著中國的產品風行全球，不少的海外智慧財產權消失在中國這個黑洞，其後化身為「中國製造」的商品。那些在中華人民共和國投資的企業，在與本土企業競爭時卻遇到不公平的對待，損失慘重。直到2020年，中國對付香港的鎮壓、以及面對疫情的輕忽作風，令海外企業聯想起過去的種種不平事。

---

12 Wen Xian, "China needs to get used to US jealousy", *Global Times*, Beijing, 28 July 2016, https://www.globaltimes.cn/content/997101.shtml (last accessed 23 Nov. 2020).

　　美國總統川普很早就讓人聽到他在批評中國惡行，然後到了2020年7月，聯邦調查局局長克里斯多福‧瑞伊（Christopher Wray）發表了川普政府對中華人民共和國前所未有的嚴厲批評。他指出如今中國已是「最嚴重的長遠威脅」，既危及國家安全、也對美國的經濟活力構成損害。[13] 美國國務卿麥克‧龐培歐（Mike Pompeo）一個月後也在向捷克國會議員演講時，重新強調中國構成的威脅。他指出與冷戰時期的蘇聯相比，北京的威脅「在某程度上更難以應付」。他指出中國已在全球化經濟體系中佔得有利的位置：「中國共產黨在我們的經濟、政治和社會中，早已無孔不入。過去即使是蘇聯，也無法做到這樣。」[14]

　　那些原先不願對抗中國的國家紛紛跟隨美國的腳步，特別是在中國開始鎮壓香港起義後。國際社會這一股新的勇氣，主要見諸於貿易談判、雙邊協商，寄望藉此使對華貿易能夠有公道的環境。這些行動的起因，就如中國歐盟商會主席武特克（Jörg Wuttke）所說，是「經年累月的空頭支票」。[15]

13　Voice of America, "China Poses Biggest Threat to U.S. National Security", editorial, Washington DC, 24 July 2020.

14　Robert Muller, "Economic clout makes China tougher challenge for U.S. than Soviet Union was—Pompeo", Reuters, Prague, 12 August 2020, https://www.reuters.com/article/us-czech-usa-pompeo-idUSKCN258204 (last accessed 23 Nov. 2020).

15　Finbarr Bermingham, "China-EU investment treaty talks hit crunch time, as Europeans bemoan seven years of 'promise fatigue' from Beijing", *SCMP*, Hong Kong, 23 July 2020, https://www.scmp.com/economy/global-economy/article/3094048/china-eu-investment-treaty-talks-hit-crunch-time-europeans (last accessed 23 Nov. 2020).

　　北京鎮壓香港起義，已經意料到這樣會招來國際社會的反彈；不過中國向來假設西方國家不懷好意——故此根本沒有理由要為引起外國不滿而自我克制。中國就像米爾沃足球俱樂部（Millwall Football Club）的瘋狂球迷那樣，雖然自知名譽掃地、卻依舊「忠於自己」，在看台上高聲叫囂：「我們不受歡迎，卻也不會在乎！（No one likes us, we don't care!）」[16] 不過就如我們在第十章提到那樣，中國共產黨對於該不該回應外界的批評，倒是有些猶豫不決。北京已經派官員動用冷戰時期的語言，一面主張外國無權干涉中國內政、一面譴責世界各國的傲慢與欺凌。這種怒氣衝天的修辭，正好說明北京感到不安。自鄧小平展開改革開放後，中國早已習慣近四十年比較友善的國際環境，可是如今卻忽然陷入四面楚歌的境地。

　　倘若中國與世界各國交惡純粹是激烈言辭而已，那麼他們大可以靜觀其變，讓風潮慢慢隨時間消退。可是這一次的問題並不純粹屬於外交詞彙的衝突，如今世界各國都積極籌謀，想促使全球工業的供應鏈都擺脫對中國的依賴。在沸沸揚揚的中美衝突背後，各國也默默地暗自準備與中國脫鉤。比如，有一項事件在美國的諸多行動當中往往不被注意，但它是個很好的例子：2020

---

16 譯按：這個位於倫敦的球會，因其球迷的流氓舉動而惡名昭彰。這個球會的球迷喜歡在看台高呼：「我們不受歡迎，卻也不會在乎！」在球賽前後，部分米爾沃的球迷會向對手的球迷惡言相向，有時甚至動手動腳。西漢姆足球會（West Ham United Football Club）是他們的死對頭。在1985和2009年，尋釁滋事的米爾沃球迷曾引發大規模的足球暴動。

年2月，美國國會議員基於兩黨共識提出《美國藥物供應鏈重整法案》(US Pharmaceutical Supply Chain Review Act)；他們推動這條法案，一部分原因是為了應付COVID-19的疫情危機，但更重要的是希望擺脫某些關鍵藥物過於依賴中國生產的情況。隨著各國對中國的懷疑和憤恨不斷累積，海外企業紛紛開始撤離中國，把廠房設在其他同樣低成本的亞洲國家；比如越南、緬甸和泰國，都喜見與日俱增的外來投資。中國的大型科技企業——不只是電信業巨人華為——過去廣受世界各國歡迎，投身各項電訊基本建設、並於零售市場銷售其零售產品，可是如今各國卻認為他們不懷好意，想要趁機在海外從事間諜活動。

　　除此以外，智慧財產權也成為國際政治爭論的大議題；世界各國的企業紛紛控訴中國盜用其智慧財產權。過去在中國營商的企業都迴避談論這個議題，可是現在就不一樣了。美國全國廣播公司商業頻道（CNBC）旗下的環球財務長會議（Global CFO Council）訪問了一批全球首屈一指的大企業——包括二十三間總市值約5兆美金（約138兆新台幣）的企業——然後在2019年發表研究報告。研究發現有三分之一的受訪企業，過去十年曾被中國公司盜取智慧財產權。[17]中國向來否認曾經盜取智慧財產權，可是他們還是於2018年12月刊登聲明，列出三十八項會向侵權者實

---

17 Eric Rosenbaum, "1 in 5 corporations say China has stolen their IP within the last year: CNBC CFO survey", CNBC Global CFO Council, New York, 1 March 2019, https://www.cnbc.com/2019/02/28/1-in-5-companies-say-china-stole-their-ip-within-the-last-year-cnbc.html (last accessed 3 Dec. 2020).

施的刑罰。此舉顯示出，北京已經意識到關於智慧財產權的爭議使中國失去商譽。信譽這種可貴的特質，丟失過後就駟馬難追。

上述種種問題最終都帶來深遠的影響，而美國甚至為此與中國展開貿易戰。他們開始禁止中國企業在美國營運，又威脅要關閉部分設在中國的領事館。而涉嫌侵害香港人權的個別官員則遭遇美國的經濟制裁。中美雙方都開始對傳媒機構設下限制。美國甚至暗示要以軍事行動在南中國海與中國對抗。上述種種措施都事關重大。

世界各國開始放棄與北京的友誼，也不再積極與中國企業合作，並不代表中國會馬上失去「世界工廠」的角色。可是，中國的經濟影響力已經不能像以前那般無限延伸下去。

中國本身也意識到這樣的事實，亦因如此，官方媒體於2020年開始宣傳「國內國際雙循環」的經濟理論——這個故作深奧的術語，其實只是主張中華人民共和國必須要自力更生。這套新理論默認中國與海外大企業的合作將會大不如前，使中國無法輕易取得海外技術。歸根究底，「雙循環」的意思就是要推動中國產品的內銷，藉此彌補海外訂單的收縮；並且要促成核心零件的自給自足，特別著眼於半導體產業。中國於2020年11月制訂的2021至2025年的經濟五年計劃，強調這套「國內國際雙循環」的理論。可是如今中國經濟發展已經放緩，在這種情況下促進內銷能否彌補出口疲弱的損失，實在難以令人樂觀。中國有三分之一的非農業職位與出口導向的工業息息相關——這1.8億勞工當中，有相當一大部分人需要隨新經濟政策轉換崗位。[18]而中國產

品的出口，過去為中國貢獻約 17% 的國民生產總值。[19]

. . .

　　還有，雖然北京已經默認，中國因 COVID-19 疫情和鎮壓香港起義與世界交惡將對大陸的經濟帶來嚴重後果，但北京尚未鼓起勇氣面對一事：香港特區的經濟可能受到更沉重的衝擊。自從《國家安全法》於 2020 年 7 月被強行引入後，究竟香港是否依然能夠擔任中國國際商貿的中間人，如今也充滿著疑問。

　　就如我們早前所論及，包括美國、英國、法國和德國等西方國家，因為《國家安全法》的實施而對香港法治失去信心，繼而取消與香港的引渡協議。他們還把這個特區列入黑名單，禁止向香港出口供軍事、警政或監視用的裝備。而西方的大企業也跟進政府的立場。《國家安全法》開始實行後，臉書、谷歌、推特、Zoom 和微軟等科技巨頭宣布終止原有的協定，不再配合香港政府索取用戶資料的申請。香港美國商會 2020 年八月的調查發現，有三分之一受訪會員正考慮從香港撤資、把業務移往海外；他們既擔心《國家安全法》嚴苛的條文、也擔心美國政府對香港的制裁行動。有 69% 的受訪會員對《國家安全法》的影響有若干程度

---

18 Global Times, "GT investigation: A battle to save exports, jobs", Beijing, 28 April 2020, https://www.globaltimes.cn/content/1187059.shtml (last accessed 4 Dec. 2020).

19 Statista, "Share of exports in gross domestic product (GDP) in China from 2009 to 2019", New York, 2020, https://www.statista.com/statistics/256591/share-of-chinas-exports-in-gross-domestic-product/ (last accessed 4 Dec. 2020).

的憂慮，只有21%的受訪會員並未為此感到擔憂。[20]

香港長遠經濟將會如何發展，取決於香港在《國家安全法》實施後會變得與典型的警察國家多接近。遷居海外重新發展事業，乃是重大而艱難的抉擇。若非遭遇極端壓力，任何個人或團體都不會如此破釜沉舟，大部分人會對局勢持觀望態度。可是凡事都有其臨界點。

倘若各海外企業真是從香港特區集體逃亡，那北京還可以怎樣做呢？

中國官員曾經向外暗示，他們相信上海能夠完全取代香港的角色。他們大力扶持上海證券交易所、把浦東新區建設成金融中心、積極招攬海外金融企業進駐上海。當代上海的市容看起來也確實像個國際商貿中心。填滿上海天際線的高樓大廈，裡面都是世界大企業的辦公室。可是北京政權顯然誤判上海發展的實況。他們看到這個城市擁有世界級的景觀（我們若能細心觀察這個大都會的陰暗角落，自然會有截然不同的判斷），就堅信全世界遲早都會認可此地的發展潛力。

北京沒有注意到，那些在上海開設辦公室的跨國企業，並非要在這個大都會設立區域總部，當然也不會想把國際總部遷到這裡。這些企業還是必須把總部設立在擁有真正法治的司法管轄區，這樣他們才能放心簽署商業合同。企業總部所在地必須容許

20 American Chamber of Commerce in Hong Kong, "AmCham Temperature Survey Findings: OFAC's Sanction on Hong Kong & National Security Law", Hong Kong, 13 August 2020, https://tinyurl.com/2abcsy7v, (last accessed 3 Dec. 2020).

他們自由獲取公開的資訊，不然他們就無法有效進行決策。跨國企業也希望把總部設置在政策確實能前後一致的地方；他們都知道在威權國家中，朝令夕改乃是司空見慣的事，受害企業不會有申訴的機會。

在中國從事業務的跨國企業確實準備好在上海開設辦公室，這些辦公室有些還相當大；可是他們設置這些中國分公司，只是為了在中國大陸市場進行交易。倘若在其他地方簽約也可以完成這些交易，他們就會在其他地方簽約；而那些涉及敏感加密的業務，亦會盡可能於海外進行。

上海和深圳的股票交易所業務雖能迅速擴展，針對的仍然主要是在地市場。國際投資者大多偏好購入在香港上市的中國股票——他們認為香港不可或缺的法律制度方能有效保護他們的投資。況且香港既沒有實行中國那種外匯管制，其市場規範的透明度亦遠勝中國。

香港正因為擁有中國大陸欠缺的自由和彈性，過去才有理由收取比較高昂的服務費用。可是「兩制」之間的距離今後將會愈縮愈窄，那麼香港特區憑什麼向跨國企業收取過去的費用？

這樣一來，我們就遇到中國共產黨香港政策的終極難題；雖然他們對此仍是茫然無知。中國領導人為確保自身利益，不論是要維持中國的經濟繁榮、還是要管理私人財富，必須讓「香港特別行政區」能繼續「特別」下去。可是他們卻不能容忍香港人恣意提出異見和呼籲政治改革，因為這樣或許會令其他屬土紛紛仿效。倘若北京政權以管治大陸的方式壓制香港，那將會是香港

的終結；可是他們也擔心香港政策如果收得不夠緊，可能會令香港脫離掌控。北京政權既已決意壓下香港人的抵抗，就只得揮下極權的鐵錘，期望能以非常手段防微杜漸。既然穩定已經壓倒一切，北京政權也不再考慮有彈性的手段，既無法再容忍自由公正的選舉、也不再容許表達言論的自由。中國共產黨深信自己的雷霆手段已經發揮作用，把香港的起義完全壓制，讓異見者知道反抗必會帶來沉重的代價。

中國對香港特區的打壓無孔不入，使整個公民社會都無法倖免。北京認定香港那些桀驁不馴的賤民再也沒有反抗的餘力，他們既已果斷平定「香港之亂」，這片屬土就會在中國共產黨的操控下迎來繁榮穩定的光輝歲月。習近平政權如今寄望香港能與中國完全融合，當中最可行的規劃，是把香港融入包含廣東和澳門的粵港澳大灣區。可是過去鄧小平提出「一國兩制」的構想時，卻經常強調無意要把香港與中國完全融合。

因此可說，北京對香港的終極規劃既使人戰慄、也不切實際，只是還沒有人直接點破真相。中國共產黨執意消滅香港特區僅剩的自由，強迫民眾接受黨國獨斷的新秩序。中國領導人憑藉「理論自信」，堅持他們有能力創建一個「沒有香港特色的香港」。不過香港人本身，在未來或能證實此等想法的虛妄。

$\bullet \quad \bullet \quad \bullet$

香港那飽受創傷的反對運動如今已清楚明白黨國的盤算，準備迎接高壓的加速時代。過去數以百萬計的民眾曾上街抗爭，認

為那是爭取訴求的安全手段；可是短期內，這樣公開反抗的風險已非一般人所能夠承受。但這不意味著民主運動的終結。在目前的高壓處境下，香港人仍可能發揮創意，嘗試以嶄新的形式消極抵抗。

消極抗爭的開展絕非無跡可尋。當警察於 2020 年 8 月 10 日搜查《蘋果日報》總部時，社交媒體即有人呼籲民眾購入壹傳媒的股票，藉此表達對《蘋果日報》的支持。壹傳媒的股價當日因此急升 300%。翌日《蘋果日報》於凌晨時分送抵便利商店或報攤後，隨即被民眾搶購一空，印刷廠必須不斷加印，方能滿足民眾的需求。當讀者得知商業客戶拒絕在這份報章刊登廣告後，群起在這份報章刊登分類小廣告。當民眾知道「光復香港，時代革命」這句口號很有可能已經觸犯《國家安全法》，他們就在街頭上高舉白紙，民眾也很快意識到空白的含意。《願榮光歸香港》這首「國歌」受到禁制後，民眾以數字代替歌詞，運用粵語的聲調展現旋律。在 2020 年 9 月的中元節，抗爭民眾在路邊焚燒各種紙製祭品，比如說投票箱或抗爭常用的物品——過去中元節是普渡亡靈的日子，香港人會焚燒香燭以及各種紙製祭品，比如說紙製的衣服、或是用金紙摺成的「金條」，以供亡靈「生活」所需。

香港人向來靈活變通，懂得利用各種方式適應形勢，透過隱喻傳承抗爭的信息、以消極的手段繼續反抗。就像昔日蘇聯及其附庸國的民眾那樣，香港人的抗爭意識長存；只是他們必須尋求嶄新的抗爭手法。隨著白色恐怖日漸成為香港生活的常態，幽默詼諧就成為無力者的有力抵抗，而香港人也很快掌握這種快樂

抗爭之道。這種隱蔽的抵抗，聲勢雖然比不上百萬人上街的大遊行，卻能於逆境中讓抗爭精神薪火相傳。只要抗爭的火種一息尚存，那麼他日風雲再起之時，勢必再度燃起反抗的燎原烈火。

那麼香港的抗爭者又如何看待終局？若要簡單地說，反抗陣營面對全新的形勢，並沒有達成一致的看法；畢竟唯有獨裁體系才可能讓意見完全統一。不過縱使抗爭者眾說紛紜，他們依然堅持要達成兩大目標。首先，香港必須獲得高度自治的權力，畢竟這是過去一直的承諾。其次，這個高度自治的政治實體必須實行進步的改革，改造成選舉產生的民主政體。雖然香港的起義已遭受鎮壓，這樣的目標也變得遙不可及，可是這終究仍是《基本法》列明的承諾。[21]

除卻上述的基本共識，不同的抗爭者對香港未來自然有不同想像。這些曾經走上街頭的抗爭者，面對史無前例的起訴潮；他們有的同時面對多重檢控、有的甚至已經身陷囹圄。然而，他們目前最大的期望，就如前文引述過年輕抗爭者所言，是希望北京放手讓他們決定。雖然中國不太可能放手，可是香港對暴政頑強的抵抗，也同樣不會輕易平息。

遠在《國家安全法》尚未引入之時，抗爭領袖黃之鋒就已

---

21 譯按：全國人民代表大會於2021年3月5日，藉口要「完善」香港的選舉制度，透過修改《基本法》的附件一和附件二，把原有局部的自由選舉改造成「民主集中制」的假選舉。可是直到翻譯之時，北京政權尚未敢改動《基本法》的內文。香港行政長官和立法會選舉最終要達成全民普選的目標，仍然刊列在內文的45條和68條中。

寫下這樣的話：「無論前景是如何的昏暗，我決不向那日益沉重的無力感屈服。我決不認命，不會相信隨著2047年逐漸迫近，香港只會必死無疑。」——當初中國曾承諾香港的「一國兩制」將會維持「五十年不變」，而2047年則象徵著「高度自治」的終結。[22] 在《國家安全法》正式實行前一日，另一位知名年輕民主運動領袖岑敖暉在臉書貼文明志：「23年過去了，香港人沒有向暴政屈服，過去幾年更是走在全球對抗暴政的最前線。我不相信一條國安法能改變這個定位，絕不相信……這個城市絕對還未壽終正寢。」[23]

由路透社委託進行的民意調查進一步印證岑敖暉的觀點。他們於2020年八月發表最新一輪調查結果，調查進行時《國家安全法》已經生效，而政權也開始扣押反對陣營的人物。路透社將調查結果與《國家安全法》生效前的上一輪調查結果進行比較，發現與六月時相比，受訪者對抗爭運動的支持雖然減退，可是他們反倒比以前更認同運動的目標。例如，現在有七成受訪者贊成透過獨立調查檢討警方在起義期間的所作所為；有接近五成的受訪者主張特赦被捕的抗爭者；此外亦有63%的受訪者要求實施全面普選。[24]

民主運動的支持者堅信民眾的意志將會獲得最後勝利，而中國共產黨的領導人卻對香港人極不信任。就如我們於本書的分

22　Joshua Wong with Jason Y. Ng, *Unfree Speech*, Penguin Books, London, 2020, p. 231.
23　岑敖暉，〈明天，不會是香港的末日〉，《香港獨立媒體》，2020年6月30日。
　　（https://www.inmediahk.net/node/1075060）

析那樣，習近平和林鄭月娥的政府都猶如心理變態，非但無法意識到自己正是問題的所在，反倒認為香港抗爭者才是有缺陷的一方，需要予以矯正。香港和中國的政權都對自己的民眾一無所知，就像他們對民主國家和海外企業充滿誤解那樣。

也許香港民眾對外界有過高的期望，以為外國的壓力足以使這個特區免受威權壓迫。畢竟海外國家都會優先處理自己的議程，難以專注於發生在國境以外的事情。香港的命運最終只能由香港人自己掌握。不過，藉由本書的討論，希望已經說明我們可以相信香港民眾必定會像2019至2020年起義時那樣，繼續以堅忍和創意應付殘酷的挑戰。

瑪麗亞・雷薩（Maria Ressa）是位異常勇敢的抗爭者，她在菲律賓從事新聞工作，活躍於爭取人權的運動。其自傳紀錄片有力地呼籲：「每一代人所享有的民主都是他們努力的自然結果。所以要起來，為自己的權益奮鬥、為民主政治而奮鬥！」[25]從來沒有人會認為這樣的抗爭是輕鬆的事——與此相反，根據歐洲卡內基研究所（Carnegie Europe）國際關係學者理查・楊格（Richard Youngs）之研究，世界各國於2010年以來的民主抗爭運動中，只有三分之一能取得一定的成果。[26]在與威權政體的對決中，執政

---

24 Reuters, "Exclusive: HK survey shows increasing majority back pro-democracy goals, smaller support for protest movement", Hong Kong, 30 August 2020, https://uk.reuters.com/article/uk-hongkong-security-poll-exclusive/exclusive-hong-kong-survey-shows-increasing-majority-back-pro-democracy-goals-smaller-support-for-protest-movement-idUKKBN25Q00Y?il=0 (last accessed 3 Dec. 2020).

25 Ramona Diaz, *A Thousand Cuts*, PBS Distribution, New York, 2020.

者顯然有更強大的力量、能夠獲取更多的資源。可是如果民眾都相信變革的可能、繼而不再畏懼當權者，威權執政者的優勢也將蕩然無存。

要與中國暴政的惡龍對抗，犧牲和意志兩者缺一不可。不過，這兩項要素，都已成為香港精神的一部分，在歷史上也曾經幫助香港人渡過厄困。就如岑敖暉所言：「這個城市絕對還未壽終正寢！」

---

26 Richard Youngs, *Civic Activism Unleashed: New Hope or False Dawn for Democracy?*, OUP, Oxford, 2019.

附錄一：香港抗爭、新冠病毒疫情及美中貿易戰之大事列表（2019至2021年）[1]

Appendix I: Timeline of the Protests, the Virus and the US-China Trade War (2019-21)

2019年

2月15日：特區政權提出《逃犯條例》修訂草案，建議准許當局將香港居民引渡至中國大陸。

3月31日：有12,000人參與反送中運動的第一場遊行。

4月24日：發起2014年「雨傘運動」公民抗命的領袖，被法庭判處入獄或緩刑。

4月28日：有13萬人參與反送中運動的第二場遊行。

5月20日：特區政權提早終止法案委員會審議，把《逃犯條例》修訂草案交付大會展開二讀程序。

5月30日：社會各界對修訂草案議論紛紛，亦令工商界憂心忡忡。特區政權決定局部修訂原有草案。

1　譯按：譯者曾修整年表內部分內容。2021年1月初之後的大事，均出自譯者的紀錄。

6月1日：美國和中國的貿易戰，此時差不多已持續一年。中國
　　　　決定向美國產品徵收總值約600億美金（約1.66兆新台幣）
　　　　的關稅。

6月4日：有約18萬民眾參與一年一度的燭光晚會，悼念1989年
　　　　天安門屠殺，赴會人數創近年新高。

6月9日：有約1百萬民眾上街遊行，反對《逃犯條例》修訂草案。

6月12日：抗爭者包圍立法會大樓，迫使立法會終止二讀《逃犯
　　　　條例》修訂草案。全副武裝的防暴警察趕赴現場，怒斥抗爭
　　　　者為「暴徒」。這一天警察施放的催淚彈多於整場雨傘運動
　　　　的總和。

6月15日：行政長官林鄭月娥宣布「暫緩」修訂程序。這天首次
　　　　有抗爭者死亡：梁凌杰於立法會大樓附近的太古廣場墜樓身
　　　　亡，享年35歲。（懷疑是以死明志。）

6月16日：這天爆發香港有史以來最大規模的遊行，有約2百萬
　　　　人上街反對《逃犯條例》修訂草案。

6月21日：約有3萬名抗爭者包圍警察總部，藉此抗議警隊日趨
　　　　猖獗的濫暴。

6月26日：抗爭者呼籲參加G20峰會的國家聲援香港的抗爭。
　　　　當日有8萬名民眾上街，部分人士於遊行後再次包圍警察總
　　　　部。當日美中兩國達成協議，決定暫緩貿易戰。美國暫停向
　　　　總值3千億美金（約8.33兆新台幣）的中國產品徵收25%關
　　　　稅。

7月1日：這天是香港主權移交的22週年。當天有約50萬人上街

遊行。年輕抗爭者則衝擊立法會大樓，衝破防線後便毀壞裡面的物件，迫使立法會暫時休會。

7月7日：遊行集會開始有遠離市中心的趨勢。當日有23萬人在九龍上街遊行。

7月9日：根據一項調查，香港各區如今已設立165面連儂牆。民眾在這些連儂牆上面張貼支持抗爭的便條，或是宣傳抗爭訊息的海報。連儂牆的設立，參考了捷克斯洛伐克於1968年抵抗蘇聯的經驗：當時他們以披頭四樂隊成員約翰・連儂的名字，為布拉格一幅民主牆命名。

7月21日：有43萬人不理會警方禁令，於香港島上街遊行，部分人士則一路走到西營盤中聯辦總部外，並損毀懸掛在外面的國徽。北京因此舉而震怒。當晚黑幫分子在元朗襲擊抗爭者，後來甚至於捷運站內對乘客無差別攻擊。警方約於40分鐘後才抵達現場，期間大批民眾因這場恐怖襲擊而受傷。

7月26日：抗爭者首次於機場發起靜坐，藉此爭取國際社會的關注。

8月1日：美國財政部把中國列為匯率操縱國。當日美國亦對部分中國產品徵收額外關稅。

8月3-5日：香港各區都出現抗爭行動。抗爭開始變得激烈，而警方也加緊搜捕抗爭者。

8月6日：中國政府的言辭趨向激烈，警告北京已隨時準備介入，恐嚇抗爭者「玩火者必自焚」，提醒他們不要低估政府的「堅定決心與強大力量」。中國的電視媒體播放12,000名武警部

隊防暴演習的影像，操練場地就在與香港一河之隔的深圳。武警於其後幾日的演習亦廣為官方媒體所報導。

8月9-12日：抗爭者於機場的抗爭行動成功干擾航班運作。中國大陸開始針對國泰航空，批評他們容許員工參與抗爭，要求國泰解僱相關員工及管理層。國泰航空的母公司太古集團決定讓步，開始嚴格管制其員工、並解僱兩位管理層的主管。國泰航空的主席亦於壓力下辭職。

8月18日：這天再次出現逾百萬民眾參與的遊行。他們沒有理會警方的禁令，與全球37個城市的上街民眾一起聲援起義。

8月23日：這天抗爭者發起「香港之路」的抗爭運動，參考了愛沙尼亞、拉脫維亞和立陶宛這於1989年發起反抗蘇聯的抗爭。當日香港各區的抗爭者拉起手鏈，就像當年波羅的海三國的抗爭者那樣。

8月24日：港鐵公司開始透過關閉捷運站，協助減少抗爭人數。其後他們甚至曾於關鍵日子關閉整個系統，又一度暫停晚間的列車服務。

8月25日：警方首次動用水炮車鎮壓抗爭。雖然他們聲稱會保持克制，可是警察其後卻濫用水炮車，又在水箱加添藍色染料和刺激劑。

8月31日：當日於勞工階層生活的旺角和太子區都有抗爭者上街抗爭。警方其後到場鎮壓時，向捷運列車內的乘客無差別攻擊。坊間流傳有民眾因而死亡，消息卻一直不得證實。後來這個地區在晚間都會爆發激烈衝突。《願榮光歸香港》開始

被上傳至 YouTube，後來被民眾廣為傳頌，成為抗爭運動的
「國歌」。

9月2日：中國向世界貿易組織提出申訴，指責美國違法徵收關稅。

9月2-30日：香港中小學復課後，學生於各區學校附近組成人鏈，
使政權內部甚為驚慌。

9月3日：林鄭月娥終於宣布完全撤回《逃犯條例》修訂，抗爭
者卻認為這來得太少、而且太遲。

9月5日：美中兩國同意展開第13輪貿易談判。

9月8日至12月1日：警方宣布禁止一切集會，藉此防止「暴動」
蔓延。

9月19-20日：美中兩國召開中層貿易談判，當時兩國已同意豁
免向部分商品徵收額外關稅。

9月26日：特區政府在警察嚴密監視下，召開所謂的「公開對
談」，讓民眾直接質詢林鄭月娥及其他高官。政府原先計劃
召開一系列的對談會，可是在這場「公開對談」以鬧劇收場
後，就再沒有下文。

9月29日：是日乃全球反極權日，全球72個城市的民眾發起集
會，聲援香港的起義。

10月1日：中華人民共和國為慶祝成立70週年，於北京舉行盛
大閱兵儀式。香港的官方紀念運動只有一場在室內轉播的升
旗儀式，以避開香港各地的抗爭運動。這天被捕抗爭者的數
目破了歷來的紀錄，而警察亦首次用實彈向抗爭者開槍。

10月4日：林鄭月娥動用殖民地時代遺留下來的緊急權力，禁止

抗爭者佩戴口罩；警方一直對抗爭者以口罩掩飾身分甚為不滿。這個禁制令反倒促成新一輪的抗爭。港鐵公司於同日宣布無限期關閉捷運系統。

10月11日：港鐵公司把捷運系統關閉一周後，重新恢復有限度的服務。立法會同日召開七月以來第一次會議。

10月29日：香港知名抗爭領袖黃之鋒，被選舉委員會禁止參與11月的區議會選舉。

11月1日：中國在世界貿易組織上訴得直，獲准反制美國「違法」徵收額外關稅的舉動。

11月4日：周梓樂在逃避警方追捕時，不幸墜樓而身受重傷。

11月8日：周梓樂辭世，享年22歲。他是首位因為死於警方鎮壓行動的受害者。抗爭者在香港10個地區，舉行哀悼周梓樂的燭光晚會。抗爭蔓延至各個大學校園，而各大學則決定停課。

11月11日：抗爭者呼籲全港民眾發動大罷工，卻沒有造成太大迴響。可是這天警察再次以真槍實彈對付抗爭者，使抗爭行動再次活躍起來。中槍的21歲抗爭者存活下來，卻隨即被警方落案起訴。

11月12-13日：抗爭者與各地擺設路障，並進駐各大學校園。

11月17-29日：理工大學成為警民衝突的焦點。這場理大圍城戰歷時12日，最終有大批抗爭者被捕。另一些抗爭者則勇敢地以各種冒險的方法逃離現場。不少大學財物於圍城戰期間受到損毀。最終有213人因為這場圍城戰，而被警方控以暴

動罪。

11月18日：高等法院裁定「反蒙面法」違憲。

11月19號：北京高調批判高等法院的裁決。他們堅稱任何關乎憲制的問題，只能交由全國人民代表大會（中國國會，實際為「橡皮圖章」）的行政機關裁定。

11月24日：民主陣營於區議會選舉中，破天荒地取得壓倒性勝利。親中派政黨失去過去對各區區議會的控制。

11月26日：美國當局發布新指引，禁止電訊網路公司進口危害國防的設備或技術。此舉顯然是衝著中國而來。

11月27日：在美國總統川普正式簽署後，《香港人權與民主法》生效。此法律威脅對侵害香港人權的人士實施制裁。同日生效的另一條法律，則禁止向香港警隊出口彈藥和裝備。這兩條法案都建基於兩黨共識。

11月至12月：此時湖北省省會武漢開始出現新興傳染病的案例，雖然首宗個案發病的確實時間無從稽考。

12月1日：這天抗爭者舉行九月以來第一場合法集會，並有38萬名民眾參加。警察卻於集會期間突然下令解散，最終促成激烈的警民衝突。

12月8日：80萬名民眾上街遊行，紀念抗爭運動已經開展半年。他們亦同時紀念12月10日的國際人權日。

12月13日：美中兩國完成第一輪的貿易談判；美國撤銷對一系列中國產品徵收新關稅，而中國則承諾於未來兩年，增購總值2,000億美金（約5.55兆新台幣）的美國服務或產品。

12月19日：警方查封星火同盟，充公總值港幣7千萬（約9百萬美金、2.4億新台幣）的資產，並以「洗錢」的罪名控告四位負責人。星火同盟是香港兩個募款支援抗爭者的組織之一。

12月24日至1月9日：中國多家醫院都接收大批染上不知名肺炎的病患。衛生部門開始採取樣本進行測試。

12月30日：武漢衛生部門開始向市內各醫療機關發出警告，提醒他們或有新型變種病毒。

12月31日：武漢的地方政府正式向北京當局承認該地也許正爆發新型變種病毒的疫情。世界衛生組織亦正式接到中國的通告。

2020年

1月1日：是日抗爭者發起起義以來第四次百萬人大遊行。遊行起初和平進行，可是警察卻於途中拘捕參與者，並宣稱這是非法集會。此後警民衝突變得激烈。武漢當局於同日關閉華南海鮮市場，懷疑該處是新型肺炎爆發的原點。中國國安人員拘捕8位涉嫌傳播疫情「謠言」的民眾。

1月3日：李文亮醫師把新型冠狀病毒擴散的消息告知公眾後，即被當局拘捕，被迫簽署認罪書承認自己作出虛假陳述。有44位在華南海鮮市場工作的員工，則確實患上病源不明的疾病。

1月4日：世界衛生組織首次向公眾宣布武漢爆發不知名的瘟疫。香港特區政府把疫情警戒升級至「嚴重」，卻未有因此實施邊境管制。北京對駐港官員表現不滿，於這日調離中聯辦主

任王志民，並由習近平的親信駱惠寧取而代之。

1月8日：紐約《華爾街日報》率先報導中國爆發新型冠狀病毒疫情。

1月9日：中國官方新華社發表訪問稿，承認《華爾街日報》昨日報導的內容。世界衛生組織亦確認新型冠狀病毒疫情爆發。他們稱讚中國能及早發現疫情，可是卻不建議世界各國實施旅遊管制。世界衛生組織取信中國方面的消息，堅持新型冠狀病毒不會人傳人。

1月11日：這天武漢出現第一個死亡個案。當局於兩天後才公布消息，可是依舊堅持沒有證據能證實新型冠狀病毒能夠人傳人。台灣於同日舉辦總統和國會大選。在「香港因素」的影響下，連任總統蔡英文扭轉過去兩年的劣勢，以817萬票高票連任。而執政本土派政黨民主進步黨亦奪得立法院近54%的議席，聯同其他本土派政黨成功穩住國會多數。

1月12日：李文亮醫師因感染症狀而須入院治療。

1月13日：在泰國發現第一宗COVID-19個案，這也是中國以外的第一宗個案。疫情已從中國向外擴散。

1月14日：世界衛生組織於推特留言，仍然堅持未有證據說明新型冠狀病毒能夠人傳人。

1月15日：美中兩國簽署第一輪貿易協議。

1月17日：美國開始對來自武漢的旅客進行健康篩檢。

1月18日：武漢市於這日舉辦有四萬個家庭出席的萬人宴，藉此慶祝農曆新年。事後證實這場官方舉辦的活動使病毒擴散一

發不可收拾。

1月19日：與香港一河之隔的深圳，亦出現第一個染疫個案。

1月21日：美國總統川普在世界經濟論壇中，吹噓當時美中關係
　　　　是前所未有地良好。當日香港出現第一位染疫者，並被送到
　　　　醫院隔離治療。

1月23日：香港爆發抗爭運動，抗議特區政府處理新型冠狀病毒
　　　　危機的手法。他們質疑在中國傳出疫情後，特區政府沒有迅
　　　　速關閉邊境。特區政府於這日啟用首間隔離中心。中國這天
　　　　開始封鎖武漢出入的交通要道。世界衛生組織召開緊急會
　　　　議，卻因無法達成共識，沒有宣布全球衛生已踏入緊急狀態。

1月24日：武漢染疫人數持續上升，湖北省亦已宣布進入第一級
　　　　警戒。美國總統川普卻在推特表示：「中國已竭盡其力控制
　　　　冠狀病毒。美國欣賞他們的努力和透明度。」

1月25日：香港終於宣布防疫以提升至緊急狀態，並下令關閉主
　　　　要娛樂場所。

1月26日：中國共產黨成立中央應對疫情工作領導小組，並國務
　　　　院總理李克強擔任組長。

1月27日：武漢市市長承認沒有第一時間向上級交代疫情。

1月28日：中國社交媒體的圈子群情洶湧。中國最高人民法院為
　　　　此撤銷對李文亮等八位武漢醫師「散佈謠言」的控罪。香港
　　　　開始收緊與中國的邊境管制。習近平主席於北京接見世界衛
　　　　生組織秘書長譚德塞，並同意讓世衛專家到中國調查。譚德
　　　　塞於會中盛讚中國領導人的決心和透明度。

1月29日：美國開始自武漢撤僑，其他國家亦紛紛準備撤僑的航
　　　　 班。

1月30日：世界衛生組織終於宣布，世界正陷入「國際關注的公
　　　　 共衛生緊急事件」。可是他們依然相信中國有能力控制疫情。
　　　　 美國總統川普亦加以附和，認為中國正努力克服危機。

1月31日：湖北省的COVID-19個案再創新高，而中國全國各地
　　　　 亦證實發現875宗個案。川普下令暫停讓大部分中國旅客踏
　　　　 足美國。

2月2日：世界衛生組織證實首宗在中國以外的死亡個案，一位
　　　　 COVID-19患者於日前在菲律賓身故。

2月3日：香港公立醫院的非緊急服務員工展開維時五日的罷工，
　　　　 要求特區政權封鎖邊境。涉事員工後來都遭到重罰。林鄭
　　　　 月娥後來宣布會將全香港13個邊界管制站中封閉其中的10
　　　　 個，可是依舊堅持徹底封關「既不恰當、也不實際」，認為
　　　　 抗爭者是在「歧視」和「標籤」中國大陸的人（不過特區政
　　　　 權還是於三月徹底封關）。

2月7日：吹哨者李文亮醫師不敵新型冠狀病毒而往生。

2月8日：在中國因為COVID-19而病逝的人已達811人，超過
　　　　 2003年的SARS疫潮。

2月11日：世界衛生組織將這次瘟疫正式命名為「COVID-19」；
　　　　 在此以前這場疫病多被簡稱為「武漢肺炎」。他們亦終於承認
　　　　 疫情已向全球擴散，新加坡則是中國以外疫情最嚴重的國家。

2月13日：北京政權統治香港的機關再次出現人事變動。他們把

張曉明投閒置散，讓強硬派的夏寶龍接任港澳辦主任。

2月14日：上訴庭推翻過去禁止在立法會大樓外抗議的禁制令。

2月16日：世界衛生組織的海外專家團抵達中國。

2月29日：中國派遣醫療專家前赴伊朗，開始協助海外國家應付疫情。

3月5日：已成為抗爭象徵的梁天琦，此時正為「魚蛋革命」暴動案服為時六年的刑期。根據傳媒報導，懲教署已把他轉移到高度設防的監獄。中國於這天落實與美國的協定，向總值750億美金（約2兆新台幣）的美國商品關稅減半。

3月10日：習近平於疫情爆發後，首次到武漢巡視。他宣稱中國已經戰勝病毒。

3月11日：世界衛生組織宣布COVID-19已成為全球大流行的瘟疫。中國於同日向世衛饋贈美金2千萬元（約5.5億台幣）的獻金。

3月12日：中國醫療專家團帶著物資抵達義大利。

3月13日：美國宣布全國進入緊急狀態。

3月17日：中國開始向11個國家供應病毒測試劑。美國總統川普開始炮轟中國處理疫情的手法，又把新型冠狀病毒稱為「中國病毒」。

3月19日：中國首次向外宣稱國內再無新增個案。

3月26日：美國罹患COVID-19的總人數，於這天超越中國。

3月27日：香港雖然感染率較低，可是特區政權仍然下令關閉各項場所、並實施嚴格的社交距離規定。他們亦頒布備受爭議

的「限聚令」，禁止公共場所任何多於四人的聚集。

4月9日：香港上訴庭局部推翻高等法院把「禁蒙面法」列為違憲的判決。可是如今所有香港人都佩戴口罩上街，以避免染上疫病。

4月13日：中國政府體制開始直接介入香港立法會的事務。他們批評反對派議員採取拖延戰術。

4月15日：中聯辦主任駱惠寧宣布，中國將會對香港危害國家安全的活動採取「零容忍」政策。

4月17日：北京宣稱他們擁有監督香港特區政府的權力。

4月18日：15位香港民主運動的知名領袖，包括「民主運動之父」李柱銘和報業大亨黎智英，因涉嫌組織和參與非法集會而被警方拘捕。

4月26日：自疫情爆發以來，香港各購物商場首次爆發小規模民主抗爭。不少民眾趁午飯時間前往「圍觀」。

5月6日：北京再次威嚇香港的抗爭者，並侮辱他們為「政治病毒」。

5月8日：美中兩國誓言不會讓疫情阻礙第一輪貿易協定。

5月15日：監警會是日發表調查報告，認為警察於抗爭期間的表現既合法、又恰當，只有一些無傷大雅的小問題。

5月18日：美國總統川普威脅不再對世界衛生組織提供資助，甚至揚言要讓美國退出組織。他認為世衛過分偏坦中國。

5月21日：北京宣布全國人民代表大會正展開《國家安全法》的立法工作，隨後將把這條法律強加在香港身上。

5月28日：全國人大正式通過《國家安全法》。立法過程並未徵

詢林鄭月娥政府的意見，也不讓香港立法會審議或提出修訂。

5月29日：川普威脅美國將會取消對香港的特殊待遇，又會對「直接或間接蠶食香港自治」的香港或中國官員實施制裁。英國則宣布正尋求方法，讓在1997年主權移交前出生的香港人取得英國公民身分，藉此回應《國家安全法》的挑戰。

6月4日：立法會通過禁止侮辱中國國歌的法律。當天特區政府亦以保持社交距離為藉口，禁止支聯會舉辦一年一度的六四燭光悼念晚會：這是31年以來的第一遭。可是成千上萬的民眾仍舊於維多利亞公園或香港各處聚集，一方面悼念天安門大屠殺、另一方面則宣示要捍衛香港的自由自主。

6月18日：特區政府取消大部分的社交距離措施，可是卻只肯略為放寬「限聚令」，禁止多於八人在公共場所集合。這項措施顯然是衝著抗爭而來。台灣政府的大陸委員會亦於同日宣布啟動香港人道援助關懷行動專案。前赴台灣的香港人，可以根據《香港澳門關係條例》第18條之中「對於因政治因素而致安全及自由受有緊急危害的香港或澳門居民，得提供必要之援助」的條款，向該專案小組尋求協助。

6月30日：全國人大於深夜11時香港民眾公開《國家安全法》之內容，該法例將於凌晨12時後正式生效。

7月1日：《國家安全法》正式在香港實行，而特區政權也禁止過去一年一度的七一大遊行。當日有370位堅持上街的民眾被捕，唐英傑成為首位根據《國家安全法》被控的香港人。

7月2日：羅冠聰是其中一位知名年輕民主運動家，亦是被特區

政權褫奪議席的立法會議員。他於當日宣布自己已經流亡海外,並決意要為香港民主運動爭取國際支持。

7月3日:加拿大成為首個與香港取消引渡協議的國家。他們擔心自《國家安全法》強行引入後,香港將無法維持司法獨立。

7月6號:特區政權成立維護國家安全委員會,藉此監督《國家安全法》之實行,並下令各學校必須移除任何違反《國安法》的書籍。

7月8日:中央駐港國安公署正式遷入其臨時總部;這棟建築物原本是33層高的銅鑼灣維景酒店。特區政府亦於同日宣布,所有公務員必須按照《國家安全法》的要求重新宣誓。

7月10日:當日警方搜查香港民意研究所,並取走電腦作蒐證用途。民主派曾委託這家調查機構,協助他們在九月立法會選舉前,先在民主陣營內舉行初選。

7月11-2日:有超過60萬民眾與民主陣營的初選中投票。特區政府卻恐嚇民眾,宣布不論是投票還是參選,參與這場初選就有可能違反《國家安全法》。

7月14日:川普正式把《香港自治法》簽署成為法律。根據這條法律,任何損害香港憲制自由的人士,將有機會受到制裁;受制裁人士不只無法踏入美國領土、也無法使用美國本土的銀行服務。

7月16日:駐香港台北經濟文化辦事處代理處長高銘村被迫返回台灣。特區政權曾要求辦事處內的台灣官員,簽署支持「一個中國原則」的切結書,卻被台灣方面斷然拒絕。

7月28日：香港大學校務委員會，無視由教職員和學生組成的教務委員會之意見，堅持解聘佔領中環運動發起人戴耀廷教授，縱使他早已取得終身教授資格。

7月29日：四位參與港獨團體的學生因《國家安全法》被捕，縱使他們所屬的組織早已宣布解散。

7月30日：特區政權禁止12位民主陣營的候選人參與2019年立法會選舉。

7月31日：特區政權以COVID-19疫情構成健康風險為由，宣布把九月的立法會選舉延後一年。警方於同日向6位流亡海外的民主運動家頒布通緝令。

8月7日：美國以殘害香港自治權為由，向包括林鄭月娥在內的11位香港官員的實施經濟制裁。

8月10日：香港警方大肆搜索《蘋果日報》總部，並拘捕黎智英、他的兩位兒子以及四位相關職員。

8月11日：隨著立法會選舉延後一年，北京決定把現任立法會議員的任期延長一年。

8月19日：美國跟隨英國、德國、法國、加拿大、澳洲和紐西蘭的腳步，取消與香港的引渡協議。

8月23日：有12位正在保釋的抗爭者，決定以偷渡形式流亡台灣，卻於途中被中國廣東海警局截獲。

9月1日：林鄭月娥宣布特區政府並非三權分立的體制，行政、立法和司法反倒必須互相配合。

9月7日：港澳辦和中聯辦這兩個北京治港機關同時為林鄭月娥

的說辭背書。他們宣稱鄧小平在1987年就指明三權不分立，正是特區運作的「指導意識形態」。

9月9日：警方正式確認在2019年6月9日至2020年9月6日之間，有超過一萬人因參與抗爭而被捕。

9月15日：世界貿易組織裁定美國向中國貨品徵收數以兆計關稅之舉，違反國際貿易的法規。

10月23日：英國正式宣布讓擁有英國國民（海外）身分的香港人及其親屬，能夠移居英國並成為英國公民。有290萬香港人或會因而受惠。

10月27日：已解散的港獨組織學生動員前召集人鍾翰林，疑似要到美國駐港總領事館尋求庇護，卻在領事館附近被警察國安處人員擄走。國安處起初以「煽動他人分裂國家」為由提出起訴，其後警方其他部門在再起訴他兩項「處理已知道或相信為代表從可公訴罪行的得益的財產罪」和一項「串謀發布煽動性刊物罪」。其後初審法院裁定鍾翰林不得保釋。

11月5日：警察國安處仿效過去東德史塔西的做法，設立國家安全舉報熱線。在兩個星期後，國安處宣布在計劃實施一個星期後就收到約一萬個舉報訊息。

11月11日：北京下令以危害國家安全、勾結外國勢力為理由，褫奪四位民主派立法會議員的議席。立法會餘下15位民主派議員決定集體辭職抗議。

11月17日：中國大陸官員宣布要落實「完善」香港的司法制度；那就是說，香港的司法人員必須依據北京立場「詮釋」《基

本法》。

11月24日：行政長官林鄭月娥宣布特區政權推出「安心出行」手機程式。使用程式後，在出入指定場所時可掃描出入口張貼的二維碼（QR code），藉此記錄民眾進入該場所時間，以供衛生當局作檢疫用途。民眾卻憂慮使用該手機程式會侵犯私隱，亦認為政權會將其行動記錄用作防疫以外的用途。

12月2日：黃之鋒因為參與2019年6月12日警察總部外的示威，被裁定觸犯「組織未經准許集結」罪，因而第四度入獄。他的兩位長期戰友周庭和林朗彥亦同時被判處入獄。

12月3日：於2019至2020年多次被捕的報人黎智英嘗試向法庭申請保釋，可是卻遭到拒絕。他被控利用公司職權進行欺詐。當局在此以後陸續向他加控各種不同的罪名。

12月5日：曾擔任立法會議員的民主黨黨員許智峯向外界表示他已經流亡英國，並同時宣布退出民主黨。匯豐銀行其後配合警察的指令，凍結許智峯及其家人的銀行戶口。許智峯後來遷居澳洲，繼續國際游說的工作。

12月7日：美國向14位中國官員實施制裁。他們涉嫌策劃把民主派逐出立法會。

12月11日：特區政府根據《國家安全法》向黎智英加控「勾結外國或者境外勢力危害國家安全罪」。衛生部門於同日宣布從中國製造商進口1,500萬劑新型冠狀病毒疫苗。林鄭月娥宣稱民眾將不能選擇施打哪一種疫苗。

12月23日：因為眾怒難犯，迫使林鄭月娥的疫苗政策大轉彎，

宣布將會容許香港人選擇施打那種疫苗。

12月30日：於8月被中國海警局拘捕的12位抗爭者，在深圳市鹽田區人民法院被定罪。當中10人因為偷越邊境罪或組織他人偷越邊境罪，被判處入獄七個月至三年。其餘兩位未成年人士則被押解回香港，並繼續被扣押。

2021年

1月5日：中國拖延部分世界衛生組織調查員的簽證申請，迫使世衛倉促延遲到中國調查COVID-19疫情起源的計劃。

1月6日：有53位民主派人士，因為參與去年七月的民主派初選，被特區政權根據《國家安全法》控以顛覆國家政權罪。警方其後搜索了一間律師行，又命令三間傳媒機構交出涉案人士的資料。

1月9日：美國宣布解除與台灣官員接觸的限制，一反過去的外交先例。同日死因庭以4比1裁定周梓樂「死因存疑」，其遇害過程至今仍是未解之謎。

1月14日：警察國安處拘捕11人，指他們涉嫌協助被中國海警局拘捕的12位抗爭者逃亡。

1月16日：美國財政部就香港問題制裁6位香港和中國的人員，當中包括全國人大常委譚耀宗。

1月29日：中國和特區政權宣布自1月31日起，不再承認英國國民（海外）護照為有效的旅遊證件。

1月31日：英國開始落實讓擁有英國國民（海外）身分的香港人，
　　　　申請移民英國。

2月4日：林鄭月娥將會要求區議員重新宣誓、打擊激起「社會
　　　　仇恨」的言論、禁制發布「假新聞」的行為、並要把網民搜
　　　　尋他人個人資料（俗稱「起底」）的行為列為刑事罪行。她
　　　　亦以「保障個人私隱」為名，下令政府部門收緊讓民眾搜尋
　　　　註冊資料（俗稱「查冊」）的規定。

2月18日：特區政權准許部分食肆、戲院、美容院及健身室重新
　　　　開放營業，可是業者必須讓民眾使用「安心出行」程式掃描
　　　　現場的二維碼，或以紙本留下個人聯絡資料。違反指令的業
　　　　者，將會被罰停業3至14日。

2月19日：特區政權公布《香港電台管治及管理檢討報告》，批
　　　　評電台的編採人員未有向政府問責，建議加強廣播處長的
　　　　權力、規定編採人員必須凡事上報。傳媒出身的廣播處長梁
　　　　家榮，其合約於八月才屆滿，可是他卻於報告發表後決定辭
　　　　職。廣播處長一職其後由政務官出身的李百全接任。

2月23日：特區政權提出公職人員宣誓的新規定，當中指名區議
　　　　員亦必須按照其他公務員的標準重新宣誓。包括區議員在內
　　　　的公職人員若違反誓言，即可被褫奪公職。

3月1日：特區政權規定進入政府大樓或公營機關的辦事處的民
　　　　眾，從這天起必須使用「安心出行」程式掃描現場的二維碼，
　　　　或以紙本留下個人聯絡資料。

3月4日：美國傳統基金會公布最新經濟自由度指數。過去香港

的評分都名列前茅，可是這年傳統基金會卻表示，此後不會再評估香港和澳門經濟自由度。他們認為香港的經濟政策已由北京政權全盤操控。財政司司長陳茂波卻指責基金會的做法不公道。

3月11日：全國人民代表大會表決通過《關於完善香港特別行政區選舉制度的決定》，剝奪香港僅有的自由選舉權利。

3月30日：人大常委會通過修改《基本法》的附件一和附件二，使得候選人若要參與立法會直選，除了必須獲得選舉委員會親中派和保守派成員的提名外，亦需要通過國家安全審查，如此方能獲得參選資格。

4月13日：特區政權以本地立法確認人大常委會的安排，又修訂《選舉（舞弊及非法行為）條例》，禁止任何人士呼籲民眾不投票、投白票或投廢票，將之視為操縱和破壞選舉的罪行。

4月15日：美國拜登政府向台灣派遣跨黨派的高層代表團，並獲蔡英文總統接見。

5月3日：李百全下令香港電台刪除已於YouTube上傳超過一年的節目。

5月6日：黃之鋒、岑敖暉、袁嘉蔚和梁凱晴因參與去年6月4日的集會，被控「明知而參與未經批准集結罪」。

5月12日：立法會正式通過《2021年公職（參選及任職）（雜項修訂）條例》，規範包括區議員在內的公職人員必須宣誓效忠《基本法》和《特區政權》。大批民主陣營的區議員因此主動辭職。

5月14日：保安局宣布根據國家安全法，宣布凍結黎智英旗下四間公司的財產。負責出版《蘋果日報》的壹傳媒亦受到波及。

5月19日：通訊事務管理局裁定廣受歡迎的時事諷刺節目《頭條新聞》污衊和侮辱警方。香港電台隨即宣布在本季節目播出後將會停播該節目。

5月27日：立法會三讀通過《2021年完善選舉制度（綜合修訂）條例》，使人大常委會的決定正式成為本地法律。

6月2日：食物及環境衛生事務處指責支聯會旗下的六四紀念館沒有申請公眾娛樂場所牌照，屬於非法經營。支聯會被迫宣布無限期閉館。

6月4日：警方以「涉嫌宣傳或公布未經批准集會罪」拘捕支聯會副主席鄒幸彤。該晚民眾繼續在維多利亞公園附近，自發悼念1989年6月4日的天安門屠殺。在香港其他地區亦有類似的自發集會。當日有6位抗爭者被捕，亦有至少12位參與集會人士因違反「限聚令」收到告票。

6月11日：政府修改《電影檢查條例》的檢查員指引，規定電影內容若涉及描繪或鼓吹危害國家安全的行為，都應該被裁定為不宜上映。

6月17日：警方國安處再次搜查《蘋果日報》，並拘捕多位壹傳媒高層。他們於隨後幾日，繼續搜捕《蘋果日報》的編採高層及歷任主筆。

6月24日：蘋果日報在這日出版最後一份報章，並關閉其網站、臉書專頁和YouTube頻道。

7月1日：警方繼續禁止這一年的七一大遊行，而且在全港各區嚴陣布防。50歲男子梁健輝於晚上10時左右，在銅鑼灣東角道用刀刺傷在場戒備的警員，其後當場刺胸自殺身亡。

7月5日：香港電台終止本書作者主持的《脈搏》（The Pulse）時事節目。

7月7日：香港大學學生評議會通過動議，深切哀悼月7月1日自殺身亡的梁健輝。香港大學校委會主席李國章批評者此動議，並要求警方調查學生有否違反《國家安全法》。香港大學校方和特區政權保安局亦強烈譴責學生。

7月9日：面對校方及特區政府的壓力，香港大學學生會會長郭永皓於這日凌晨聯同香港大學學生評議會接見記者，向大眾鞠躬致歉。學生會幹事會及學生評議會的大部分成員亦都宣布辭職。

7月15日：警察國安處到香港大學蒐集證據，並從香港大學學生會及《學苑》編輯部檢走大批證物。

7月22日：警察國安處拘捕香港言語治療師總工會的五位成員，指責他們出版的兒童刊物「煽動危害國家安全」。

7月26日：香港法庭就首宗涉及《國家安全法》的案件作出判決，裁定24歲的被告唐英傑觸犯「煽動分裂國家」和「恐怖活動」兩項罪名。他其後被判處監禁9年。

7月31日：中國官方新華社和官方媒體人民日報發表評論，指責教育專業人員協會長期從事「反中亂港」活動，是必須剷除的「毒瘤」。香港教育局同日宣布終止與教協的任何工作關係。

8月5日：素來支持民主運動的歌手黃耀明，因為曾經在立法會
　　　　前議員區諾軒的競選集會中獻唱，而被廉政公署指控二人涉
　　　　及舞弊行為。這天東區裁判法院決定撤銷控罪，不過兩人須
　　　　繳交港幣2,000元保證金、於其後18個月亦必須行為良好。
　　　　這天美國總統拜登亦簽署備忘錄，容許身處美國的香港人申
　　　　請延期居留，把美國當成他們的臨時避風港。

8月10日：教育專業人員協會於創會48年後，決定宣布解散。

8月18日：警察國安處拘捕四名香港大學學生，以《國家安全法》
　　　　　控告他們涉嫌「宣揚恐怖主義」。這次拘捕涉及香港大學學
　　　　　生評議會悼念梁建輝的決議。

8月20日：美國總統拜登強調，若任何人侵略北大西洋公約組織
　　　　　成員國，又或者是台灣、日本和韓國，美國必會信守承諾作
　　　　　出回應。

8月21日：《明報》引述消息指支聯會將會決定是否解散。

8月24日：政府提出修訂《電影檢查條例》，規定電影審查必須
　　　　　充分考慮國家安全因素，又授權政務司司長以「不利國家安
　　　　　全」為理由，撤銷任何電影的放映權。

9月1日：警察國安處立案調查612人道支援基金。同日，歌手
　　　　何韻詩被香港藝術中心片面取消場地預訂，使她無法於月內
　　　　舉行原定的七場演唱會。

9月5日：警察國安處指責支聯會為「外國代理人」，要求他們在
　　　　9月7日前提供成員及財務等資料。

9月8日：支聯會拒絕在警方國安處提出的限期前，提交當局要

求提交的相關資料。包括支聯會副主席鄒幸彤在內的四位人士，因此被警察國安處拘捕。

9月11日：教協於是日下午舉行特別會員代表大會，以132票贊成、6票反對和2票棄權，正式通過解散教協。

9月14日：關注在囚抗爭者的「石牆花」宣布解散。

9月15日：12名民主派人士承認於2020年6月4日，曾經參與未經批准集結。他們被判處四4至10個月的刑期，其中三人被法庭獲准緩刑。民政事務局開始安排區議員重新宣誓，陸續有民主陣營的議員被判宣誓無效。

9月25日：成立32年的支聯會正式通過解散。

9月29日：保安局局長根據《國家安全法》，凍結支聯會的房地產和銀行戶口。同日立法會通過把「起底」刑事化，禁止網民於本地或海外的社交平台搜查及公布他人的個人資料，並授權私隱專員移除相關內容。

10月3日：職工會聯盟召開特別會員大會，通過解散議案。

10月6日：行政長官林鄭月娥發表施政報告，提出要在北部與中國大陸接壤的地區，建立面積達300平方公里的「北部都會區」，同時表示將推動基本法23條立法。

10月7日：香港中文大學學生會宣布解散，結束半個世紀以來的歷史。

10月27日：立法會正式通過《電影檢查修訂條例》。

11月1日：特區政權規定民眾若須進入政府大樓、公營機構辦事處、以及食物環境衛生事務處轄下的街市，就必須使用「安

心出行」程式掃描二維碼報到。除卻少數獲豁免人士，民眾
不能以提供紙本紀錄作為替代。

11月7日：中國多位異議人士的「健康碼」程式出現異常，使他
們無法出行到其他城市，被懷疑是北京政權藉抗疫打壓意見
人士的舉動。香港民眾亦擔心「安心出行」程式未來會以同
樣方式遭政權濫用。

11月9日：廉政公署以違反《選舉（舞弊及非法行為）條例》為
理由，拘捕三位在網路呼籲在立法會選舉投白票的民眾。

11月17日：在發生山豬襲擊警務人員的事件後，特區政權漁農
及自然護理署宣布對任何進入市區範圍的山豬以「人道毀
滅」格殺勿論。身在獄中的戴耀廷教授，在起義爆發前曾經
以豬為喻，宣示「香港野豬精神不死」。

11月23日：學生動源前召集人鍾翰林，承認「分裂國家」和「洗
錢」的控罪，被判處入獄三年零七個月。

11月29日：《大公報》批評香港民意研究所藉民意調查之名，煽
動民眾於立法會選舉中投白票。廉政公署於同日通緝前立法
會議員許智峯和前區議員丘文俊，指控二人煽動香港民眾投
白票或不投票。

12月9日：美國在這天舉辦民主峰會，邀請台灣派代表出席，又
準備讓流亡海外的羅冠聰於會上發言，可是並沒有向包括中
國在內的威權國家發出邀請函。中國發表《中國的民主》白
皮書，宣稱中國的「全過程人民民主」遠比美國的民主優勝。

12月10日：羅冠聰在民主峰會指出過去民主國家缺乏抵抗中國

的意志,如今必須改變作風,方能抵抗世界目前的民主退潮。他最終以粵語作結:「唔係見到希望先堅持 ,而係堅持先見到希望,香港人加油!」

12月13日:因為參與2020年6月4日晚的集會,而被控「參與未經批准集結」或「煽惑別人參與未經批准集結」罪的26名民主陣營人士中,羅冠聰和張崑陽因流亡海外被法院通緝,而其餘大部分被告都選擇認罪。不過《蘋果日報》東主黎智英、前支聯會副主席鄒幸彤和《立場新聞》前任記者何桂藍三人堅決不肯認罪。法庭於12月9日宣判三人罪名成立,並於這一天宣布刑期。何桂藍於陳情時決定自辯,一針見血地指出:「無論用咩法律言辭堆砌都好,今日對我嘅判刑,都係對每一個喺2020年6月4日維園出現過嘅香港人嘅判刑。」

12月15日:廉政公署拘捕包括前中文大學學生會會長蘇浚鋒等四人,指責他們於社交媒體分享呼籲在立法會選舉投白票的貼文。壹傳媒則被高等法院下令清盤。

12月19日:立法會舉辦「完善選舉制度」後的第一場選舉,投票率只有30.2%。

12月20日:中國國務院發表《一國兩制下香港的民主發展》白皮書。

12月23日:香港大學於凌晨時分,派人拆走已於校園屹立24年的「國殤之柱」;這件雕塑出自丹麥藝術家高志活(Jens Galschiøt)之手,是紀念1989年天安門屠殺的作品,後來一直由已解散的香港大學學生會存放在校園。香港中文大學則

於翌日清晨拆走設置在捷運站旁的民主女神像；校方在之前
幾日，則連夜清拆早已成為中大傳統的民主牆。嶺南大學亦
於平安夜前拆掉校園內紀念天安門學運的浮雕。

12月28日：包括黎智英在內的7位《蘋果日報》高層，在西九龍
　　　　裁判法院提訊時，被檢控官在原有「串謀勾結外國或者境外
　　　　勢力危害國家安全罪」的控罪之上，再添「串謀發布煽動刊
　　　　物罪」的罪名。

12月29日：警察國安處於當日清晨，以干犯「串謀發布及複製
　　　　煽動刊物罪」為由拘捕多位《立場新聞》的高層，並大舉搜
　　　　查其辦公室。被捕者包括立場新聞執行前任總編鍾沛權，以
　　　　及身兼香港記者協會主席的副採訪主任陳朗昇。《立場新聞》
　　　　多位前任董事也與行動中被捕，當中包括曾擔任612人道救
　　　　援基金托管人的吳靄儀、曾任社會服務聯會總幹事的方敏
　　　　生、以及民主派歌手何韻詩等人。而身處海外的創辦人蔡東
　　　　豪及前任董事練乙錚，則被警方下令通緝。此後《立場新聞》
　　　　被迫宣布停止運作，並遣散屬下所有員工。

附錄二：香港政壇名人榜[1]

Appendix II: Who's Who in Hong Kong Politics

下列的人物曾經在2019至2020年起義期間影響香港的局勢；名字之先後順序根據筆畫排列。這名單亦會標記那些因為危害香港自治，而被美國列入制裁名單的人物，以及受《國安法》針對的目標人物。

王志民

這位典型的北京政權官僚，不幸於2017年獲委任為中聯辦主任，並遇上2019年的起義；結果因為辦事不力，於2020年被北京政權開除。他於任內誤判香港的抗爭形勢，對親中陣營在2019年區議會選舉的選情過分樂觀，最終使親中派一敗塗地。王志民是福建仙遊人，曾長期參與關乎港澳事務的工作。可是他在中聯辦卻沒有留下什麼成就，其後就被調派往一個不起眼的研究崗位。

---

1 譯按：譯者按照2020年至2021年的形勢發展，修訂內容以補充事態的急速發展。姓名後標注*號者為新增之人物。

田北俊

　　田北俊和弟弟田北辰（見下文）都是上海裔工業家田元灝的兒子，兩兄弟在親中陣營中都獨當一面。田北俊在 1980 年代是保守派圈子的活躍成員，曾擔任過包括立法局議員和行政局議員等公職，又廁身於中國大陸的政治諮詢體系。不過他廣為人知的事蹟，就是擔任自由黨主席時，在 2003 年七一大遊行後，撤回對董建華推動的《國家安全法》之支持。這次「背刺」使《基本法》23 條立法胎死腹中，其後田北俊也與建制陣營保持距離。這對於北京當局來說不啻是一場背叛，使田北俊被褫奪在全國政協的席位，這是史上第一人。田北俊嘗試走自己的道路，使他逐漸與舊盟友疏遠，可是他本人仍然堅持自己是親中派之一員。此後他沒有再擔任公職，反倒以自由之身遊走政壇，能與各種立場的政治人物建立交情。

田北辰

　　田北俊的弟弟田北辰和他哥哥一樣，不能輕易斷定他是堅實的親中分子。他創辦了平價成衣連鎖店 G2000，事業有成，可是他投身政治的時間愈來愈多。雖然他的政治取態比田北俊更為強硬，可是因著其獨立自主的個性，使他無法被親北京陣營完全信任。即或如此，他仍然是該陣營的一員。他在擔任港鐵公司的主席後，就對交通問題展露極大的興趣。可是亦因如此，他卻經常以備受爭議的方式，不斷與港鐵公司的管理層發生衝突。

朱凱廸

朱凱廸是資深的社會運動家，後來於2016年的立法會選舉高票當選。他過去一直關注新界土地發展問題，是代表新界鄉紳地主利益的鄉議局之眼中釘。朱凱廸相當特別，過去他曾經遠赴德黑蘭大學學習波斯語，後來成為專責報導伊朗新聞的記者。他於1977年出生，因此有著令人尷尬的世代身分；年輕世代的民主運動家認為他老氣橫秋、可是運動中的前輩卻認為他是黃毛小子。不論如何，他還是能從前後兩個世代爭取到支持，這是因為他既有勇氣抵擋橫行新界的鄉議局、而且又始終如一地抗拒規範；他給既不會為進入議事廳而放棄簡樸的裝束、在鄉郊參與社會運動時亦決不向惡勢力低頭。（《國安法》目標人物。）

何君堯

這位前任香港律師會主席是中國狂熱的支持者，其作風也不會迴避爭議。他是新界的「原居民」，是代表鄉紳地主利益的鄉議局內中一位活躍成員；何君堯的生計連繫，使他於2016年立法會選舉成功當選新界西選區的議員。這位強硬敵對民主的政客，是親中陣營內具有動員能力的猛將，工餘時間投身賽馬運動，是賽馬圈內知名的馬主。雖然民主陣營的支持者對他極為憤恨，可是那些支持北京的人卻尊奉他為偶像。不過在他好戰的外表下，卻蘊含更為複雜的性格；比如他在2017年曾經表決支持哀悼天安門屠殺的議案，在親中派議員當中絕無僅有。

何俊仁

　　何俊仁是香港民主運動其中一位元老級人物，亦因而被中國大陸媒體抹黑為「亂港四人幫」之一。雖然他求學時期積極參與社會運動，可是仍能設法從法律系畢業，然後取得事務律師的資格。他後來參與創辦香港民主同盟，在港同盟和匯點合併為民主黨後，又曾擔任黨主席一職。雖然他曾兩度受到暴力襲擊，卻始終未有退卻，既投身香港民主運動、又積極爭取建設民主中國。他於2012年參與行政長官選舉，雖然這場「選舉」的結果早已內定，可是他卻堅持不讓建制陣營的候選人於無競爭的情況下當選。在隨後那年，美國洩密者愛德華·史諾登（Edward Snowden）路經香港，並委託何俊仁擔任其法律顧問，使他的名字一度登上國際新聞的頭條。

何柱國

　　何柱國的祖父是香港煙草有限公司創辦人何英傑，販賣香煙的龐大收益使其家族成為香港的名門望族。他是北京政權的死硬支持者，後來於2001年收購星島報業集團，進一步增加自己的政治影響力。他旗下的報章是中國政府宣示立場的主要渠道；那些因為種種原因不便透過官方媒體向外公布的敏感消息，往往成為《星島日報》報導中的「傳聞」或「內部消息」。雖然何柱國是中國共產黨的忠實支持者，可是他亦有極強的表演慾，因此往往會在直播時衝口而發，對親中派的盟友作出不客氣的評論；他與不少親中派人士有私人恩怨，也很不喜歡林鄭月娥。

何桂藍*

　　何桂藍生於1990年，高中畢業後到北京清華大學英文系留學，其後獲得伊拉斯謨世界計劃（Erasmus Mundus）贊助，到阿姆斯特丹大學修讀新聞、媒體與全球化碩士課程。她於2011年投身新聞界，在香港電台完成實習後，先後於《主場新聞》和英國廣播公司中文網任職、並為台灣網路媒體《報導者》擔任特約記者。何桂藍在起義爆發時為《立場新聞》記者，負責在前線直播報導抗爭實況，因而被觀眾暱稱為「立場姐姐」。在2019年7月21日元朗恐怖襲擊事件中，她被手持藤條的黑幫分子追打。何桂藍其後辭掉記者的工作，準備參選2020年9月的立法會選舉，並於2020年7月參與民主陣營的初選。在特區政權決定延遲立法會選舉前，何桂藍與另外11位通過初選的候選人，被特區政權的選舉主任取消參選資格。她與另外53位參與或籌辦初選的人士，於2021年1月6日清晨被警察國安處拘捕，其後與另外46人被控以「串謀顛覆國家政權」罪名。此後她亦因為曾經參與2020年6月4日的集會，被加控參與非法集結的罪名。

何韻詩

　　這位著名的歌手和演員，因為積極參與2014年的雨傘運動，使其演藝事業大受打擊。她是香港知名人士當中少數願意出櫃的同性戀者，亦積極參與爭取LGBT權益的社會運動。就如香港其他演藝人員那樣，過去何韻詩的主要收入來源有不少都來自在中國舉辦的演唱會、又或者是大陸廣告公司的贊助。可是因為她高

調聲援民主運動，所以她再也無法踏足中國大陸、又同時被所有演藝公司集體杯葛。不過她仍然深受香港觀眾歡迎，偶爾有機會登台演唱的話，也會吸引到不少忠實歌迷入場觀看。她在國際舞台上，是民主運動有力的發言人。[2]

岑子杰

　　岑子杰作為民間人權陣線的召集人，於抗爭期間多次發起集會，期間動員數以百萬計的民眾。他生於1987年，自青年時期即全職投入社會運動。他是少數願意承認自己同性戀取向的政治人物，也一直高調參與爭取LGBT權益的性傾向平權運動。在2019年抗爭如火如荼之際，他遇到黑幫成員的暴力襲擊，並因此需要住院就醫。同年11月，民主陣營在區議會選舉中大獲全勝，而岑子杰亦以高票當選沙田區議會瀝源選區的議員。他是長毛創立的社會民主連線之黨員，是民主陣營中堅實的左派；可是他卻願意在派系林立的反對陣營中，與立場迥異的夥伴為自由民主同心協力。他後來試圖參與2020年9月的立法會選舉，卻被特區政權剝奪其參選資格。（《國安法》目標人物）

岑敖暉*

　　岑敖暉在2014年雨傘運動期間，擔任香港專上學生聯會副

2　譯按：何韻詩曾經擔任《立場新聞》的董事，並因此於2021年12月29日被警察國安處拘捕。

秘書長，並經常與秘書長周永康在抗爭現場指揮大局。由於二人於抗爭期間形影不離，就被抗爭者中的好事之徒謔稱為「同性密友」。在2016年立法會選舉時，他協助朱凱廸競選新界西選區的議席，並在他當選後擔任其助手。岑敖暉在起義期間參與2019年的區議會選舉，成功當選荃灣區議會海濱選區的議員。其後他為參與翌年的立法會選舉，決定放棄美國國籍，並成功通過2020年7月的初選。他於2021年初與Now新聞台前主播余思朗結婚，卻於新婚燕爾之際被警察國安處控以「串謀顛覆國家政權罪」，至今仍然身陷囹圄。此外他亦因為參與2019年6月4日的集會，被特區政權控以與「未經批准集結」相關的罪名。

李兆基

李兆基也許是香港最有錢的大亨。雖然李兆基過去曾面對激烈的競爭，可是他旗下包括恆基兆業在內的公司，都能倚靠地產發展獲得厚利。他與黎智英一樣，都是從廣東順德移民到香港。由於他在兄弟中排名第四，故此被傳媒暱稱為「四叔」。理論上李兆基早已退休，把業務交給兩位兒子管理，自己則全心全意投身慈善事業；不過像李兆基這樣的大亨，只要尚存一口氣，都與「退休」兩個字無緣。雖然他不時接見親中派的政客，也在北京的諮詢體系中佔一席位，可是他一直都避免直接參與政治；他不過是要保持一個足夠親中的姿態，藉此維護自身的商業利益。他會支持統一戰線團體的營運，向這些團體奉獻大筆政治獻金，卻選擇不在這些團體中擔任要職。

李卓人

　　李卓人多年投身勞工運動和民主運動，亦積極支持中國大陸的民主運動。他於1989年負責把香港民眾的捐款轉交予天安門廣場上的抗爭者，卻因此被大陸當局拘留。他經常為勞動階層仗義執言，也是香港工黨其中一位創辦人。李卓人擁有永不言敗的精神；不論在街頭抗爭、議會抗爭或是司法抗爭中，都能看見他的身影。終其一生，李卓人都不斷為自己的事工、為民主運動的同仁雄辯滔滔。雖然李卓人顯然是民主運動的「老前輩」，卻會努力嘗試理解年輕世代的抗爭者，有異於那些比較頑固的老戰友。

李柱銘

　　這位擁有貴族氣派的君子，自1980年代起就帶領香港的民主運動，被不少人譽為香港「民主之父」。他與司徒華一起創建香港民主同盟，這個由民主運動團體組成的選舉同盟，後來更進一步發展成民主黨，使他成為香港民主陣營的實際領袖。在剛簽訂《聯合聲明》之時，北京官員仍然願意與異議人士合作，遂邀請李柱銘和司徒華加入基本法起草委員會，只不過在天安門屠殺發生後，兩人便停止參與。李柱銘雖然抗拒共產主義，可是他父親李煦寰於抗日戰爭時是中華民國的中將；這位國軍將領認為中國國民黨過於腐敗，反倒與中國共產黨有一定的交情，後來也被中國共產黨的領導人高度評價。亦因如此，李柱銘在投身民主運動時，仍戰戰兢兢地與中國官員保持來往。他後來當選立法局議員，並就政制改革議題與彭定康通力合作，除此之外他還擔任過大律

師公會的主席。李柱銘經常出席國際人權活動的場合，又與英國和美國的政界高層保持密切聯繫。他在外交戰線上為香港發聲，享有崇高的國際聲望，使他被中國抹黑為「亂港四人幫」之一。不過在年輕世代的抗爭者眼中，李柱銘的作風還是過分溫和，是屬於上一個時代的過氣人物。即使他在民主運動的影響力大不如前，特區政府還是於2020年4月以涉嫌參與未經批准集結為由把他拘捕。李柱銘被捕後，表示自己如釋重負；因為如今他終於能與數以千計的年輕抗爭者同行，與他們共嚐威權迫壓的苦杯。

李家超

作為林鄭月娥政權的保安局局長，負責監督警隊運作，李家超仍設法與特區政權的日常運作保持距離。可是他的表現與鄭若驊同樣「突出」，都是民眾最為痛恨的問責官員。他曾經擔任警務處副處長，可是他在警務生涯中主要從事行政工作，比較少參與前線的行動。在他獲晉升為問責官員後，李家超顯然也以警隊的習慣來扮演這個角色。他在起義期間退居幕後，只偶爾高調地為警隊高層惹人非議的言論背書。（因涉嫌殘害香港自治而被美國制裁。）[3]

李國能

李國能是位能幹且備受尊崇的法官，他於1997至2010年期間擔任特區終審法院的首席法官。他在終審法院的工作對香港司法體制影響深遠，輿論亦把他任內優秀的表現作為評價其繼任人

的標準。李國能在任期結束前即決定提早退休，使人懷疑他是否受到北京的壓力——他本人對這個問題不置可否。他在退休後深居簡出，並不常在公開場合發表言論。他破例公開發言時，都會引起社會關注；因為他每一次這樣做，都是在關切香港的法治狀況。香港有不少法律界領袖都曾經奉李國能為他們的導師。李國能系出名門，是李沛材家族的成員；東亞銀行這家最大的港資銀行，其中兩位創辦人正是李沛材的公子（李冠春和李子方）。

李嘉誠

雖然李嘉誠也許不再是香港首富，可是他毫無疑問是最具名望的商界領袖，又曾獲得「李超人」的外號。他少年時代從學徒開始做起，逐漸累積財富，創立成立業務橫跨地產、港口、零售、批發、旅館、電力和電訊的大型企業。李嘉誠的英語並不流利，其粵語亦夾雜著濃厚的潮州口音，可是在他其貌不揚的外表下，卻埋藏著深厚的實力；李嘉誠市場觸覺敏銳、擅於運用手頭上的資產，是位成就斐然的投資者。他旗下的長和系企業，勇於涉足其他本地大亨不願接手的業務，不斷透過企業併購擴充版圖。雖然李嘉誠於香港創業興家，可是近年他開始積極往海外投資，而香港和中國大陸業務的比重則逐漸降低。亦因如此，他近年與北京當局的關係不若從前，雖然兩者尚未徹底翻臉。另一方面，與

3　譯按：李家超於2021年6月獲北京政權提拔為政務司司長，是首位擔任特區第二號人物的前警務人員。

其他本地大亨相比，他於起義爆發時態度曖昧，未有傾力支持中國共產黨的立場。李嘉誠理論上已是退休人士，把旗下上市公司交給面色蒼白的長子李澤鉅打理，又資助次子李澤楷購買各式各樣的資產。不過李嘉誠此刻仍然寶刀未老，不可能沒有暗中推動旗下企業的運作。

李慧琼

李慧琼領導的民主建港協進聯盟（民建聯）是香港規模最大的政黨。她自加入民建聯後，就在政壇裡步步高昇。她在 2015 年接替老派共產黨員譚耀宗（見下文）擔任民建聯主席，藉此為該黨建立較為清新的形象，從而淡化他們與中國共產黨的連繫。雖然李慧琼曾經擔任包括行政會議成員等重要公職，可是卻從來未曾留下令人印象深刻的功績。雖然她個性喜歡與人交往，可是卻欠缺任何政治魅力。不過這個人願意服從指令，縱使偶爾口吃，卻也能夠忠實地重複北京政權的官方說辭。她於黨內亦與人為善，使那些對權位虎視眈眈的黨友都願意壓抑自我中心的個性與她和好。她出身自勞工階層、看起來也像是個「本土」香港人，使李慧琼符合民建聯作為勞工政黨的表面形象。

李寶安

李寶安是位作風低調的行政總裁，可是他帶領的公司，正正就是香港電視廣播有限公司——這家電視台又被稱為「無綫電視」，是香港最大的廣播媒體。雖然香港法律明確禁止境外人士

控制廣播媒體，可是無綫電視如今已被中國企業牢牢控制。李寶安過去一直從事會計行業，對娛樂事業和新聞工作都缺乏經驗，可是他是幕後老闆可靠的代理人。無綫電視的編採立場與北京愈走愈近，亦因此遭到抗爭者的抵制，認為這個「本土」媒體已經與中國官方媒體別無二致。不過在香港流行文化歷史上，無綫電視曾經擔演著重要的角色，其新聞節目也曾是香港大部分民眾的資訊來源。無綫電視自李寶安接管以來，其收視率急速下降，特別是流失了大批年輕觀眾。不過即使李寶安真的有復興無綫電視的鴻圖大計，也絕不可能與他被委託的任務相容。

周永康*

　　這位與中國共產黨失勢高官同名的年輕人，在2014年雨傘運動時，擔任香港專上學生聯會秘書長。在運動期間，他經常在金鐘佔領區與岑敖暉指揮大局，一起站在台上演講。有一些好事的抗爭者，根據BL漫畫的邏輯把兩人「官配」為「同性密友」，甚至於臉書成立名為「捍衛lester alex佔領巫山HeHe團」的群組。他與黃之鋒和羅冠聰，其後因為發起雨傘運動，於2016年7月21日因非法集會罪被判入獄。周永康於出獄後負笈海外，先後從倫敦政治經濟學院和加州大學柏克萊分校畢業，求學期間作風轉趨低調。他是一位虔誠的佛教徒，經常向抗爭夥伴弘揚佛法，故此被社運圈子戲稱為「釋永康」；香港有親中派媒體卻以為這真是周永康出家的法號。雖然此後他遠離抗爭前線，卻持續不斷為香港民主運動默默耕耘，並於2021年9月22日接任香港

民主委員會（Hong Kong Democracy Council）主席一職。

范徐麗泰

　　范徐麗泰曾經被謔稱為「香港江青」；江青是毛澤東的第四任妻子，她因在文化大革命期間興風作浪而惡名昭彰。范徐麗泰曾經是英國殖民制度的支持者，可是在中國即將接管香港前，她卻面無愧色地變身為北京的頭號支持者。北京政權為賞賜投誠的范徐麗泰，就在1996年讓她在臨時立法會[4]當中擔任主席；主權移交儀式後，她也順理成章成為特區首位立法會主席。她是資深的全國人民代表大會代表，亦因此成為北京在香港的半官方代言人。范徐麗泰家庭背景複雜，父親是江湖人士，曾經加入在上海聲名狼藉的青幫；當然她始終拒絕承認家族的黑歷史。她曾經於1993年短暫離開政壇，在「老實商人」楊受成旗下的英皇集團出任總經理。

林鄭月娥

　　自她於2017年接任行政長官一職後，林鄭月娥就成為特區成立以來最不受歡迎的行政長官。她雖然是虔誠的天主教徒、又相信弱勢群體理應享有社會公義，可是這都遠遠不及林鄭月娥對上司忠誠。過去她曾為殖民政權盡力服務，如今更是對中國共產

4　譯按：這在中國成立的非法影子議會，是因為北京政權反對彭定康的政制改革而設立，藉此與民主陣營佔優的最後一屆立法局抗衡。

黨政權忠心耿耿。她過去在公務員體系中扶搖直上，其專注和勤奮的辦事作風，使她能勝任各政府部門不同的工作崗位。可是林鄭月娥卻完全欠缺個人魅力，也對人缺乏同理心。雖然她是香港首位女性長官、也確會全心全意投入公職，卻絕對是位徹底失敗的行政長官，因為她缺乏政治才能，過去對政府最忠實的盟友也離她而去。不過，目前他們仍基於北京政權的指令，不得不在名義上傾力支持。(林鄭月娥因為殘害香港自治，正遭受美國制裁。)

施永青

施永青是香港富豪中的異數，雖然他頗為倚賴在中國的業務，卻仍能以獨立思考批評官方的政策。他是中原地產的創辦人，這個地產代理集團不論在香港還是中國都是業界龍頭之一。他亦創辦《am730》這份編採自由的免費報章，中國大陸廣告商認為這份報章對民主運動不夠強硬，就抽起原訂刊登的廣告。施永青像不少富豪那樣都是上海裔香港人，卻並非來自名門望族，而且他年輕時還是忠實的馬克思主義者，亦曾於香港地下黨創辦的學校任教。他並不是那些在主權移交前，才開始擁抱中國共產黨的工商界人士。施永青曾經是左翼青年、亦並非為個人私利擁抱共產主義，使他對抗爭有著獨特而複雜的看法。5

---

5 譯按：即或如此，他對香港起義的評論也絕對稱不上是友善。不過他亦沒有強迫《am730》的編採人員和專欄作家認同自己的想法；與此相反，這些員工反倒偏向同情抗爭運動，與老闆唱反調。

查史美倫

　　這位於上海出生的女士，後來嫁給聲望顯赫的查氏家族。她向來深受中華人民共和國信任，並於出任全國人民代表大會香港代表期間，獲林鄭月娥委任為行政會議成員。查史美倫曾經擔任中國證監會副主席，這是個副部長級的高職，使她成為首位加入中國政府體制的香港人。她是位精通證劵事務的律師，亦曾擔任香港證監會的主席，又於政壇上積極鼓吹敵對民主的立場。根據某些內部消息，她是未來行政長官的潛在人選。

胡志偉

　　胡志偉在起義爆發時擔任民主黨主席，這個政黨是香港規模最大的民主派政黨。他的政治魅力，無法與包括李柱銘和劉慧卿在內的前任主席相比；可是他意志堅定，能贏得黨友的尊敬，而其政治對手亦因此對他恨之入骨。他把自己整個人生，都投入民主運動的政治志業。他於 2020 年 12 月辭任主席一職，並讓羅健熙接任主席，象徵黨內年輕世代的接棒。（《國安法》目標人物）

唐英年

　　唐英年來自江蘇無錫的紡織世家，其父唐翔千在 1949 年共產革命後決定流亡香港。不過他在香港重操故業、東山再起後，卻與新政權的領導人建立交情。根據傳聞，唐翔千比較希望唐英年投身政治，而不是低調地繼承祖業。唐英年從政後，迅速在官場步步高昇，最終成為曾蔭權手下的政務司司長。這位特區政府

的第二號人物，後來決定辭職，並宣布參選2012年的行政長官選舉。唐英年起初獲得北京支持，行政長官一直似乎志在必得；可是競選期間卻不尋常地爆發突如其來的醜聞，他被發現曾經大規模僭建其居所，聲望急速下滑。唐英年有一個壞習慣，就是從未為自己的錯誤承擔責任。[6]雖然此人確實缺乏智慧，卻也有著廣為人知的親和力。在2012年的鬧劇過後，他低調地重新上路，成為親中派的堅定份子。也許有朝一日，他將會在官場捲土重來。

夏雅朗（Aron Harilela）

　　自父親夏莉萊（Hari Harilela）於2014年往生後，夏雅朗就成為香港最顯赫的印度裔家族之家長。這個家族於各行各業都有投資，亦長期就公共事務與殖民地政府和特區政權合作。夏莉萊與英國官員、以及董建華和曾蔭權這兩位行政長官都頗有交情。在香港歷史悠久的印度裔社群，亦不時尋求這個家族的幫助。夏雅朗接管家族生意後，也承擔了家族的政治責任，還剛好在起義爆發時擔任香港總商會主席。總商會是全香港最有影響力的商業組織，而夏雅朗運用他個人的影響力讓香港總商會與聲名狼藉的林鄭月娥政權保持距離；當然香港總商會並沒有翻臉，只是要扮演溫和折衷的角色。夏雅朗以特立獨行著稱；他沒有像其他家人那樣選擇與來自信德省（Sindh Province）的印度裔家庭通婚，其商業

6　譯按：在唐英年僭建風波中，向公眾道歉的反倒是其妻郭妤淺；她承認當時夫妻失和、情緒欠佳，所以未有好好監工。如此不單令民眾覺得唐英年推搪責任，亦給予線索讓傳媒挖出唐英年的婚外情醜聞。

作風亦比其先輩更有國際視野。

夏寶龍

在2020年初，北京政權因為香港的抗爭運動遲遲未有平息，決定撤換大批負責香港政策的高官，其後習近平徵召夏寶龍這位親密的舊戰友，擔任國務院港澳事務辦公室主任。習近平讓擔任國家級副主席的夏寶龍接任港澳辦主任，也代表要提升港澳辦的地位。夏寶龍在接受任命時，正在全國政協擔任副主席兼秘書長一職，後來他在2020年5月為專注香港事務，才辭去全國政協秘書長的職務。夏寶龍過去曾在浙江擔任省委書記，於任內殘酷鎮壓當地的基督教會；當他在2003年初抵浙江時，其頂頭上司正好就是習近平。如今他亦以同樣的狠勁，不斷從港澳辦在北京的辦公室向香港下達指令，嘗試繞過特區政權遙遠控制香港的政務。由於他早已超過中國官員習慣上的退休年齡，輿論普遍認為他會採用快刀斬亂麻的方式鎮壓香港，打算在穩住局勢後把職位傳給下一位接任人。（此人因危害香港自治而遭美國制裁。）

陳方安生

陳方安生出身於顯赫的上海裔望族，被普遍視為香港其中一位最資深的政務官。她於主權移交前踏上公務員生涯的高峰，獲委任為布政司；這使她成為殖民地政府的第二號人物，值得一提的是，在此以前從未有華人或女性擔任過這個職位。起初她為末任總督彭定康服務，並於主權移交後繼續擔任政務司司長。陳方

安生極其重視身為公務員的誠信，也不懼怕作出艱難的決策，使她被譽為香港的「鐵娘子」。她於2001年退休後，對香港的政治發展頗為不滿，並曾於2007至2008年擔任民選立法會議員，隨後成為民主運動溫和派其中一位頭號發言人。陳方安生亦曾代表民主運動，高調與外國政要會面：她與外國政界的深厚關係，使北京既憤怒、又妒忌。她與何俊仁、黎智英和李柱銘被中國大陸媒體誣蔑為「亂港四人幫」，這些媒體不時指斥他們勾結外國勢力干預中國內政。她在長女陳慧玲於2020年往生後，宣布自此退出參與公共事務。

陳日君樞機

陳日君樞機雖然有著弱不禁風的身軀，卻是擋在特區政權面前的一座大山，畢竟特區政權內有不少高官，甚至包括行政長官林鄭月娥，都是恆常參與彌撒的天主教徒。他於2006年被教廷委任為樞機後，就成為羅馬大公教會內最資深的華人。教廷這一次的任命，惹來北京以及那些擁護政府的香港教友之激烈反對；因為陳日君過去積極支持民主、提倡人權，又極力反對梵蒂岡與中國共產黨交好。他始終堅持支援在中國處境日益困難的地下天主教會。[7]陳日君生於上海，年輕時就展開修道生活，他在慈幼宗座大學（Università Pontificia Salesiana）修練後晉鐸，然後回到香港

---

7 譯按：陳日君樞機認為只有地下教會是在承傳大公教會的正統，拒絕承認官方天主教愛國會之屬靈權威。

聖神修院教授神哲學。香港民主運動那些比較年長的成員中，也有不少天主教徒。當中李柱銘乃是最有名的例子，後來李柱銘也把福音傳給黎智英，使他在當時身為香港教區主教的陳日君樞機之引領下，接受洗禮皈依天主。有不少民主派人士都把陳日君樞機當成他們的屬靈導師。雖然陳日君樞機於2009年退休，可是他仍舊活躍於教會生活和民主運動。雖然不少人把陳日君樞機視為激進分子，可是他在社會議題上其實是位保守派，始終堅持大公教會對社會改革的主流立場。

陳浩天

這位生於1990年的年輕人，其創立的香港民族黨是香港首個被政權禁制的政黨。香港民族黨開宗明義主張香港獨立，是民主陣營中的異數。也許他真的渴求香港獨立建國、也許他只是想讓整場民主運動走向更加武勇的姿態，兩種說法都不是沒有可能。他曾經兩度被警方拘捕；第一次是因為涉嫌襲警、第二次是因為涉嫌持有非法武器。在筆者執筆之時，法庭已宣判他襲警罪名不成立，可是仍在等待持有非法武器罪的審判結果。不論如何，親中分子顯然想盡快把陳浩天押入監牢。

陳智思

陳智思在林鄭月娥政府擔任行政會議召集人，被視為會中非官守成員當中的溫和派。他的祖先是華裔泰國人，乃營運盤谷銀行的世家望族。他除了擔任各種各樣的公職，亦依然積極參與家

族企業的營運。理論上，由於他的家族來自泰國，北京不會放心讓他擔任行政長官；可是這卻無損他的政治影響力，而他也是建制內少數願意和反對陣營對話的人。他既有親和力、又有國際視野，是天生的仲裁者——可惜隨著政治氣氛變得敵我分明，他這項專長也變得毫無用武之地。

陳馮富珍

在中國極力支持下，陳馮富珍於2006年當選世界衛生組織秘書長，成為少數能領導主要國際組織的香港人。她在公共衛生的領域中向來都擔任專業官僚的角色，亦因如此，她在世界衛生組織中的工作表現經常為人詬病。雖然她於2017年已卸任秘書長，可是仍舊在中國的統一戰線中擔當要角，亦偶爾會出來譴責香港的抗爭。

馬道立

馬道立人緣頗佳，很喜歡英國文化。他一直任職於司法體系，曾擔任高等法院首席法官，後來於2010年接任終審法院首席法官。馬道立立場保守，卻對法治水準有一定的要求。他擔任終審法院首席法官時，就如踏在鋼線上如履薄冰；他既不想得罪特區政權和北京政權的老闆，又想同時堅守法治的原則。他的精力並不特別旺盛，但輿論都知道他辦事可靠。在起義爆發後，他的角色也變得愈來愈重要；此時大批抗爭者被警察拘捕，使社會普遍恐懼法治即將崩潰，並由嚴苛的「依法治國」取而代之。馬

道立面對來自四面八方的壓力，仍然想要不同立場人士的尊敬；可是社會人士卻認為他心底裡渴望提早退休。[8]

張建宗

張建宗可以說是官僚中的官僚，他在公務員體系打滾多年後，於2007年起成為擔任技術職務的問責官員（勞工及福利局局長），到2017年再獲提拔為政務司司長，特區政權的第二號人物。奇怪的是，他在公務員體系被譽為「溝通大師」；張建宗這方面的才能，局外人真的一點也看不出來。即或如此，他仍然忠實地輔弼行政長官林鄭月娥。他的公務員生涯，使他早與公務員體系渾為一體，讓他知道如何在繁複的官場規矩中左右穿梭。起義爆發後，他的表現與中國大陸官員愈來愈相似，能夠絲毫不差地宣讀官方的新聞稿。[9]

張曉明

以中國官場的標準而言，張曉明絕對稱得上是一位青年才俊。可是他在2020年卻因為無法壓下香港的抗爭，而遭到北京政權的清洗。他的官場生涯主要圍繞著香港政策，曾在2012至2017年間擔任中聯辦主任，其後於2017年9月轉往北京擔任港澳辦主任。可是在兩年零五個月後，他就被貶為同一個部門的副

---

8 譯按：馬道立最終於2021年1月11日卸任。接替他擔任終審法院首席法官的張舉能，是保守派靈恩教會基督教敬拜會的長老，該教派信奉「順服掌權者」的「權能神學」。

主任。張曉明剛剛冒起時，看似將會為中國官場帶來新氣象；他精明能幹、反應敏捷，表現比過去的中聯辦主任都來得亮麗。可是他本人的施政除了「強硬」兩個字以外就一無所有。有次他甚至當著梁耀忠議員面前，囂張地宣稱「你們能活著，已顯出中央的包容。」這種赤裸裸的恐嚇，實在令人不寒而慄。不過即使張曉明再是強硬，他依然無法避免 2020 年的羞辱。（此人因為侵害香港自治，而被美國列入制裁名單。）

盛智文（Allan Zeman）

　　盛智文喜歡出席各種公開場合；有時他會作商業推廣、又有時他會踏上表演舞台、也有很多時候他會參與政府或政界的政治活動。他的祖先是少數於納粹倒台後仍然決定繼續留守德國的猶太家庭，盛智文年幼喪父，其後隨著母親移民加拿大，並於當地渡過童年。他在年輕時就已經開始創業，後來來到香港販賣成衣，取得事業上的成就。不過他最廣為人知的事蹟是在發跡後購置蘭桂坊的房地產，將這個區域發展成有名的休閒娛樂區。蘭桂坊的發展使盛智文獲利甚豐，亦讓他有機會在中國大陸以「蘭桂坊」為品牌，開設讓人飲酒作樂的娛樂區。後來永利集團在澳門的賭博王國遇到經營上的困難，就決定向已在國際商界享負盛名

9　譯按：可是就如前文所述，他於起義期間的發言曾經得罪警方，自此他就被權力體系邊緣化。他於 2021 年 6 月 23 日卸任政務司司長一職——事實上他是被北京政權直接開除。香港特區的第二號人物，亦由警察出身的原保安局局長李家超接任。

的盛智文求助，邀請他擔任永利澳門的非執行主席。盛智文與特
區政府關係友好，有辦法取得當中的內幕消息，可是他仍然與反
對陣營維持友好關係。他在 2008 年決定放棄加拿大國籍，成為
一位擁有中國國籍的猶太人，當時傳聞曾蔭權想委任他做行政會
議成員，只是後來北京排外心態作祟，迫使曾蔭權收回成命——
不過盛智文仍然在多個諮詢委員會中擔任公職，後來又成為海洋
公園這個公營企業的主席。他熱愛表演、有著敏銳的商業觸覺、
也是一位自豪的香港人。盛智文也遊走於各種政治力量之間，提
倡如今已被視為不合時宜的溫和路線。

梁天琦

　　雖然梁天琦在 2019 至 2020 年的起義期間一直身陷囹圄，可
是抗爭者還是把他視為運動的精神領袖。他於 2018 年因暴動罪
和襲警罪，被判處六年的刑期。梁天琦是開創先河的抗爭領袖，
他主張透過直接行動爭取香港自治，又以「光復香港，時代革命」
這句口號總結其政治主張；這一切都對反送中運動影響深遠。身
為本土民主前線的創辦人，他提倡香港人必須重視自己的身分認
同、意識到自己異乎中國大陸的特質，這種新觀點為年輕世代的
抗爭者帶來啟蒙，又使掌權者憤恨難平。雖然梁天琦極其重視本
土意識，可是他卻是來自中國湖北的移民，只是自孩提時代以來
就在香港成長。大部分香港年輕抗爭者都是土生土長，使梁天琦
成為他們當中的異數。梁天琦經常陷入沉思、也不算是魅力澎
湃，可是他的信念卻極有說服力、亦有能力說出平凡香港人敢想

卻不敢說的話。他在2016年初的立法會補選取得比預期更多的
選票，可是當他準備參選九月的正式選舉時，卻被特區政權取消
參選資格。梁天琦與民主運動主流人士關係生疏，可是在起義爆
發後，抗爭者卻經常會提及他的名字。

梁振英

梁振英於2012年獲選為香港的行政長官。他們夫妻二人，
都是香港警察的後代。究竟梁振英是否中國共產黨在香港的地下
黨員，社會輿論一直議論紛紛。不過他是否真的曾經入黨，其實
是無關痛癢的小事；梁振英自學生時代就是中國共產黨的死忠支
持者，雖然他過去曾在英國讀書、畢業後長期在一間外資測量師
行工作、又把兩位女兒送往海外留學，他仍然是中國共產黨的死
忠支持者。他在2012至2017年擔任行政長官時曾經惹來社會極
大反彈，以致北京不願讓他連任，可是中國共產黨卻沒有放棄
這位老朋友，反倒讓他擔任其中一位全國政協副主席，讓他能
以「國家領導人」的身分體面下台。自從林鄭月娥接任行政長官
後，梁振英就一直擔當北京的馬前卒，不斷在臉書上發表強硬的
言論；比如說呼籲對民主運動採取高壓手段、鼓勵當局懸紅追緝
抗爭者、要求各部門不夠強硬的官員下台等。除此以外，對於那
些指控他於任內涉及腐敗行為的人，梁振英亦敢於把他們告上法
庭。不過，不論是那些指控、還是梁振英為個人聲譽而打的官司，
最終都淪為無頭公案。梁振英容易與朋友反目，使他陷入孤立無
援的境地，不過北京始終欣賞這個人超乎尋常的忠誠。

梁國雄

人稱「長毛」的梁國雄向來都是特立獨行的人物：他在年輕時就開始信奉馬克思主義，終其一生都把一切奉獻給社會運動，而且也是一位狂熱的足球迷。梁國雄披著一頭長髮，在抗爭街頭顯得甚為突出。他參與創立的社會民主連線，是香港最基進的傳統政黨。他過去曾經三度當選立法會議員，經常因發起議會內抗爭被逐出議事廳，又多次因街頭抗爭而鋃鐺入獄。在 2010 年代末期特區政權開始褫奪反對陣營議員的議席後，梁國雄基本上已被禁止參與香港任何的選舉。雖然他年輕時以基進行動著稱，可是他之後隨著年齡增長逐漸變得溫和；而他堅持非暴力抗爭的原則，亦使他受到更基進的抗爭者批評。不過梁國雄於大小抗爭中無役不與，又擁有獨特的人格特質，使長毛仍然是香港民主運動的代表人物。

梁愛詩

這位香港特別行政區的首任律政司司長，顯然是香港的地下黨的核心成員。她出身自親共的左派家庭，也曾是民主建港協進聯盟的創黨黨員。[10] 梁愛詩不論在香港還是在中國大陸，都在多個諮詢組織中擔任公職。她在成為律政司司長前職業生涯並不突出，主要是婚姻法的專家，在任內也無法贏得法律界同仁的支

---

10 譯按：梁愛詩在成為律政司司長前為假裝「政治中立」而辭去民建聯的黨籍，不過實際上還是保持緊密聯繫。

逆天抗命
Defying the Dragon

持。梁愛詩身形嬌小、舉止優雅,雖然她會堅決捍衛中國的立場,
不過從不會以粗暴的方式展露忠誠。即使是她的敵人,也得佩服
她的溫文和耐性。她絕對不是那些臨近主權移交,才忽然揮舞五
星紅旗高呼愛國的那種人。即使她支持的是中國共產黨,可是她
那種貫徹始終的節操,還是能贏得對手的敬重。

梁繼平 *

梁繼平出生於基層家庭,透過苦學成材考進香港大學法律
系。他在求學時期參與學生運動,並成為《學苑》這份學生報的
總編輯。他於任內出版〈香港民族,命運自決〉專號,收錄探討
香港自治和香港獨立的文章。他其後於2014年9月,將部分文
章和校外學者的投稿,結集成題為《香港民族論》的書籍。這本
書曾被時任行政長官梁振英點名批評,卻反倒令此書洛陽紙貴。
梁繼平在畢業後,決定放棄從事法律專業,並到西雅圖華盛頓大
學攻讀政治學博士。他在起義期間短暫返回香港,在2019年7月
1日參與衝擊立法會大樓的行動,並在議事廳內脫下口罩,宣讀
《香港人抗爭宣言》。此後他展開流亡海外的生涯,並積極參與國
際游說的工作。他在2021年9月接任香港民主委員會(Hong Kong
Democracy Council)的執行總監,在美國代表香港的民主運動。

彭定康(Christopher Patten)

彭定康是香港殖民地時代最後一任總督,他在卸任返回英
國後仍然持續關心香港的發展。他曾經是英國政壇的重量級人

物，擔任過保守黨的黨主席。亦因如此，他有別於過去由殖民地部或外交部差遣的總督，有著前所未有的政治魅力。雖然民主派不時批評他只是作政治表演，可是彭定康於任內卻願意和民主派通力合作。他於任內推動政治制度改革，嘗試令主權移交後的制度更為民主；雖然特區政權在主權移交後取消掉大部分的改革措施，彭定康還是為香港的政治生態帶來深遠的影響。他嘗試改革香港制度的努力使他受到中國當局的厭惡，甚至貶稱他為「千古罪人」。彭定康持續關心香港政治，至今始終深受香港民眾的愛戴，使北京政權既疑惑、又憤怒。彭定康後來獲封為巴恩斯男爵（Baron Patten of Barnes），因此成為英國國會上議院議員。雖然上議院權力有限，可是彭定康仍然善用這個榮譽職的影響力，呼籲英國政府積極保護香港的自治。過去彭定康喜歡造訪香港，尤其嗜食當地馳名的曲奇蛋塔，可是如今相信已被列入特區政權的入境黑名單。

曾俊華

公務員向來以循規蹈矩、言語乏味和缺乏魅力而著稱，可是曾俊華卻是當中的異數，這也許要歸功於他獨特的鬍髭。[11]另一個原因是因為他青年時代一直在美國生活，曾經當過建築師、又曾經教過書。他於1982年回到香港，加入殖民地政府的公務員

---

11 譯按：由於他的外貌酷似某知名洋芋片品牌的商標，故此他被民眾暱稱為「薯片叔叔」，他的支持者也被稱為「薯粉」。

體系，自此即在官場內扶搖直上，在2007至2017年期間長期擔任特區政權的財政司司長。他於2017年決定辭職，與林鄭月娥競選行政長官一職。曾俊華在競選期間深得人心，卻反倒令中國大陸無法信任；他們擔心曾俊華若當上行政長官，即可挾民意以令中央，以更進取的方式爭取香港的自主權。曾俊華熱愛本土文化、也極力支持香港足球代表隊，這些傾向也令北京無法放心。當然，選舉委員會中的多數都明瞭北京的暗示，把選票投給林鄭月娥。自行政長官選舉落敗後，曾俊華避免從事公眾活動，亦未有太多公開發言。不過輿論普遍認為，他是少數能跨越政治陣營的界線、並從而取得共識的政治人物。

曾蔭權

　　自從首任行政長官董建華把香港搞得一團糟後，北京政權就認為差遣公務員擔任行政長官是更為穩妥的做法。過去曾蔭權曾經取代退休的陳方安生，擔任董建華的政務司司長。在其公務員生涯中，曾蔭權擔當過種種要職，並於1995年起長期擔任財政司或政務司司長。他出身自警察世家，其弟弟曾蔭培於2001至2003年曾擔任警務處處長——北京政權當中的強硬派，似乎對有紀律部隊背景的人選情有獨鍾。不過曾蔭權看重殖民地時代的名銜，甚至於主權移交前夕接受由威爾斯親王頒授的英國爵級司令勳章（Knight of British Empire, KBE）；這種「崇英戀殖」的作風使北京政權頗有意見。不過曾蔭權卻努力不懈，想要證明自己對中國共產黨同等的忠誠。在他於2005至2012年擔任行政長官期

間曾蔭權基本上都忠實執行中國的指令，又跋扈地對待部下和他人，使他後來失去人心。曾蔭權對物質生活有要求，既喜歡蒐集勞力士名錶、又喜歡駕駛舊款的賓士汽車。他於2012年退休，取而代之的是與他並不友好的梁振英，其後曾蔭權被控兩項公職人員行為失當罪，當中其中一項罪名成立，並為此在獄中度過二十個月。期間他繼續提出上訴，最終終審法院裁定判刑的那次審判程序失當。此時律政司理論上可以把案件發還區域法院重審，但由於曾蔭權在漫長的上訴過程中，一直都被囚押在監牢，故此決定就此作罷。此後曾蔭權就不再被北京所青睞，雖然他確實曾三心兩意地嘗試捲土重來。

曾鈺成

在整個親北京陣營中，只有曾鈺成能獲得反對陣營的廣泛尊敬。他曾擔任立法會主席，也是親中陣營的頭號人物。有別於其他機會主義的親中媚共者，曾鈺成是位博覽群書的馬克思主義者。他與弟弟曾德成自學生年代就積極參與中國共產黨在香港的地下活動，曾德成甚至曾於1960年代被英國殖民地政府拘捕入獄。（後來曾德成當上親共媒體《大公報》的主編，並於2007至2015年期間擔任特區政權的民政事務局局長。與他同在的地下黨成員，只有他能如此扶搖直上。）曾鈺成之所以能獲對手尊敬，是因為他那難以質疑的誠懇和勇氣。英國殖民地政府曾向他應允，確保他可以有大好前途，可是他偏偏選擇到共產黨控制的左派學校當位普通老師；1997年主權移交後，他也大有可能扶搖

直上，可是他卻堅持要獨立思想、又極度抗拒為個人私利而政治投機。他選擇投身選舉政治，在參與創辦民建聯後擔任第一屆主席。雖然北京無法信任那些能獨立思考的人，可是曾鈺成仍是親中派圈子的重量級人物，同時與反對陣營保持溝通的渠道。不少民眾認為曾鈺成比較適合當香港行政長官，可惜事與願違，他曾於2017年做好競選準備，卻為北京阻攔。

董建華

　　董建華是上海裔航運業鉅子董浩雲的長子，他在1997年主權移交後，成為香港特區第一位行政長官。當彭定康意識到董建華已蒙北京欽選，就決定把他委任為行政局議員，一方面要使他熟悉政府運作、另一方面寄望他能參與政治過程。董建華決定接受委任，卻並未有積極參與其中。雖然董浩雲過去強烈反共，是流亡台灣的國民黨政權之支持者，可是董建華卻反其道而行，這是因為其家族企業東方海外在航運業低潮時幾乎倒閉，幸而得到親共派商人霍英東傾力襄助。他自此以後就成為中國共產黨極度忠誠的支持者——這正是北京統一戰線行動的經典案例。可是當董建華正式擔任行政長官後，其無能程度令人咋舌：他只顧全中國官僚的意見、不理會同僚的反對；他喜歡掌管每一個政府部門的細節運作，做事卻猶豫不決而無法決斷；而且對於社會的真實狀況惘然無知。他在2003年嘗試強推《基本法》23條立法，卻因街頭抗爭風起雲湧而慘遭滑鐵盧，使他被迫提早結束政治生涯。他無所事事地續任一年多後，就以身體健康理由辭職。雖然董建

華施政失當令北京顯得難堪，可是董建華既有國際視野、與全球大企業有深厚的人脈關係、而且其英語亦相當流利，使他實際上變成中華人民共和國周遊列國的大使。他在雨傘運動和反送中運動時提高姿態，高調主張強硬鎮壓抗爭、並動員香港的親共勢力。

鄒幸彤*

鄒幸彤自少品學兼優，在學時成績優異，遠赴英國劍橋大學修讀物理學博士。可是她攻博期間發現自己的人生目標，其實是要推動中國自由人權發展，遂毅然退學。她返回香港後修讀法律課程，成為一位訟務律師，並積極投身支聯會的活動。她在參與由中國異議作家組成的獨立中文筆會的活動時，認識本名吳揚偉的廣州異議作家野渡，並雙雙墜入愛河。雖然她自認為爭取建設民主中國的中國人，卻與年輕世代的本土派關係良好。在2019年起義爆發前，她努力鼓勵支聯會中比較抗拒本土派的前輩與本土派復和，使抗爭運動能達成「不割蓆」的共識。在她擔任支聯會副主席時，《國家安全法》被強制引入香港，而過去一年一度的六四燭光悼念集會，亦連續兩年遭到禁制。在2021年6月4日前夕，鄒幸彤在社交媒體上表示她將會堅持以個人身分，到維多利亞公園悼念天安門屠殺。結果她於4日清晨，被警方以「參與未經批准的集結」和「非法煽惑他人參與未經批准的集結」等罪名拘捕。在她獲保釋候審期間，警察國安處誣稱支聯會是外國代理人，要求他們於9月7日前呈交相關內部文件。鄒幸彤嚴正拒絕國安處的要求，結果在9月9日被警察國安處拘捕，隨後被控

以「煽動顛覆國家政權」的罪名。她在被拘押期間，以申請保釋為由興訟；她要運用自己的專長自辯，在這些必敗的官司中堅持司法抗爭。

黃之鋒

　　香港民主運動如果有膾炙人口的「國父」級人物，必然就是黃之鋒。這位瘦弱又罹患讀寫障礙的男生，說話時總會風馳電掣地喋喋不休，又因酷愛《機動戰士鋼彈》而自詡為「御宅族」；乍看之下他不過是位尋常的黃毛小子。可是，他15歲那年就已發起一場成功的社會運動，攔下特區政府推動愛國政治教育的計劃。他出身信奉路德宗的中產家庭，對社會公義有著堅強的信念。他父親是有名的反同性戀運動人士，對性別平權的觀點與兒子迥然不同。黃之鋒日以繼夜地投身社會運動，他身邊的夥伴偶而會懷疑他是否需要睡覺。雖然他於2011年就已經成名，不過他像周庭、林朗彥、羅冠聰、周永康和岑敖暉那樣，都是在2014年雨傘運動後踏入主流。雖然部分抗爭者對他們的表現存疑，但這五位年輕人實際上主導了整場運動，而黃之鋒更是最具代表性的領袖。長期投身社會運動顯然已經影響到他的學業，不過他學習能力驚人，純粹靠著意志力在短時間內學懂英文口語，讓他能夠與世界各地的抗爭運動和社運人士交流經驗。他與2016年參與創辦香港眾志，使年輕世代的民主運動開始向選舉邁進，雖然他本人遭到特區政權禁制，無法親自競選公職。可是隨著《國家安全法》即將實施，這個新政黨也於2020年6月30日

宣布解散。黃之鋒曾經四度被判入獄，最後在2020年12月2日因「組織未經批准集結罪」和「煽惑他人明知而參與未經批准集結」被判入獄後，至今仍一直被拘押，此後特區政權亦持續向他加控更多的罪名。他並未因此害怕；這是一種難以說清楚的領袖氣質，雖然說不清楚，但他的魅力令人嘆為觀止。那些親中派的人無法理解他何以會有這麼多的支持者，因而堅信一切都是出自外國勢力的操縱。（《國安法》目標人物）

葉劉淑儀

　　這位立法會議員，曾兩度意圖競逐行政長官一職。葉劉淑儀是由公務員體系出身，其行事作風強調不容妥協的權威，這種特質使她得到中國當局的注視。她於1998年離開公務員體系，擔任特區政權的保安局局長，並於2003年負責推動《基本法》23條立法。後來特區政權面對民眾抗爭、又遇到保守派臨陣倒戈的狀況，使這條法案被迫擱置，當時葉劉淑儀選擇鞠躬下台；比起那些在2019年推動《逃犯條例》修訂草案的高官，她顯然比較懂得承擔責任。其後她決定轉換跑道，參選立法會選舉。初試啼聲那役，被陳方安生大敗，可是她卻未有選擇放棄，並於其後的選舉取得議席。葉劉淑儀其後成為行政會議成員，雖然不吝向行政長官提出獨立的異議，她卻小心翼翼地避開北京政權的底線，在很多時候甚至會提倡採取最強硬的政策。葉劉淑儀話辭犀利、作風驃悍，卻又會溫柔地支援身邊的人。

楊岳橋

　　出身自中產階層的楊岳橋是一位訟務律師，於起義期間擔任公民黨黨魁。公民黨起初是2003年抗議《基本法》23條立法的公民團體，成員主要來自法律界，到2006年才正式轉型為政黨；楊岳橋的法律背景，使他成為黨魁一職的恰當人選。楊岳橋生於1981年，是民主派中比較年輕的成員，可是參與2019至2020年抗爭的年輕抗爭者，仍然覺得楊岳橋與他們存在代溝。雖然親中份子會指責他「不熟悉國情」，可是過去他曾經在北京大學修讀化學碩士。楊岳橋醒目的形象，使他在一堆令人昏昏欲睡的政客中鶴立雞群；他在勤奮工作的同時，卻也能夠顯得輕鬆自在。他在2020年11月，因為北京的指令而失去在立法會的議席，其後他宣布辭去黨魁一職。[12]（《國安法》目標人物）

鄧炳強

　　這位野心勃勃的強硬派警官，終於在2019年11月抗爭運動高峰之際，正式獲委任為警務處處長。自主權移交以來，就以鄧炳強這位警務處處長的政治作風和取態最為高調。他經常造訪中國大陸，在維護國家安全委員會內亦表現積極。鄧炳強開始帶領警隊後，愈來愈明目張膽地干預文官的政治事務，也被輿論視為北京忠實的執行者。他在警務生涯早段就力爭上游，曾經到法

---

12 譯按：楊岳橋其後因為參與過2020年7月的民主派初選，被控以「串謀顛覆國家政權罪」，自此淪為階下囚。

國、英國以至美國聯邦調查局受訓。不過最重要的，是在中國幹部學院受訓的經歷；通常只有中國共產黨的精英，方有機會到這間學院求學。他也曾經就讀中國人民公安大學。鄧炳強的作風有別於其前任盧偉聰，他會不斷出入警民衝突的前線，直接向前線指揮官下達指令。鄧炳強鼓勵前線警員果斷行事，讓他們用粗暴的方法壓下抗爭。他向外發布警方消息時，亦不吝宣示其個人政治立場，經常對反對陣營的領袖人身攻擊，使他贏得北京政權以致警隊基層的歡心。（鄧炳強因涉嫌損害香港自治，正被美國實施制裁。）

鄭若驊

在林鄭月娥政權一眾不孚眾望的高官當中，鄭若驊還是能突出自己，讓自己成為民眾至為厭惡的標的。這位事業有成的仲裁專家，在2018年獲委任為律政司司長後策劃一連串針對抗爭者的法律行動，使她淪為備受爭議的人物。鄭若驊基本上對政治一無所知，在法律界中亦沒有什麼朋友。（鄭若驊因為危害香港自治，而遭到美國制裁。）

鄭雁雄

鄭雁雄過去曾擔任廣東省委書記，2020年7月調任中央人民政府駐香港特別行政區維護國家安全公署署長，負責在香港執行《國家安全法》，令不少人感到震驚。該署可說是中國在香港的秘密警察總部，然而鄭雁雄並非由國安系統出身。他在2011年高

調鎮壓烏坎事件，使他成為舉國知名的強硬派；當時廣東陸豐烏坎村的民眾發起抗爭，爭取透過全民投票民主選舉村民委員會。這位「烏坎屠夫」殘酷地迫害抗爭者，使這場「民主實驗」無疾而終，最終憑藉這樣的「功績」在廣東省內扶搖直上。在中國派駐香港的主要官員中，唯獨鄭雁雄一人能操流利的粵語。

黎智英

　　身無分文的黎智英，在12歲時從廣東順德偷渡到香港。他在香港由低做起，後來透過販賣成衣發跡，並創立馳名亞洲的成衣品牌佐丹奴（Giordano）。他在天安門學運後把目光投往政治，先後創辦《壹週刊》和《蘋果日報》；這兩份報刊都毫無保留地支持香港和中國的民主運動。可是黎智英作為傳媒大亨的角色卻使他旗下其他業務遭受壓力，為此他逐漸出售佐丹奴的所有股份。黎智英因為創辦提倡民主的報刊屢遭打壓，他曾經受過暴力攻擊、旗下報刊曾受到廣告商杯葛，而北京政權甚至卑鄙地煽動他在順德的鄉親，鼓吹他們公開和黎智英斷絕關係。可是黎智英並未因此退卻，反倒繼續經營旗下媒體和支援民主運動。他與「亂港四人幫」的另一位成員李柱銘交情匪淺，甚至在後者的鼓勵下改宗天主教。他其後因各種罪名被捕，並被指涉嫌干犯《國家安全法》。黎智英隨後於2020年12月被特區當局押入監牢。

劉業強

　　劉業強其貌不揚，即使他突然搭乘轎車出現在眾人眼前，也

不會特別引人注目。可是他從父親劉皇發繼承鄉議局主席一職，使他成為權傾新界的「原居民」總代表。不過鄉議局代表的「原居民」，卻並不包含女性。[13] 雖然鄉議局只能代表一小撮人，卻對香港政治有著不符比例的影響力。過去殖民地政府因為害怕鄉郊農民起義，因此賦與鄉議局廣泛的特權。當中國篤定會成為香港未來的統治者時，生性狡猾的劉皇發迅即蟬過別枝，讓他在鄉議會的親信轉化成親中派的急先鋒。雖然劉業強沒有他父親的那種魅力，可是仍能憑藉在鄉議局的影響力，繼承父親在立法會和行政會議的議席。劉業強作風低調，發言時從不會偏離講稿半步，使人無法觸摸他本人的真正想法。他的角色是擔任「原居民」鄉紳地主名義上的領袖；這些鄉紳各懷鬼胎，在本質上並非團結一致的政治勢力。他們不情願地讓劉業強當虛位領袖，因為若非如此，這些鄉紳就會因利益分配的問題亂作一團。劉氏家族在新界擁有多處土地，為他們帶來極為豐厚的財富。

駱惠寧

在2020年初，駱惠寧延遲退休的計劃，獲北京委任為中央政府駐港聯絡辦公室的新主任。之前擔任這個職位的王志民，因為無力處理香港抗爭運動而遭「貶官」。在2020年7月《國家安全法》強行實施後，駱惠寧就擔任特區政權維護國家安全委員會的「顧問」，對香港的「國家安全工作」發號施令。雖然他是經

---

13 譯按：鄉議局也喜歡濫用「傳統習俗」的名義，偏袒大宗族鄉紳地主的經濟利益。

濟學家出身，卻一直在黨國官僚體制內打滾，輿論一直認為他是
強硬政策的執行者。自他到香港履任後就一直採用高調的干預政
策，甚至在眾目睽睽下凌駕林鄭月娥政府，逕自就香港政策下達
指令。文化大革命期間，他曾經被下放到農村，藉此「向廣大勞
動群眾學習」。其後他一度任職鋼鐵工人，到1982年才加入中國
共產黨。

盧偉聰

　　這位警務處處長的警務生涯都為官僚行政而忙碌，並不曾在
前線身先士卒。可是隨著起義的爆發，他忽然引來傳媒的注目，
從而變成警隊形象的代表人物。這時候特區政府的高官都龜縮在
舒適圈中，於是活躍在前線鎮壓抗爭的警察就成為特區政府在民
眾目光下的象徵。可是即或如此，盧偉聰卻仍舊未有上前線親自
指揮，著實令人難以置信。當他在2019年十一月退休時，前線
警員大都感到如釋重負。他離任的時刻，官方既沒有為他致辭、
也沒有舉辦任何儀式。他就此消失在世人的目光中，沒有留下一
絲漣漪。（可是美國還是記得他曾經是香港的警務處處長，認為
他參與蠶食香港自治，宣布對他實施制裁。）

戴啟思（Philip Dykes）

　　戴啟思是英國出身的訟務律師，長期擔任香港大律師公會主
席。他在起義期間經常發聲捍衛法治。戴啟思是憲制及行政法律
的專家，曾經好幾次以代表律師的角色，在法庭上維護《基本法》

「以法限權」的底線。雖然英籍人士已非香港律師的主力，戴啟思仍然深受本地同業的支持，親中派過去有好幾次想要把他趕下台，但是從來都未能得逞。在 2020 年的立法會選舉尚未宣布延後時，民主陣營曾提名他競選立法會法律界功能組別的議席。

戴耀廷

戴耀廷曾是香港大學的法律學者，曾參與發起名為「讓愛與和平佔領中環」的不合作運動，這個運動最終促發 2014 年的雨傘運動。戴耀廷是虔誠謙卑的基督徒，並深受小馬丁·路德·金恩牧師的「非暴力公民抗命」理論薰陶。他亦積極介入民主陣營的內部協調工作。他於 2019 年發起的「風雲計劃」被譽為反對陣營於區議會選舉大獲全勝的重要因素。在雨傘運動期間，他曾因為堅持非暴力和平抗爭而被憤怒的年輕抗爭者訕笑。不過後來他在 2019 年起義爆發前，因為「串謀犯公眾妨擾罪」和「煽惑他人犯公眾妨擾罪」鋃鐺入獄，使他得以和較基進的抗爭者和解。香港大學校委會在 2020 年 7 月，上訴程序尚未終結時，就剝奪他在法律系的終身教席。親中媒體經常抹黑戴耀廷，指責他是外國勢力的代理人，陰謀協助外國干預香港事務。[14]

韓正

---

14 譯按：戴耀廷因為協助舉辦 2020 年 7 月民主陣營的初選，在翌年 1 月被警察國安處拘捕，其後被控「涉嫌顛覆國家政權罪」，自此一直遭到拘押。他把即將面臨的長期監禁，視為上主「給我要走的曠野之路」。

　　韓正於2018年獲委任為中央港澳工作領導小組組長，此時他已是中國國務院內最資深的副總理。韓正自此取代過去擔任此職位的張德江，成為中國對香港政策的指揮官。他在統籌香港事務的表現，讓他能於官場扶搖直上。香港事態的發展，使韓正必須比張德江更為主動；他在明在暗，都指揮香港特區政府的運作。他曾經向行政長官林鄭月娥訓話，又私下招聚香港的親中派大老密謀政事。韓正在胡錦濤執政的時代，因為輸掉黨內鬥爭而丟失上海市長的職位，不過他還是在殘酷的鬥爭中存活下來；讓國家能夠專注經濟發展是他向來的政治主張。亦因如此，他親自改變北京的香港論述，宣稱香港的抗爭不過是經濟發展不足的結果。雖然韓正是名義上的指揮官，可是習近平主席集大權於一身，使他不得不忠實順從上頭的意志；他於官場中最重要的任務，就是為免觸犯習近平的逆鱗而揣摩上意。

譚惠珠

　　譚惠珠這位訟務律師過去曾是殖民地體系的忠實支持者，她隨後也華麗轉身成北京政權其中一位頭號發言人。她的父親是一位警官，卻不符尋常地成為鉅富，經營各種包括夜總會、計程車和餐館在內的業務。譚惠珠亦因此與警隊關係密切。她是多個中國大陸諮詢組織的成員，負責根據其法律專長提交意見，特別是要為政權研究與《基本法》相關的問題。她過去曾經是提倡婦女權益的先驅。可是後來她擔任交通諮詢委員會成員時，卻被殖民地政府發現她涉及嚴重的利益衝突；她持有以炒賣計程車牌照牟

利的先達的士公司之兩成股份，而且在獲得殖民地政府委任時，也沒有按規定申報利益。此後殖民地政府決定與她疏遠。[15]

譚耀宗

譚耀宗過去長期參與香港工會聯合會，是中國大陸體制在香港最資深的代表之一。他在全國人民代表大會常務委員會當中是唯一的香港代表，也就是說，譚耀宗是唯一參與草擬《國家安全法》的香港人；當時《國家安全法》的立法過程連行政長官也被蒙在鼓裡。譚耀宗是民建聯的創黨黨員，在李慧琼接任前擔任過黨主席。他毫無疑問是中國共產黨香港地下黨的核心成員，只是他始終拒絕承認。經歷過多年政黨政治的鬥爭，譚耀宗始終屹立不倒，在香港政壇核心活躍近四十年。譚耀宗出身自客家家庭；客家族群是香港第二大的族群，規模僅次於主流的廣府族群。[16]（譚耀宗因為參與訂立《國家安全法》、摧殘香港自治，因而被美國宣布制裁。）

羅冠聰

雖然他在 2020 年流亡英國的決定曾經惹來一些爭議，可是羅冠聰自此也成為香港抗爭運動實質上的駐外使節，在他海外活動的生涯，曾多次與外國政府官員、國際傳媒的記者、以及各式

---

15 譯按：也許正因如此，譚惠珠才會全面倒向中國共產黨，以求延續其公職生涯。
16 譯按：譚耀宗這位「愛國的中國人」，子孫都是澳洲公民。

各樣的人交流。2016年9月，羅冠聰成為首位當選立法會議員的雨傘運動領袖，當年他只有23歲，是香港有史以來最年輕的立法機關成員。可是特區政權卻於翌年剝奪他的議席，其後他亦因曾活躍於2014年的抗爭而被投入監牢。羅冠聰比其他年輕抗爭者略為年長，其個人性格比較害羞，也比在前線衝鋒陷陣的夥伴心思細密。他出生於與香港一河之隔的深圳，於六歲時移民香港，與母親相依為命。雖然他家境清貧，卻仍能經過苦讀考進大學，並成為學生運動的領袖。雖然他從不是學民思潮的成員——黃之鋒在帶領這個組織時，成為蜚聲國際的民主運動家——他卻在學生運動期間成為民主運動的主要領袖。香港警察以羅冠聰違反國家安全法為由，於2020年向他發出通緝令，不過英國政府卻無意把他引渡回香港。

致謝

Acknowledgements

　　筆者為了這本著作，曾於抗爭期間的街頭、或是其他的地方，訪問過數之不盡的民眾。除公眾人物以外，筆者不會在書中提及任何的真實姓名；若非如此，他們可能在 2021 年的香港遇上危險。因著同樣的原因，在此也無法向幫助過筆者的人一一道謝。不過這些受訪者當時都願意花時間接受訪問，毫無保留地把所見所聞、所思所想與筆者分享，他們的恩惠此生深刻銘記。此外也有不少民眾，在困難的時刻為筆者提供各式各樣的幫助。

　　我的經理人 Kristina Pérez 很早就支持這個寫作計劃；她的各種幫忙，早已超越著作人代理的本分。在這個艱苦的寫作過程中，Eric Sze 曾給予本人的幫助，並非三言兩語就能說得清。此書英文版的封面，來自無畏無懼的攝影師 May James，我很高興。在此我也想向一同拍攝《脈搏》(The Pulse) 的香港電台員工致謝：包括節目的執行製作 Diana Wan，以及其他曾合作多年的製作同事，比如說 Nina Loh 和 Liz Yuen。他們常常從那些被筆者忽略的材料中，找到為數不少的洞見和資料。

　　受惠於 Lara Weisweiller-Wu 嚴謹的編輯功夫，使這本書的終稿生色不少。最後筆者不得不感謝 Hurst 出版社上下同仁，本書的英文版之所以能夠面世，全有賴他們願意傾力襄助。

Defying the Dragon: Hong Kong and the World's Largest Dictatorship
Copyright © 2021 Stephen Vines
Chinese Complex translation copyright ©2022
by Rive Gauche Publishing House, an Imprint of Walkers Cultural Enterprise, Ltd.,
published by arrangement with Zeno Agency Ltd. through The Grayhawk Agency.
ALL RIGHTS RESERVED

左岸政治　334

逆天抗命 香港如何對世界上最大的獨裁者說不
DEFYING the DRAGON Hong Kong and the World's Largest Dictatorship

作　　　者	韋安仕（Stephen Vines）
譯　　　者	徐承恩
封面繪圖	柳廣成
總 編 輯	黃秀如
特約編輯	王湘瑋
行銷企劃	蔡竣宇
美術設計	黃暐鵬

社　　　長	郭重興
發行人暨出版總監	曾大福
出　　　版	左岸文化／遠足文化事業股份有限公司
發　　　行	遠足文化事業股份有限公司
	231 新北市新店區民權路 108-2 號 9 樓
電　　　話	(02) 2218-1417
傳　　　真	(02) 2218-8057
客服專線	0800-221-029
E - M a i l	rivegauche2002@gmail.com
臉書專頁	facebook.com/RiveGauchePublishingHouse
團購專線	讀書共和國業務部 02-22181417 分機 1124、1135
法律顧問	華洋法律事務所　蘇文生律師
印　　　刷	呈靖彩藝有限公司
初版一刷	2022 年 4 月

定　　　價	600 元
I S B N	978-626-95885-1-0

有著作權 侵害必究（缺頁或破損請寄回更換）
本書僅代表作者言論，不代表本社立場

逆天抗命：香港如何對世界上最大的獨裁者說不／
韋安仕（Stephen Vines）著；徐承恩譯.
－初版.－新北市：左岸文化出版：
遠足文化事業有限公司發行，2022.04
　　面；　公分.－（左岸政治；334）
譯自：Defying the dragon :
Hong Kong and the world's largest dictatorship
ISBN 978-626-95885-1-0（平裝）
1.CST: 香港問題 2.CST: 中國政治制度 3.CST: 香港特別行政區
673.8　　　　　　　　　　　　111003830